《古文观止》纵横谈

——《国策》选文解读

张照坤　马永正　著

河南人民出版社

图书在版编目(CIP)数据

《古文观止》纵横谈:《国策》选文解读/张照坤,马永正著. —郑州:河南人民出版社,2019.3
ISBN 978-7-215-09515-1

Ⅰ. ①古… Ⅱ. ①张… ②马… Ⅲ. ①古典散文-散文集-中国②《古文观止》-研究 Ⅳ. ①H194.1

中国版本图书馆CIP数据核字(2019)第023158号

河南人民出版社出版发行
(地址:郑州市郑东新区祥盛街27号 邮政编码:450016 电话:65788067)
新华书店经销 河南瑞之光印刷股份有限公司印刷
开本 890毫米×1240毫米 1/32 印张 14
字数 252千字
2019年3月第1版 2019年3月第1次印刷

定价:58.00元

前　言

《〈国策〉选文解读》是拙作《〈古文观止〉纵横谈》系列的第二卷，其行文着墨，无论篇章结构设计，还是立论指导思想，与前卷《〈左传〉选文解读》并无多少不同，之所以在开篇之首，还要唠叨几句，主要是想交待一下本卷解读选材时的一些动因。

《古文观止》的选文是以作品出处的年代时间为序进行编排的，自东周迄秦，在《左传》选文和《国策》选文之间，编者还收录了《国语》选文11篇、《公羊》选文3篇、《穀梁》选文2篇以及《礼记》选文6篇；即使同为秦文的卷目中，除了《国策》，编者也还另外录有李斯、屈原、宋玉等人的作品3篇。在这里，笔者只选出《国策》选文进行解读赏析，而直接跳过了其他，个中缘由皆是出于对《国策》有些异乎寻常的价值崇拜，而非是对于其他作品胆敢心存不敬，故意弃之不顾。

以笔者的浅陋之见，在古文创作与发展的历程中，《国策》当是又一部具有里程碑式意义的伟大作品。如果说是《左传》确立了古文的创作指导思想，奠定了古文之本，那么《国策》则是开创了古文的行文艺术风格，塑铸了古文之表，有了这两者的有机结合，古文才终于成为一种颇具生命力、战斗力和感染力的表现形式，走进了文学艺术的殿堂。

《国策》在文学艺术表现方面的成就，主要可概括为“善于造势、以气驭文；长于说辩、引类譬喻；合理虚构、情节曲折；描摹传神、映衬烘托”等四个方面，它的这些特点，就在实质上为嗣后的古文创作者们如何生动形象传述己意，树立了可供完整借鉴的标准范本。本卷对于《国策》有关选文的文学性赏析，基本上也是在围绕这样的一个核心话题而展开。

从《国策》的内容主体来看，这是一部以记录战国时代策士言行为主，集纳了大量谋略与说辩经验、具有案例汇编性质的人文管理工作宝典。它的这一特性就决定了它在企业管理方面具有可资借鉴的独特价值。在本卷的选文解读过程中，笔者从职业经理人的角度出发，结合有关选文的内容，具体谈了一些它们对当今企业在管理制度设计、企业内部治理、员工情绪管理、经营风险管理、经营决策管理、人力资源管理、员工建议管理、职业道德管理以及宣传工作管理等方面的启迪和借鉴，虽说失于粗糙疏阔，但若可以收到抛砖引玉之效，岂不也是一得？

《国策》选文反映的时代背景，充斥着社会大变革而引发的人们对各种社会现象的理性思索，其中儒家学说在其中经历的各种阵痛与变异，尤其明显。笔者试图通过对选文内在思想性的分析，去把握儒学在这一过程中相关的嬗变脉搏，因而从具体事例中，对于儒家在方法论方面提出的许多观点如“执经达权、随俗为变”“民惟邦本、为政在人”“以师为志、士贵而王不贵”等等，通过阅读也有了新的更为全面和深层次的了解。在解读中，把自己的体味通过文字表达出来，也构成了本书的主要内容之一。

站在历史的角度来看，《国策》这部兼具一定史学功能的文学巨著，虽然存在残缺错乱、不够严谨、真假并存等明显的不足，但并不妨碍我们从中体悟中华文明的精髓所在，以及其形成与发展一路走来的种种不易与得失。当整个世界日益走向开放、共融之际，温习自己的昨天，我们自然而然便不能不想得更多。在阅读过程中，如何看待中西文明的优劣和差异，常常是完全处于无意识之间便跃入了脑海，因此，在笔端也就不可避免地出现了中西文化关于管理学、哲学基本问题探索等等方面的比较，进而成为本书的一个组成部分，至于结论是否客观公正，就连笔者本人也颇心中惴惴，大方之家，不妨一笑了之。

以上四个方面，便基本构成了全书的梗概，信笔涂来，计有二十余万文字，共分十二篇章，其中有关赵威后、唐雎的相关文章，在读评时进行了合并，而《古文观止》中原有选入、本属《国策》的《庄辛论幸臣》《乐毅报燕王》等两篇文章，本卷中作了从略处理，其中的缘由有些莫名，或许也是如同王子猷雪夜访友那般，兴致已尽，不愿强作无病呻吟吧！

在本卷的写作过程中，不少学者专家的意见和专著，对于笔者深有启发，引用之际，已在文中进行了具体说明，因此全书不再专列参考文献或特注引文出处，以便节约篇幅。至于文中各种观点表述不当之处，当然是责在己身，不敢推卸，只是尚望读者诸君，念在奖掖后辈，多多体谅，不予深责，此愿足矣！

2018 年 4 月 26 日

于励志斋

提　要

《〈国策〉选文解读》作为《〈古文观止〉纵横谈》系列的第二卷，仍以助人读通、读懂、读会选文为指导思想，重点对选入《古文观止》卷之四秦文部分的十二篇《国策》古文，进行了相应解读。

全书宏观介绍了《国策》的成书背景、儒学渊源、文学成就以及其谋略和雄辩艺术的社会影响，并对以秦国为主线的战国历史及其发展进程中的经验教训进行了简单回顾。对于列入《古文观止》的每篇选文，书中基本按照时代背景、白话改写、文学欣赏、思想评议、企业管理可资借鉴之处等几个方面进行了剖析，中间穿插表达了作者对于古文发展脉络、儒学思想演变、企业管理理论、中西文明比较等议题的一些粗浅理解，间或对于文章本身所反映的一些史实争议和评注意见，提出了自己的一些看法。作者的上述有关认识，大都尚显稚嫩，有待商榷，但其切入角度，对于今人如何阅读《古文观止》这类传统文学作品，应有一定启发，至少，当代学者关于《古文观止》“是一部百科全书式的传世名著”的论断，在作者的这部作品中得到了体现。

《〈国策〉选文解读》全书共计十二章四十九节，约有近三十万字，写作过程中，参阅了一定数量的与议题相关的学术专著和院校期刊论文，作者均在文中引用有关论述时进行了说明。同时为了便于读者欣赏选文原貌，作者还以附录的方式收入了部分选文，个别章节对某篇古典文献引用较多时，为免于一一注释出处，也将原文部分或全篇列入了附录。

目录

目　录

目　录

第一章 《国策》塑铸古文风格

在古文创作与发展的历程中，《国策》是又一部具有里程碑式意义的伟大作品。如果说是《左传》确立了古文的创作指导思想，奠定了古文之本，那么《国策》则是开创了古文的行文艺术风格，塑铸了古文之表，有了这两者的有机结合，古文才终于成为一种颇具生命力、战斗力和感染力的表现形式，走进了文学艺术的殿堂。

一、缘于焚书遭重创

吴楚材、吴调侯所编选的《古文观止》，其卷四之秦文部分，主要取材于《国策》。这里的所谓《国策》，准确地说，应该是西汉大儒、古文经学的奠基者之一刘向所编校的《战国策》，而并非真是来自于战国时代哪位作者的名为《国策》的著作。虽然在战国时期的确存在诸如“或曰《国策》，或曰《国事》，或曰《短长》，或曰《事语》，或曰《长书》，或曰《修书》”等等内容与性质比较接近的一些书籍，但到了汉代时，这些书籍大都残缺佚失、错乱相糅，已经很少能够看到较为完整的篇章了。刘向奉命领校汉朝宫廷藏书时，依据保存相对完整的按照国别编写的八篇内容为核心，又将其他相关各书残篇“因国别者，略以时次之，分别不以序者以相补，除复重”，总计整理出三十三篇汇集成册，因它们均系战国时游士辅国的策谋，于是就将其统一命名为《战国策》。自从有了这本书后，其他残篇就再也没有传世，因此清代的二吴能够看到的《国策》便只能是《战国策》了。

战国时代，是我国历史上学术文化极盛的时代，号称“百家争鸣”，当时各家各派蜂出并作，著书立说者何止千万，有思想深度、有文学价值的文章，说是汗牛充栋，估计也不过分。然而二吴编选战国古文，却要窘迫到以汉人辑录的《战国策》为主要依托，这是什么缘故呢？其中原因大约有二：其一，是缘于古文的性质，因其是以儒家思想为内核，所以选材时就不能不以儒家为限而收窄范围；其二，也可能是最主要的，那便是秦王朝的焚书事件所造成的后果，使得他们选材时无法不捉襟见肘。

那么，秦朝的焚书究竟是怎么一回事？为什么会对古文有如此大的影响？下面我们就通过对历史的回顾，对此加以分说。

中国历史上的战国时代，是随着秦人吞并六国、一统天下而终结的。当秦王朝凭借武力建立起了中国第一个统一的大帝国时，用什么样的思想体系来把这个国家变成一个有机的整体，就成了亟须解决的重要问题之一。公元前 213 年，秦始皇在咸阳宫大宴群臣，酒席之间仆射周青臣和博士淳于越的争吵，将如何解决这一问题再次提上了议事日程。当时周青臣面腴秦始皇，吹捧他“平定海内，放逐蛮夷，日月所照，莫不宾服。以诸侯为郡县，人人自安乐，无战争之患，传之万世，自上古不及陛下威德”，淳于越因看不惯周青臣的媚态，激切进言，声称“臣闻殷周之王千余岁，封子弟功臣，自为辅枝。今陛下有海内，而子弟为匹夫，卒有田常、六卿之臣，无辅拂，何以相救哉？事不师古而能长久者，非所闻也。今青臣又面腴，以重陛下之过，非忠臣”。秦始皇认为兹事体大，便交由群臣讨论。策士出身、善揣上意的丞相李斯，因早就洞知秦始皇有专权之欲而无分享之心，为顺君而固已位，就明确表示，“五帝不相复，三代不相袭，各以治，非其相反，时变异也。今陛下创大业，建万世之功，固非愚儒所知，且越言乃三代之事，何足法也”。他认为“今皇帝并有天下，别黑白而定一尊”，为了维护中央权威，“百姓则当家力农工，士则学习法令辟禁”，“若欲有学法令，以吏为师”。同时他对儒家也进行了不遗余力的攻击，说儒生“不师今而学古，饰虚言以乱实，私学而相与非法教”，“入则心非，出则巷议，夸主以为名，异取以为高，率群下以造谤。如此弗禁，则主势降乎上，党与成乎下”。因此，他建议：“史官非秦记皆烧之。非博士官所职，天下敢有藏《诗》《书》、百家语者，悉诣守、尉杂烧之。有敢偶语《诗》《书》者弃市。以古非今者族。吏见知不举者与同罪。令下三十日不烧，黥为城旦。所不去者，医药卜筮种树之书。”秦始皇认为李斯的建议甚合其心，于是便下令实施。这样一来，不到30天时间，所有六国史书和私藏于民间的《诗》《书》等儒家文献便多化为灰烬，这就是历史上有名的秦始皇“焚书”事件。秦朝的焚书，使儒家学说的传播和发展遭到了前所未有的重创，甚乎几近灭绝。“城门失火，殃及池鱼”，在此背景下，依附于儒学而存在的所谓古文典籍，又如何能够独善其身而幸免奇祸？所以二吴编选此一历史时期的古文，感到素材拮据也就不足为怪了。

不过，需要指出的是，对于秦始皇焚书给儒学典籍及儒家传播造成的影响，后世学者，基于不同的立场和背景，其认知结论是颇多对立的，归结起来，焦点有三：一是秦的焚书是否就是针对儒家经典而来，儒家经典的残缺与之是否存在必然联系；二是秦的焚书是否意在废除和儒学有关的一切，以致影响到了古文的发展；三是秦的焚书对于中华文明的影响究竟是正或负。针对这三个问题，我不妨也谈点个人的浅知、拙见。

结合史实来看，笔者觉得秦人焚书应该就是针对消灭儒学典籍而来。这是因为，其一，李斯的建议很明确，六国史书以及《诗》《书》都是禁毁对象，并且谈论《诗》《书》也是重罪，无论秦焚书之际，是否朝廷依旧留得，但六经之类，天下人不得持有乃是事实；其二，汉代学者王充就曾说过“秦虽无道，不燔诸子，诸子尺书，文篇具在”，可见此次焚书具有极强的针对性，与儒家学说无关或关联不大的，并无受到多大影响；其三，汉朝政权建立以后，欲习儒术者不得不靠口耳相传，而黄老之学等则均有籍可依，可知焚书结果真正受损的只是儒家典籍，而非其他。至于儒典仍能于民间有所私藏而不绝于世，并非是秦人有意要留一线生机，只不过是严刑峻法不能尽钳于人罢了。而宋人郑樵所谓“诗有六亡篇，乃六笙诗，本无辞；书有逸篇，仲尼之时已无矣，皆不因秦火。自汉以来，书籍至于今日，百不存一二，非秦人亡之也，学者自亡之耳”，这种提法是将自然淘汰和人为淘汰混为一谈了，且不论其是否另有深意，但以彼说此，是并不足以作为秦之焚书无意灭经之辩护词的。

当然，秦的焚书志在杜绝儒学思想的传播和消除与儒学有关的各种社会影响，在笔者看来，也是显而易见。我们知道，在秦的传统中，儒家学说是本来就无官方市场的，而秦始皇的焚书令中又明确禁止私学授受，这就意味着政府的目的，正是要将其从社会影响中彻底抹除。而且从具体法令条文来看，这种抹除还以国家暴力手段为保障，严厉的程度堪称是血雨腥风，上至朝廷官员，下至普通百姓，有偶语之者，就处以弃市；胆敢以古非今者，灭族；吏见知不举者与同罪；令下三十日不烧，黥为城旦。这足以说明当政者对儒学已是极端厌恶，誓要斩草除根，两者之间根本没有任何调和余地。

秦朝政权之所以对于儒学思想如此仇视，从李斯的进言可知，要害就在于，两者在政治上的治国理念与治国方法，均是处于完全对立的状态。首先淳于越代表儒者提出的分封理念，其实质是希望扩大既得利益集团队伍，通过分享成果来巩固政权，而秦王朝的郡县理念，则意在独尊一人，无视诸多臣属的贡献，要以独裁专制来治国。我们也许无法准确判别两种理念的孰是孰非，但在如此完全对立形势下，要想让政治势力完全占优势的一方容纳另一方，即使没有任何政治经验，也可想而知绝无可能。其次，儒家思想讲究以史为鉴，表面上看是人治，实则是以史为法制约统治集团，让文人通过论古而参政议政，而秦的理论是要求人们服从官府，以吏为师，表面上看是法治，实际上是鼓吹帝王及官府之欲可以凌驾于万民之上，不允许在政府之外存在什么所谓民意。两者在认识论上的对立，也促使秦政权必然做出除了精神上，即使在肉体上也要消灭儒者的决定，所以在焚书的次年，秦朝出现坑儒之举，这完全是自然之势。后人或有辩称所坑为术士而非儒者，认为那不过是秦王朝一时意见不合之为，并非对儒家有成见而不用儒生与经学。对于这种提法，我想或许是对两者思想上的差异有所忽略所致吧！

秦人焚书，无论烧的是哪家哪派的书，对于文献流传来说都不是什么好事，这是毋庸置疑的，至于秦王朝以统一思想为名，试图灭绝儒学，是否就是一种思想进步，尽管学者之中也是公说公有理，婆说婆有理，但笔者的观点还是倾向于否定的意见。为什么这么说呢？理由有三。首先，秦欲灭儒，但结果儒学在典籍几乎尽毁的情况下，仍然能够被后来者所追捧，以至流传于今世，而秦朝政权看似显赫，貌似强大，结果只存在了十余年便彻底败亡，这个中原因当然不只一端，但两者相比，总不能说欲灭儒者更为高明吧？其次，儒家思想和当时秦朝所谓的法家思想做个比较，一个在政治上主张分享，一个在政治上主张独占，或许儒家学者的实际操作方案并不见得完美，但从立意主旨上，哪个更能代表人类社会发展主流，自是不言而喻。再次，儒家之弊或因腐儒流于泥古而不通变，但结果最坏不过是“刻鹄不成尚类鹜”，而秦的执政理论，追求愚民苛法，其弊将因酷吏贪贿骄惰而失于民，那结果就是“画虎不成反类犬”了。两者即便都从最坏角度去比，也是高下立见，秦朝所宗法家思想怎么就能上升到独领风骚的地步呢？鲁迅先生说：“秦始皇实在冤枉得很，他的吃亏是在二世而亡，一班帮闲们都替新主子去讲他的坏话了。不错，秦始皇烧过书，烧书是为了统一思想。但他没有烧掉农书和医书；他收罗许多别国的‘客卿’，并不专重‘秦的思想’，倒是博采各种的思想的。”也许他在这里对秦始皇的评价是公正的，但我们是否也要反过来问一下，秦朝灭儒带来的思想统一，为什么到了二世就起不到巩固政权的作用了呢？如果一种政治制度连两代统治都无法保证，不论其是人治还是法治，鼓吹它又有什么意义呢？意在维护统一的集权政治，结果反而造就了短命王朝，动机再好，走错了方向，我想无论怎么说，进步两字是无法赋予的。

总而言之，秦王朝的焚书事件，对儒学的发展，打击是异常沉重的，因为它既是针对儒经，更是要灭绝儒学，古文的存在与发展受到牵连，也就成为必然。所幸汉兴以后，儒家思想渐渐再次受到重视，汉初以来广泛鼓励的献书活动，使得秦时民间冒着极大风险收藏的一些典籍残篇得以逐步面世，于是借助于刘向、刘歆父子的校书，先秦之际的儒家面貌得以重现，而古文在此阶段的成长线索也才得以走入人们的眼帘。只是此时此际的儒家典籍业已破碎，能够视为古文的文儒作品就更为少得可怜。因此，按照我们对儒家学者学儒、政儒、文儒的划分，在这所有的幸存典籍中，可以视为遵循以史证儒的文儒思想的文献，便只能是以汇集列国策士言论而编著的《战国策》为代表了。于是后来者欲要研读此一时期的古文，了解古文的艺术风格以及发展脉络，便不得不以《战国策》为蓝本。

二、文儒妙笔着华章

《战国策》一书，共计有33篇，辑录文章490多则，12万余字，按东周、西周、秦、齐、楚、赵、魏、韩、燕、宋、卫、中山12国的次序编订而成。该书虽然在形式上反映的是上起公元前490年智伯灭范氏，下至公元前221年高渐离以筑击秦王的历史往事，但却不是严格意义上的史书典籍。首先，该书诸文的内容，都是采用类似《国语》的言语体谈论各种谋略，而人物形象也集中于战国时代士的阶层，给人的印象更接近于士人游说诸侯的成功案例汇编；其次，书中记录的诸事，不但有夸大士人说辞效果的嫌疑，而且不少事件的真实性也屡遭后人质疑。譬如《鲁仲连义不帝秦》，秦人围困赵都邯郸，真正迫使秦兵撤走的是信陵君窃符以魏军救赵，但文章却归美于鲁仲连的义不帝秦；又譬如书中的名篇《唐雎不辱使命》，极力描摹了唐雎在秦廷中挺剑胁逼秦王嬴政的形象，但在事实中则是根本不可能发生的事情。如此等等，说明《战国策》的文章，多数都是基于历史人物，脱胎于史料本身进行综合加工再创作的结果，而并非对历史事实的忠实记录与再现。

中国社会科学杂志社的李红岩研究员认为，历史是史学与文学的共同对象与主题，文学与史学的区别则在于，文学重在表现历史真实，史学则既要再现历史事实，也要表现历史真实。事实与真实、再现与表现是厘清史学与文学关系的核心概念。结合这一论断来审视《战国策》，我们便不难看出，它那基于史实进行合理加工和虚构的行文特点，正是文学与史学相区分的表征之一，这也表明《战国策》和《左传》相比，已经是一部真正意义上与史学相分离的文学作品，因此就古文发展角度来说，它更能全面代表儒家之中的文儒思想和创作风格。

那么，为什么要将《战国策》视为儒家文儒作品，而不是战国时期其他学术派别或儒家中政儒、学儒的作品呢？下面，我们就来说说其中的理由。

汉代班固所撰《汉书·艺文志》是将《战国策》列入儒家六艺《春秋》经的著书目录中的，而《战国策》的编者刘向本身就是儒家学者、古文经学的奠基者之一，这首先从形式上就表明《战国策》一书，广为儒家所认同，大家普遍认为其是有着和《左传》一样的“以史解经”功能的儒家著作，故而不能归属为其他学术派别之作。我们知道，《艺文志》系承袭刘向刘歆父子的图书分类法而撰，基本可以代表两汉时期学者对文化典籍的分类共识。当时世人将图书分为六个大类，即六艺、诸子、诗赋、兵书、数术和方技。其中六艺部分著录的为易、诗、书、礼、乐、春秋、论语、孝经、小学九类图书，均系王官之学，也即官方规定的读书人必修的教科书和参考书。因为汉朝自武帝时确立了“罢黜百家，独尊儒术”的文化国策，所以能列入王官之学的自然都是儒家经典或与儒家经典有关的著作，《战国策》名列于斯，便是对其儒家作品身份的一种高度认同。

其次，需要指出的是，在当时的图书分类体系中，关于诸子类里还是另外列有儒家的，这部分著录的作品与六艺类进行区分，并不是意味着另有一派儒家，而是因为他们乃是私家之学，没有列入官府教授行列，同时将之与六艺部分区别开来，也有尊经的意思在内。而《艺文志》能单列诗赋类，从功用上说，实际就是要将文学作品和学术作品进行区分，只是囿于当时的认知环境，其在文体形式还对韵散之别有所强调，不同于今日我们对文学概念外延的理解。一般学者认为，列入这一类中的属于赋的作品，尤其是汉赋，大都受到战国策士文风影响甚重，譬如章炳麟就直言："纵横既黜，然后退为赋家"，因此若将《战国策》视为文学作品的鼻祖，似乎也不为过。

这样一来，我们通过解析《艺文志》的图书分类思想就会发现，仅从儒学的角度来看，当时应该已经有了学儒、政儒、文儒的作品区分雏形，即单纯从学问角度论述儒学、以供人必修为目的、受到共同尊崇的作品都归入了六艺类，而在经世致用过程中遵循儒学思想对学术有所阐发的一家之言，则被归入了诸子中的儒家类，为了宣传儒家思想，发乎情、止乎礼的那些文章，则列入了诗赋类。如果按照这样的标准，从《战国策》的作品性质来看，它是更接近于诗赋类作品的，只是当时关于战国的历史文献缺乏，又加之其是散文的表现形式，和主流文体并不相符，所以大家才无法将其准确定位，只能归类上移，以凸显其重要性。但它能被列在六艺，这也说明其在外在形式上，是仍然存在有传统解经的成分在内的，从体例上还没有完全摆脱古文初始的身影。不过就实质而言，《战国策》证经的意义或许已远远超过了解经的作用，其本身应该已经是真正意义上的文学作品了，这一点我们在具体篇章解读时还会有所提及，这里就不再赘述。

其三，从《战国策》创作者所属的社会活动群体来看，也能表明《战国策》应该份属儒家，并且是习儒术者应用儒学宣扬儒道的文学作品。我们知道，《战国策》所记述的绝大多数是游说之士的言辞方略，而士这个社会阶层是与儒家有着密不可分之联系的，从泛指的意义上说，我们完全可以将这个群体视为习儒之人的群体。

春秋以前，士本来是用于专指社会上贵族最低等级的代名词，处于士阶层的人士，受宗法制度条件下政府官员世卿世禄产生模式的约束，虽然一般没有出任政权机关要员的可能，但他们居于国都之内，有着参政、议政、当兵作战的权利，是政府统治的重要基石。当时，士作为一种爵禄等级当然也是由嫡长子世袭的，而没有世袭资格的士之庶子，则就只能称为民了。不过，由于士和民的权利义务界限不太明显，后来的那些贵胄子弟中，具有一定知识和技能并受人敬重者，虽然没有获得士的继承权，但也有时被人尊称为士，于是渐渐地士便由社会等级标志转化成了人际交往中的敬称。到了春秋战国时期，随着以晋国为首等大的诸侯国逐渐抛弃世卿世禄用人机制；随着兼并战争导致各诸侯国的减少和大量贵族成员身份的丧失与没落；随着生产技术的进步，促使社会下层有能力通过学习而进入官府管理层面人数的增多，受如是等等诸多因素的综合影响，士的队伍就越来越大，从而成为了社会上的一个重要阶层。

在上述的过程中，孔夫子作为中国历史上第一个兴办私学者，为士的阶层学习文化知识提供了重要平台，因此儒家思想从一开始就在士的队伍中占据了主要市场，再加上士的主要构成部分是来自旧贵族，他们的文化遗传基因和儒学天然相近，所以凡士人无论其赞成或反对儒学，在其骨子深处总能找到儒学的影子则是肯定的。而从儒家学说本身来看，儒学思想也仿佛就是为士而量身定做。儒家学者无不出身于士，而又无不以教育和培养士任职朝廷为己任。孟子说："士之仕也，犹农夫之耕也"，荀子在讲到社会分工时，也把士归于"以仁厚知能尽官职"的一类人。可见原始儒家学说立意之初就是为国家、社会培养官吏的学说，它本身就是一种士文化，因此，将记录游士们言行的著作《战国策》，归结为宣扬儒家的文儒作品，自然应是情理之中了。

然而，当今也有不少学者认为《战国策》应该归入诸子百家中的纵横家代表作比较适宜。他们的理由是《战国策》记录的绝大多数是策士的言论，而这些策士中有不少人的道德修养是与儒家伦理要求完全相违背的，所以归入儒家并不恰当。对于这一点，有以下看法仅供商榷。

关于纵横家的提法，首见于刘歆的图书目录著作《七略》，《汉书·艺文志》系据《七略》而作，并对《七略》中归类不当的一些书籍进行了调整，但无论刘歆还是班固，他们均没有将《战国策》列入纵横家的作品之列，而是公开地将其收录于六艺的《春秋》经类。这说明，即使首次提出纵横家这一概念的学者，也不认为《战国策》是纵横家著作的，那么我们今人非要那样归类，就不免有些强人所难的嫌疑了。

《艺文志》在纵横家类的书目汇编小结中曾写道：“纵横家者流，盖出于行人之官。孔子曰：‘诵《诗》三百，使于四方，不能颛对，虽多亦奚以为？’又曰：‘使乎，使乎！’言其当权事制宜，受命而不受辞。此其所长也。及邪人为之，则上诈谖而弃其信。”由此可见，纵横家的权谋辞令之术，原本发端于儒家学说，是行人之官的一技，与六经之《诗》有着密切关系。读过《左传》者，一定对春秋时期外交场合赋诗抒意的场面留有深刻印象，当时即便是戎人也都受感染而习惯于这种交往手段，姜戎首领驹支参与诸侯向地会盟，就曾赋《青蝇》之诗来婉谏范宣子。重视语言表达艺术，本就是儒家的传统，他的许多经典实际上也都来自于史官的记言，譬如《艺文志》中就说：“古之王者世有史官，君举必书，所以慎言行，昭法式也。左史记言，右史记事，事为《春秋》，言为《尚书》”，而《战国策》的写作方式更是直接源于儒家的另一部经典《国语》，所以长于辞辩，并不能成为纵横家与儒家区分的标志。况且《艺文志》中还有“及邪人为之，则上诈谖而弃其信”的提法，这从另一侧面又说明，纵横家的提法，更像是对错误使用辞令之术者的一种蔑称。反观《战国策》一书所描述的众多策士，当然并非尽为目无仁义逐于名利者，如果一概用纵横家来命名之，岂不是有些“一竿子打翻一船人”的嫌疑吗？所谓“君子绝交不出恶声”，刘歆、班固等并不将《战国策》视为纵横家之作，或许也有这个缘故吧！

其实，应不应该将游说之士另立为纵横一家，学术界也是存有争议的。《韩非子·五蠹》中说：“从（纵）者，合众强以攻一弱也；而衡（横）者，事一强以攻众弱也”，可见纵横充其量而言，不过是一种政治外交斗争策略，还无法上升到自成一家的地步。战国时期的学问大家如孟子、荀子、庄子等驳难诸子，并无提到纵横家这一学派，韩非子也只是将持此术者称为蠹民之一，也不认为它是什么学术派别。汉人司马谈在论及先秦诸学时，没有纵横家的提法，今世学者冯友兰先生也不赞成将纵横之术列为诸子之学，认为策士之游说权谋，只能说是一技，并无自成一家的理论体系支撑，所以可称为术，而不足为学，如是等等，当然也是仁者见仁，智者见智，并非定说。不过处于此等状况之下，虽然我们无法准确判断这些意见的合理程度，但有一条至少还是明白的，即在纵横家之说尚无定论之时，就急于将《战国策》归于其名下，显然是不太合适的。

三、乱世行儒谋权变

古文是志在宗经、征圣、明道之文，《战国策》份属文儒之作，当然对于丰富儒家思想，特别是对于如何践行儒学，自然也会有着自己独到的贡献。这里，如果将其贡献价值用一句话来概括，我觉得那就是它为乱世如何坚持儒道提供了理论和实践的双重支撑。

关于战国时代的历史，由于秦朝一统天下后，曾以国家暴力机器为后盾强制烧毁了其他六国史料，而《秦纪》又很简略，因此今人要想对其系统全面了解是相对比较困难的，不过借助于有关残存典籍的记述，要想识其大略还是能够做到的。编校《战国策》一书的刘向，因其职在校书，能够参阅到许多当时幸存的史料，所以他于该书《书录》中对这一时代的描述，应该说还是有着很高可信度的。他说："仲尼既没之后，田氏取齐，六卿分晋，道德大废，上下失序。至秦孝公，捐礼让而贵战争，弃仁义而用诈谲，苟以取强因而矣。夫篡盗之人，列为侯王；诈谲之国，兴立为强。是以传相方向效，后生师之，遂相吞灭，并大兼小，暴师经岁，流血满野；父子不相亲，兄弟不相亲，夫妇离散，莫保其命，湣然道德绝矣。晚世益甚，万乘之国七，千乘之国五，敌侔争权，盖为战国。贪饕无耻，竞进无厌；国异政教，各自制断；上无天子，下无方伯；力功争强，胜者为右；兵革不休，诈伪并起。当此之时，虽有道德，不得施谋；有设之强，负阻而恃固；连与交质，重约结誓，以守其国。”立足于他的论述，我们不难看出，这一历史时期既是中国历史上关键性的重大变革和发展时期，也是中国历史上少有的持续时间最长的混乱时期。

处于乱世，人类面临的最大问题应该就是生存危机。由于旧有的资源分配法则被打破，而新的资源分配法则未确立，大到各种利益集团，小到一个具体个人，如果不敢争、不能争、不善争，就会失去生存资格，所以整个社会活动的第一选择便成了争利。在争利的思想指引下，人们各种手段无所不用其极，也就是很自然的事情了。从正面看，受竞争力的驱动，争利使人的智力得到快速开发，无论生产技术还是管理技术都有了极大提高，学术领域也呈现出活跃繁荣之势，争利为人类社会的发展创造了有利条件；而从负面看，受欲望力的推动，暴力抢掠社会财富的手段与规模的提升，使得由之引发的社会动荡，又对人类的生产成果与管理成果造成严重的破坏和抑制，甚至因人员的大量伤亡，进而影响到人类自身的生产与存在。面对这种情势，在人群之中就萌发了两个方向的解决问题的思考，一种是积极的，认为借助各种手段实现统一，有了稳定的环境，人类便可回到正常的发展轨道；另一种则是消极的，因为洞察了人的劣根性，而有了悲观厌世的态度，将希望寄托在了不可知的虚无世界或彻底消灭人的本身欲望上。不同的思考，就诞生出不同的学术，因此在战国这样的乱世，也就孕育出了中国思想史上的第一次“百家争鸣”局面。

儒家学说是当时流行的众多学术派别之一，而且属于显学，但因原始儒学是以维护治世社会统治秩序为出发点和归宿点的，所以传统的儒家学者生在战国这样的乱世，便显得有些迂阔酸腐，不但不受重视，渐次生存也都成了问题。现实逼迫儒家自身也要做出变革，于是以策士为代表的儒家现实派便从传统派中分离出来，走上了历史舞台。

隶属于儒学现实派的策士认为，即便身处乱世，儒人也不能丧失自信，既然儒家学说以开万世太平为己任，将自己的信仰视为利国利民的大善之策，那么无论什么情况下，儒士都应该以不能为当权者所用而感到羞耻。特别是面对“君德浅薄、尚利好争、暴师经岁、兵革不休、人心不古、世风日下”的局面，作为儒士，如果认为这是不合理的社会形态，那就更不能只是抱着旁观者的态度，除了发些牢骚、说些狠话外而无所作为。他们主张正确的做法应该是因势利导、执经达权，“度时君之所能行，出奇策异智，转危为安，运亡为存”。策士们借助于这种做法，实际上收到了三方面的效果：一则扶急持倾，虽不可以临国教化，亦能解兵革救急之势；二来见贵于俗，虽不可以光大儒学，亦能厚养士尊士之风；三是纵横杂用，虽不可以分辩黑白而定天下于一尊，亦能明诈谖弃信，不过是收一时之功。

回眸历史，我们不能不感叹地认为，策士就是战国时代最为亮丽的一道风景线，这个群体多数出身贫贱，却在最艰苦的条件下将人类智慧予以了超常解放、创造和发挥，从而创造了一段段令人称道的佳话。苏秦以布衣而佩六国相印，连六国成一体，秦人因之不敢东向；张仪凭伶牙俐齿而抵百万雄师，弹笑间使六国合纵摈秦土崩瓦解；毛遂机智勇敢，直斥楚王而促成楚赵结盟；相如虽非武将，却能使强秦完璧归赵，其他如惠施、公孙衍、陈轸、楼缓、郭隗、虞卿、甘茂、范雎、蔡泽及前期的李斯等等，他们出将入相，也都无不是一时风云人物，翻云覆雨，独领风骚。这些杰出人士耀眼的光辉业绩，使得策士群体赢得了“一怒而诸侯惧，安居而天下熄”的美誉，也造就了整个社会尊士养士之风。像颜斶一介白衣，就敢和齐王相抗衡，而名声显赫的魏国信陵君、齐国孟尝君、赵国平原君、楚国春申君等则无不竞相攀比以养士众多为荣，纵观整个中国历史，作为士而能如此广受社会尊重和敬仰，战国时代可谓绝无仅有。

不过，相对于整个策士群体的追求来说，上述的这些只不过是次要的收获，他们的所作所为，更大更重要的目标，则是希望通过自己的努力，能够让天下逐渐走向安定和一统，从而为儒家学说的全面施展创造前提条件。对于这一点，至少编录《战国策》的刘向是这样理解并持肯定态度的，他在总结战国历史时就这样说道：“苏秦为从，张仪为横；横则秦帝，从则楚王；所在国重，所去国轻。然当此之时，秦国最雄，诸侯方弱，苏秦结之，时六国为一，以傧背秦。秦人恐惧，不敢窥兵于关中，天下不交兵者二十有九年。然秦国势便形利，权谋之士，咸先驰之。苏秦初欲横，秦弗用，故东合从。及苏秦死后，张仪连横，诸侯听之，西向事秦。是故始皇因四塞之固，据崤、函之阻，跨陇、蜀之饶，听众人之策，乘六世之烈，以蚕食六国，兼诸侯，并有天下。”由此可见，策士们之间的斗智用谋，无论是合纵，还是连横，其目的都是为了排解纷争，稳定秩序，使人类社会能够恢复于治，其区别不过是或者主张权力制衡、或者推崇集权管制而已。

战国策士们以安定一统为己任，随俗为变、顺势而为、崇智尚利、不择手段，看似与儒家所推崇的仁义道德大相径庭，实际则是儒家权变思想灵活应用的具体表现。

所谓权，原是指计量工具中判定事物轻重的秤锤，因其通过在秤杆上的移动，便能量判不同事物的重量，因此被借喻为面对具体环境的变通行为，与经对举。经，本义是指织物上纵向延伸之线，因其恒长而直，所以又被用来借指具有持久坚持意义的行为和准则。经和权是践行儒家学说之际，必然会提及的具有辩证联系的一对重要概念，儒家学者，无不以执经达权为行为方法论上的终极追求目标。但是理论上可以这样认知，实际上要想达到这种地步并不容易，经易知而难持，权易行而难达，战国时代策士用自己的实践证明，乱则用权，治则持经，与执经达权相比，虽然有失偏颇，却是相对而言真正行之有效的方法。因为在残酷的现实面前，片面强调了持经，儒家人士将连自己的生命也无法保障，而用权，在乱世即便过头了，不过是多了个小人之儒，反而有利于加速乱世的结束，这又有何不可呢？

儒家向来是不反对通权达变的，儒家经典《易经》宗旨便是在讲"权变"二字，圣人创制卦爻，其最初动机就是摹拟天地万物的变化，来解说人类社会的各种道理。既然如此，那么战国时代为什么会有子思、孟子为代表的传统儒家和以策士为代表的现实儒家行为上的巨大差别呢？关于这个问题，我们不妨追述到儒家学派的创始人孔夫子那里来探个究竟。孔夫子本人，对于"权变"是高度重视的，《论语·子罕》中就记载有他这样的一段话："可与共学，未可与适道；可与适道，未可与立；可与立，未可与权。"意思是说，可以同他一道学习的人，未必可以同他一道取得某种成就；可以一道同他取得某种成就的人，未必可以同他一道事事依礼而行；可以一道同他事事依礼而行的人，未必可以同他一道通权达变。这段话一方面说明了孔圣人对权变的推崇，另一方面也表明他对如何使用权变非常谨慎。他认为正确行权，需要有很高的认知层次和理论修养，否则容易适得其反。作为学派创始人，孔夫子的这种见解固然正确，但其给儒家后学晚辈所带来的束缚也毋庸讳言，因为夫子所说的"权"既然如此高深莫测，忠实的儒家信徒在实践活动中，一但遇到吃不准的重大问题时，就当然要持用智不如藏拙的态度了。

《孟子·离娄上》中，有一段儒家现实派与传统派的对话，可以帮助我们加深对这一问题的理解。原文如下："淳于髡曰：男女授受不亲，礼与？孟子曰：礼也。曰：嫂溺，则援之以手乎？曰：嫂溺不援，是豺狼也。男女授受不亲，礼也；嫂溺，援之以手者，权也。曰：今天下溺矣，夫子之不援，何也？曰：

天下溺，援之以道；嫂溺，援之以手，子欲手援天下乎？”

在这里，作为策士的淳于髡和身为学儒的孟子，两人在讨论权变问题时，孟子在日常生活的伦理道德层面，对于礼的应用，是同意并支持行权的，但在如何使天下由乱归治时，就不同意用权，而是坚守所谓的仁义王道。这个争论实际上反映的便是学儒与策士之间行“权”的区别。学儒以倡明王道为人生理想，认为只有推行王道才能天下归治，而策士则认为王道自然是追求目标，但其实现就须以天下归治为前提，两者虽然互为因果，但学儒的原则底线是仁义王道，策士的原则底线则是安定统一。在这种前提下，两者对权变的理解当然也就有所冲突了。在学儒看来，理想的社会是仁义礼乐的王道社会，只有这样才能称为治世，既然如此，那么现实中，采用与之有冲突的种种手段，固然可以迎合时君，但其效用不可知甚或影响儒家形象，因此就不如坚守原来的理念；而在策士的意念中，王道是与治世相辅相成的，当天下处于乱世之际，不妨以乱治乱，其效果说不定反而会使天下归治，重新返于王道，所以只要目标正确，具体手段即使和儒家准则不相符，只要能为执政者所用，就也不是什么过错。

由此可见，在战国时代，学儒不能为执政者所用，不是因为他们不通权变，而是由于把权变看得过重，以致只能坚守所谓的底线王道。而现实派的策士们则勇敢地放弃了这种思想包袱，结果独占时代鳌头、极领风骚，他们用实践证明，乱世灵活用权，才是儒家可以与其他学术和世俗相抗争的唯一正确选择。战国策士们的这种探索，对于此后儒家的生存与发展可谓意义重大，儒家正是有了这种方法论的指导，才得以在中国历史上的各个治乱周期中有惊无险、安然度过，一直持续到了今天。

四、以气驭文渐规范

《战国策》所反映的策士思想，对于如何践行儒家学说是有贡献的，但其伟大之处尚不在于此，而是在于其作为一部文儒作品，为古文文风的形成，树立了可供完整借鉴的标准范本。从文学角度看，《战国策》的成就已经超越了《左传》，就连对其思想价值深恶痛绝，曾编著《战国策去毒》的清代学者陆陇其，也不得不承认此书“文章之奇亦足以悦人耳目”。毫不夸张地说，《战国策》实际上就代表了中国文学史上先秦阶段散文方面的最高水准。

《战国策》里的作品，首当其冲给人的印象便是其善于造势，能够以气驭文。在中国的先秦诸子中，势是一个普遍受到重视的概念，而兵家、法家等对于势的作用和意义尤为推崇。《孙子兵法》中就有论势的专篇，强调“善战者，求之于势，不责于人”；集法家思想于大成的韩非子，也认为“势者，胜众之资也”，“圣人德若尧舜，行若伯夷，而不载于势，则功不立，名不遂”。囿于史料的限制，我们无从得知战国的策士们行文是否受到了兵家、法家等的感染和启发，但就著书立说决非为了孤芳自赏、而是追求折服于众来看，他们之间应该存在共通之处。

战国时期的策士，由于深谙行文造势之道，所以文章显得气场宏大、奇伟恣肆，令闻者动容，使听者慑服，具有非常强烈的蛊惑性和煽动性。总结他们的造势方法，主要应是夸饰和赋陈两种。所谓夸饰，就是对事物的性质或事件的利害关系进行有针对性的夸张和放大，思彰其远、物显其大、势见其高，不惜骇人听闻来制造受众心理落差，从而达到强烈刺激的效果。《秦策》中的蔡泽说范雎，就是先令人激怒范雎说："燕客蔡泽，天下骏雄弘辩之士也，彼一见秦王，秦王必相之而夺君位。"见面之后，又大讲功成身退之理和对方的危险处境，终于使他让出了相位；《赵策》中的鲁仲连说辛垣衍，也是先声称"吾将使秦王烹醢梁王"，引起对方强烈反应，然后才详述帝秦之弊。夸饰之辞，摹难传之状，显难言之意，气力充沛，出口惊人，令人不得不为之倾倒。

赋陈作为造势的另一种重要手法，其源头应来自于《诗经》的表现手法之一赋。我们知道策士的先辈乃是三代之时的行人之官，《艺文志》说："古者诸侯卿大夫交接邻国，以微言相感；当揖让之时，必称《诗》以谕其志，盖以别贤不肖而观盛衰焉"，可见凡居行人之职，必通《诗经》，所以策士善用赋陈，可称是家学源远。赋陈的特点就是将一连串内容紧密关联的景观物象、事态现象、人物形象和性格行为，按照一定的顺序组成一组结构基本相同、语气基本一致的词组或句群，它既可以淋漓尽致地细腻铺写事物，又可以一气贯注、加强议论的言语表达气势，还可以渲染某种环境、气氛和情绪。《战国策》里的作者们对此手法运用非常娴熟，方式也多种多样，有单句式铺陈、段落式铺陈，也有并列式铺陈、递进式铺陈，辞令均富丽堂皇，准确传神，造成了淋漓酣畅的气势和铿锵有力的节奏。例如《齐策》中记苏秦劝齐宣王合纵的说辞便很有代表性，文中写道："齐南有太山，东有琅邪，西有清河，北有渤海，此所谓四塞之国也。齐地方二千里，带甲数十万，粟如丘山。齐车之良，五家之兵，疾如锥矢，战如雷电，解如风雨。即有军役，未尝倍太山、绝清河，涉渤海也。……临淄甚富而实，其民无不吹竽、鼓瑟、击筑、弹琴、斗鸡、走犬、六博、蹹（踏）踘者。临淄之途，车毂击，人肩摩，连衽成帷，举袂成幕，挥汗成雨，家敦而富，志高而扬。"像这样的篇章，在《战国策》中可谓比比皆是、随处可见，它们结构匀称、声律和谐，铺张扬厉、排山倒海，不但增强了文字的音律美，更增强了语言的气势，在彰显作者思维上的逻辑性与严密性之同时，也使说辞的说服力度大大增强。

长于说辩，引类设喻，是《战国策》在文学成就方面的第二个突出特点。回顾《左传》中所载的那些士大夫，无论是进谏劝说，还是外交相抗，都十分注重保持儒雅有礼的形象，言必称诗，语多谦抑，张弛有节，温润敦厚，处处事事讲究"典而美""博而奥"。他们的这种形象气质和言语表达方式，对于受众的文化层次和修养素质要求也是相对比较高的，所以流弊也十分明显。秉持此法的士大夫，进谏之时，听者往往如坠云雾，因此毫无兴致，加之对方形象缺乏威慑之力，效果难免大打折扣，如鲁人臧氏父子劝谏鲁君观鱼、纳鼎就是明例。而在外事交往时，由于相互表达手法过于含蓄，以致高层领导会面，也不得不像今天配置翻译一样，需有专职人员相互解读，才能明晓对方辞令的真实用意。即便如此，像晋楚两国会盟时，还是出现过赵武无法明白楚国行人之辞的尴尬局面。语言是人与人之间沟通的桥梁，如果在理解上出现了障碍，那么言辞的价值也就无从谈起。鉴于战国时代“君德浅薄、人尚于争而鄙义礼”的社会现实，为纠《左传》行人辞令之弊，《战国策》中策士们的游说辩难，便形成了另外一种风格，他们的言谈举止充满自信，个性张扬，用语浅显易懂、说辞生动活泼，为求达到目的，往往不择手段，可称是巧言令色。此举看似粗鄙，实质上却收到了更为理想的沟通效果，就语言应用而言，不能不说是一大进步。

战国时代的政治局势瞬息万变，而被游说的对象又多庸主暴君，如何在最短时间内起到“三寸之舌，强于百万之兵；一人之辩，重于九鼎之宝”的效果，对于策士而言是最大的挑战。在此实践压力下，借助于当时诸子百家对辩说之术的理论探讨成果，策士们受先辈辞令称引《诗》的启发，创立了独特的引证法行文辩说体系，归结起来，主要表现手法有三种，即乡俗俚语引证法、因事譬喻引证法和寓言故事引证法。这些手法，发前人所未发，形象生动，便于理解，收效十分明显。乡俗俚语引证法的例子很多，如苏秦说韩国离弃秦国参与合纵时，引用鄙语："宁为鸡首，无为牛后"来激韩昭侯奋起；《齐策》中引用齐国的婴儿谣："大冠若箕，修剑拄颐；攻狄不能，下垒枯丘"来描绘田单久攻不能下狄的狼狈；《秦策》中范雎引用古谚："木实繁者披其枝，披其枝者伤其心，大其都者危其国，尊其臣者卑其主"来借指秦国泾阳、华阳、穰侯、太后等强臣震主的危险形势，如是等等，都给读者留下了深刻印象。在因事譬喻引证法方面，《楚策》中所载庄辛说楚襄王是个很好的代表例证，该文是庄辛针对楚襄王淫逸侈靡、不顾国政而进谏，说明国君如此行径必遭杀身之祸。为了达到劝谏效果，他运用了四种譬喻，即蜻蜓为五尺之童所黏捕，黄雀被王孙公子射杀，黄鹄被射者用网罗捕获，蔡灵侯因放荡逸乐被楚大夫发用绳索捆缚。这四个喻证，由小到大，逐渐过渡到楚襄王本身，指出其所作所为，正把自己置于危险境地。而引用寓言故事帮助说理，则是战国策士的一大发明创造，《战国策》中的寓言多达七十余篇，其中著名的就有"南辕北辙""狐假虎威""画蛇添足"等等。这些寓言故事大都荒诞离奇，虚而无征，说者即事编撰，无中生有，迎合于粗鄙无文的受众，以具体的形象概括抽象的道理，表现出了极强的艺术力量。

《战国策》之所以能够引人入胜，激起读者的极大兴趣，除了语言方面独具特色外，其文学艺术魅力还来自于其在叙事方面能够合理虚构，情节曲折，这是其文章风格的第三个突出表现。汉人王充在《论衡·艺增篇》中说："誉人不增其美，则闻者不快其意；毁人不益其恶，则听者不惬于心”，文学艺术作品要想感染人、吸引人，树立典型的艺术形象，就不可能照抄照搬生活现象，只有通过对生活素材进行加工、改造、集中、概括，将现实中的片断性事物进行有机组合，把原始状态的非本质的偶然的现象幻化为集中体现的本质的必然的现象，才能创造出比普通的实际生活更真实、更有普遍性的艺术典型。而这样的创作过程用术语来表示就是所谓的艺术虚构。战国之世，是游说之士呼风唤雨、大显身手的时代，士人是时代政治生活的核心，波澜壮阔的社会生活现实，为《战国策》的作者们提供了进行艺术虚构的诸多素材，他们凭借丰富的生活阅历和奇丽的艺术想象力以及敏锐的艺术感受力，自发地成功运用了艺术虚构手法，使得散文终于和史学区分开来，成为一种全新的人类抒情表意载体。

《战国策》中的许多作品不惜脱离史实，借助虚构手段来突出人物形象。如书中用力极深，描写得极成功的人物苏秦，其事迹言论就有不少是综合当时的游士言行而成，汉代司马迁曾直言“世言苏秦多异，异时事有类之者皆附之苏秦”。而《齐策》中的冯谖客孟尝君，写冯谖弹铗而歌、焚券市义、营造三窟等，显然也是将多个策士的事迹缀合在了一起。这种将相关事迹集中于一人，通过有机组合而成为整体的手法，不但使人物形象和性格得到了充分的展示，也对读者认识事件因果和从中受到教育启发起到了极大作用。《战国策》继承《国语》相对集中编排同一人物故事的方法，进而将一个人物的事迹有机集中在一篇文章，也为以人物为中心的纪传体的成立开创了先例。《战国策》关于艺术虚构手法的应用不仅仅体现在对相关事件的归纳与组合，而且还表现于其对典型人物心理活动的合理想象与模拟。《齐策》邹忌讽齐王纳谏篇中，写邹忌看见徐公时“孰视之，自以为不如，窥镜而自视，又弗如远甚”，不仅表现了邹忌内心的活动，而且涉及心理活动的过程，便显系出于作者的想象。《秦策》苏秦以连横说秦篇中，作者一连提到苏秦三次独白，当苏秦看到“妻不下纴，嫂不为炊，父母不与言”时发出感叹：“妻不以我为夫，嫂不以我为叔，父母不以我为子，是皆秦之罪也！”在其发奋读书、引锥刺股时又感叹：“安有说人主，不能出其金玉锦绣，取卿相之尊者乎！”相赵回家看到父母、妻、嫂的态度变化时苏秦再次感叹：“嗟乎！贫穷则父母不子，富贵则亲戚畏惧。人生世上，势位富贵，盖可忽乎哉！”这三处感叹都是他内心的独白，岂能为他人所知所见？但作者通过合理想象，借助恰如其分的内心独白，既揭示了他的精神世界，反映了他的人生观，也使叙事更加生动完整。

塑造人物形象，除了借助语言、事件外，也离不开细节描写和对比冲突的烘托，描摹传神、映衬烘托是《战国策》予人以深刻感受的第四大特色。细节描写是描绘人物性格、介绍故事情节的常用表现手法，能够具体生动地反映出事物的特征、增强艺术感染力，是文学创作颇为重要的环节。《战国策》中的作品，是非常注重通过神态、动作、语言等细节来刻画人物的。如《秦策》苏秦以连横说秦的故事里，通过对苏秦归来时“羸縢履蹻（跷），负书担橐，形容枯槁，面目犁（黧）黑，状有归（愧）色”的描述，既见其身心交瘁、力疲神衰之貌，也传其自惭形秽羞愧难言之情，一个穷困落魄、郁郁不得志的人物形象便跃然纸上。再譬如《赵策》中的触龙说赵太后，触龙面见赵太后时，作者特意强调了他“入而徐趋”“至而自谢”，通过“徐趋”“自谢”这两个词，就将作为大臣的触龙识礼自谦尊上的形象，展现在了人们面前，并从侧面揭示了其作为老朽而能受宠的内在原因。与此同时，《战国策》还注意通过大环境中的对比、冲突气氛来渲染烘托人物，譬如《燕策》中的荆轲刺秦王，易水送别时，作者以太子及宾客送行穿戴的“白衣冠”、高渐离的“击筑”以及士的“垂泪涕泣”，和荆轲“风萧萧兮易水寒，壮士一去兮不复还”的决绝悲歌相对照，渲染出一种悲壮的气氛，来突出荆轲的义无反顾、慷慨赴难。当号称“年十二，杀人，人不敢与忤视”的秦武阳在秦王的宫殿临阵怯场“色变振恐”时，荆柯却表现得镇定自若，“顾笑武阳，前为谢”，这种冲突性的对比一下子就将荆柯的沉着、勇敢显现无余。

综上所述，《战国策》作为一部伟大的文学作品，其艺术成就主要体现于“善于造势、以气驭文；长于说辩、引类譬喻；合理虚构、情节曲折；描摹传神、映衬烘托”等四个方面。《战国策》以它塑铸的这种崭新的古文风格，为其奠定了在中国文学史上牢不可破的地位，名传千古。

五、谋略雄辩堪借鉴

《战国策》对后世的影响是巨大而深远的，这种影响既反映于它的文学价值层面，也体现在它的谋略和说辩艺术。

《战国策》的文学艺术造诣，是为古今学者所公认并给予高度评价的。两宋人对战国策的文学价值曾多有称赞。李格非在《书战国策后》评价该书“驳驳乎上薄六经，而下绝来世”，认为“其事浅陋不足道，然人读之，则必向其说之工而忘其事之陋者，文辞之盛移之而已”；叶适谓《战国策》文“饰辞成理，有可观听”，王觉在《题战国策》中则直接称其为“文辞之最”。到了元明清时，大家对其文学价值的推崇更甚。吴师道赞《战国策》的文章“辞工”；朱鹤龄谓“其文之雄深峭健”多为史家“取裁”；张士元说“《左传》文采甚盛，《战国策》变而质健，实乃《史记》权舆”，章学诚称《战国策》“其辞敷张而扬厉，变其本而加恢奇焉，不可谓非行人辞命之极也”，可见评价之高。

《战国策》的语言风格和写作技巧被历代文人学习和模仿。贾谊、晁错、司马迁等以及唐宋古文学家和我国古典小说的创作者们，都直接受到了《战国策》的影响。汉赋“铺张扬厉”的风格，便直接承自《战国策》，章炳麟《国故论衡·辩诗》云：“武帝以后，宗室削弱，藩臣无邦交之礼，纵横既黜，然后退为赋家”，陆贾、邹阳、枚乘、司马相如等的辞赋作品，或气势恢弘，辩丽横肆，或长于铺叙，夸饰渲染，明显带有战国策士之风。司马迁所撰《史记》中的人物传记，大量借鉴了《左传》《战国策》等书中的叙事写人艺术，非但如此，其叙说战国之事时还直接从中取材。据学者统计《史记》中和《战国策》之文相同的就有149处之多，这说明早在刘向编撰《战国策》之前，那些记录战国策士言行的残简，便已吸引了太史公并得到了他的高度认可。唐宋时期兴起的古文运动，要求文章创作师法先秦散文，许多古文大家都深受《战国策》的影响，柳宗元的不少作品具有寓言性质，当是受到了《战国策》的启发，而苏洵、苏轼、苏辙父子的文章尤其具有策士之风，苏洵在《谏论上》中就自称："苏秦、张仪，吾取其术，不取其心"，足见其对《战国策》文风的敬仰与追慕。我国古代的小说与史传文学有着密不可分的渊源关系，《战国策》等先秦历史散文则是它们的一个重要源头，其无论是叙事方式、语言艺术还是人物刻画手法，我们都能从《战国策》中找到它们相应的影子。

相较于《战国策》的文学艺术成就，它的思想价值，因与儒家正统思想相悖，却长期受到学者们的贬斥。宋代苏洵、苏轼父子虽喜好《战国策》的文章，却从来不敢给予公开的赞许。曾巩则把《战国策》中的言论和策谋斥为"邪说""为世之大患"。南宋叶适也说《战国策》中十之七八是"偎陋浅妄之夸说"，搅乱了道德礼义，"为学者心术之巨蠹"。到了元明清时期，学者在谈及《战国策》一书时，基本都是排斥其思想而称赞其文章，像清代的陆陇其就说《战国策》"文章之奇，足以悦人耳目，而其机变之巧，足以坏人心术"。

古人之所以大多将《战国策》视为离经叛道之书，除了不能正确认识和理解儒家的权变思想外，更多的原因还在于此书是宣扬“臣道”“师道”至上的著作，致使后来的儒人多拘于生存环境所迫，对此不得不心是而口非。《战国策》主张君臣相处时士要保持自己的尊严，“利则行之，害则舍之”，对于不重视、不重用自己的君主，完全不必讲究什么忠义和从一而终，甚至反过来算计他们也都是可以的。同时《战国策》还认为政权组织中智慧的力量要高于任何政治权力，强调“任智而不恃力”，如是等等，这些观点实际正是儒家人士内心世界的真实写照，只不过是战国时代的策士身处乱世，选择空间大，发挥作用的效果也明显，所以能够直抒胸臆，而治世政权一统，儒士服务对象单一，几乎没有周转余地，智力作用也不能快速体现，故而就不能不遮遮掩掩了。《战国策·楚策》中秦王曾感叹：“万乘之君，得罪一士，社稷其危”， 我们可以想象，在君主专制中央集权制的环境下，孟子尽管被称为亚圣，还因“民为贵、君为轻、社稷次之”的论断，而被不少帝王大骂，何况是《战国策》这种近乎公开标榜臣主乾坤呢？

弄清楚了上述原因，不但有助于我们全面理解历史上的儒者对《战国策》的心理矛盾纠结，而且对于如何应用和借鉴《战国策》的各种权谋思想，也有直接的助益。《战国策》是彪炳千秋、影响深远的一部谋略宝典、论辩宝典，记录了战国时代的谋臣、策士们游说各国君主或互相辩论时所提出的政治主张、斗争策略和处世方略，展现了一代英雄才俊们的游说能力和谋略智慧，但这些谋略适用的环境都是具体的，大而要之，就是要在具有多个平等主体、相互有着竞争关系的环境下，它们才有用武之地，并且应用谋略以保持均势竞争秩序或促进整合提高资源配置效率和效果为最终目的时，它们才会显得具有历史价值和意义。如果脱离了这样的具体环境和最终目的，那么所谓的“尚智、重利、薄德、善辩”，不但无法成其功，反而会给一个人带来“弃仁义而尚诈谖”、“见利忘义、徇私利己”等的恶名，使其在社会上没有立足之地。此时生存出现巨大障碍还是小事，甚至身后骂名不断，遗臭千古都有可能，例如李斯、赵高、秦桧就是这样的例证。

因此，说到《战国策》中策士谋略与说辩艺术对今世的借鉴意义，国际交往和企业经营应该是最为合适的两个领域。随着交通和信息技术的日益发达，地球上的各个国家交往也日益密切，今日的国际局势和战国时代的中国颇有诸多相似之处，而策士无论从渊源还是实际表现，大多与今日从事外交工作者的业务相近，所以，《战国策》对为国际交往方面提供一些历史的经验和智慧，还是完全能够胜任的。第一次世界大战结束后，德国著名学者斯宾格勒在《思想的没落》一书中就关注到了中国战国时代的这个策士群体，认为他们的历史经验对于外交具有实际的借鉴作用，西方的外交家们对该书也都比较推崇。受其影响，美国学者中甚至有人称基辛格是现代的苏秦、张仪。由此可见策辩之士早已走出国门，他们的智谋、思想、手段、策略正在为其他国家外交人士所效仿，因此作为他们的后人，我们更应加以继承，发扬光大，并以之为依托，不断创新，妥善处理好国与国之间的那些交往与合作问题。

另外，我们知道，企业是以赢利为目的的经济组织，“利则行之，害则舍之”是其基本运营法则，而这和战国策士的价值观是一致的，策士的谋略之术和企业的经营管理，似乎有着天然的内在联系。企业又是生存于激烈的竞争环境之中的，在当今的世界里，几乎每天都有新的企业在诞生，同时也有不少企业在消亡，它们之间有合作，也有冲突，产品营销市场上的攻城略地，一如疆场上的对阵厮杀，而这正是纵横之术的用武之地，因此在企业经营中借鉴于前人的智慧，熟悉和领悟《战国策》的权谋之术与游说技巧，就显得很有必要。今日之中国，市场经济方兴未艾，时代的潮流乃是阔步走向工商社会，读书人服务于社会的人生追求也正从以求仕谋政为主转到以经营企业为主的轨道上来。作为转型期的人们，需要掌握的安身立命技能有很多，经营谋略当然是不可或缺的一环。从这个意义上来说，借助于对《战国策》的学习来武装和提高自己，将是一个很好的捷径，因为这个东西是我们传统的东西，不但合乎我们的文化氛围，而且也便于理解与掌握。

俗话说开卷有益，翻开《战国策》，向我们迎面扑来的是一个辩丽横肆、铺张扬厉、气势纵横而又从容不迫的世界，而《古文观止》去粗存精、大浪淘沙般为我们准备的十四篇《国策》选文，更是那个世界里，历经无数名家给予高度评价与肯定的突出片断。他们那些别出心裁的寓言、风趣形象的比喻、绵密细致的描写、长风巨浪的赋陈，无不给我们以美的体验和艺术的享受，而它响应于“君德浅薄、尚利好争、暴师经岁、兵革不休、人心不古、世风日下”的乱世，随俗为变、顺势而为、崇智求安、不择手段的儒家权变思想，也必将给予我们不少启迪和遐思。闲暇之际，就让我们暂别红尘纷扰，品茗佐书，细揣其中的一二。相信那将不仅是一种人生享受，对于我们的为人处事，也会是一种难以言传的提高。

附录：《战国策书录》（刘向）

护左都水使者光禄大夫臣向言：所校《战国策》书，中书余卷，错乱相糅莒。又有国别者八篇，少不足。臣向因国别者，略以时次之，分别不以序者以相补，除复重，得三十三篇。本字多误脱为半字，以“赵”为“肖”，以“齐”为“立”，如此字者多。中书本号，或曰《国策》，或曰《国事》，或曰《短长》，或曰《事语》，或曰《长书》，或曰《修书》。臣向以为，战国时游士辅所用之国，为之策谋，宜为《战国策》。其事继春秋以后，讫楚、汉之起，二百四十五年间之事，皆定以杀青，书可缮写。

叙曰：周室自文、武始兴，崇道德，隆礼义，设辟雍泮、宫、庠序者教，陈礼乐、弦歌移风之化，叙人伦，正夫妇，天下莫不晓然论孝悌之义、惇笃之行。故仁义之道满乎天下，卒致之刑错四十余年。远方慕义，莫不宾服，雅颂歌咏，以思其德。下及康、昭之后，虽有衰德，其纲纪尚明。

及春秋时，已四五百载矣，然其余业遗烈，流而未灭。五伯之起，尊事周室。五伯之后，时君虽无德，人臣辅其君者，若郑之子产，晋之叔向，齐之晏婴，挟君辅政，以并立于中国，犹以义相支持，歌说以相感，聘覲以相交，期会以相一，盟誓以相救。天子之命，犹有所行；会享之国，犹有所耻。小国得有所依，百姓得有所息。故孔子曰：“能以礼让为国乎？何有？”周之流化，岂不大哉！

及春秋之后，众贤辅国者既没，而礼义衰矣。孔子虽论《诗》《书》，定《礼》《乐》，王道粲然分明。以匹夫无势，化之者七十二人而已，皆天下之俊也，时君莫尚之，是以王道遂用不兴，故曰：“非威不立，非势不行。”

仲尼既没之后，田氏取齐，六卿分晋，道德大废，上下失序。至秦孝公，捐礼让而贵战争，弃仁义而用诈谲，苟以取强而已矣。夫篡盗之人，列为侯王；诈谲之国，兴立为强。是以传相方效，后生师之，遂相吞灭，并大兼小，暴师经岁，流血满野；父子不相亲，兄弟不相亲，夫妇离散，莫保其命，湣然道德绝矣。晚世益甚，万乘之国七，千乘之国五，敌侔争权，盖为战国。贪饕无耻，竞进无厌；国异政教，各自制断；上无天子，下无方伯；力功争强，胜者为右；兵革不休，诈伪并起。当此之时，虽有道德，不得施谋；有设之强，负阻而恃固；连与交质，重约结誓，以守其国。故孟子、孙卿儒术之士，弃捐于世，而游说权谋之徒，见贵于俗。是以苏秦、张仪、公孙衍、陈轸、代、厉之属，生从横短长之说，左右倾侧。苏秦为从，张仪为横；横则秦帝，从则楚王；所在国重，所去国轻。然当此之时，秦国最雄，诸侯方弱，苏秦结之，时六国为一，以傧背秦。秦人恐惧，不敢窥兵于关中，天下不交兵者二十有九年。然秦国势便形利，权谋之士，咸先驰之。苏秦初欲横，秦弗用，故东合从。及苏秦死后，张仪连横，诸侯听之，西向事秦。是故始皇因四塞之固，据崤、函之阻，跨陇、蜀之饶，听众人之策，乘六世之烈，以蚕食六国，兼诸侯，并有天下。杖于谋诈之弊，终无信笃之诚，无道德之教、仁义之化，以缀天下之心。任刑罚以为治，信小术以为道。遂燔烧诗书，坑杀儒士，上小尧、舜，下邈三王。二世愈甚，惠不下施，情不上达；君臣相疑，骨肉相疏；化道浅薄，纲纪坏败；民不见义，而悬于不宁。抚天下十四岁，天下大溃，诈伪之弊也。其比王德，岂不远哉？孔子曰，“道之以政，齐之以刑，民免而无耻；道之以德，齐之以礼，有耻且格”。

夫使天下有所耻，故化可致也。苟以诈伪偷活取容，自上为之，何以率下？秦之败也，不亦宜乎！

战国之时，君德浅薄，为之谋策者，不得不因势而为资，据时而为。故其谋，扶急持倾，为一切之权，虽不可以临国教化，兵革救急之势也。皆高才秀士，度时君之所能行，出奇策异智，转危为安，运亡为存，亦可喜，皆可观。

第二章　秦廷弄潮战国时代

《战国策》是一部具有案例汇编性质的古文作品，要想分享和学习其中的谋略与说辩经验，就不能不对它们的历史背景有所把握，毕竟所有的谋略与说辩从来都是在特定的环境下针对具体问题而提出的。而从宏观角度来看，要想理解《战国策》所反映的时代，首当其冲，就要弄懂秦国。因为一部战国历史，秦国是当之无的核心主角。这样说，不仅是因为秦国统一天下后，焚毁六国史书造成了其他国家文献记载的短缺，使无法更多的看到其他国家的身影；更重要的是秦国的确是那个时代后来者居上的超级大国，不但左右着那个时代的政治局势和天下安危，而且还对中国传统文化进行了最具革命性的探索和改造，它的成功与失败都是一笔无比宝贵的财富，一直流传并影响到了我们的今天。

刘向编校《战国策》时，实质上也是有着将战国视为秦国时代之理念的。他在该书《书录》中说全书“继春秋之后，讫楚汉之起，二百四十五年间之事，皆定”，“当此之时，秦国最雄，诸侯方弱”，因此贯穿全书的线索就是秦国的兴亡，成书目的便是要以秦国之史作为汉室施政之鉴。二吴编选《古文观止》之际，更是将战国时代直接等同于秦国时代，因此，他们将选自《国策》以及《楚辞》中的两篇选文也都统称为秦文，列为一卷。可见要想正确解读《国策》选文，全面了解一下秦国，实属必要而且重要。

一、变法铸就争强基

秦国的发展史，历经了附庸周室、位列诸侯、东进争霸、大国崛起、一统天下和最终覆亡六个阶段，自非子受封别立到子婴降楚亡国，前后共计六百余年。本书在第一卷《左传选文解读》中，已对秦国的前三个阶段有所介绍，这里我们将重点谈谈秦国后三个阶段的发展历程，进而从中体悟中华文明的博大精深。

秦国自穆公之后，曾长期受制于晋，不得不偏安于一隅，当韩赵魏三家分晋之时，秦国的困境非但未能因之有所改变，反而受内部诸多因素的干扰，河西之地也被魏国侵吞，魏将吴起还曾乘胜攻入关中，致使秦国疆域急剧缩小。公元前389年，秦惠公起兵50万，试图夺回河西之地，结果在阴晋一战中被吴起以五万之卒杀得大败，输得倾家荡产，秦国更是陷入了一蹶不振的局面。

秦国当时的困顿低落，给流亡于魏国的秦公子连（也称师隰）提供了归国夺回君位的契机。公子连是秦灵公的嫡子，当初灵公去世时，因其年幼，灵公的叔父悼子将其放逐到陇西河谷而夺位自立，史称秦简公。秦简公在位期间，秦国朝政腐败，国力羸弱，丢掉了河西之地，秦人对简公都很有怨言。到了简公的儿子惠公在位期间，秦国也没有什么作为，阴晋之败，更加剧了朝野的不满情绪。惠公死后，他才两岁的儿子出子即位，国政实际控制于出子母亲，这个女人重用本家亲属而排斥异己，导致政局混乱。秦人对秦国的这种危险状况都很担忧，希望秦国能够出现一位有作为的君主，带领大家走出困境，重现当年秦穆公时的强盛。公子连此时辗转流浪于魏已长达近三十年，其间，也不断谋划归国，逢此良机，就让身边谋士进入秦国，联系与出子母亲不和的大臣，在民间散布公子连要回国实行新政的消息，用金银珠宝交接豪杰义士，暗中争取秦军的将领。经过一年的筹备，在魏国武侯的支持下，公元前 384 年，公子连顺利返国夺回了君位，成为秦国新的最高统帅，他便是秦献公。从此秦国开始逆境中的反转，走上了大国崛起之路。

秦国崛起之路上的第一个对手，便是魏国。战国初期的魏国，由于重用了李悝、吴起、乐羊、西门豹、子夏、翟璜、魏成等一大批贤明能干之臣，国势蒸蒸日上，这使得它虽然位处四战之地，却一跃成为当时最强的国家，傲视群雄。魏国民殷国富、兵强马壮，对于早年曾客居于斯的秦献公造成了巨大冲击和影响，因此，他回国即位后就着手仿效魏国进行了一系列改革，其中便包括废止人殉、迁都、扩大商业活动、编制户籍和推广县制等等行之有效的具体措施，这些措施的推行，使得秦国在其执政的晚年，便已蓄积起了一定的实力，秦献公于是先后数次发动收复河西失地的对魏战争，并且取得了一些秦国前所未有的胜利。

秦献公在位期间，经过 23 年的励精图治，终止了秦国继续沦落的脚步，也为其子秦孝公时期的商鞅变法奠定了基础。秦孝公名渠梁，颇具雄才大略，其在位 24 年最大的政绩就是任用商鞅并坚定不移支持其变法，从而将秦国改造成了富裕强大之国。

《史记·秦本纪》对秦孝公即位之初的天下大势有如下描述："孝公元年，河山以东强国六，与齐威、楚宣、魏惠、燕悼、韩哀、赵成侯并。淮泗之间，小国十余。楚、魏与秦接界。魏筑长城，自郑滨洛以北，有上郡。楚自汉中，南有巴、黔中。周室微，诸侯力政，争相并。秦僻在雍州，不与中国诸侯之会盟，夷翟遇之。"面对此种情势，秦孝公认为"诸侯卑秦，丑莫大焉"，因此下诏求贤，称"宾客群臣有能出奇计强秦者，吾且尊官，与之分土"。原为卫国贵族子弟的卫鞅，闻讯就从魏国来到秦国。两人见面后，经过一番长谈，秦孝公最终被其帝道、王道、霸道之外的"强国之术"所打动，"语数日不厌"，于是卫鞅被任命为左庶长，后又升为大良造，在他的主持下，一场轰轰烈烈的变法运动在秦国开始全面展开。

这个卫鞅，因其后来被封于商，又被史家称为商鞅，公元前 356 年和公元前 350 年，他曾经在秦国先后两次进行变法革新，主要内容可以区分为经济、政治和社会风俗三个方面。在经济方面，商鞅的主要措施是废除井田制、实行土地私有制。这是战国时期各国中唯一用国家的政治和法令手段在全国范围内改变土地所有制的变革。与之相配套的包括重农抑商、奖励耕织、统一度量衡等。在政治方面，商鞅的改革主要内容有：一是奖励军功，实行二十等爵制，彻底废除旧的世卿世禄制；二是改革户籍制度，完善和推行县制，并实行连坐法；三是制定秦律，以法治国，“燔诗书而明法令”等。在社会风俗方面，商鞅强制推行小家庭政策，以利于增殖人口、征发徭役和户口税等。

从上述内容来看，商鞅变法的实质就是围绕战争诸要素来构建国家的管理体制，重点解决兵源、粮源、组织纪律、战果分配等问题，其目的不仅是要提升秦国的军队战斗力，更是要把战争提升为秦国的全民意志。因此，经过商鞅变法的改造，秦国政权已经完全成为了一个军事化政府，整个国家就是一部战争机器。它的这一特点，完全适应了当时以战为主的时代特殊要求，也就决定了秦国独领风骚、弄潮时代的命运，这才是商鞅变法的根本意义所在。

商鞅的变法，为秦国带来了巨大的利益，《史记·商君列传》说，新法推行十年之后，“秦民大说，道不拾遗，山无盗贼，家给人足，民勇于公战，怯于私斗，乡邑大治”，“天子致胙于孝公，诸侯毕贺行之”。就连秦王嬴政时期的李斯，回忆起来秦国的这段历史，也不得不交口称赞“孝公用商鞅之法，移风易俗，民以殷富，国以富强，百姓乐用，诸侯亲附”。

反思商鞅变法之所以能够成功，首先，应是源于秦孝公始终如一的信任与支持，其次，则是商鞅本人执法无私、言而有信。《战国策·秦策》中就有“商君治秦，法令至行，公平无私，罚不讳强大，赏不私亲近，法及太子，黥劓其傅”的记录。再次，商鞅在军事及外交方面取得了不少业绩，也为新法的推行赢得了支持力量。商鞅主政秦国，曾以捧的手段，通过“尊魏为王”来孤立魏国，从而使魏这个超级强国走向没落；还以诈的手段，在两军对峙时俘获了魏国公子卬并大败魏军，从而收复了秦国河西失地。这些直观的业绩，使得反对派无话可说，也坚定了支持者的底气，增强了新法的说服力。

商鞅之法的成就与优势是显而易见的，但其流弊也不容忽视。第一，商鞅所持的治国指导思想是以力服人，虽然这是时代环境使然，但其本身并不具有进步意义，也不可能带来国家的长治久安。第二，商鞅之法就其表现形式而言，完全是一种战时管理体制，它借以用来凝聚人心的，是外部敌对势力造成的生存危机与压力感，一旦进入和平时期，这种体制便会失去继续存在的合理性。第三，商鞅所推行的所谓法治，其实质是一种独裁愚民政治，尽管有利于提升组织效率，但并不可能长远持续。因为人毕竟不是机器，要想杜绝平民阶层思维意识的存在，无疑是一种不着边际的空想，强行压制，只会造成更大程度上的反弹。第四，商鞅的治理国家手段是单一的，他要求民众眼中只能有官长权势，而不能有道德是非，这是一种非常危险的行为，因为官长权势既不是真理的化身，也不可能为某人所长期固有，否认民意领袖的存在，就在解决具体问题上从一个极端走向了另一个极端。第五，商鞅之法的时代局限性也很明显，重农抑商，是在地广人稀的情况下，把追求农作物产量的提升，等同于人工绝对投入量增加的一种解决办法，它既没有看到商业发展对农业生产的刺激效果，也必将对社会生产力的发展和科技进步造成极大的抑制和影响。

综上所述，商鞅在秦国推行的变法活动，从某种程度上来说，是具有迎合统治者急功近利心态这种性质的，《史记·商君列传》上说，商鞅对于自己治国理论的弊端也有着清醒认识，他说："吾说君以帝王之道比三代，而君曰：'久远，吾不能待。且贤君者，各及其身显名天下，安能邑邑待数十百年以成帝王乎？'故吾以强国之术说君，君大说（悦）之耳。然亦难以比德於殷周矣。"鉴于当时特殊的历史背景，商鞅为适应于战争状态而做出的变法，虽然突出短期利益而牺牲长期利益，但并不应当受到指责，因为一个国家覆亡在即，若不能先行解决生存需要而奢言万世，不仅是空谈，而且是一种愚蠢行为。不过，如果因其有效就将这种临时性的行为作为万世不移的法则，则是更愚蠢的行为。我们谈商鞅变法之弊，决不是为了否定它的历史功绩，而是为了说明其治国方法使用的局限性，同时也要阐明治国理政需要随俗为变、因时而化的积极意义。后人若不能从中明白这个道理，不能因时世之变而相应调整国策，无论其赞成商鞅变法抑或否认变法，那都将是错误的。

二、纵横之术竞风流

秦孝公急于事功，本身就反映出了寿命不永的迹象。公元前 338 年，正值壮年的他，才 40 余岁便与世长辞，于是时年 19 岁的太子驷便继位为君。因为这位国君执政的中期，秦国实现了由地方诸侯到正式称王的历史性转变，所以以公元前

324 年为分水岭，史家分别称其为秦惠文公和秦惠文王，为了行文表述方便，我们在文中提及他时将统称为秦惠文王。

秦惠文王即位后的第一件大事，就是杀掉商鞅。这中间固然有商鞅曾经得罪于他的因素，但更多的则是出于夺取商鞅之法领导权的客观需要。因为商鞅变法确立的战时管理体制是一种独裁政治，不允许存在两个权力中心。秦孝公去世了，惠文王要继承的不仅是君位，更需要获得的还有对这个国家管理体制的最终裁量权和解释权，商鞅的存在，就妨碍了这两种权力的获得。《战国策·秦策》中载，曾有人劝说惠文王，称“大臣太重者国危，左右太亲者身危。今秦妇人婴儿皆言商君之法，莫言大王之法。是商君反为主，大王更为臣也。且夫商君，固大王仇雠也，愿大王图之”，这个见解应该说是十分到位的。所以商鞅最大的不幸不是被惠文王处以车裂，而是秦孝公死在了他之前，如果他能先于孝公而死，那么他的一生将会是完美的一生，尽管身后仍会有人偷骂，但在当时是绝对不会有人公开议其是非的，而其个人也绝不会身受极刑的。

秦惠文王，应该说是一位年轻但老成的政治家，他在除去商鞅的同时，又以商鞅造反查无实证，公子虔和公孙贾纯属陷害为由，顺手除掉了这两个权臣及其大量党羽，从而名正言顺地继承了商鞅变法确立的战时管理体制领导权，拉开了秦国大发展的序幕。在其执掌秦国 28 年的时光中，秦国起用了大量的外籍能臣，其中来自魏国的张仪、公孙衍、魏章，楚人甘茂等更是其中的佼佼者。在这一大批杰出的文臣武将的辅弼之下，秦国不仅打通了中原通道，而且夺取了魏国的河西郡和上郡，攻灭了巴蜀，占领了汉中，使秦国的领土面积骤然扩大了数倍，从此秦国在诸侯中开始处于领先地位，由以前的谋求自强转而萌发为一统天下的野心。

秦惠文王时代，秦国的国家管理体制几乎全盘承继了孝公时代的模式，若说有所损益，也主要是在进一步强化君权。譬如在此之前，秦国的管理组织架构中行政首脑是将相合一的大良造，大良造统管军、政、民，权力很大，秦惠文王认为这对君权是一个巨大威胁，于是公元前 328 年，开始设立相邦，对大良造进行分权，逐渐使其成为最高军职的专称，而不再具有行政管理之权。臣下的分权结果，实际上也就变相加强了君主的决策权。而秦惠文王勤于政事，又喜欢亲自主持秦国的大局，因此秦国的相邦一职名义上是行政首长，但实际上就相当于春秋时期的行人，主要职责在于从事外务交往，所以并无多少实权。不过这一时期的秦国，最突出的矛盾还是在于国际关系的处理上，所以其最精彩的表现也都是在国际舞台上，这也使得秦国的相位显得炙手可热，被任为相的人物无不成为令人侧目的一时风流豪杰。究其原因，主要还是伴随着惠文王时代的秦国崛起，引发了战国其他诸雄的恐慌，出于扼制和反扼制的需要，于是当时的国际领域围绕秦国出现了合纵与连横两种外交策略针锋相对的斗争。

“纵横”一词，本是个地理学上的概念，《史记三家注·周本纪》中张守节注称“关东地南北长，长为从，六国共居之。关西地东西广，广为横，秦独居之”，后来合纵、连横便又被引申为政治领域秦与六国之间的外交斗争，六国各以其利合力摈秦的外交策略，就是纵，以威势相胁使之分别西向事秦的外交策略，便是横。在秦惠文王时期，以“连横”之计破山东六国“合纵抗秦”的突出人物便是张仪，他以三寸不烂之舌挑动山东六国无休无止的生死相斗，从而让秦国最大限度地实现了坐收渔翁之利。

张仪是魏国贵族的后裔，在入秦之前，曾周游多地谋求富贵，虽然无法得到重用，却对各诸侯的情况有了比较深入的了解，这也为其日后推销连横之术奠定了基础。张仪入秦后受到了秦惠文王的赏识，先是被任命为客卿，后来又做了秦的相邦，感激于知遇之恩，张仪开始积极为秦国的发展大计而在诸侯间奔走。从公元前328年到公元前310年，张仪运用连横策略，游走于魏、楚、韩、齐、赵、燕等国之间，借助于各个诸侯国之间的矛盾，或刻意加以拉拢，使其归附于秦；或拆散其联盟，使其力量削弱，他不仅使秦国在外交上连连取得胜利，而且还帮助秦国开拓了疆土，其功甚伟。

在张仪的整体计划中，瓦解六国的团结，首先要争取的归附对象是魏国，因为其对魏国情况最了解，而魏对秦的直接威胁也最大。张仪为了说服魏国，文武兼用，既打又拉，先后经过多轮艰苦的工作，甚至还在魏出任了一段时间的相邦，前后历经将近十年，才使魏国退出“合纵抗秦”的盟约，单独向秦国请和。接下来张仪想方设法离间齐、楚关系，使两者由盟友而变为仇敌。与之同时，张仪又使秦与齐恢复了邦交，反过来共同对付楚国，迫使楚国不得不应允张仪，与秦结好。有了魏、楚、齐等国的示范，张仪通过威吓，使韩、赵、燕等国不得不争先恐后与秦国结好，甚至不惜割让土地来讨秦国欢心，秦国到了这个时候，隐隐已经有了天下领袖的气象。

张仪仅凭智谋运作，就使各国纷纷由合纵抗秦转变为连横亲秦，秦国还因此不费吹灰之力而开疆拓土，这使秦国在商鞅提出的以力服人的治国理念外，对于用智胜人有了全新的认识，从此连横之术便也成为秦灭六国、统一天下的基本战略之一。如果说是商鞅为秦国一统华夏奠定了内政基础，那么张仪就是秦国对外扩张战略的启蒙者，他们对于秦国的发展壮大有着同等地位的重要意义。

张仪的巨大成就，为他赢得了武信君这一荣誉封赠，但和商鞅的情形颇相似，他这个秦惠文王面前的红人，也不为秦国太子所喜。公元前 311 年，秦惠文王去世，新继位的秦悼武王便开始着手要收拾张仪，很多大臣趁机进言诽谤，指责张仪为人不讲信用、反复无常，以出卖自己的祖国魏国来谋图国君的恩宠，如果秦国继续任用他，恐怕被天下人所耻笑。眼见商鞅的悲剧人生又要翻版上演，素以智谋著称的张仪却出人意料地获得了自救。

张仪鉴于当时的情势，主动找到秦悼武王，声称为了制造东方六国自相残杀的混乱局面，以便秦国乱中取利，他愿意利用齐王非常痛恨自己的这一条件，主动诈称弃秦从魏，以引诱齐、魏混战，而秦国则可利用这个时机攻打韩国，进入三川，出兵函谷以威胁周室，从而成就称王大业。秦悼武王认可了张仪的意见，就礼送张仪入魏。张仪挟秦之威，担任了魏的相国，齐国果然兴师来攻，张仪又派自己的手下冯喜前往楚国，借用楚国的使者名义前往齐国，游说齐王，向其剖白齐国攻魏，对内消耗国力，对外攻打盟邦，正是中了张仪之计，不但伤害不了张仪，反而会增进秦王对他的信任。齐王认为的确是这样的道理，为了借秦王之手除去张仪，就下令撤军，魏国一场兵祸于是冰消瓦解，张仪也因之逃脱了可能被秦王所杀的命运，安然出任魏相二年后在魏国病逝。

秦悼武王之所以能够痛快地接受张仪的建议，根本原因就在于张仪对此人特别了解，深知秦悼武王的短板所在，他以替秦国攻韩观周创造条件为借口，正是挠在了秦悼武王的痒处。原来秦悼武王一向仰慕中原繁华，常听人们谈起洛邑之盛，心向往之，《战国策》秦策中曾记有其言称："寡人生于西戎，未睹中原之盛。若得通三川，一游巩、洛之间，虽死无恨。"有这样的背景，张仪之计自无不成的道理，由此也足见张仪的心思细密，若非有大智慧，怎能计谋之巧，迂回曲折如是？

秦悼武王虽然在张仪那里上了当，但其攻韩观周的理想并未放弃，深受其信赖的秦国重臣左丞相甘茂为实现其宿愿，经过一番国际运作，又以精兵强将攻打韩国宜阳近一年，终于成功打通了前往洛邑的通道。秦悼武王见梦想成为了现实，高兴万分，在宜阳之战后，就引着一帮人马直入周王室的所在地进行参观。不料此行踏上的竟是一条不归路，他是生龙活虎乘坐车马往周的，等到归来时，却成了横躺在棺材中的一具尸首！秦悼武王身高体壮，勇力超人，时年也才二十三岁，加之前往周室只是参观，一路上又都是被自家军队扫平狼烟之地，本是不该发生这种身亡意外的，问题出就出在他重天下勇士，常以斗力为乐。当秦悼武王一行在洛邑参观“九龙神鼎”时，他突发兴致，不顾大臣劝阻，坚持要与手下的大力士孟贲等比赛举“雍州大鼎”，结果两目出血，胫骨折断，到了晚上，就气绝身亡。这场事故使当时的天子周赧王担惊受怕，不得不筹备美棺，亲往视殓，哭吊尽礼，在强秦面前完全尊严扫地；而力大无穷、勇冠海岱的猛士孟贲，号称“陆行不怕虎狼，水行不避蛟龙”，尚未在疆场为秦国效力，却因参与举鼎被诛，族灭其家，真是可悲可叹！

三、以力服人重事功

公元前 307 年，年纪轻轻的秦悼武王意外死亡了，因为其尚无子嗣，接下来由谁主持秦国政局，便成了大问题。他的几个弟弟对王位都有觊觎之心，操纵各自的拥戴势力蠢蠢欲动，但最终胜出的却是当时远在燕国做人质的公子稷。此人便是秦国历代君主中在位时间最长的秦昭襄王。

公子稷能够在这场激烈的竞争中脱颖而出，和他本人的才干关系不大，起到决定作用的是其母族势力的强大，而且时机也很有利。他的母亲来自楚国，史载名为芈八子。要说此女也只是秦惠文王时后宫中的一名普通姬妾（根据秦制国君后宫中的女人共分为八级，分别是王后、夫人、美人、良人、八子、七子、长使和少使，其称八子，可见当时的地位并不高），况且秦悼武王驾崩之际秦惠文王的王后尚在，芈八子原本是发挥不了什么作用的，但是这个女人的同母异父兄弟魏冉权势非常显赫，因此政治局势便向公子稷的这边开始倾斜。

魏冉臂力过人，豪爽猛悍，早在秦惠文王时期，就已任职秦国，秦悼武王在位时因尚武好力，对其也比较倚重，令其辅弼丞相警卫咸阳。又加之魏冉和秦惠文王的弟弟、素有“智囊”之称的右丞相樗里疾私交甚厚，而樗里疾与当时位居于其上的左丞相甘茂不睦，正欲借助魏冉排挤此人，所以对于扶立谁为新君，魏冉的砝码便显得颇为重要。当时魏冉和樗里疾这两个权势颇重者立场是基本一致的，他们都认为扶立芈八子的儿子对己方最为有利。但是尽管如此，在秦国朝廷中仍是还有很多大臣对此并不支持，大家各想扶立对自己最有利的公子，以便成为从龙的功臣从中得到好处，特别是惠文王后钟爱公子壮，而公子壮又担任着秦国庶长一职，素有贤名，所以芈八子虽然有公子稷、公子悝、公子市三个儿子，也无法稳操胜算。在这种前提下，魏冉等提出应遵循国际惯例无嫡立长，大家才算勉强统一了意见。在秦悼武王的诸弟中，公子稷最长，这样一来，魏冉一方看似获胜已无悬念，实则不然。因为此时的公子稷还远在燕国当人质，能不能回来，尚在两说，朝中反对派之所以接受无嫡立长的说法，就是认为其中大有操作余地。

公子稷是秦国为牵制齐国而被派往燕国成为单方人质的。所谓单方人质，就是燕国不派出人质作为交换，而只有秦国一方向燕国派出人质，以保证相关盟约的效力，看来公子稷要想回国，的确难度很大。但是公子稷的运气比较好，两个方面的客观助力，使其得以顺利回国。一是燕国的太后燕王哙的妻子，是秦惠文王的女儿，也即公子稷的同父异母姐姐，此人在燕国很受尊重，对娘家人也很疼爱，她愿意让公子稷回去；二是赵国的国君赵武灵王听说秦国要迎立公子稷，认为这正是和睦邦交的一个好时机，就主动派本国代郡相赵固到燕国，声称赵国愿意护送公子稷返秦。想当初燕王哙由于要效法先圣禅让王位于子之引发国乱，导致齐人入侵，燕国几乎被灭，多亏赵武灵王派乐池率军护持公子职从韩返国即位为君，燕国社稷才得以存续。如今的燕昭王便是昔日的公子职，赵武灵王开口相求的事，他怎能不答应？有了这些前因，公子稷的返国，看似极难之事，也自然迎刃而解。

秦昭襄王即位后，其母族势力也相应水涨船高。芈八子摇身一变成了宣太后，以昭襄王尚幼为名，主持国政；魏冉因扶立有功，被委任执掌辅政大权，芈八子的另一弟弟芈戎则被从东周招来，封为华阳君，参与国政；昭襄王的两个同母弟也分别被封为高陵君和泾阳君，掌控秦国要塞。一时之间魏冉、芈戎、公子悝、公子市成了秦国四贵，宣太后则借助于他们基本垄断了秦国政坛。昭襄王二年（前 305 年），不甘心失败的秦国其他公子发动武力叛乱，魏冉又用铁血手腕将惠文后及公子壮、公子雍以及有关大臣全部诛灭，并将悼武王后也驱逐回魏国娘家，自是秦国才正式进入昭襄时代。

秦昭襄王此人，若非是没心没肺的运气特好，就是肚量异乎常人的无比宽广，因为其虽然在位五十七年，但其中有四十一年政权都处于其母亲宣太后的控制之下，其舅魏冉、芈戎等更是专权跋扈，富比王室，以至天下“闻秦之有太后、穰侯、泾阳、华阳、高陵，不闻其有王”，能够数十年如一日无惊无险地坚守在傀儡岗位上，这都简直可以列入吉尼斯世界记录了。非但如此，秦昭襄王除了要忍耐权力方面的制约，还要不得不接受其母亲的道德操守方面的问题。史载，这位宣太后曾有众多情人，而且从不避人耳目，其中最有名的两位莫过义渠王和魏丑父。义渠是东周时期活跃于泾水北部至河套地区的一支古代民族，秦惠文王时开始向秦国称臣。昭襄王即位后，义渠王前来朝贡，宣太后见其年轻力壮，桀骜不驯，就与之勾搭成奸，甚至还为义渠王生了两个儿子。魏丑父则是其最后一位非常有名的情夫，宣太后对之也十分喜爱，以致病重将死时公然要求：“为我下葬时，一定要魏丑父殉葬。”除开这些，宣太后最让世人瞠目的还要属其言语的奔放无忌。《战国策·韩策》中载，楚国进攻韩国雍氏，韩国派遣尚靳出使秦国求救，秦宣太后接见尚靳，双方会谈中，她竟以房事为喻向韩国索求利益，她说：“妾事先王也，先王以其髀加妾之身，妾困且疲也；尽置其身于妾之上，而妾不以为重，何也？以其少有利焉。

今佐韩，兵不众，粮不多，则不足以救韩。夫救韩之危，日费千金，独不可使妾少有利焉。” 这番说辞使得两千余年后，清人王士桢批点之际也不得不慨叹：“此等淫亵语，出于妇人之口，入于使者之耳，载于国史之笔，皆大奇！”（《池北偶谈》）

然而，更令人惊奇的是，即便是在这样的执政环境之下，秦昭襄王领导的秦国，既没有发生流血性的亲族争权内斗，更没有失去蓬勃发展的势头，这种情况遍观中国历史，则恐怕也是绝无仅有了。当时的大学者荀子到秦国考察，曾称赞秦国说：其固塞险，形势便，山林川谷美，天材之利多，是形胜也。入境，观其风俗，其百姓朴，其声乐不流污，其服不佻，甚畏有司而顺，古之民也。及都邑官府，其百吏肃然，莫不恭俭、敦敬、忠信而不楛，古之吏也。入其国，观其士大夫，出于其门，入于公门；出于公门，归于其家，无有私事也；不比周，不朋党，倜然莫不明通而公也，古之士大夫也。观其朝廷，其朝闲，听决百事不留，恬然如无治者，古之朝也。故四世有胜，非幸也，数也。是所见也。故曰：佚而治，约而详，不烦而功，治之至也，秦类之矣。（《荀子·强国》）由是观之，作为后人，想不佩服秦昭襄王，又哪里能做得到呢？

探究秦国这一时期的成功经验，笔者认为主要有三条，首先，是其执政群体能够坚持国家利益至上。秦国的宣太后虽然私生活不检点，可是从未因此出卖过国家利益，她与义渠王的交往，结果是趁义渠王处于温柔乡中突然发难，杀掉了义渠王和他的两个儿子，派兵彻底灭掉义渠而置为郡县，如此一来不仅消除了秦的后顾之忧，还因戎地骁勇的士兵、众多的牲畜，为秦灭六国提供了雄厚的军事资源。她与韩使的谈话，虽然粗俗，但捍卫国家利益的立场是明显的；楚国是其娘家之国，但只要对秦有利，她也从不吝于用兵，楚怀王赴会被囚于秦，便是她的代表作。同样的事例，我们也可以从魏冉身上看到，此人一生曾四次在相位上被免，中间没有委屈是不可能的，但其从未叛离秦国，另外，当宣太后想用亲族人向寿为将时，魏冉不避嫌疑，坚决推荐并无亲缘关系的白起，从中也可见魏冉是颇有政治家之胸襟的。以上说明，权臣只要能够做到以国家利益为重、国家利益至上，那么即使个人节操有些问题，也无碍大局。同时，秦的历史也表明，中国史上一些朝代的灭亡，史家将其归因为后宫专权、外戚干政是有失偏颇的，将此作为一条戒训，则更是迂腐行为。

其次，秦国的昌盛也在于用人时能够戒空谈而重事功。注重强调事功是商鞅变法以来的秦国用人传统，秦昭襄王时期这一特点表现得也很突出。比如华阳君，虽然是太后的胞弟，但要想在秦国站住脚，也需要有军功，他曾率秦军伐楚，一举攻下新城等八座城池，并在对齐斗争中，出使齐国，利用秦、齐、楚的交互利益关系扼制了齐国向南扩展的意图，正是有了这样的前提，所以其出任左丞相，才得到认可。又如穰侯魏冉在秦国的确是独揽大权，党羽众多，秦国的高级将领也多出自其门，就连惠文王朝的司马错和悼武王朝的任鄙都投靠于他，但这些人也均是凭真本事得以提拔的，无不在攻城略地中战绩卓著。反观因建议秦昭襄王废太后、逐四贵而受到重用的范雎，秦昭襄王为了替他解决私人恩怨，不惜对赵、魏用兵索要范雎的仇敌魏齐，但其在国家事务处理中出现了失误，照样被撤职，这些都说明商鞅变法以来确立的管理理念已经深入人心，成为了秦国政治生活的惯性力量，得到了广泛认可，并且发挥着重要作用。

再次，也是最重要的一条经验，就是秦国在国家治理方面抓住了主要矛盾，依靠战争，不但转移了国内矛盾，而且实现了领土扩张，为秦国将来的一统天下也奠定了基础。当代史学家翦伯赞认为，昭襄王时代是秦国发展史上最为重要的一个时代，到了昭襄王末年，“秦对六国的斗争已取得决定性胜利”，这一论断应该也是基于昭襄王时期秦的战争成果而得出。

秦昭襄王时代，秦国依靠战争解决内外问题的指导思想，造就了一大批优秀的军事人才，白起则是其中最突出的代表。此人是秦国土生土长的本地人，受魏冉的提拔，在战火中不断成长起来。他素以深通韬略著称，从最低级的武官一直升到被封武安君，先后指挥大小 70 余战，从无败绩，而他的残忍嗜杀，也使六国闻之胆寒。据梁启超先生考证，白起攻韩、魏于伊阙斩首二十四万，攻楚于鄢决水灌城淹死数十万，攻魏于华阳斩首十三万，与赵将贾偃战沉卒二万，攻韩于陉城斩首五万，长平之战中歼灭赵军五万，坑杀降卒四十万，共一百余万，而整个战国期间总共才战死两百余万人，他一人就占了将近一半，难怪其被世人称为“人屠”。秦相蔡泽在评论白起的一生时，就认为秦国的威震天下与白起的战功有着直接的关系，他说：“楚地方数千里，持戟百万，白起率数万之师以与楚战，一战举鄢郢以烧夷陵，再战南并蜀汉。又越韩、魏而攻强赵，北阬马服，诛屠四十余万之众，尽之于长平之下，流血成川，沸声若雷，遂入围邯郸，使秦有帝业。楚、赵天下之强国而秦之仇敌也，自是之后，楚、赵皆慑伏不敢攻秦者，白起之势也。”由此可见，秦昭襄王时代，秦已将“以力服人”的国策发挥到了极致，“虎狼之秦”、“暴虐之秦”的恶名，应该也是自此而始。事实如此惨烈，若就人类道义角度来说，作为这一个国策实施工具的白起被贬自裁，也不为过；而其始作俑者商鞅，现在回想起来，五马分尸似乎已是最轻的处罚了，宜乎其千载之下，仍被世人咒骂！

四、壮志筹划新纪元

秦昭襄王在魏冉、范雎、白起等一大批名臣的辅佐下，政治廉明，军功卓越，周边各国不得不纷纷割地求和，韩国、魏国更是自甘成为秦国的属国，秦国已经基本走到了一统天下的前夜，称帝的愿望也更加强烈。早在秦昭襄王十九年，秦王便自称西帝，并派遣使臣尊称齐王为东帝。但齐王听从谋士之策，自去帝号，还约诸侯以秦国不礼为名合纵攻打秦国，致使秦国被迫也取消帝号，恢复称王。到了秦昭襄王五十一年，也即公元前 256 年，秦国起兵攻打周国，掳获了周王室的最后一位天子周赧王，西周公降秦，尽献其邑三十六，人口三万，秦国收其献后释放了这位周天子，结果当年赧王崩，秦取九鼎，西周文公姬咎也被流放到了悉狐聚（今河南平顶山汝州市西北），周王室至此正式宣告灭亡。这时的秦王已经是视自己为实际上的天下共主了，秦昭襄王五十四年，其在旧都雍城祭祀祖先时，用的便是周天子的礼仪。但是由于六国未灭，有过前此称帝不成之鉴的秦王，加上年事已高，就不敢再冒险公开称帝，他的这个愿望一直到了秦王政时，才终于得到了实现。

在秦王政成为秦国的最高统治者之前，继秦昭襄王之后的还有秦孝文王和秦庄襄王两代国君，不过他们都是秦相吕不韦扶立秦王政的这盘大棋上的弃子，所以孝文王正式在位仅 3 天便一命呜呼，庄襄王也只干了三年，就因病而崩，因此嬴政年仅 13 岁就顺利地登上了秦王宝座，而国政也自然由被其尊为仲父的吕不韦所把持。吕不韦视国君替立犹如翻掌，此人又是何方神圣，为何拥有如此巨大的力量？若欲知其源流，需从秦庄襄王当年在赵做人质时说起。

秦庄襄王原名异人，系秦国太子安国君（即后来的秦孝文王）的庶子，因其生母夏姬不受宠爱，故被派往敌对情绪较浓的赵国做人质。在赵期间，异人生活困窘，卫国商人吕不韦听说这种情况后，认为“奇货可居”，于是主动接触异人，倾尽积蓄，一方面支应异人在赵地的日常生活和交结宾客之用，另一方面为其在秦国游说，极力讨好太子的宠妃华阳夫人，使得异人改名为子楚，并被立为太子的继承人。此后，吕不韦又选取了一姿色非常漂亮的邯郸女子转送子楚，以舒解其客居寂寞，后来此女生下了儿子嬴政，子楚就立此姬为夫人。有了吕不韦的慷慨相助，子楚的名声在诸侯中越来越大，鉴于秦赵关系紧张，吕不韦又通过各种渠道运作，使子楚及其妻赵姬和儿子嬴政先后回到了秦国，并且还让其顺利承继了国君之位。正是有这样一段缘故，所以吕不韦才能在秦国如鱼得水，呼风唤雨。

吕不韦虽然是商人出身，但颇有胸襟抱负，他愿意投资于秦，就是看好该国的发展势头，志欲以此为平台兼济天下。当他官居丞相、封侯文信、王称仲父，终于成为秦这个超级大国的真正主宰者时，他已经敏锐地觉察到，秦国统一天下已为时不远，该如何治理未来的国家，正在上升为秦国的一个重要问题。于是他效法当时流行的养士之风，广招门客，集中研究各种学术思想的优劣得失，集体创作完成了《吕氏春秋》这一辉煌巨著，试图以之成为秦国未来的治国纲领和指导思想。这部书共分纪、览、论三大部分，有160篇文章，以黄老思想为中心，“兼儒墨，合名法”，提倡在君主集权下实行无为而治，顺其自然，无为而无不为。客观地说，吕不韦的这种思想对于天下由大乱而归于治，是很好的指导理论，尤其是对像秦国这样依赖战时管理体制运作了百余年，如何在一统天下后实现华丽转身，堪称是对症下药。但是很可惜，上天或许是因为秦的嗜杀，已厌其德，所以故意安排了一些琐事，使历史偏离其原来的轨道，让这服良药与未来的大秦帝国主宰者擦肩而过、失之交臂。

不知是否与秦国都城设计的风水有关，秦王嬴政母亲赵姬太后的私生活和秦昭襄王母亲宣太后如出一辙，这个女人因为和吕不韦早就熟识，所以在秦王嬴政即位后，希望仍和吕不韦持续保持情人关系，但吕不韦热衷于政治，对女人兴趣不高，为了摆脱太后的干扰，就另向其推荐了嫪毐。嫪毐和太后相处得很好，但其行事嚣张跋扈，而秦王嬴政也不像他的曾祖父那样，对于太后的私生活紊乱不以为忤，于是在秦王嬴政九年，因有人告发嫪毐和太后淫乱私通，秦王命法官严查此事，嫪毐被夷三族，赵姬太后被迁到雍地，相国吕不韦也受到了牵连，很快被免相遣逐，进而被逼服毒自杀。缘于这一事件，秦王嬴政连吕不韦的名字都讨厌别人提及，因此《吕氏春秋》想成为秦国未来的治国指导思想也就沦为了镜花水月。

秦王嬴政诛杀了嫪毐、清除了吕不韦，亲理国事之初，受当时秦国一些贵族的蛊惑，曾一度要逐出六国汇聚于秦的各路人才，放弃商鞅变法确立的战时管理体制，幸亏李斯及时谏阻，才使其幡然醒悟，避免了一场自毁长城之祸。此后，秦王嬴政广揽人才，励精图治，积极准备统一天下。一时之间，其手下人才济济，文臣有尉缭、李斯、王绾等人，武将有王翦、王贲父子、嬴成、蒙武、内史腾和蒙恬等人，从事间谍活动比较突出的也有姚贾、顿弱等人，于是历史的车轮继续前行，经过十余年的筹备，秦王嬴政开始发动了统一中国的全面战争。

从公元前 230 年至公元前 221 年的十年时间，秦王嬴政采取远交近攻、分化离间、各个击破的策略，依次于秦王嬴政17年（前230年）灭韩、19年（前228年）灭赵、22年（前225年）灭魏、24年（前223年）灭楚、25年（前222年）灭燕、26年（前221年）灭齐，终于结束了春秋战国以来500多年诸侯长期割据纷争的局面，并在中华大地上建立了中国历史上第一个统一的、多民族的、中央集权君主统治的国家——秦帝国。

随着六国的被扫灭，战争，这一占据秦国政治生活核心位置的话题，在持续了160余年后开始渐趋淡化，虽然在帝国的南北两端，为贯彻落实“南平百越、北击匈奴”的战略，还有着一些规模不同的战斗，但无论是秦军的兵力、装备、士气、经验，还是秦帝国的经济、文化发展水平，都远超于对手，战胜对方并开疆拓土几乎没有什么悬念，所以作为帝国的决策层已无需为之更多分心，摆在他们面前的更为重要的任务，则是应该采取何种办法来管理这样一个民族众多、风俗各异、地域广袤的国家。

秦王嬴政首先希望改变称号来作为一个崭新时代开始的标志，于是他的那些臣属经过一番议论，认为秦王政“兴义兵，诛残贼，平定天下”，功绩“自上古以来未尝有，五帝所不及”，又说“古有天皇，有地皇，有人皇，人皇最贵”，所以建议秦王嬴政采用“泰皇”头衔。然而，秦王嬴政对此并不满意，可能是为了圆自昭襄王以来的秦人意欲称帝之梦，所以他综合大臣们的见解，创造出了“皇帝”这个新头衔，并以自己为新纪元的开始，号称始皇帝。从此以后，“皇帝”就成为中国历史上各代王朝最高统治者的称谓。

秦始皇雄心勃勃，决心创造出一个和以前完全不一样的时代，出于自傲，他不愿在国家的治理方式上，借鉴于任何古制，可是一时又找不出更新的东西，于是只有立足秦自商鞅变法以来确立的管理体制，通过损益来构建新帝国的框架。大家知道商鞅变法的核心思想，就是通过各种措施，实现整齐划一，以便集权于上，因此到了秦始皇这里，国家治理的任何组织形式，便都开始以统一为前提推广开来。这种统一表现在政治制度上，主要是地方推行郡县制，服从于中央；中央按照职责分工，实行三公九卿制，服从于皇帝。表现在经济上，则主要为以原秦国的度、量、衡为单位标准强制统一；将货币样式加以统一规范，并将铸币权收归国家，严惩私人铸币；将全国交通车辆制式统一，以帝都为中心修筑驰道，施行车同轨等。表现于社会生活上，则主要是书同文、人同伦，即全国使用统一的官方新文字，遵循统一的伦理道德和行为规范。如是等等，条文很多。

秦始皇以统一为前提，强制推行的新标准，和周礼相比有了很大的进步和改善，至少在两个方面其优越性非常突出：一是这个标准化体系覆盖面更广，不是仅限于政治、伦理；二是新的标准不再以别上下、明尊卑为出发点，而是以生活实用和强化集权为目的，更具推广价值。秦始皇以国家政权之力所取得的改革效果，是以孔夫子为首的历代儒家学者孜孜以求损益周礼，从来也没有达到过的。明朝著名改革家张居正认为：

“三代至秦，混沌之再辟者也，其创制立法，至今守之以为利，史称其得圣人之威。周王道穷也，其势必变而为秦，举前代之文制，一切铲除之，而独持之以法。西汉之治，简严近古，实赖秦之驱除也。”他的评价，即使作为今人来看，仍是非常中肯的。只是秦始皇推行这些措施的手段过于残暴蛮横，加之操之过急，完全不顾及民力和国家的经济实力，结果反而加速了秦的覆亡，这也不能不令后人常常引为憾事而扼腕不已。

五、兴亡由变遗恨长

大秦帝国建立了。作为首任最高长官，秦始皇应该说是极度亢奋的，他既想享受这前所未有的成果和荣耀，尽情放纵自己的各种欲望，又不得不以超乎常人的工作热情，来为他新兴的帝国忘我工作。因为新生事物，总是千头万绪，需要考虑和完善的地方太多太多，而受体制的制约，一切决策最终又不得不靠他来定夺。为了强化对这个帝国的控制力，秦始皇一统天下后，曾 5 次进行大规模的巡游，结果在其最后一次巡游途中暴死沙丘，终年刚满 50 岁，而这时新帝国的成立才仅 10 年时间，许多应该做的工作还只是开了个头或者尚未启动，但也只能无奈地随着帝国领袖的去世而暂停。

秦始皇死后，他的少子胡亥，在赵高、李斯等人的扶持下，成为了帝国继承者，不过此人是个花花公子，他希望继承的只是荣耀与享受，并不肯接下秦始皇未完成的各项工作，于是国家的运行出现了问题，很快帝国境内就爆发了大规模反抗政府的武力行动，仅仅4年时间，昔日庞大的秦帝国便轰然倒塌，湮没在了历史尘埃之中。

秦人积蓄了一百余年的力量，用十年时间完成了华夏统一大业，接下来又忙着制定了大量行之有效的管理制度来治理这个国家，但其建立的庞大帝国，结果仅运行了十四年，就不复存在。辛苦如是，而灭亡又如此之快，这种巨大的反差，使得后人对其兴亡不能不广为关注而众说纷纭。正如我们在前面的文章所提到的，成功的经验，可以借鉴但不可复制，即使完全照搬照抄别人的做法，也不一定会获得同样的成功效果；而失败的教训，必须警惕并尽力避免，哪怕重复了其中任一部分，其带来的结局也是以惨败收场。因此，充分认识秦帝国灭亡的原因，对于今天的我们来说，意义更为重大。

古往今来，对于秦帝国兴亡原因进行沉痛反思者，不可胜数，其中更不乏名人大家。但需要引起我们注意的是，那些进行反思的人物可能大多数都是在借古说今，即表面上看是说那时之弊，实际上则是在揭当世之丑，他们的反思结论，从某种程度上说，也许并不一定就是为了探究历史真实，相反则是意在拿过去为例，试图唤起时下当政者对某些政治举措的猛省。譬如苏洵著《六国论》，其称战国之世，秦能一扫群雄，“六国破灭，非兵不利 ，战不善，弊在赂秦。赂秦而力亏，破灭之道也”，从历史事实上看，六国争相赂秦是确有其事，但六国是否亡于是，则未必见得，苏洵著此文，明面上是在说六国，实际上则是伤心于宋室岁贡臣服于夏、辽，不敢直言国是之非，而借战国之事意有所指罢了。再譬如汉代贾谊的《过秦论》强调“秦王……废王道，立私权，禁文书而酷刑法，先诈力而后仁义，以暴虐为天下始……故秦之盛也，繁法严刑而天下震……秦本末并失，故不长久”，进而将秦的灭亡归结为“仁义不施，而攻守之势异也！”察其目的不过是要借秦的亡国教训，劝诫汉帝国尊儒术而轻赋敛，至于秦之暴虐程度是否足亡其国，反而显得并不重要了。还有一类人，如王安石、张居正等是鼓吹法家思想的，于是他们就将秦亡归咎于人事，认为秦始皇并无大错，所以张居正才说：“惜乎扶苏仁懦，胡亥稚蒙，奸宄内发，六国余孽尚存。因天下之怨，而以秦为招，再传而蹙，此始皇之不幸也。”

对于凡此种种“仁者见仁，智者见智”的各异之辞，我们是不能简单用对或错加以评判的，因为探究于史，本为养智，能够古为今用、人为我用，虽然各持一偏，也未必见得就是什么坏事。马克思主义者所追求的共产主义境界，便是把“各取所需”视为人类可以充分自由的显著特点，如果我们认为这一理念是正确的话，就又何必胶着于别人从失败的教训中获得了什么启发呢？即便研究者对秦亡的原因认知完全正确，秦的历史也无法改写重来，假定其所见完全错误，持其论者也无非不得事功，但总能救个人行为于一偏，这也算是有益无害吧！当然，这只适用于对别人失败的反省，若是用于对别人成功经验的模仿，就是另外一说了。

出于上述理由，所以尽管已由无数前人大家乃至圣贤都已谈过秦帝国兴亡的原因，并且得出了五花八门的众多结论，但这并不妨碍我们立足于自己的心得旧调重弹，至于能引起多少共鸣者的响应，那就看我们究竟有多少同道者了。

笔者认为，我们需要关注秦帝国兴亡史的理由，也许并不在于秦人建立了一个多么庞大的帝国，开创了多少个中国史上的人文制度第一，而是在于他们的社会实践活动，完结了中华文明史上第一个人类社会发展治乱的标本，为中华文明如何应对社会治乱周期进行了全面补充。我国古典文学名著《三国演义》开场白中有这样一句话，叫做“话说天下大势，分久必合，合久必分”，从中我们可以体知的便是，在普通老百姓的意识中，整个人类社会实际就是在分与合这两种状态下交替存在的，所谓分的状态，就是纷争的乱世，所谓合的状态，便是统一的治世，但是无论分合治乱，老百姓都得生活，如何活在这个不由己意的社会，是圣贤先哲在理论层面应该优先关注的问题，也是普通老百姓最想知道答案的问题。要想回答这个问题，无论是多高明的圣贤也不能凭空杜撰，他们需要通过对一个完整周期的标本进行观察和思考，才能给出一个结论。而从中华文明史的角度来看，要从秦以前的历史中找到一个治乱周期完整的标本，几乎是不可能的。因为我国有确切纪年的历史是从公元前 841 年的周召共和时代开始的，而有文字可考的历史也只能上推到商朝，再往上就不能称为信史时代了，那些传说，只能作为茶余饭后的谈资，供我们消磨一下时间，说到引以为鉴则很少具有可能。这样一来，由于初有信史的记录残缺不全，给我们的启发也不系统不完整，那么，从公元前841年到秦亡的公元前206年，从信史角度来看，应该就是中华文明里真实可知的第一个完整治乱周期，秦国处在这样的一个充满人类实践且有文字记录的标本，并且是当之无愧的主角，对于学者研究人类社会发展的治乱问题，其重要意义自然可想而知。

根据真实的历史记录，自周召共和以来，秦国从无到有，历程曲折，尤其是在烽烟四起的战国时代，秦国从偏居一隅的寂寂无名，一跃成为强者凌驾于其他国家之上达160余年之久，此后他更是建立了强大帝国体系，使社会由战火纷飞的众强相争转入了一统太平，不过这段太平十分短暂，也就是十余年的时光，随着帝国的崩塌，整个社会就又陷入了乱世之争。这段信史，因有文字的记载，所有事件给予我们的启发或教训堪称都是无可辩驳的真实。

纵览前面我们对秦国发展史的描述，我们就不难发现，其兴亡的关键问题就出在变或不变上。处在乱世的秦国，果断摈弃了以周礼为基础的政治、经济乃至宗法制度，构建了本国的战时管理体制，由于变得最坚决，所以走在了诸国的最前头，而一统华夏后，秦国却并没有从战时传统体制中走出来，甚至还做了进一步的强化，在外部已无敌对势力，内部要求分享收益之际，社会主要矛盾已由外部生存危机转化成了如何共同发展，但秦帝国却忽略了这一变化，因此也就不可能不出现新的危机。我们知道，在乱世，一个团体最大的矛盾来自外部施加的生存危机，在这种前提下，大家要想生存，就不得不舍弃部分权力欲望和物质欲望，依靠抱团来抵御外部压力，这时候的个人利益诉求要么被压抑下来，要么就是释放到敌对团体来寻求平衡。而到了治世，外部敌对势力消失了或者说已经不至于威胁到团体生存了，那么团体内部各个成员的权力欲望和物质欲望，也就没有了继续压抑的借口和向外转移的出口，这样一来，团队领导层欲追求的东西，便是整个团队成员都欲获得的东西，上行自然下效，不管你愿不愿意分享，这种情况都会存在。如果领导层将自己的欲求与被领导层强行分离或对立起来，实际上就是在激化内部矛盾，最终也必将使其上升为新的敌我矛盾，导致社会重新陷入乱世。

秦始皇在建立秦帝国后，对那个时代被视为财富象征的土地，看得很重抓得很紧，人同此心，心同此理，他的臣属们当然也是如此看待。秦始皇不肯采用过渡措施，只见分封制之弊，而不见分封制之利，就已经人为地将统治阶层内部分裂了。除了土地外，秦国立足于乱世而确立的重军功的等级爵制思想，秦始皇也没有及时加以改变，这为秦帝国也带来了极为严重的恶果，因为治世没有了那么多的战争，其臣属的工作表现也就没有了得到正确评估和迅速提升的客观依据，分配不公的现象自然随之而生，出现讨好于上、迎合于上而求自存的人身依附获益也就成为必然结果。这些来自统治阶层内部的分裂，从根本上削弱了政权的维持力量，不断缩小着社会的既得利益阶层，当秦国的利益完全等同于秦二世的个人利益诉求时，秦帝国还要想不倒塌，又怎么可能呢？

再说，处于这个社会最底端的被统治阶层，他们从乱世好不容易熬到了没有战争的太平年代，就像紧张工作了一天的人们，他们的最大愿望当然是希望能够得到一些短暂的休息，放松一下自己。但是秦始皇没有考虑这些问题，以其为代表的领导阶层放松了紧绷的战争神经，却把如何便于提升自己工作效率、提高个人工作舒适度的问题当作勤政的表现，然后分配出大量的体力劳动来让普通百姓去完成，表面上好像大家都很辛苦，其实是一方为了享受而剥夺了另一方的休息权，这种不公平，结果除了将内部矛盾上升为敌我矛盾还会有其他可能吗？更何况，秦自商鞅变法以来形成的规矩，就是官府不和百姓讲道理，只讲服从命令服从法律，过去受了委屈可以转移到敌人身上发泄，没了敌人，就只好制造出官府这个敌人来发泄了，所以说官逼民反，秦国就是自己把自己掐死的。

有句俗话说得好，马上得天下，却不可以马上治天下。这可能才是历代统治者从秦史之鉴获得的最大收益吧！

附录1：《史记·商君列传》（节选）

商君者，卫之诸庶孽公子也，名鞅，姓公孙氏，其祖本姬姓也。鞅少好刑名之学，事魏相公叔座为中庶子。公叔既死，公孙鞅闻秦孝公下令国中求贤者，将修缪公之业，东复侵地，乃遂西入秦，因孝公宠臣景监以求见孝公。

孝公既见卫鞅，语事良久，孝公时时睡，弗听。罢而孝公怒景监曰："子之客妄人耳，安足用邪！"景监以让卫鞅。卫鞅曰："吾说公以帝道，其志不开悟矣。"后五日，复求见鞅。鞅复见孝公，益愈，然而未中旨。罢而孝公复让景监，景监亦让鞅。鞅曰："吾说公以王道而未入也。请复见鞅。"鞅复见孝公，孝公善之而未用也。罢而去。孝公谓景监曰："汝客善，可与语矣。"鞅曰："吾说公以霸道，其意欲用之矣。诚复见我，我知之矣。"卫鞅复见孝公。公与语，不自知跶之前於席也。语数日不厌。景监曰："子何以中吾君？吾君之驩甚也。"鞅曰："吾说君以帝王之道比三代，而君曰："久远，吾不能待。且贤君者，各及其身显名天下，安能邑邑待数十百年以成帝王乎？"故吾以彊国之术说君，君大说之耳。然亦难以比德於殷周矣。"

孝公既用卫鞅，以卫鞅为左庶长，卒定变法之令。令民为什伍，而相牧司连坐。不告奸者腰斩，告奸者与斩敌首同赏，匿奸者与降敌同罚。民有二男以上不分异者，倍其赋。有军功者，各以率受上爵；为私斗者，各以轻重被刑大小。僇力本业，耕织致粟帛多者复其身。事末利及怠而贫者，举以为收孥。宗室非有军功论，不得为属籍。明尊卑爵秩等级，各以差次名田宅，臣妾衣服以家次。有功者显荣，无功者虽富无所芬华。令行於民期年，秦民之国都言初令之不便者以千数。於是太子犯法。卫鞅曰："法之不行，自上犯之。"将法太子。太子，君嗣也，不可施刑，刑其傅公子虔，黥其师公孙贾。明日，秦人皆趋令。行之十年，秦民大说，道不拾遗，山无盗贼，家给人足。民勇於公战，怯於私斗，乡邑大治。秦民初有来言令不便者有来言令便者，卫鞅曰"此皆乱化之民也"，尽迁之於边城。其后民莫敢议令。於是以鞅为大良造。将兵围魏安邑，降之。居三年，作为筑冀阙宫庭於咸阳，秦自雍徙都之。而令民父子兄弟同室内息者为禁。而集小乡邑聚为县，置令、丞，凡三十一县。为田开阡陌封疆，而赋税平。平斗桶权衡丈尺。行之四年，公子虔复犯约，劓之。居五年，秦人富彊，天子致胙於孝公，诸侯毕贺。

其明年，卫鞅说孝公曰："秦之与魏，譬若人之有腹心疾，非魏并秦，秦即并魏。何者？魏居领厄之西，都安邑，与秦界河而独擅山东之利。利则西侵秦，病则东收地。今以君之贤圣，国赖以盛。而魏往年大破於齐，诸侯畔之，可因此时伐魏。魏不支秦，必东徙。东徙，秦据河山之固，东乡以制诸侯，此帝王之业也。"孝公以为然，使卫鞅将而伐魏。魏使公子卬将而击之。军既相距，卫鞅遗魏将公子卬书曰："吾始与公子驩，今俱为两国将，不忍相攻，可与公子面相见，盟，乐饮而罢兵，以安秦魏。"魏公子卬以为然。会盟已，饮，而卫鞅伏甲士而袭虏魏公子卬，因攻其军，尽破之以归秦。魏惠王兵数破於齐秦，国内空，日以削，恐，乃使使割河西之地献於秦以和。而魏遂去安邑，徙都大梁。梁惠王曰："寡人恨不用公叔座之言也。"卫鞅既破魏还，秦封之於、商十五邑，号为商君。

商君相秦十年，宗室贵戚多怨望者。赵良见商君。商君曰："鞅之得见也，从孟兰皋，今鞅请得交，可乎？”赵良曰：“仆弗敢原也。孔丘有言曰：“推贤而戴者进，聚不肖而王者退。”仆不肖，故不敢受命。仆闻之曰：“非其位而居之曰贪位，非其名而有之曰贪名。”仆听君之义，则恐仆贪位贪名也。故不敢闻命。”商君曰：“子不说吾治秦与？”赵良曰：“反听之谓聪，内视之谓明，自胜之谓彊。虞舜有言曰：“自卑也尚矣。”君不若道虞舜之道，无为问仆矣。”商君曰：“始秦戎翟之教，父子无别，同室而居。今我更制其教，而为其男女之别，大筑冀阙，营如鲁卫矣。子观我治秦也，孰与五羖大夫贤？”赵良曰：“千羊之皮，不如一狐之掖；千人之诺诺，不如一士之谔谔。武王谔谔以昌，殷纣墨墨以亡。君若不非武王乎，则仆请终日正言而无诛，可乎？”商君曰：“语有之矣，貌言华也，至言实也，苦言药也，甘言疾也。夫子果肯终日正言，鞅之药也。鞅将事子，子又何辞焉！”赵良曰：“夫五羖大夫，荆之鄙人也。闻秦缪公之贤而原望见，行而无资，自粥於秦客，被褐食牛。期年，缪公知之，举之牛口之下，而加之百姓之上，秦国莫敢望焉。相秦六七年，而东伐郑，三置晋国之君，一救荆国之祸。发教封内，而巴人致贡；施德诸侯，而八戎来服。由余闻之，款关请见。五羖大夫之相秦也，劳不坐乘，暑不张盖，行於国中，不从车乘，不操干戈，功名藏於府库，德行施於后世。五羖大夫死，秦国男女流涕，童子不歌谣，舂者不相杵。此五羖大夫之德也。今君之见秦王也，因嬖人景监以为主，非所以为名也。相秦不以百姓为事，而大筑冀阙，非所以为功也。刑黥太子之师傅，残伤民以骏刑，是积怨畜祸也。教之化民也深於命，民之效上也捷於令。今君又左建外易，非所以为教也。君又南面而称寡人，日绳秦之贵公子。诗曰：‘相鼠有体，人而无礼，人而无礼，何不遄死。'以诗观之，非所以为寿也。公子虔杜门不出已八年矣，君又杀祝懽而黥公孙贾。诗曰：'得人者兴，失人者崩。'此数事者，非所以得人也。君之出也，后车十数，从车载甲，多力而骈胁者为骖乘，持矛而操闟戟者旁车而趋。此一物不具，君固不出。书曰：'恃德者昌，恃力者亡。'君之危若朝露，尚将欲延年益寿乎？则何不归十五都，灌园於鄙，劝秦王显岩穴之士，养老存孤，敬父兄，序有功，尊有德，可以少安。君尚将贪商於之富，宠秦国之教，畜百姓之怨，秦王一旦捐宾客而不立朝，秦国之所以收君者，岂其微哉？亡可翘足而待。"商君弗从。

后五月而秦孝公卒，太子立。公子虔之徒告商君欲反，发吏捕商君。商君亡至关下，欲舍客舍。客人不知其是商君也，曰："商君之法，舍人无验者坐之。"商君喟然叹曰："嗟乎，为法之敝一至此哉！"去之魏。魏人怨其欺公子卬而破魏师，弗受。商君欲之他国。魏人曰："商君，秦之贼。秦彊而贼入魏，弗归，不可。"遂内秦。商君既复入秦，走商邑，与其徒属发邑兵北出击郑。秦发兵攻商君，杀之於郑黾池。秦惠王车裂商君以徇，曰："莫如商鞅反者！"遂灭商君之家。

太史公曰：商君，其天资刻薄人也。迹其欲干孝公以帝王术，挟持浮说，非其质矣。且所因由嬖臣，及得用，刑公子虔，欺魏将卬，不师赵良之言，亦足发明商君之少恩矣。余尝读商君开塞耕战书，与其人行事相类。卒受恶名於秦，有以也夫！卫鞅入秦，景监是因。王道不用，霸术见亲。政必改革，礼岂因循。既欺魏将，亦怨秦人。如何作法，逆旅不宾！

附录2：《史记·白起列传》（节选）

白起者，郿人也。善用兵，事秦昭王。

昭王十三年，而白起为左庶长，将而击韩之新城。是岁，穰侯相秦，举任鄙以为汉中守。其明年，白起为左更，攻韩、魏於伊阙，斩首二十四万，又虏其将公孙喜，拔五城。起迁为国尉。涉河取韩安邑以东，到乾河。明年，白起为大良造。攻魏，拔之，取城小大六十一。明年，起与客卿错攻垣城，拔之。后五年，白起攻赵，拔光狼城。后七年，白起攻楚，拔鄢、邓五城。其明年，攻楚，拔郢，烧夷陵，遂东至竟陵。楚王亡去郢，东走徙陈。秦以郢为南郡。白起迁为武安君。武安君因取楚，定巫、黔中郡。

昭王三十四年，白起攻魏，拔华阳，走芒卯，而虏三晋将，斩首十三万。与赵将贾偃战，沈其卒二万人於河中。

昭王四十三年，白起攻韩陉城，拔五城，斩首五万。四十四年，白起攻南阳太行道，绝之。四十五年，伐韩之野王。野王降秦，上党道绝。其守冯亭与民谋曰："郑道已绝，韩必不可得为民。秦兵日进，韩不能应，不如以上党归赵。赵若受我，秦怒，必攻赵。赵被兵，必亲韩。韩赵为一，则可以当秦。"因使人报赵。赵孝成王与平阳君、平原君计之。平阳君曰："不如勿受。受之，祸大於所得。"平原君曰："无故得一郡，受之便。"赵受之，因封冯亭为华阳君。四十六年，秦攻韩缑氏、蔺，拔之。

昭王四十七年，秦使左庶长王龁攻韩，取上党。上党民走赵。赵军长平，以按据上党民。四月，龁因攻赵。赵使廉颇将。赵军士卒犯秦斥兵，秦斥兵斩赵裨将茄。六月，陷赵军，取二鄣四尉。七月，赵军筑垒壁而守之。秦又攻其垒，取二尉，败其阵，夺西垒壁。廉颇坚壁以待秦，秦数挑战，赵兵不出。赵王数以为让。而秦相应侯又使人行千金於赵为反间，曰："秦之所恶，独畏马服子赵括将耳，廉颇易与，且降矣。"赵王既怒廉颇军多失亡，军数败，又反坚壁不敢战，而又闻秦反间之言，因使赵括代廉颇将以击秦。秦闻马服子将，乃阴使武安君白起为上将军。而王龁为尉裨将，令军中有敢泄武安君将者斩。赵括至，则出兵击秦军。秦军详败而走，张二奇兵以劫之。赵军逐胜，追造秦壁。壁坚拒不得入，而秦奇兵二万五千人绝赵军后，又一军五千骑绝赵壁间，赵军分而为二，粮道绝。而秦出轻兵击之。赵战不利，因筑壁坚守，以待救至。秦王闻赵食道绝，王自之河内，赐民爵各一级，发年十五以上悉诣长平，遮绝赵救及粮食。至九月，赵卒不得食四十六日，皆内阴相杀食。来攻秦垒，欲出。为四队，四五复之，不能出。其将军赵括出锐卒自搏战，秦军射杀赵括。括军败，卒四十万人降武安君。武安君计曰："前秦已拔上党，上党民不乐为秦而归赵。赵卒反覆。非尽杀之，恐为乱。"乃挟诈而尽阬杀之，遗其小者二百四十人归赵。前后斩首虏四十五万人。赵人大震。

昭王四十八年十月，秦复定上党郡。秦分军为二：王龁攻皮牢，拔之；司马梗定太原。韩、赵恐，使苏代厚币说秦相应侯曰："武安君禽马服子乎？"曰："然。"又曰："即围邯郸乎？"曰："然。""赵亡则秦王王矣，武安君为三公。武安君所为秦战胜攻取者七十余城，南定鄢、郢、汉中，北禽赵括之军，虽周、召、吕望之功不益於此矣。今赵亡，秦王王，则武安君必为三公，君能为之下乎？虽无欲为之下，固不得已矣。秦尝攻韩，围邢丘，困上党，上党之民皆反为赵，天下不乐为秦民之日久矣。今亡赵，北地入燕，东地入齐，南地入韩、魏，则君之所得民亡几何人。

故不如因而割之，无以为武安君功也。”於是应侯言於秦王曰：“秦兵劳，请许韩、赵之割地以和，且休士卒。”王听之，割韩垣雍、赵六城以和。正月，皆罢兵。武安君闻之，由是与应侯有隙。其九月，秦复发兵，使五大夫王陵攻赵邯郸。是时武安君病，不任行。

昭王四十九年正月，陵攻邯郸，少利，秦益发兵佐陵。陵兵亡五校。武安君病愈，秦王欲使武安君代陵将。武安君言曰：“邯郸实未易攻也。且诸侯救日至，彼诸侯怨秦之日久矣。今秦虽破长平军，而秦卒死者过半，国内空。远绝河山而争人国都，赵应其内，诸侯攻其外，破秦军必矣。不可。”秦王自命，不行；乃使应侯请之，武安君终辞不肯行，遂称病。秦王使王龁代陵将，八九月围邯郸，不能拔。楚使春申君及魏公子将兵数十万攻秦军，秦军多失亡。武安君言曰：“秦不听臣计，今如何矣！”秦王闻之，怒，彊起武安君，武安君遂称病笃。应侯请之，不起。於是免武安君为士伍，迁之阴密。武安君病，未能行。居三月，诸侯攻秦军急，秦军数却，使者日至。秦王乃使人遣白起，不得留咸阳中。武安君既行，出咸阳西门十里，至杜邮。秦昭王与应侯群臣议曰：“白起之迁，其意尚怏怏不服，有余言。”秦王乃使使者赐之剑，自裁。武安君引剑将自刭，曰：“我何罪于天而至此哉？”良久，曰：“我固当死。长平之战，赵卒降者数十万人，我诈而尽阬之，是足以死。”遂自杀。武安君之死也，以秦昭王五十年十一月。死而非其罪，秦人怜之，乡邑皆祭祀焉。

第三章 《苏秦以连横说秦》解读

战国初期，分属三晋的魏国率先崛起而凸显于华夏，受其威胁和影响，秦国不得不奋发图强以自保。由于商鞅变法为秦赢得了尚贤用能、重于事功的美名，于是天下才俊开始从魏国渐向秦国流动。抱着一展胸怀、建功立业的理想，周都雒阳人氏苏秦，意气风发地来到了秦国，原想获富贵若探囊取物、轻而易举，孰料运交华盖，机遇不佳，碰上秦惠文王新继位，“方诛商鞅，疾辩士”，所以他书十上，而终不能用，囊空如洗之下，只好悻悻而归。受到了如此沉重的打击，苏秦并没有一蹶不振，而是勤于攻读，细揣得失，终于走出人生低谷，另辟蹊径，以合纵抗秦为志而成就了一番事业。《苏秦以连横说秦》这篇文章，着重在于记述苏秦人生走麦城的始末，并对其实现人生转折的方法与途径进行了披露。通过探究其游说失败的原因及其遇到挫折时的情绪管理方法，以求有益于今人，将是我们解读本文的主旨所在。

一、苏秦身世需考据

为了便于读通、读懂原文，首先对苏秦其人其事予以了解就显得很有必要。

苏秦，是位真实存在且颇有社会影响力的历史人物，20世纪70年代之前，学界对此人的看法大体是一致的，一般认为他是战国时代策士中成就最高、影响最大的杰出代表人物之一，他曾以合纵抗秦为主张，引发了张仪的连横事秦策略与之相对举，从而使合纵连横成了那个时代国际政治关系中的重要外交话题。

西汉武帝时期的著名史学家司马迁，在其所著《史记·苏秦列传》中曾对苏秦的事迹有较为系统的阐述。该传记称，苏秦年轻时师事于鬼谷子，学有所成后西向游说秦惠文王，欲图功名富贵，受到了冷遇，于是经过一年的潜心苦读和琢磨，以秦为敌提出了合纵主张重出江湖。他先是北上拜会赵肃侯，虽然相谈甚欢，但因受到赵相奉阳君赵城的排斥，不得不又转往燕国，结果燕文侯对其主张非常欣赏，就资助其车马金帛再至赵国游说。这时奉阳君已死，赵王和他一拍即合，并为他提供饰车百乘，黄金千镒，白璧百双，锦绣千纯，委托其约联诸侯。苏秦借助赵国之势，采取利益诱导之法，又相继说服了韩、魏、齐、楚，终于达成了六国合纵抗秦局面，使得秦国长达十数年不敢东侵于山东六国。

在这期间，为了摆脱被动局面，秦惠文王开始起用张仪，采取连横策略与之抗衡，原为秦国大良造的公孙衍因之失宠，离秦投魏被任命为将军，他说服齐、魏共同伐赵，希望通过破坏合纵，一来重新赢得秦国的倚重，二来揭露苏秦、张仪合作保赵的关系。结果张仪并未受到多大影响，但苏秦却失去了赵的信任，他只好离开赵国再次回到燕国，合纵随之瓦解。秦惠文王为了避免出现以燕为首形成新的合纵，就将其女嫁给燕太子来稳固双方关系。这一年燕文侯去世，太子继位，是为燕易王。易王初立，齐国乘机伐燕，取十城。苏秦的合纵说又受到燕国的质疑。苏秦想方设法帮助燕国讨回了失地来挽回影响，但因与燕太后有私好怕暴露，就主动要求作为燕国间谍，佯为得罪於燕而亡走齐，试图敝齐利燕。在齐期间，齐大夫中有与其争宠者，派人对其进行了暗杀，苏秦因之伤重身亡。后来他的弟弟苏代、苏厉等，继承了他的合纵思想，主要活动于燕齐之间，也对后世造成了一定影响。

然而，基于《史记》这种叙述而形成的、流传已两千余年的观念，随着当代考古工作的开展，却受到了不少学者的质疑。1971 年年底，湖南长沙当地驻军在马王堆的两个小山坡处建造地下医院，施工中偶然发掘到了一处神秘的墓葬，从 1972 年到 1974 年，考古队对其进行了科学挖掘，先后出土三处大墓，根据墓中随葬物品，学者们认定它是西汉初期长沙国丞相、轪侯利苍及其家属的墓地，因此被称之为长沙马王堆汉墓。该墓中出土了一批帛书，其中有一部分记述内容为战国策士事迹，经过整理后，被当代学者定名为《战国纵横家书》。这本书共计二十七章分为三部分，其中有十四章，被认为是苏秦的书信和谈话，并有十一篇苏秦上燕王和赵王书，不见于《战国策》《史记》等传世的古籍。按照这些帛书的记载，苏秦是响应于燕昭王招贤纳士的诏令，才自周至燕的，他的一生主要活动于齐、燕两国，并以破齐为目的，长期从事间谍工作，最终导致了五国合纵伐齐。这种说法非常具有颠覆性，它不但否认了苏秦合纵抗秦的历史，而且将原来大家意念中苏秦与张仪对举的认识也完全抹杀了，加之它是出土文物的身份，所以很快就吸引了大家的眼球，许多学者据此经过研究，认定《史记》和《战国策》中对苏秦生平的记载不实，了解苏秦，应以马王堆出土的《战国纵横家书》中的记载为准。

面对这两种绝大部分不能一致的文献记载，我们阅读《战国策》时，遇到与苏秦有关的文章时，又该何去何从呢？要知道，评价一个完全虚构的文学艺术形象和如何看待一个存在艺术加工成分的历史人物，完全是两回事啊！看来，我们还须依靠自己的判断来确定这两种看法各自的可靠性。

首先，笔者认为，仅凭《战国纵横家书》是出土于汉墓的文献，就认为它的说法为信史，是靠不住的。为什么这样说呢？理由如下，第一，出土于汉墓的这一文献，据马王堆汉墓帛书整理小组考证，“书法在篆隶之间，避邦字讳，当是公元前一九五年前后的写本”，这说明其并非当时人收藏的战国时代文物，虽然因距离战国时代较近，有很大效力，但并足以表明其记载内容一定是战国时代真实现状；第二，这部文献，记载了多位策士的言行，来源并非一处，说明其并非苏秦本人或者与其有血缘关系、师生关系的后人作品，其关于苏秦的内容的真实性效力，也不可能超过同时代的其他作品；第三，这部文献，没有对记录内容进行源流交待和考订，这说明其收藏者，无论是利苍本人也好，还是利苍的亲属也好，对于该文献欣赏的是其说辞文采，并不看重其反映的人与事的真实性；第四，秦帝国建立后，曾经大肆焚书，策士言论也是禁毁重点，结合本文献是汉初的写本这一事实，可以推断，该帛书有很大可能和汉初的其他典籍一样，是据当时的宿儒口述记录整理而成，因此难免存在以讹传讹的成分。

其次，即便《战国纵横家书》所录内容均是真实的，我们也不可能因此就确信相关内容的当事人即为苏秦，因为该书那十四章所记录的书信和谈话，并无有什么特别有力的直接证据说明其作者就是苏秦。从文献本身看，该书明确相关言论出自于哪个人物的也有，如触龙见赵太后、公仲倗谓韩王、李园谓辛梧、麛皮对邯郸君、须贾说穰侯等，这些人与事，和《战国策》《史记》等书的记载也比较一致，而后世学者认为是苏秦的书信和谈话这部分，能够说明其与苏秦有联系的主要有两处，一是第四章《自齐献书于燕王》中有"使齐大戒而不信燕，臣秦拜辞事"的说法，但因这个策士在书信和谈话中别的地方都是以臣代指自己的，这里的秦是否衍字，尚在两说。二是第三章《使盛庆献书于燕王》中提到有"奉阳君使周纳告寡人曰：燕王请毋任苏秦以事"一句，这是全部文献中唯一见到苏秦名字的一处，作为孤证，也很欠说服力。与之相对，在本书中提到的这些书信和谈话，《战国策》和《史记》中则认为是另一个和苏秦有关的策士苏代的言论，如帛书中第四章部分内容，就与《战国策》中燕策二《苏代自齐献书于燕王》相同；帛书第五章的内容也见于《战国策》燕策一《苏代谓燕昭王》；帛书第二十章《谓燕王曰》，也见于《战国策》燕策一和《史记·苏秦列传》，但后两者均指明相关言论是苏代所为；帛书第二十二章《谓陈轸》，在《史记·田敬仲完世家》中也称是苏代的言论。综上所述，原文献大都并无有力记载表明这些事迹应归属苏秦，与文献同时代的司马迁、刘向等又认为其版权属于苏代，而我们今世的学者却要将其视作就是苏秦的言行，是不是有些不合理呢？

最后，让我们再来说说《战国策》和《史记》的说法，是否比今人依据《战国纵横家书》得出的结论更为可信。我们知道，由于秦帝国采取了焚书坑儒行动，使得秦朝以前六国史料和儒家典籍遭受了灭顶之灾，所以无论是《史记》还是《战国策》的成书，除了秦国有系统的材料可以凭借外，关于其他诸侯国的记述，无不是依据断简残篇，甚或凭借推测而为之的，因此其中有表述错误的地方，也是难免的客观事实。但我们也清楚，汉武帝时，政府将“罢黜百家，独尊儒术”定为了国家文化之基，汉初国家也曾多次号召民间广泛献书，于是自秦下令焚书之后，许多人冒着生命危险收藏的各种书籍也得以汇集到了汉室宫廷，因此，在汉朝王室内的石渠阁、天禄阁等藏书机构中，不但储有汉初萧何所藏刘邦军进咸阳后收集的秦朝图籍档案，而且还有大量民间保存的各种图书，司马迁和刘向因为所任官职的职守所在，他们所能看到、了解、掌握的文献情况，当然是要比当时任何其他学者或藏书家们丰富得多的，也是一个长沙国丞相利苍所远远不能相比的。我们甚至可以大胆推断，与长沙马王堆汉墓出土的那些帛书内容相同或相似的文献，肯定这两位学者也是见到过的，因为马王堆汉墓帛书都是传抄本，汉初又有奖励献书的政策，即使它们非依口述记录整理，而是有战国文献为据，那么在当时的环境下，原版也必会是献送朝廷以求褒赏而决不敢私藏的，司马迁著《史记》、刘向编《战国策》怎么会将其弃而不顾呢？当然，如果它们只是道听途说之物，司马迁、刘向有比之更为可信的材料或原始文献为依据，也可能根本就不会去理睬它们了。

我们倾向于司马迁、刘向关于苏秦的说法，还有一个旁证，那便是班固的《汉书·艺文志》。我们知道，班固的《汉书·艺文志》，是根据刘向之子刘歆的《七略》而写成的，两者的书录基本一致。根据他们的记载，在当时人们还可以看到的与苏秦有关的文章就有三十一篇，合称《苏子》，班固还将这本著作列入了诸子中的纵横家名下。《苏子》这部作品是纵横家类中篇幅最多的一部，说明从战国到东汉，该人相关事迹的流传与影响很广。司马迁《史记·苏秦列传》中也说“苏秦兄弟三人，皆游说诸侯以显名，其术长於权变。而苏秦被反间以死，天下共笑之，讳学其术。然世言苏秦多异，异时事有类之者皆附之苏秦。夫苏秦起闾阎，连六国从亲，此其智有过人者。吾故列其行事，次其时序，毋令独蒙恶声焉”。可见在汉初，苏秦是个知名度颇高的历史人物，有关他的资料还是非常丰富的，尽管有不少文章比附假托苏秦之名以求传世，存在记述错乱问题，但作为学者，要想弄清其生平事迹并不是一件很困难的事。司马迁和刘向都是治学态度十分严谨的学者，应该相信，他们在此方面还不至于出现巨大的偏差。

事实上，司马迁、刘向对苏秦、张仪等策士的活动先后判断，也是有充分依据的。司马迁作《六国年表》，主要是根据《秦纪》得出，而《秦纪》则是秦帝国焚书时唯一得以保存的史学文献，其可信度要高于其他流传于民间的文献不言而喻。《六国年表》记载燕文公二十八年（公元前334年）苏秦说燕；秦惠文王十年（公元前328年）张仪为相于秦，这就足以说明苏秦、张仪是同时代的纵横人士。而刘向见过的有关资料，也非常丰富，他校理《战国策》，底本有国策、国事、短长、事语、长书、修书诸书，这些材料的定型，都在帛书《战国纵横家书》之前，其中势必也要涉及倡导合纵连横的代表人物苏秦、张仪。依据如此丰富的原始资料，他应当也不难审定有关苏、张事迹的真伪正误的，我们很难想象这些著作会都集体出错，就连苏、张（特别是苏秦）活动最基本的事实都搞不清。

依据上述事实，我们可以推断《史记》和《战国策》对于苏秦的活动时间记载大体是不错的，但是毕竟由于六国史料毁于秦火，而苏秦又是合纵主张的代表，主要活动于山东六国，所以其事迹就难以像张仪那样清晰、准确，即便是司马迁、刘向等的记述也难免会存在不少出入。特别是刘向编校《战国策》，其用意还有珍存史料原貌的意思在内，对能够收集到的材料，只要其中有一言可为后世法者，便尽量录入，所以其记载内容，在人物、时间、事件之间就更不免常常存在相互冲突，但其与苏秦有关的篇目，大部分事件、时间都发生于张仪活动的前后，则是无须置疑的事实。

当然，《史记》中的有些错误也是很明显的，譬如《苏秦列传》中，关于苏秦游说六国君主的时间及对象，就有存在错乱的嫌疑。从有关史料来看，如果苏秦是在公元前 334 年说燕的话，那么，第一，他入魏游说的国君应是魏惠王而非魏襄王，因为魏襄王据现代学者推断要到公元前 319 年左右才继位；第二，他在韩国见到的应该是韩昭侯，而非韩宣王，同样的理由，韩宣王可能是公元前 330 年前后才成为国君；第三，他初到齐国游说时，当时的国君应该是齐威王，而不是齐宣王；因为齐威王在位的时间是公元前 356 年至公元前 320 年，齐宣王接班是在此之后；第四，苏秦在齐遇害，应该是齐宣王在位的事情，而不是齐湣王继位不久，因为齐湣王继位是在此 20 年之后；第五，《苏秦列传》在提到苏秦合纵失败再次离赵赴燕的时间时说，“秦惠王以其女为燕太子妇。是岁，文侯卒，太子立，是为燕易王。易王初立，齐宣王因燕丧伐燕，取十城”。这段话，尤不可解。因为根据《史记》其他篇章的记载，燕易王初立应是公元前 333 年，而齐宣王要到公元前 320 年才继位，按燕文侯和燕易王交替之年计算，秦惠文王时年才 21 岁，如何有女为燕太子妇？而齐宣王的伐燕取十城，《史记》也提到是燕王哙继位后的事情。由此诸多矛盾之处可以想见该记述中间一定存在有什么失误，而这也是造成今人对苏秦活动时间众说纷纭的缘由之一。但假如我们根据其他学者的研究结论，认为真实的历史应是燕易王为燕文侯（或称燕文公）迁都称王后的称呼，两者系一个人，而这里的太子是指燕王哙，那么再读原文似乎就容易理解得多了。

梳理以上有关材料，若以《史记》和《战国策》为主线，综合其他有关史料，那么对于苏秦其人，笔者推断大体情况应是这样的。苏秦，是东周雒阳人，有弟兄五个，排行为三，两个兄长的名字不详，其两个弟弟则也是有名的策士，分别为苏代和苏厉。因古人对于春夏秋冬各季的月份有孟、仲、季的说法，所以其又被称为苏季，应是意即苏家老三。苏秦年轻时就师事鬼谷子，天资聪颖，学有所成后，先是希冀在秦国成就一番事业，因不被秦惠文王所看重，就来到了赵国，游说赵肃侯不果又至燕，中间花了一年多的时间，才于公元前 334 年，获得了燕文侯的认可与资助，再次赴赵推销合纵战略。在赵肃侯的支持下，他先后劝说韩昭侯、魏惠王、楚威王、齐威王接受了自己的建议，大约在公元前 332 年左右组成了抗秦统一阵线。秦国慑于山东六国的团结，不得不中止东进步伐，苏秦也被赵肃侯任命为武安君，声望隆于一时。公元前 328 年，张仪成为秦的相邦，主张打拉魏国，以连横之计来拆散山东六国的合纵，原为秦国大良造的公孙衍因失宠来到魏国任将军，其间，联络齐魏攻赵，希望以此打破合纵重新获得秦国器重。受赵国战败的影响，苏秦只好离开赵国再回燕国任事。此时的燕国也受到了齐的攻击，因此苏秦尽力协调齐与三晋、燕的关系，局面时好时坏。公孙衍见返秦无望，就又撺掇五国相王，结果齐与其他四国的矛盾更加突出。公元前 321 年左右，燕文侯也即称王后的燕易王去世，新继位的燕王哙要求苏秦帮助摆脱齐的威胁，于是苏秦决定到齐国作为间谍服务于燕，齐国刚继位的齐宣王对苏秦很欣赏，引发了其他人的嫉妒，导致苏秦被刺身亡。由于苏秦临死前，请求齐王公开宣布自己是燕国派来的间谍，以便查出并惩治刺杀自己的凶手，所以苏秦是间谍的说法便不胫而走，成为天下笑柄。苏秦去世前后，公孙衍等曾经组织过除齐以外的五国伐秦，结果以失败告终，合纵已成强弩之末，诸侯之间将注意力又转移到了如何对付齐国上。这时苏秦的弟弟苏代等继续仕于燕国，奔走于齐、赵等国，在燕王哙、燕昭王时代都很有影响，所以后人常常将他们兄弟的事迹混为一谈，以致真假难辨。由于苏秦在世时不但提出了合纵主张，而且理论方面也很有建树，他曾根据自己的说辩经验，假托其师的名义，著成了《鬼谷子》一书，汉时被收入《苏子》，成为策士们的经典之作，所以后人也多有借其名义立说来扩大影响，这就使得苏秦其人其事的真实情况变得更加扑朔迷离了。

当然，这个说法也有很多地方需要推敲，至于历史事实是否真的如此，由于缺少相关材料和实物证明，我们就只能悬而待解于异日了。

二、励志故事说炎凉

在对历史中的苏秦有所了解后，让我们将视线重新转回到《苏秦以连横说秦》这篇文章的本身。

先秦时代的文士，其著书立说，是很有些意识流的风格的，他们大多是有了一个想法，就信笔铺展，洋洋洒洒，兴尽则止，因此文章一般没有标题，只是后来者为了便于阅读交流，往往以篇首几个词汇作为文章命名，才勉强算是有了题目一说。文章标题之所以渐被后人所重视，实在是文化发展和时代进步的结果，因为随着文化的普及，有著文愿望的人越来越多，文章的产生速度越来越快，数量也逐渐庞大，在这种前提下，为了便于阅读检索、沟通交流和提高阅读效率，对于每篇文章便有了将其内容进行全面浓缩、醒目标示的强烈要求，于是标题便产生了。总结起来，就其产生初衷而言，文章标题似乎主要起着以下几个方面的作用：一是交待文章内容主旨；二是说明文章组织线索；三是诱发读者兴趣；四是便于查阅登录检索。如是而已。但在今天，标题对于文章来说，则已经是生死攸关的东西了，因为现在的人们每天接纳的信息量很大，可供阅读的作品也非常多，一篇文章，如果没有好的标题，即使文章内容再好，也可能会沉没于文海之中，无人问津。因此时下专门琢磨标题的比比皆是，大有语不惊人死不休之势，甚至还有了标题党等的说法，此举是优是劣，我们还真不好仓促做出判断。

在《战国策》中，本篇是被叫做《苏秦始将连横说秦》的，二吴编选之际去了一个“始”字，又改“将”为“以”，才有了现在我们看到的这篇文章题目。这两者虽然只是些微之差，但境界和意义则完全不一样了。二吴的这一命名已经是完全变无心为有意，目的正是要通过题目告诉读者，那个以提出合纵策略而著称的苏秦，原来也曾经有过连横说秦的经历，而文章要交待的便是这件事的始末及其对苏秦的人生影响。

从文章的具体内容来看，它本身是一个完整的励志故事，全文以苏秦说秦的失败经历为契机，写了苏秦挫折中的境遇和自身的应对措施，接着又以复出后的成功以及世人的另眼相待，形成前后的鲜明对比，意在表明失败乃人生成功之母、世态随功名利禄炎凉的道理，使人读来不由不感慨再三，回味悠长。

这篇文章，一起首便是苏秦向秦惠文王献计的言论。当时的苏秦是相当看好秦国的发展前途的，并且认为刚刚当政的秦惠文王也一定会重用自己，从而使自己大展宏图的。因此面对这位秦国的最高权威人物，他显得十分意气风发，开口便劝说道："大王（此时的秦君尚未称王，这里以王代指，可知文辞系后人加工作成）您的国家，西面有富饶的巴、蜀、汉中，北面有盛产胡貉、代马的草原，南面以巫山、黔中为屏障，东面有崤山、函谷为险隘。耕田肥美，百姓富足，战车近万辆，武士百余万，千里沃野，物产丰富，地势险要，攻守皆便，这就是所谓的天赐宝地、显赫雄伟的大国啊。凭着大王的贤明，士民的众多，车骑的充足，兵法的教习，完全可以兼并诸侯，独吞天下，尊称为帝而加以治理。希望大王能对此稍加留意一下，允许我来说说如何达到这一效果。"

苏秦口若悬河，神情飞扬，原想此番话，大吹秦国之威，定能激发秦惠文王的自豪之感，从而对自己的话题产生浓厚兴趣，不料年轻的秦惠文王还处于青春叛逆期，正对其父亲时代推行的商鞅之法，特别是商鞅本人处于极度厌恶之中，根本没有心思听取什么外来户下车伊始便对秦国之事指手画脚，因此他强抑厌烦心情，回复苏秦说："我是个孤陋寡闻之人，但也听说，鸟儿羽毛不丰满的，不能高飞上天；国家法令不完备的，不能惩治犯人；君主道德不深厚的，不能驱使百姓；朝廷政教不理顺的，不能烦劳大臣。现在先生一本正经地大老远跑来，在朝廷上开导我，我很感谢！不过您要谈的那些道理，我还是改日再听教诲吧！"

秦惠文王素知游说之徒娴于辞令，不少人除了夸夸其谈，别无所长，但也认为他们又是不能得罪的一个社会群体，因为这帮人的嘴巴便是利器，一但感觉自己在谁那里受了辱，就会到处以说此人的坏话作为报复，结果使人名声受损，有口难辩。正是出于这种顾虑，所以秦惠文王虽然有一百个不愿意，也还是不得不耐着性子接见了这个来自东方的年轻游士，并且尽量把话说得客气、谦逊、委婉，以便其能自识其趣、知难而退。不过，这次他可能是低估了面前这位策士的执拗和坚韧，因为尽管他把话都说到这个份上了，对方却并无告退之意，就见他的话音刚落地，苏秦就接过来继续说道：

"大王有这种想法并不奇怪，我本来就对大王能否接受我的意见心存怀疑，但还是有几句话，请能允许我加以表述。追思过去那些成就大业的人士，神农曾讨伐补遂而稳定统治，黄帝也战于涿鹿而擒诛蚩尤，尧讨伐驩兜，舜讨伐三苗，大禹讨伐共工，商汤讨伐夏桀，文王征讨过崇国，武王力战灭商纣，就算齐桓公也是借助于武力才能称霸天下。由此看来，要成大事，哪有不用战争手段的呢？

“古代的人们也曾经驱使车辆交错来增进联络，运用言语互相致意以融洽关系，意图天下各国成为一体共享太平。那时有的提倡约从，有的主张连横，大家不再储备武器甲胄，所用者尽是巧舌如簧的文士，诸侯们听得稀里糊涂，不知所以，社会上群议纷起，难以清理。规章制度虽已完备详尽，人们交往则多虚情假意，各种策划谋略不胜枚举，天下百姓依旧衣食不足。君臣愁容相对，人民无所依靠，道理愈是清楚明白，战乱反而愈益四起。文人服饰考究出言善辩，攻战却难以止息；谋略繁杂周密行文华丽，天下却难以治理。说的人说得舌头破，听的人听得耳朵聋，却不见有什么实际功效；行动上鼓吹仁义，交往中提倡礼信，结果是普天下老百姓互不相亲。

“有了这两者的对比，我们不难明白正确的治国之道，就是要废除文治、任用武力，厚养勇猛死战之士，修整坚甲利兵之器，敢于在战场上决一胜负。如果想要无所作为而获得利益，安然静处就扩疆拓土，那么即使是上古五帝、三王五霸，贤君明主，也不可能让它成为现实，所以只有用战争才能解决这些问题。让我们想象一下，那两支队伍相距远时就相互引弓而射，相距近时就相互刀戟冲刺，惟其如此然后方能建立大功，如果只是坐而论道，谁又能伤得了对方一根毛发？因此一个国家，军队取得胜利于外，仁义强制推行于内，上面的国君有了权威，下面的人民才能驯服。而今要想并吞天下，超越大国，使敌国屈服，使海内景从，以黎民为子，以诸侯为臣，没有战争就根本无从谈起！可是现在在位的许多国君，却忽略了这个根本道理，这都是教化不明、治理混乱、迷惑于学术、沉溺于诡辩所致啊！像这样看来，大王您估计是不会采纳我的建议的。”

苏秦见秦王并没有像预想的那样，被自己的话题所打动，为了让对方了解自己的真实意图，又急急忙忙地说了上面这一大段话，不惜贬低文士、倡言好战来迎合对方，希望能够扳回一局。无奈在秦惠文王的心中，对其印象早已有了定式，认为他就是个辩言伟服、繁称文辞的游说之士，接下来他又奢谈尚武甚至自辱，只能更加恶化秦王对他的印象，认为其不但学术浅薄而且人格卑污，于是谈话的兴致就更低落，干脆一言不发。苏秦在进言之时，用“以此论之，王固不能行也”作为结尾，本是要借此反击秦王，可是秦王并不为之所动，而苏秦又已经把话说绝，到了这个地步，两人的会谈就不得不草草收场了。

首次见面铩羽而归，苏秦的挫败感可想而知，除了富贵如泡影外，更让其难以忍受的恐怕还是巨大的心理落差，想当初西来时，以他的才智与名望，定是心雄万夫的，如今连一个初继国君之位的秦王都无法说服，这个面子又该如何放置？于是不甘失败的苏秦又接连数次上书秦王，希望天上能够掉下来个大馅饼，让自己的人生发生戏剧性的转折。然而这终究不过是一厢情愿，秦惠文王对他的奏折，可能一看名字就抛在了一边，因此苏秦的等待便成了空耗钱财的痴人说梦。日子在一天天的流失，不事稼穑商贸、没有任何进项的苏秦，为了维持生命却不能没有任何消费，尽管他一再打紧开支，但行囊还是日见空虚，最后，别人资助的黑貂皮大衣穿破了，一百斤黄金也用完了，身上的钱财再也没有一点剩余了，苏秦已经彻底绝望，无奈只好灰溜溜地离开秦国，返回家乡。

“近乡情更怯，不敢问来人”，当苏秦一路风尘，回到雒阳的老家时，想必正是这样的一种心情。这时的他，早已无了离家之时的一身光鲜、雄姿英发，呈现在大家面前的是另一番形象：粗布绑腿，草鞋着脚，身背书箱，肩挑行李，脸上又瘦又黑，满面羞愧之色。他饥肠辘辘、神情辛酸、一路躲闪地回到了家里，妻子看见了他，坐在织机上视若路人，嫂子看见了他，一脸鄙夷，也不去做饭，父母看见他，恨其不务正业更不与他说话。面对此情此景，苏秦不由长叹道：“妻子不把我当丈夫，嫂子不把我当小叔，父母不把我当儿子，这都是我的过错啊！”

自知理亏的苏秦，不敢埋怨任何人，心中唯有对秦王恨之不已。他暗自发誓一定要成就一番事业，以洗今日之耻。于是他半夜起来找书，摆开几十只书箱，找到了姜太公所撰名为《阴符》的兵书埋头诵读。他择其要者，反复熟习，仔细研究，认真体会，读到昏昏欲睡时，就拿锥子刺自己的大腿，鲜血一直流到脚跟，并自言自语说：“哪有去游说国君，而不能让他拿出金玉锦绣，取得卿相之尊的人呢？”就这样经过一年的揣摩，苏秦感到深受启发，已有大成，心说：“这下真的可以去游说当代国君了！”于是毅然再次出门，登上了新的游说之路。

这次一开始，苏秦的进展仍不顺利。他先到了赵国，又辗转流浪于燕国，在那里停留了一年多，才得以见到燕国国君。燕国国君文侯虽然很欣赏他的主张，但自感实力太弱，要实现苏秦联络天下对抗于秦的策略，难负重荷，于是燕侯就资助他重新回到赵国，劝说赵国的肃侯领头来做这件事。得益于燕侯的推荐与支持，苏秦终于登上了赵国名为燕乌集的宫阙，在宫殿之内谒见并游说赵肃侯，他时而挥手，时而击掌，纵谈天下大势，分析入情合理，对策具体明晰，赵肃侯听了大喜，十分认可他的主张，就封苏秦为武安君，授予其赵国相印，并拨付给他兵车一百辆、锦绣一千匹、白璧一百对、黄金一万镒，让他用来联合六国，瓦解连横，抑制强秦。

俗话说得好："生意好做，伙计难搭"，六个国家心思各异，要想把大家撮合在一起，又不能以武力相威逼，这中间的难度可想而知。当时的策士们能够意识到联合重要性的不在少数，但愿意切实去做的寥若晨星，而试图将六个国家都连为一体的，也就只有苏秦一人。苏秦之所以要选择难度如此之大的事情，完全是因为初说于秦的失败经历对其刺激太大、影响太深。抱着孤立秦国、雪耻洗恨的信念，苏秦排除重重困难，绞尽了脑汁，费尽了心血，最终苍天不负苦心人，反秦联盟如愿形成，当苏秦在赵国为相时，秦国经由函谷关与六国交通的道路为之断绝，其被彻底孤立在了华夏的一隅，成了形单影只的可怜虫。

文章记述到这里，故事已近完结，作者有鉴于苏秦的经历，不由大发感叹，于是又接着写下了一段议论，其中大意是说：

在这个时候，那么大的天下，那么多的百姓，王侯们的威望，谋臣们的权势，无不被苏秦的策略所左右。他不花费一斗粮，不烦劳一个兵，没有派出过一个士卒去作战，没有用断过一根弓弦来攻击，没有弯折过一枝羽箭来对敌，结果反而使天下诸侯相亲相爱胜过兄弟。曾经有这样的说法：贤人在位而天下驯服、一人被用而天下顺从，说的不正是这种情况吗？观苏秦的所作所为，让我们明白了一个道理，即：治理国家，须凭借德政，而不是勇力；安定社稷，谋决于朝廷，而不是国外。回想苏秦显赫尊荣之时，真有难以名状的威风！那时，他随时随地都有黄金万镒可供花费，身边仆侍随从车骑更是络绎不绝，无论走到哪里都是前呼后拥、耀人眼目，崤山以东的各个国家无不望风折服，赵国的影响也因之大大加重。此时此刻，又有谁会想到这个苏秦，当年只不过是个处于穷巷窟门、桑户棬枢之中的贫困潦倒之士呢？但就是这样出身的一个人，如今则或乘车或骑马横行天下，朝廷上说诸侯，庙堂内堵众口，天下竟然没有人能与他匹敌相抗了。

议论发完了，作者仍意犹未尽，反过头来，又补叙了一段苏秦得志之际衣锦还乡的往事。那时，苏秦将去游说楚王，路过雒阳，他的父母听到消息后，赶紧收拾房屋，打扫街道，设置音乐，准备酒席，并且全家都到三十里外郊野去迎接。见面之后，他的妻子不敢正面看他，只能侧着耳朵听他说话，他的嫂子则像蛇一样在地上匍匐，再三再四地跪拜谢罪。苏秦感到奇怪就问："嫂子为什么过去那么趾高气扬，而现在又如此卑躬屈膝呢？"嫂子回答说："因为你现在地位尊贵而且很有钱呀。"苏秦叹道："唉！贫穷的时候父母不把我当儿子，富贵的时候连亲戚也畏惧，人活在世上，权势地位和荣华富贵，难道是可以忽视的吗？"原文的作者，写到这里终于戛然而止，以苏秦的一声感慨作为结语，寓意更加令人深思无穷。

通观全文，作者行文描摹，处处事事无不突出一个"比"字，大处有苏秦游说成败，小处有世态人情冷暖，隐处见治国文武之别，二吴评述时说："天道之倚伏如此，文章之抑扬亦如此"，可知用好了比较手法，不但为文章增色，就连作者欲点拨世人处，也不言自明，殊堪借鉴，殊堪借鉴啊！

三、游说重在动人心

战国时代的策士和今日企业职场中的经理人有着颇多的相似之处，撮其要者，可以归为以下几点：一是两者均为除了智慧之外，身无长物；二是两者欲要成就一番事业，均不得不游走于掌握实体资源、拥有财产所有权的实力人物之间；三是若无良好的说辩能力与口才说服于人，即使胸怀经天纬地之才，也是形若废铜烂铁，终无所用。有鉴于此，作为当今时代的职业经理人，对于昔日策士们的成败，就不能不尤为关注，多加揣摩。《苏秦以连横说秦》是《战国策》中为数不多介绍策士推销个人成败兼具的完整案例，尽管文章并非完全属于当时历史情景的再现，但其基本事实还是相当可信的，所以这里正好可以拿苏秦为例，说说职业经理人推销自己应该注意哪些事项。

从文章的内容来看，苏秦在游说秦王的言辞中，针对秦国而进行的战略分析还是比较符合秦国的实际情况的，而其以此为基础向秦王提出的行动方略，应该说也是非常具有可行性的，这些我们均可从后人对秦国成功经验的总结以及有关历史事实中得到验证。西汉时期的政论家贾谊在总结秦政得失的《过秦论》中，就有和苏秦同样的认识，他认为秦国的崛起和其独特的地理优势有着密不可分的关系，他说"秦地被山带河以为固，四塞之国也。自缪公以来，至於秦王，二十余君，常为诸侯雄。岂世世贤哉？其势居然也。且天下尝同心并力而攻秦矣。当此之世，贤智并列，良将行其师，贤相通其谋，然困於阻险而不能进，秦乃延入战而为之开关，百万之徒逃北而遂坏。岂勇力智慧不足哉？形不利，势不便也。"《剑桥中国秦汉史》在对秦国成功的经验进行总结时，提出了八条意见，其中就有对地理因素和秦人尚武、民风淳朴的肯定。这说明苏秦在面见秦王之前，是做了大量的功课的，决非盲目行动，仅凭口舌之利，就欲套取富贵的。再说苏秦提出的以战取天下的行动方略，从后来的历史看，秦国实际上就是走的这样一条路，自惠文王至秦始皇，没有哪一任秦国国君不通过战争来开疆拓土，特别是昭襄王时代的将领白起，仅其一人指挥的战役就有七十多起，杀人一百余万，如果没有这样的一个过程，秦的一统天下，恐怕就只能是一句空话！

然而，苏秦如此具有真知灼见的谋略，又辅之以他那舌灿莲花的辩才，最终竟未能说动秦王而败北，这说明游说之术是完全不同于演讲授课或学术辩论的，它的能否达到预期目的，既不取决于你的理论体系是否完备、真实有效，也不在于你是否能让对方听得明白无误、无可辩驳，游说就是要通过推销某种策略而最终推销自己，没有让对方接纳自己、重用自己就是失败。因为无论策士也好，经理人也好，大家除了智慧外，身无长物，当我们将智慧拿出来进行交易时，它若不能为你换取相应养身立命的东西，智慧就无法成为商品而具交换价值，那么，在此之前，你为培养这份智慧所进行的成本投入也就无法得到补偿，个人收益也就只能是负数了。

《韩非子·说难》篇中有句话对于游说之术总结得非常到位，他说："凡说之难，非吾知之有以说之之难也，又非吾辩之能明吾意之难也，又非吾敢横失而能尽之难也。凡说之难，在知所说之心，可以吾说当之。"意思就是，游说于人推销自己，固然需要事先具备三个前提条件，即头脑中有一套切实可行的谋略、言语中有一副准确表达的口才、胸怀中有一份敢于直陈的胆量，但这些都不是最重要的，最要命的问题是在于我们如何才能正确了解和把握被游说对象的心理，以便能用我们的说法去适应他、打动他，进而获得自己想要的收益。试想，游说之际，主动权掌握在对方手中，我们如果完全顺由个人的意志，而不能适应于对方，即使真理在握，对方就是不肯接受，你又能如何呢？以之反思苏秦进言的失败，我们就不难发现，苏秦游说秦王犯了一个致命错误，他没有准确捕捉秦惠文王的心理变化，整个过程都是在顺由自己的想法，自说自话，因此也就难怪秦王听不进去了。

文中当苏秦表述完毕其对秦国的乐观描述时，秦王曾说了这样一段话："寡人闻之：毛羽不丰满者，不可以高飞，文章不成者，不可以诛罚，道德不厚者，不可以使民，政教不顺者，不可以烦大臣。今先生俨然不远千里而庭教之，愿以异日。"他之所以这样说，也许是出于对苏秦的反感，但也透露出了其作为刚刚执掌国政者的不自信，此时的秦王仇视商鞅，但对于如何治理秦国又很茫然，他的当务之急是稳定国内，而不是对外扩张，如果苏秦能够就此谈些看法，估计秦王还是能够听进去的。但是很显然苏秦并没有准确捕捉到这种信息，反而受到秦国"方诛商鞅、疾辩士"的社会舆情干扰，误判为秦王敌视辩士，改以"废文任武"为说，结果加深了双方的隔阂，导致游说最后以失败告终。由此可见，苏秦的失败，虽说绝大部分是时运不济所致，但也不排除有些必然成分在内，作为后人不可不戒啊！

由于被游说的对象心态各异，如果我们仅仅止步于弄明白了苏秦此次游说失败的原因，那其对于我们今天经理人的借鉴意义是不大的，因为历史不可能重演，类似的事例、类似的环境重复出现的概率极小，如何从个例中升华出具有普遍指导意义的规则，才是我们学习借鉴前人经验教训的重点所在。

苏秦的失败案例，对于今天的我们，其最大价值就在于提醒了我们，进行游说，很重要的一个秘诀，就是要首先学会迎合于人。怎样才能做到这一点呢？我们不妨还从《韩非子》的《说难》篇中找答案。韩非子认为，迎合的技巧也是有章可循的，归结起来，就是要把握好以下几点：第一，“凡说之务，在知饰所说之所矜而灭其所耻”，也就是说，当我们游说于人时，可以是事前调查，也可以是从谈话中判断，总之一定要弄清被游说对象最得意的事和最引以为耻的事，然后，在谈话中，不要急着表达自己的见解，而是要懂得粉饰进说对象自夸之事而掩盖他所自耻之事，从而拉近双方的距离，为真正的进说打下基础。这种办法，看似绕弯走了远路，而实际上迂回有时正是达到目标的捷径，没有感情基础，冒昧进说，成功的可能性就只能是零。第二，“夫事以密成，语以泄败。未必其身泄之也，而语及所匿之事，如此者身危”，也就是说，当我们游说于人时，要学会主动避开对方无论心理上还是表面上不想让别人知道或觉察的事情，即使以你个人的智慧，能够完全了解对方行事举止的“醉翁之意”，也不要掺搅其中建言献策，否则，无论事情最终成败，你都会得不偿失。第三，“人主亦有逆鳞，说者能无婴人主之逆鳞，则几矣”，也就是说，当我们游说于人时，一定要掌握对方精神上的真实信仰归宿，只要你在言辞中不触及对方心灵的最柔软处，那么即使你的表述有些过分甚至攻击了对方的人格，也不会有什么不妥，而且有时还会产生警励作用，收到意想不到的进言效果，但若你不经意间碰到了对方的底线，那么你的说辞即使对别人有再大的益处、对他有无比的尊敬，最终也必将僵化双方关系而一事无成。只有做到了以上三条，再加我们的确有话要说、有话能说、有话敢说，那么进言之时，就可以“大意无所拂悟，辞言无所系縻，然后极骋智辩焉。此道所得，亲近不疑而得尽辞也”，在此基础上，双方相处已久，互可知心，就可以进一步升级为“深计而不疑，引争而不罪，则明割利害以致其功，直指是非以饰其身”，到了这个阶段，游说才算是最终大功告成、圆满终结了。今天职场中的经理人，如果愿意尝试着用这样的道理来调整一下自己和上级或老板的关系，我想也一定会有所收获的。

迎合于人的游说方法，是个难度很大的技术活，借助于它来获得成功，不但需要持术者有过人的聪明才智，而且还需多多少少有些运气的成分在内，因为这世上知人知面不知心的居多，尤其是那些居于上位的，没有不善于伪装的，你要想真正了解他，没有长时间的接触，简直就是不可能的事。那么，与之相对，有没有比较容易一些的方法呢？答案是肯定有，而且不少，有鉴于苏秦在六国间推销合纵策略的成功，我们便可举出一则，那就是变被动为主动的施赠与人游说法。古往今来，能够君臣上下相得成就大功业的策士，如管仲、百里奚、诸葛亮等等，无不借助于这种手法而如愿以偿。

施赠于人的游说方法，关键在于要通过造势实现主客移位，变我方的被动献言为对方的主动求计。文中的苏秦就是凭借这一手，才将六国联成了一个有机体的。苏秦先是选择了急于摆脱落后现状的燕国作为突破口，然后又拉赵国作示范，从而对其他四国的君主形成一种心理压力，再因势加以利导才获得最后成功。我们观察商鞅说秦孝公、管仲说齐桓公、百里奚说秦穆公、诸葛亮说刘备，就会发现他们都遵循这样的一个规律，即先让对方闻其贤名，愿意折节下求，而求人的一方则是一般处于社会某场竞争中的弱势，本身又有强烈的积极向上欲望，需要有人为其出谋划策，以便抓住有利机会，合理使用地位资源。而这两者的相互结合的结果是，双方合作之际，主上对臣下言听计从，大家互成功名。

《周易》的蒙卦中说："亨。匪我求童蒙，童蒙求我"，其实作为拥有智慧的一方，与被游说方的关系，就应该是像老师和学生那样才算正常。如果对方没有对相关知识和技能的渴求，那么你无论如何想帮他，都不会有效果，一个对你的知识、技能不知道尊重的人，你又如何能够和其长期相处呢？所以要构建正确的生态链，就应该先是让对方感到有需求，主动来请求自己帮助他消除蒙蔽，惟其如此，一个策士或经理人才会活得有尊严，而不至于被物质压垮了腰。看《战国策》里的那些策士们，他们和君主之间的合作，便是合则留，不合则去，保持着相对独立的人格，从而有了"智足以强国，勇足以威敌，一怒而诸侯惧，安居而天下息"的美誉，这不也正是我们今天的职业经理人应有和追求的人格目标吗？

说到为自己造势，说穿了，就是形同今天的广告宣传，这里面也要有包装，也要有经济投入，至于具体的技巧，我们就不一一赘述了。有些经理人可能会觉得如此做法是不是近于龌龊，笔者认为，这种想法应该是错误的，假如你认为自己就是靠出卖智慧来生活，把智慧也视为一种商品的话，那么为自己的商品做个广告宣传有什么不可以的呢？实质上，我们的先辈就是在这样做的，如若不然，苏秦游说六国，赵肃侯又何必为其提供“革车百乘、锦绣千纯、白璧百双、黄金万镒”呢？想当初，商鞅为了能够获得秦孝公的接见和信任，不也是要先买通景监嘛！如果没有景监的引荐和及时通报秦孝公的态度，商鞅要想准确把握秦孝公的想法，恐怕就是纸上谈兵吧！所以，作为经理人，只要你相信自己确有所长，为了给自己的智慧卖个好价钱，做做“广告”，不仅应该而且很有必要。当然，如果你那个产品名实不符，人家老板即使上当了，也会很快识破你的伎俩，最终使你败在众人口碑之下，彻底没有了市场，这点倒是任何一个经理人在行动之前，都要事先想好了的。

四、情绪管理很关键

苏秦在经历了西向说秦失败后，其所受到的打击是巨大的，文中说他当时不仅外观形象发生了变化，“羸縢履蹻，负书担橐，形容枯槁，面目犁黑，状有愧色”，而且亲人们的冷嘲热讽，也使其内心世界遭受到了难以言状的折磨，他曾喟叹说“妻不以我为夫，嫂不以我为叔，父母不以我为子”，由此我们完全可以想象得出苏秦当时的孤独凄凉境遇。面对这样的挫折与压力，如果换做其他的一般人，也许就会屈服了，从此老老实实或经商或务农，默默无闻而终其一生。然而，苏秦不是这样，他反其道而行之，变压力为动力，最终通过苦读创造了更大的成就。为什么苏秦能做到这一点呢？奥妙之处就在于，苏秦凭借自发的意识，正确调控了自己的情绪，使其服务于自己的良性发展方向。在今天，如何调控一个人的情绪已经不必靠我们的自发觉悟了，它早就成了一门科学，那便是情绪管理学。在这里，就让我们借机对此门学说也做个了解，以便我们可以效法先人，在职业经理人的生涯中走得更加稳健。

人类开始关注自身情绪的历史大概和人类发展历史一样悠久，许多宗教信仰实际上就起源于对人类自身情绪变化的观察与研究，譬如佛教就是一例。“佛”的原意，是指“觉者”“觉悟者”，也就是说能够称为佛者，均是具有超凡智慧、大彻大悟之人，因此佛教，也被称之为智慧之学。而这个智慧之学核心教义所探讨的正是怎样认识和解决人的情绪问题。佛教认为人的一生基本上是被负面情绪所左右的，其根本认知就是人生皆苦，如果加以归纳，大致有“生、老、病、死、怨憎会、爱别离、求不得、五蕴盛”八种类型，这就是佛教四圣谛的“苦谛”。如果我们再进一步分析各种类型苦产生的根源，就会发现原来是人的欲望不适中所置，具体表现就是“贪、嗔、痴、慢、疑”五毒交加而不自知，这就是四圣谛的“集谛”。认识到了问题的所在，就要去解决它，佛教因之设计了一个完整的行动方案，提出了要以“戒、定、慧”三原则为出发点，从消除人的“身、口、意”三业着手，即全面检查自身活动、沟通表达、思想意识三方面的不当之处，通过“布施、持戒、忍辱、精进、禅定、智慧”等六度的约束履行，实现“正见、正思、正语、正业、正命、正精进、正念、正定”等八正道，这就是佛教四圣谛的“道谛”。为了增加人们接受这种行动方案的动力，佛学对其能达到的效果，进行了理想化的描述，声称通过它所提倡的方法与手段，人类就能达到如如不动，无我相、无人相、无众生相、无寿者相的涅槃境界，在那种状况下，人类的物质与精神需求均可得到极大的满足，这就是四圣谛的“灭谛”。

从佛教的主张中，我们可以看到欲是一种坏东西，正是它引发了我们情绪中的一系列苦，所以佛教的情绪管理方法，实际就是灭欲调整情绪法。儒家的人生哲学在这方面和佛教有相通之处，儒人也认为，人类的情绪变化来源于其与生俱来的各种欲望，解决情绪问题应从欲望处着手。他们将人的欲望归结为六种，而将由其引发的情绪分为七种类型，虽然各个儒家学者对六欲七情的表述不尽一致，但大体认为六欲是指人的六种生理机能，即“生欲、见欲、听欲、香欲、味欲、触欲”，七情则是指“喜、怒、忧、思、悲、恐、惊”等七种表现形式。不同于佛教的是，大多数儒家学者，特别是原始阶段的儒家，并不赞同通过灭欲来调整情绪，而是希望通过控制欲望来调整情绪。儒家经典《中庸》里面说：“喜、怒、哀、乐之未发，谓之中。发而皆中节，谓之和。中也者，天下之大本也。和也者，天下之达道也。致中和，天地位焉，万物育焉。”意即，欲望无所谓好坏，但没有节制而引发的情绪表现就是有害的，所以让它保持中和状态，不偏不倚，才是有效调整情绪的最高境界。儒家在具体实践中，强调实现这一目标的方法论，分为内外两个层次，内在的就是要诚，外现的就是守礼，只要做到了尊德性，道问学，敦厚崇礼，那么很自然地就能达到君子之道了。

当代西方学者对于情绪这一研究课题也是相当感兴趣的，他们不但对情绪的定义、分类、特性、功能和影响，进行了系统性和定量化的实证探讨，而且还在此基础上，逐步将情绪管理学作为管理学的一个分支学科独立出来，以强化有关研究成果的推广和应用。这些学者普遍认为，情绪是人类在社会活动中受到外界刺激而引发的一种主观体验，具有可变性和传递性，有助于人类加强对自我的认知，提升人的生存本能，也可以增进人际沟通、强化相应行动的动机意识，但是不当的情绪表达方式，会对人的身心健康、人际关系以及工作效率与效果造成极大的负面影响，因此重视情绪管理是完全必要的。美国学者丹尼尔·戈尔曼，在其1995年发表的《情商》一书中，更是将“情绪智力”提升为“人类最重要的生存能力”，他认为人的一生，其成就至多20%可归诸于智商IQ，另外80%则要受其他因素（尤其是情商EQ）的影响。而在任何的人类团体中，只有最杰出的领导人，才能体会到情绪在工作场合扮演的重要角色，正确地引导情绪不仅可以获得提升企业成果、留住人才等有形的收获，而且还能取得许多重要的无形收获，如提高士气、冲劲及责任感，等等。

综合上述各方面的见解,我们理出的是这样一种理论认识,即情绪这种东西,就是人类生命体在具体活动中,因应于外部张力或压力的作用,由于生理和心理受到了刺激,从而产生的具体认知反应和行为反应。情绪本身不能简单地用好或坏来评价,因为其处于人类感性认识向理性认识的过渡阶段,最终向哪个方向发展,完全取决于人们对其的管理方法是否恰当。

为了明确对这一问题的认识,我们不妨先将人假设为只受力的作用的一个物体,当张力和其所承受的压力平衡时,人是静止状态的,而其一旦发生运动,就必然要打破这种平衡,张力强时,人的生理与心理反映就是舒展、愉悦的,而压力大时,人的生理与心理反应就是收缩、焦虑的,于是人们的各种感觉器官对这些刺激性认知开始汇总,根据程度、比重的不同,表现出喜、怒、忧、思、悲、恐、惊等各种本能性反应。这些反应,又经过进一步的汇总、判断与加工,成为人的初级意识,其按照力的方向性强弱大体可以分成贪恋感、成就感、兴奋感、羞愧感、愤怒感、无助感、罪恶感等七种类型,有了这些信号后,下一步就是如何转化为表达行为展现出来了。在这时,人类的理性干预力量加入了进来,与其形成了新的对抗,于是在情绪表达力和理性干预力的双重作用下,他们由内在的隐性转化为直观的显性,并按改造的形式,呈现为受到压制的情绪、完全放任的情绪、扭曲转移的情绪和沉溺逃避的情绪等四种类型。以文中的苏秦为例,当他在秦王那里游说失败,落魄返乡又遭受亲人冷遇后,外在的压力,使其精神产生了焦虑,在生理上的压迫性感知和心理上的焦虑性感知的联合作用下，就出现了强烈的羞愧感，而受理性的干扰，他判断这种羞辱是秦王给自己带来的，因此情绪表达就扭曲转移为对秦王的恨，进而立志强大自己，试图寻机来报复秦王，这便是一个相对比较完整的情绪产生与表现的过程。

理解了情绪的产生与表达机制，我们不难发现，要对情绪进行管理，关键的环节在于两个地方，一是当本能性反应上升为初级意识时，二是当情绪由内在的隐性转化为直观的显性表达时。无数的人生经验告诉我们，人们往往就是在这两个环节的处理不当，才导致情绪成为了人生负面力量。举个例子，譬如罪恶感的形成，就存在健康与不健康的区分，一般来说，人们的实际行为和内在期望总会存在一些差距，当这种差距积累到一定程度时，后悔和自责引发的焦虑就会对人形成巨大的压力。这时适度的罪恶感，以承认差距为前提，认为自己存在有先天不足的一面，这样可以减轻或降低人的焦虑程度，帮助我们客观面对现实，避免发生不符合社会伦理或法律规范的行为；但是过多的、过度的、不适当的罪恶感，就会适得其反，不但加重了一个人的心理负担，而且还会使一个人变得越来越不喜欢自己，越来越憎恨自己，甚至走向消灭肉体的极端。美国学者理查德·E·卡文纳认为不健康的罪恶感，如果不能得到理性的正确干预，就会成为严酷的自我惩罚行为，如优柔寡断不敢决策、逃避成功追求失败、狂热地信仰某种宗教、过度地驱使自己，等等。这些行为都既不利于人的身心健康，也妨碍一个人的社会成就取得。同样的道理，在理性干预情绪表现时，也有合适与不合适的区分，譬如某些人在工作单位遭到了上司的不公正对待，形成了强烈的愤怒感，但出于保住工作、维持关系的需要，在理性的支配下，不敢在单位发作，却回到家里打骂自己的老婆或孩子，结果维持了工作却失去了家庭，这就是一种错误的理性干预情绪表现行为。

这样看来，要想实现良好的情绪管理，就必须建立一套系统的管理机制来杜绝错误的情绪表现和防范不良情绪的产生。结合前圣先贤们的心得体会，我们认为这种管理机制的建立不妨从以下方面着手：第一，树立远大的人生奋斗目标，使自己的理性服从于该目标，进而主动调整情绪；第二，不间断地进行知识学习，丰富和强大个人的理性思维能力，使其干预情绪表达、甄别情绪行为后果的方法与手段更加有效和更加多样化；第三，培养自己以诚为核心的“中庸”方法论，减少工作、生活中不必要的压力源，放松自己的心情，多从乐观正面的方向思考所遇到的人与事；第四，积极从事体育锻炼，提高个人身体素质，避免生理机能方面的问题，影响个人情绪的变化；第五，注意扩大个人的交游范围，学会借重社会支持，减轻个体压力；第六，由于情绪产生的根源是由压力和张力不均衡造成的，所以当张力过度时，我们可以通过忧患意识来调整自己，而当压力过度时，我们应学会微笑和幽默来加以缓解。相信我们如果遵循于上述措施，不断地排除引发情绪负面力量的非理性信念和认知扭曲部分，管理好自己的情绪应该是不会成为多大问题的。像苏秦那样在失败后经受了那样大的压力，都可以调整好自己的心态，重新获得成功，有这样的先例，我们当然没有理由和借口成为自己情绪的手下败将。

当今时代的情绪管理，不仅是要求管理好自己的情绪，而且还要求一个管理者，特别一个职业经理人更要善于管理好自己职员的情绪，要通过提升全体员工的情商，进而提高企业的工作效率与效果，增强企业的生存与赢利能力。在当前的市场经济条件下，企业面临的竞争形势是十分严峻的，产品市场的不确定性、技术更新的日渐快捷性、资源保护的投入上升性等等，无不每时每刻都在增加着企业的压力，而来自政府、社区、自然环境方面的各种要求，也都变得更加详尽而具体，这些因素的综合作用，就使得企业中的员工由于工作节奏过快、心理压力过重而出现抑郁、焦虑、烦躁、易怒等情绪化表现，越来越高地影响到企业管理工作的开展，制约着企业经济效益的提升。这种现象，现在已经受到了大家的普遍重视，不少企业也开始引进 EAP（即员工心理辅导援助计划）项目来解决相关问题，因为它的内容比较庞杂，这里我们就不再多作介绍了。不过作为一名管理者，要想带好自己的队伍，至少需要有些情绪管理常识，这点应该是毋庸置疑的。最起码，管理者也要学会尊重他人的情绪、能够倾听手下的情绪投诉、安排工作做到将心比心，否则，他是肯定会被这个时代所淘汰的，结果不是他个人出局，就是他所管理的企业彻底出局，这是我们所不能不知、不可不慎的。

附录：《苏秦以连横说秦》

苏秦始将连横说秦惠王曰："大王之国，西有巴、蜀、汉中之利，北有胡貉、代马之用，南有巫山、黔中之险，东有殽、函之固。田肥美，民殷富，战车万乘，奋击百万，沃野千里，蓄积饶多，地势形便，此所谓天府，天下之雄国也。以大王之贤，士民之众，车骑之用，兵法之教，可以并诸侯，吞天下，称帝而治。愿大王少留意，臣请奏其效。"

秦王曰："寡人闻之：毛羽不丰满者，不可以高飞，文章不成者不可以诛罚，道德不厚者不可以使民，政教不顺者不可以烦大臣。今先生俨然不远千里而庭教之，愿以异日。"

苏秦曰："臣固疑大王之不能用也。昔者神农伐补遂，黄帝伐涿鹿而禽蚩尤，尧伐兜，舜伐三苗，禹伐共工，汤伐有夏，文王伐崇，武王伐纣，齐桓任战而霸天下。由此观之，恶有不战者乎？古者使车毂击驰，言语相结，天下为一，约从连横，兵革不藏。文士并饰，诸侯乱惑，万端俱起，不可胜理。科条既备，民多伪态，书策稠浊，百姓不足。上下相愁，民无所聊，明言章理，兵甲愈起。辩言伟服，战攻不息，繁称文辞，天下不治。舌弊耳聋，不见成功，行义约信，天下不亲。于是乃废文任武，厚养死士，缀甲厉兵，效胜于战场。夫徒处而致利，安坐而广地，虽古五帝三王五霸，明主贤君，常欲坐而致之，其势不能，故以战续之。宽则两军相攻，迫则杖戟相撞，然后可建大功。是故兵胜于外，义强于内，威立于上，民服于下。今欲并天下，凌万乘，诎敌国，制海内，子元元，臣诸侯，非兵不可。今不嗣主，忽于至道，皆惛于教，乱于治，迷于言，惑于语，沉于辩，溺于辞。以此论之，王固不能行也。"

说秦王书十上而说不行，黑貂之裘弊，黄金百斤尽，资用乏绝，去秦而归，羸縢履蹻，负书担橐，形容枯槁，面目犁黑，状有愧色。归至家，妻不下紝，嫂不为炊。父母不与言。苏秦喟叹曰：“妻不以我为夫，嫂不以我为叔，父母不以我为子，是皆秦之罪也。”乃夜发书，陈箧数十，得太公《阴符》之谋，伏而诵之，简练以为揣摩。读书欲睡，引锥自刺其股，血流至足，曰：“安有说人主不能出其金玉锦绣，取卿相之尊者乎？”期年，揣摩成，曰：“此真可以说当世之君矣。”于是乃摩燕乌集阙，见说赵王于华屋之下，掌而谈，赵王大悦，封为武安君。受相印，革车百乘，锦绣千纯，白璧百双，黄金万镒，以随其后，约从散横，以抑强秦，故苏秦相于赵而关不通。

当此之时，天下之大，万民之众，王侯之威，谋臣之权，皆欲决苏秦之策。不费斗粮，未烦一兵，未战一士，未绝一弦，未折一矢，诸侯相亲，贤于兄弟。夫贤人在而天下服，一人用而天下从，故曰：式于政不式于勇；式于廊庙之内，不式于四境之外。当秦之隆，黄金万镒为用，转毂连骑，炫熿于道，山东之国从风而服，使赵大重。且夫苏秦，特穷巷掘门桑户棬枢之士耳，伏轼撙衔，横历天下，廷说诸侯之主，杜左右之口，天下莫之伉。

将说楚王，路过洛阳，父母闻之，清宫除道，张乐设饮，郊迎三十里。妻侧目而视，倾耳而听。嫂蛇行匍伏，四拜自跪而谢。苏秦曰：“嫂何前倨而后卑也？”嫂曰：“以季子之位尊而多金。”苏秦曰：“嗟乎！贫穷则父母不子，富贵则亲戚畏惧。人生世上，势位富厚，盖可忽乎哉？”

第四章 《司马错论伐蜀》解读

秦惠文王在继位之初，因为言语不和，与一代名士苏秦失之交臂，结果秦国受制于苏秦的合纵之术，吃了不少苦头。惨痛的教训，使他不得不对策士高度重视，倾心相交，以便摆脱被动局面。于是另一位堪与苏秦齐名的策士张仪，便乘势在秦国站住了脚，并且很快由客卿晋任为秦国相邦，一时声名显赫。

据《史记·张仪列传》记载，张仪是魏国人，曾和苏秦一起师从鬼谷子学习权谋之术，他出师后先是游说于楚，做了楚相的门客。某次楚相大宴宾客时丢失了珍贵的玉璧，由于张仪人缘不佳而又出身贫寒，所以被诬盗璧而遭受毒打、驱逐。当时的苏秦已经说服了赵肃侯，准备约从六国，因担心秦国识破自己的用意进行阻挠，就想在秦国安插一个内线，借以麻痹秦王而为自己争取时间。在他得知张仪不得志于楚后，就派人邀约张仪前来谒求自己，但等张仪到来后，他又故意加以辱困，激其西向入秦，并暗地叫手下以车马金钱资助于张仪，使其得以见秦惠文王而受到重用。到了这时，苏秦的手下才告知张仪，所有的一切，均系苏君安排，目的是请求张仪协助苏秦在从约未成之前，不要使秦伐赵。张仪感慨地说："嗟乎，此吾在术中而不悟，吾不及苏君明矣！吾又新用，安能谋赵乎？为吾谢苏君，苏君之时，仪何敢言。且苏君在，仪宁渠能乎！"

张仪信守了自己的诺言，苏秦在世的时候，他只是竭力拉拢魏国，来保持合纵连横的平衡，从未劝说秦国攻赵。但与张仪争宠的公孙衍识破了这中间的奥妙，虽然离开了秦国，仍是想方设法攻赵来加以干扰，导致苏秦的合纵策略最后还是陷入了失败。公元前318年前后，苏秦自己也死在了齐国，从那时起，张仪没有了顾虑，便开始全面推行自己的连横策略来瓦解山东六国的联盟，打压自己的对手公孙衍。在张仪高超的游说艺术推动下，山东诸国争先恐后纷纷与秦国结好，张仪在秦惠文王心目中的地位也节节攀升，几乎到了言无不从、计无不用的地步。然而，就是在这样的背景下，当秦国重臣某次朝会讨论有关秦国发展战略问题时，张仪却输给了司马错，其意见遭到了秦惠文王的否决，并被要求和司马错一起行动。这究竟是怎么一回事呢？下面我们就通过解读《司马错论伐蜀》来给出答案。

一、兵争戈斗只因贪

《司马错论伐蜀》这篇文章，记述的是张仪和司马错之间的一次朝会争论，议题围绕秦国应先伐韩还是先伐蜀而展开。为了便于大家理解他们的争论焦点，这里有必要先来介绍一下相关问题的背景与成因。

蜀国是中国古代先秦时期的蜀族在四川盆地建立的一个国家，关于其历史先秦文献鲜有提及，直到东晋时，常璩著《华阳国志》才对蜀国的历史和传说进行了系统整理，并以《蜀志》为名做了详细记载。该书认为“蜀之为国，肇于人皇，与巴同囿。至黄帝，为其子昌意娶蜀山氏之女，生子高阳，是为帝颛顼；封其支庶于蜀，世为侯伯。历夏、商、周，武王伐纣，蜀与焉”。由是可知蜀地开发甚早，历史悠久，并且也是华夏炎黄一脉。

蜀国所处的四川盆地，面积约26万平方公里，那里有岷江、沱江、涪江、青衣江等多条河流交织，水资源比较充沛，其地表的土壤则为紫色土，富含磷、钾，自然肥力较高，宜种植性也很广。得益于天然条件优越，加之气候适宜，致使蜀地物产十分丰富，农业也很发达，《华阳国志》称其“山林泽渔，园囿瓜果，百谷蕃庑，四节代熟，桑漆麻纻，靡不有焉”，因此这里很早就被视为“国富民殷，府腐谷帛，家蕴畜积”的天府之国，很受世人垂涎。但是如此富足的地方，却很少被战火波及，原因在于蜀国的地理环境比较独特，它北有秦岭巴山，东有巫山，西面是青藏高原，西南是云贵高原，周边都被崇山峻岭环绕，地形十分闭塞，交通非常不便，甚至到了唐朝，诗人李白还要感叹“蜀道之难，难于上青天”“尔来四万八千岁，不与秦塞通人烟”。由此可以想见战国时代要想用兵于蜀，是一件多么不容易的事情！

蜀人是很自得于他们的这种优势的，其所建政权的统治者多数也就比较狂妄。《华阳国志》里说：“有周之世，（蜀）限以秦、巴，虽奉王职，不得与春秋盟会，君长莫同书轨。周失纲纪，蜀先称王”。到了战国时代，当中原诸侯有人称王时，蜀国的统治者杜宇又自认为功德高于诸王，便自行称帝，号曰望帝。后来此人禅位于他的丞相鳖灵，自己反而出家修道，传说其死后化为杜鹃鸟，是以唐人李商隐才有“望帝春心托杜鹃”

这样的诗句。而那个名为鳖灵者即位后自称丛帝，开创了蜀国史上的开明王朝，到了秦惠文王时期，蜀国的君主已经传至开明十二世，有关史书上也称这位君主为芦子霸王，他便是司马错建议伐蜀时的蜀国当家人。

关于这位开明十二世，汉人扬雄的《蜀王本纪》、东晋常璩的《华阳国志》、南北朝时齐人刘昼的《刘子》以及唐代的《括地志》和《艺文类聚》等书中均有提及，可谓大名鼎鼎。综合这些书籍中的记载，我们对此人的印象是贪婪好色而又短视愚蠢。据传，此人曾经有一次在褒、汉之地打猎时，和秦惠文王相遇，秦惠文王为了笼络于他，赠送了他一筐黄金，而他却耍小聪明，回赠与秦王的号称为珍玩的物件，却是一堆泥土。这件事情令秦惠文王十分恼怒，从此萌生夺蜀之志。但想法是一回事，实地去做则是另一回事，要想伐蜀，谈何容易！这其中首先要过的便是蜀道难关。

据《史记·秦本纪》载："历共公二年（公元前475年）蜀人来赂"，这说明秦在吞并蜀国前，秦蜀之间虽然道路难行，但并非没有任何通道，跨越秦岭和巴山地段的褒斜道和故道，应该都是战国以前就已存在了。清代顾祖禹在《读史方舆纪要》中说："褒斜之道，夏禹发之，汉始成之"，三国时代的魏人应璩根据有关史料也认为褒斜道早在传说的三皇时代就有人通行了。而故道的开辟使用也至少是在西周时代，因为周平王东迁后，就将这条已经存在的道路称作故道。但是这两条道路，要么迂回曲折、非常遥远，如故道；要么就是险关众多，年代久远，十分难行，如褒斜道。在这种道路坎坷、险阻重重的情况下，即便有路可行，但若用于军事行动时，攻守双方的难易高下，明眼人是一下子便能判断得出了，因此秦惠文王当然也不会因衔恨就贸然行事的了。

在上述前提下，为了获得更好的便捷的进蜀通道，也为了麻痹对方，据说秦王先是多次提出要送美女给开明十二世，诱使其辟道迎娶，后来见路道仍不利于进兵，就又干脆做了石牛五头，每天故意在牛身后洒下黄金，诈称其可粪金，引诱蜀人前来索要。果然，贪婪自大的开明十二世听说秦国有石牛粪金的异事后，立即就派人前来和秦王相商求借。这时，秦惠文王便以石牛入蜀道路不便为借口回绝于他，开明十二世贪于财利，竟承诺自己可以安排五丁力士开山筑路，一定要借石牛一用。在这种情况下，秦惠文王故意装出再也没有借口的样子，勉强答应可借蜀国三头。开明十二世自以为得计，费了九牛二虎之力，开凿山道迎来了石牛，结局当然是迎来的石牛没能拉出一粒金子，因此他大怒，破口辱骂秦人，并将石牛送还。秦人虽然挨了骂，但从此入蜀之路更加畅通，为日后的伐蜀也就埋下了伏笔。对于这个传说的真实性虽然有待考证，但其也从侧面说明，秦国为了占有蜀地，从战略层面肯定优先考虑的是道路交通问题，并且在此方面投入了大量精力，做了大量工作。

聊过一段轶事，让我们重新回到主题，看看究竟是什么事件触发了秦国需要朝议是否伐蜀的问题。

原来，就在公元前 316 年，也即秦惠文王即位的第二十二年、其称王的第九年，四川盆地突然爆发了内乱，秦国迎来了伐蜀的一个天赐良机。事情的起因是，蜀帝开明十二世别封其弟葭萌于汉中，号称苴侯。这个苴侯不知出于什么原因，竟然背着兄长，和同处四川盆地、但与蜀国向来有仇的巴国勾结在了一起，往来甚密。开明十二世知道了这一情况愤怒异常，就率兵讨伐其弟苴侯。苴侯打不过自己的哥哥，逃到了巴国，巴国自知力量不抵蜀国，便想联合秦国共同对付蜀国，于是派人求救于秦，与此同时蜀国也派来了使者，希望秦国能和他们站在一起共同对付巴国。对立的双方均来邀请秦军进入四川盆地，其中可以操作的空间实在太大，按照常理推论，秦惠文王久有伐蜀之志，碰到了这样的正大光明机会，肯定是大喜过望并会立即配合出兵的，然而事实是已到了临门一脚，秦惠文王却犹豫不决起来。为什么呢？因为这个消息来得太突然，而此时的秦国由于贯彻执行了张仪的连横策略，形势大好，正在准备东向继续出兵伐韩，经略中原。依照秦国当时的实力，要想同时打赢两场战争是绝对不可能的，处于鱼与熊掌两难割舍之中，秦惠文王的心情可想而知。

回过头来，我们再说说韩国。这里的韩国，并非是我们今天所说的位于朝鲜半岛的那个国家，而是从春秋时代的晋国分裂出来的诸侯国之一，其先祖名字为万，系曲沃桓叔之子，因封于韩原，故立韩氏。韩氏家族崛起较晚，曾经有段时间不得不依托于赵氏家族而生存发展，晋厉公时代，韩厥因为主持正义维护赵氏孤儿受到了普遍赞誉，到了晋悼公时，他一度被任命为晋国的执政中军将，为晋国的复霸出力颇多，韩氏家族的影响力才渐渐大了起来。在这之后，韩厥之子韩起又执政晋国27年，韩氏家族因之得到了极大的发展，从而为“三家分晋”韩氏有其一奠定了物质基础。公元前403年，周威烈王封韩氏家族的传人韩虔与魏斯、赵籍同为诸侯，于是韩国得以正式建立起来。

战国时期，在七雄之中，韩国的实力是相对较弱的，加之其国人又不尚武，因此虽有强弩利剑，但仍难免被周遭列强欺负攻打。另一方面，从地理位置上看，韩国国土主要处于今山西南部及河南北部，被魏国、赵国、齐国、楚国和秦国所包围，不但疆域在七国之中最小，没有发展的空间，而且还正处在秦国东向讨伐各国的要冲，所以它也不可能不受到秦国的觊觎。事实上，秦国一扫山东六国时，第一个灭掉的国家便是韩国，这说明在秦国的发展战略中，韩国向来都是被视为心腹大患必欲得之而后快的。这是后话，我们暂且不表。却说秦惠文王此时此际盯住了韩国，除了这些大的客观形势因素外，还是另有一些具体原因的，其中的缘起既有国家之间的利益纷争，也有权臣之间的私人恩怨。

原来，早在张仪入秦拜相之前，秦惠文王最为宠信的是另一个名叫公孙衍的魏国人，此人出身于军旅，曾任过犀首将，因此也被人称为犀首。公元前333年和公元前332年，公孙衍曾率领秦军多次打败魏国，使秦国彻底占有了河西之地，他也因功而升为大良造，权势显赫。但是此人考虑问题的出发点有些缺陷，他一向以个人利益为重，无论哪个国家都不过是他眼中获取个人利益的凭借工具。因此魏国在割让给秦河西之地后，就派人重金贿赂于他，希望他不要继续攻打魏国，公孙衍也就满口答应合作，并向秦惠文王提出秦国要改变发展战略，转而进攻西面的游牧民族。就在这时，张仪来到了秦国，他告诉秦惠文王，魏国四面受敌，正是伐魏的良机，公孙衍顾私利而忘公义，实属误国之举，魏国有霸主的根基，如果它缓过劲来全力攻秦，秦国恐怕就很难应对它了。秦惠文王接纳了张仪的意见，开始排斥公孙衍，于是他不得不离开秦国，前往到魏国，从此两人成了仇敌。

公孙衍在魏期间侦知，张仪入秦，乃是苏秦为了阻止秦国伐赵计谋的一个组成部分，为了打击张仪，他就竭力联合齐魏共同出兵伐赵，结果使得六国合纵破裂，而张仪为实现自己的主张，就采取釜底抽薪之计，积极拉拢魏国，促进秦魏连横，甚至还在公元前 322 年出任了魏的相国，致使公孙衍的想法以失败告终。公孙衍见自己一计不成，就又从魏国来到韩国，设法取得韩国当权者的支持，继续积极破坏张仪联合秦、魏的政策。这一次，公孙衍获得了胜利，公元前 319 年，张仪被迫去魏归秦，公孙衍代张仪为魏相，成功扳回了一局。之后，在公元前 318 年，意得志满的公孙衍出面牵头，联合魏、赵、韩、燕、楚等五个国家出兵攻秦，但由于五个国家并不团结配合，相互各怀鬼胎，结果在函谷关前联军与秦军一战而溃，魏国首当其冲，受损严重。这时候魏国大臣田需乘机指责、中伤公孙衍，使魏襄王对其不再信任，公孙衍无奈只好决定再次离开魏国前往韩国。不过在其出走前，为了避免相位为田需所居，他向魏襄王建议请齐国公子田文接替自己为相。魏襄王同意了他的建议，这样一来，公孙衍到齐国请来了田文，自己则去韩国当了相国，试图联络六国卷土重来，对付秦国。

在如此局势下，秦惠文王和张仪这一对君臣，出于对公孙衍的痛恨和对山东诸国再成联盟的担心，就决定先下手为强，并于公元前 317 年，举兵征韩。史载此次进兵，秦败韩师于脩鱼，斩首八万级，虏其将膺、申差于观泽。受到秦国逼压的韩国，内部很快分裂成了主战和主和的两大派别，以公孙衍为首的一帮大臣，建议与南方楚国结盟来对付秦国，而以公仲侈为代表的另一拨大臣，则认为楚不可依靠，建议通过割地和赠送兵器给秦，进行双方议和。当时的韩国国君韩宣惠王，一开始是要采纳公仲侈的意见的，但很快又改变了主意，因为主战派邀来了楚国使者，楚使携带厚礼拜见韩王，声称楚王已经下令调兵遣将援救韩国，并且部队都已开拔上路了。有了楚人撑腰，韩宣惠王胆气立马又壮了起来，决定公开与秦断交并同时向秦反攻，结果是楚国援军并没有及时赶来，韩国的反击也以败北告终。

从秦国方面来说，他们的这次出兵原是一种威吓性质的行为，没料到韩国竟然公开宣布和自己绝交并且敢于反扑，虽然没有成功，但这无疑是对秦国权威的最大挑衅，如果不加以惩处，对于今后拆散山东诸国合纵将是极为不利的，因此秦惠文王心中才萌生了要继续大举伐韩的打算。不料还没等秦国付诸行动，巴蜀之地又传来了另一个有利战机，这又怎能不让他左顾右盼、难以抉择呢？正是处于这样的大背景下，秦惠文王才不得不召开朝会，请大臣们各抒己见。于是就有了张仪和司马错之间的这场唇枪舌剑。

二、谋略分歧在近远

秦惠文王组织的关于伐韩还是伐蜀的朝会，很快就进入了高潮，大臣中司马错和张仪为代表，各自都明确地提出了自己的看法，司马错主张攻打蜀国，张仪则认为不如攻打韩国。于是秦惠文王说："请你们说说各自的理由，让我听听。"

张仪见状，率先出班慷慨陈辞，他说"韩国势弱，地处要冲，如果我们先与魏、楚两国表示亲善，然后出兵三川，堵塞轘辕、缑氏两个隘口，挡住通向屯留的道路，让魏国出兵切断南阳的通路，楚国派兵逼近南郑，而我国的军队则攻击新城和宜阳，必定可以获胜。接下来，我们可以兵临东、西二周的近郊，声讨周君的罪行，随后伺机侵占楚、魏两国的土地，这样一来，对于我们秦国一统天下将会形成极大的有利形势。周王室在大兵压境的情况下，知道已经不能拯救自身，一定会交出九鼎和宝器。我们占有了九鼎，掌握了天下地图和户籍，挟持周天子，用他的名义来号令天下，天下没有敢于违抗的，这就能建立王业了。如今，蜀国地处偏僻落后的西方边疆，首领又是类同于那些以游牧狩猎为生的没有接受中原文明开化之人，如果我们攻打蜀国，会使士兵疲惫，使百姓劳苦，却不能以此来建立名望，即使夺取了那里的土地，也算不得有什么利益。我听说：‘争名的要在朝廷上争，争利的要在市场上争。’现在的三川地区和周王室，正是万众瞩目的华夏核心所在，堪称天下最为突出的市朝，大王不在这里争夺，反而去与那些野蛮部落争夺名利，这可能就要偏离帝王之业了。”

张仪的这番话，强调了三川在地理位置上的重要战略价值，分析了征服周王室的重要象征意义，目的当然是希望以走捷径的方式，通过夺取华夏的核心而尽早实现秦国一统天下的大业。以此为出发点，张仪提出了自己的具体行动步骤，即他的攻韩方略可以概括为三步曲，首先从外交方面入手，亲善魏、楚，孤立韩国；其次实施战略包围，让韩国成为瓮中之鳖；然后秦军长驱直入，占领韩国的重镇新城、宜阳。张仪认为，一旦完成了这一计划，秦国就会在战略上获得主动，形成可以伺机“诛周主之罪，侵楚魏之地”的有利局面，其远景便是秦国从此可以“据九鼎，按图籍，挟天子以令天下，天下莫敢不听，此王业也”。由此反观如果舍韩而伐蜀，则不过是割据称霸的策略，秦国即使弊兵劳众夺取了蜀国的土地，也只能是仍旧偏居一隅，无法影响天下，这和秦国长远发展战略定位于一统天下是背道而驰的，所以张仪反对秦国此时分心伐蜀，希望秦惠文王不要受到一点小利的干扰，而要专注于帝王之业的战略有序实施。

张仪在这里将伐韩视为实施统一天下战略的一个组成部

分，而将伐蜀作为偏离目标只利于割据称霸的一个策略，反对因短期利益而伤害长远目标，在具体论证时不但提供了详尽的行动计划、进行了方略远景描述，而且还用民言俗语“争名者于朝，争利者于市”作为佐证，应该说是有着很强说服力的，非常能够体现他作为一名策士的智慧与口才，一般人物要想在辩论中驳倒他而占上风几乎是不可能的。

笔者初读此文，看完张仪的论述，联想到三国时代曹操曹孟德自山东出兵勤王的决定，以及后来挟天子以令诸侯的风光，对张仪的看法还是颇为赞同的。《三国志·魏书》记载，建安元年，曹操刚在兖州一带立住脚，势力并不是特别强大，自保尚有不足，当时的汉献帝自河东还洛阳，求助于袁绍等大的军事集团，大家都将其视为烫手山芋，是迎是拒，犹豫不决。曹操召集手下讨论，不少人也以“山东未平，韩暹、杨奉新将天子到洛阳，北连张杨，未可卒制”为由，反对奉迎，只有荀彧劝他“奉主上以从民望，大顺也；秉至公以服雄杰，大略也；扶弘义以致英俊，大德也”，从而坚定了曹氏的决心，迎奉汉献帝于许昌，以致后来在讨伐诸雄中占尽了上风。由此事实，结合秦惠文王时代的形势来看，张仪的确是慧眼独具的。当时属于周王室所能直接管辖的王畿之地已经非常狭小，而且还分裂为东周、西周两部分，周赧王作为天子不得不寄食于西周，天下诸侯早已不将这个天下共主放在眼里了。面对连生计都要成问题的周天子，秦国若能在攻占韩国的新城、宜阳之后，顺势掳得二周，尊奉周天子，并以周王之命讨伐天下，那么其一统天下不但师出有名，而且进程应该也会更快，杀伤数量也会更小，之后要是再要求周天子禅位于秦，天下不是就很自然被秦承继了吗？后世的曹魏能够做到的，相信以秦的力量，当时如果采纳了张仪的意见，实现它也决非不可能。

然而，真实的历史是，秦惠文王并没有那样去做，而是最终决定优先考虑伐蜀。其中的原因是他觉得名叫司马错的大臣，提出的谋略更胜一筹！以张仪的智慧与口才，提出的策略又是那样完美，结果竟然不抵司马错，这让我们困惑之余，就更想看看司马错究竟说了些什么！

文中的司马错，继张仪发言之后，也谈了自己的主张。他一开始就先声明自己不赞同张仪的意见，然后又具体阐述了自己的理由。他说："臣下听到过这样的话：'欲要国家强大，就必须扩张领土；欲要军力强盛，就必须富裕百姓；欲要称王天下，就必须广布恩德。只要这三个条件具备了，那么，帝王之业就会随之而实现'。拿这样的理论，来对照我们秦国，我的看法是，现在大王的疆土还比较狭小，百姓的财力也比较穷困，所以我希望大王能先从容易办到的事做起。诚如张仪相邦所言，蜀国只是个西部的偏僻小国，不但其首领如戎狄一般缺少文明教化，而且国家有着桀、纣时代一样的祸乱。但这种现状不正是我们对其用兵借以扩张的绝佳机遇吗？现在若用我们秦国的军队前往攻打，就必将如同用豺狼驱赶羊群一样轻而易举。到那时，得到了它的土地，就能够扩大秦国的疆域，增强我们的实力；得到了它的财富，就能够使百姓富足，让军备得到整饬，这样一来，我们没有付出多大牺牲，却降服了对方，不是非常划算之事吗？放到国际舆论的角度看，我们的伐蜀行动，即使占有了一个国家，天下人也不会认为我们暴虐；即使取尽了蜀国的财富，中原诸侯也不会认为我们贪婪。也就是说，我们用兵一次，不但能够获得远远超过投入的收益，而且还能赢得除暴、平乱的好名声，何乐而不为呢？反过来，假使我们现在去攻打韩国，挟持周天子，我认为这是去进攻目前天下人都不希望进攻的地方，是件很危险的事情！可以想象由于挟持周天子必然会招致坏名声，而我们又不一定就能从中获得什么实质利益，白白落个不义之名，又何苦呢？下面请允许我陈述讲明其中的缘故：周王室，现在还是天下的大宗之主；韩国，则是周王室的友好邻邦。如果周天子自己知道要失去九鼎，韩王自己知道要丧失三川，那么，两国一定会联合起来，共同采取对策，尝试借助齐国和赵国的力量，并向楚国和魏国求援，以解除危难。到那时，如果他们被逼急了，要把九鼎送给楚国，要把土地送给魏国，大王恐怕也是不能阻止的，这就是我所说的危险。所以两者相较，当下还是不如攻打蜀国，可以收得完功啊！”

这里，司马错在自己的主张陈述中，先是抛出了“欲富国者，务广其地；欲强兵者，务富其民；欲称王者，务博其德”的观点作为立论依据，然后又从伐蜀之利和攻韩之害的两个方面进行了具体分析，最后推出了攻韩不如伐蜀可得完功的结论。他的整个发言，层层递进，逻辑严密，低调务实，却不乏积极稳妥，完全是与张仪不同的议论风格，姑且不论其结论是否正确，首先从其说话风格上便能够给人以几多亲近、好感。

世人有厌恶策士奢言宏大之风者，往往称道司马错由是而胜于张仪。但笔者认为，这并不应该是他在论辩中得以胜出的主要原因，司马错之所以能够优于张仪而说服秦惠文王，其最为关键之处，应该是在于其立论的出发点或者说指导思想，做到了与秦惠文王治国理念的暗中契合。

我们应该还记得，在《苏秦以连横说秦》中，秦惠文王曾经说过这样的一句话："毛羽不丰满者，不可以高飞，文章不成者，不可以诛罚，道德不厚者，不可以使民，政教不顺者，不可以烦大臣"，现在，我们再拿司马错所持的"欲富国者，务广其地；欲强兵者，务富其民；欲称王者，务博其德"的观点与之相对照，不难发现，两者简直就是异曲同工。韩非子认为，说者之难，最难之处就在于不能准确把握被游说者之心，司马错对伐蜀之事的立论出发点和秦惠文王相一致，只要他言之成理，能够为秦惠文王所接纳不就是顺理成章的事情吗？由此，我们再回过头去看三国时荀彧能够说服曹操迎奉汉献帝，实质上应该也是源于曹操心中早有"挟天子以令诸侯"的这个念头，只不过是欲从别人那里得以印证更有自信罢了。曹操早在董卓专权时，势力最为弱小，就积极鼓动和参与联合讨伐董卓以清帝侧的活动，何况其已立足山东有所凭借呢？同样的道理，秦惠文王的心中，虽然有着东进主宰天下的渴望，但对自己能否在竞争中战胜所有对手，其自信心是严重不足的，如果要其在战场上选择对手，他当然是要选实力远不如己者，而决不是冒险向强者挑战，所以，当有伐蜀还是攻韩这两个选项时，在其心目中，他应该是倾向伐蜀的，所要等待的不过是部下的肯定性印证而已，这完全是性格使然，不关乎两个策略孰优孰劣。秦惠文王去世后，被议谥为“惠文”，从中我们就完全可以想象其一生为人处事的特点所在。

理解了这一点，对于我们弄明白以下问题是很有帮助的，即为什么秦惠王尽管有些时候不赞成张仪的主张，但对其仍然依赖有加。这正是因为秦惠文王是个保守型的人物，心中又充满对敢于挑战者的敬仰与渴慕，而张仪恰是一个思维活跃、从来不知什么叫不可能的人，常常创造些出人意料的东西来，令人惊喜，这就与秦惠文王的性格形成了很强的互补，所以两人也就很自然地结成了一体。据史载，秦惠文王在这次朝会上最终采取了司马错的意见，但安排出兵伐蜀时，领军的将领则是以张仪为主，《华阳国志》上说“周慎王五年秋，秦大夫张仪、司马错、都尉墨等从石牛道伐蜀。蜀王自于葭萌拒之，败绩。王遯（遁）走，至武阳，为秦军所害。其相、傅及太子退至逢乡，死于白鹿山，开明氏遂亡。凡王蜀十二世。冬十月，蜀平，司马错等因取苴与巴”，由此可见，司马错虽然在辩论中获得了胜利，但张仪却因他的战略构想和才思，成了秦惠文王的个人依赖对象，这也算是各有所得吧！

《司马错论伐蜀》这篇文章，在最后又追记了秦国伐蜀获得的巨大利益，称说“蜀既属，秦益强富厚，轻诸侯”，借以证明司马错策略的正确性。笔者认为，有了天府之国作为战略大后方，其对秦的发展固然是有利的，但若说秦国因此就能轻视诸侯而一统天下，恐怕就有些夸大了，且不说蜀道之难，其财富运送支撑秦国对外作战有多么不易，读过三国者，当无不知割据于巴蜀的刘备父子最终还是没有摆脱亡国的命运，可见得蜀是绝不能起到决定作用的。历史的事实是秦国最终一统天下仍是从灭韩开始的，由是观之，我们又怎能草率地就说张仪之言是蹈空踏虚、高谈阔论、词语华美、耸人听闻呢？

三、儒将无意多杀伤

下面，我们将重点说说司马错这个人。

关于司马错的生平，史书中并没有专门的记载，我们了解他，主要借助于其后人司马迁所撰史学巨著《史记》里的零散表述。司马迁在该书的《太史公自序》中陈述了司马氏的来源，并交待了自己与司马错的血缘关系。他说自己的先人："其在周，程伯休甫其后也。当周宣王时，失其守而为司马氏。司马氏世典周史。惠襄之间，司马氏去周适晋。晋中军随会奔秦，而司马氏入少梁。自司马氏去周适晋，分散，或在卫，或在赵，或在秦。……在秦者名错，与张仪争论，於是惠王使错将伐蜀，遂拔，因而守之。错孙靳，事武安君白起。而少梁更名曰夏阳。靳与武安君坑赵长平军，还而与之俱赐死杜邮，葬於华池。靳孙昌，昌为秦主铁官，当始皇之时。……昌生无泽，无泽为汉市长。无泽生喜，喜为五大夫，卒，皆葬高门。喜生谈，谈为太史公。”由于司马谈便是司马迁的父亲，因此可知司马错乃是司马迁的前八世祖先，籍贯当为少梁，也就是今天的陕西韩城。至于其生卒年月和具体事迹，不知道司马迁是出于避嫌还是有其他什么原因，在《史记》中并未专门为其立传进行说明，所以，我们也只有综合《史记》中《秦本纪》《张仪列传》《白起王翦列传》以及《战国策》《资治通鉴》等中的有关记载而来加以探究了。

为了避免在有关事迹的认定上出现张冠李戴的情况，我们需要先确定一下上述有关史料中提到的“客卿错”“左更错”“国尉错”和司马错是不是同一个人，而要想弄清这个问题，我们就不能不对战国时代秦的爵位制度和官职制度有所了解。

我们知道，秦在战国时期，自商鞅变法之后，推行的是战时管理体制，因此与之相适应的爵位制度和官职制度也都具有鲜明的战争体制特色，特别是它的爵位制度，完全是以军功来衡量的，基本上相类于今天的军衔。商鞅认为“凡民之所疾战，不避死者，以求爵禄也。明君之治国也，士有斩首捕虏之功，必其爵足荣也，禄足食也”（《商君书·君臣篇》），因此他非常重视对军功爵位制度的设计和应用，并在参考当时各国的有关规定的基础上，结合秦国以前的爵位制度，制定了一套全新的军功爵位制，同时规定在秦国没有军功爵的人就不能当官，有爵才有官。出于这样的原因，商鞅变法之后的秦国，为官者均以爵为荣，这就造成了有关史料中对秦国官员记载多以爵位称呼的情况，所谓的“左更错”，实际上就是相当于说具有左更爵位的司马错，而不是说另有一个什么叫左更错的人。那么左更又是一种什么样的爵位呢？据《商君书·境内》篇记载，商鞅初提出的军功爵位制共分三大类十七个等级，三个大类沿习了周朝的爵位规定，由低到高分别为士、大夫和卿，十七个等级中，从第一级到第四级属于士，名称为一级公士、二级上造、三级簪袅、四级不更；从第五级到第九级属于大夫，名称分别为五级大夫、六级官大夫、七级公大夫、八级公乘、九级五大夫；第十级及以上则属于卿，名称分别为十级左庶长、十一级右庶长、十二级大庶长、十三级左更、十四级中更、十五级右更、十六级少上造、十七级大良造。后来，随着秦国国君的称王称帝，军功爵位制进一步发展演化为四大类二十个等级，其中新增的大类为君侯，等级和原来相比有调整、也有新增，调整的部分主要在卿类，原来位于十二级的大庶长被调升为卿类的最高级十八级，新增的部分主要是卿类中增加了一个十七级驷马庶长，而在君侯类中新增了十九级关内侯和二十级彻侯。按照这个体系，我们可知司马错所得的左更爵位，是属于卿类，等级为十二级或十三级，应该说还是比较高的。

有了上述认识，关于“客卿错”，我们大体上是可以认定他就是司马错的，因为司马错的左更爵位就是卿大类，而秦朝的官制中也的确有客卿、正卿、上卿这样的说法，所以因爵位而顺延出这样的称呼，也是情理之中。但也有人因为客卿的这一称呼，对此产生了质疑，原因是关于客卿，有关书籍曾这样定义：“客卿，古代官名，春秋战国时授予非本国人而在本国当高级官员的人。秦有客卿之官，因请其他诸侯国的人来秦国做官，其位为卿，而以客礼待之，故称。”若按照这一定义，那么“司马错”和“客卿错”似乎就应是两个人，而非同一人。因为司马错的籍贯是秦国夏阳人，即使位居于卿，也不应称为客卿；如果一定认为两者是同一人，那么史书关于司马错的籍贯记载就应该是错误的，反正其中肯定有一方面是存在问题。

对于这种看法，也有细心的学者通过研究夏阳的沿革史给出了解释。根据史书记载，夏阳所在的地方，西周时期曾先后属于韩、梁的封地，春秋时期为晋所吞并，晋惠公时代，秦国攻灭了梁国，占领该地，并将其称为少梁邑。战国初期，魏文侯起用吴起为将，与秦积极争夺河西之地，公元前 419 年，魏军首先在河西少梁（今陕西韩城西南）修筑城池，建立巩固的前进基地，以便屯兵积粮进攻秦国。魏军经过多次战役，到了公元前 408 年，已尽占河西之地。而秦国以此为耻，长期奋战，希望夺回此地，经过了几代人的努力，一直到了 70 余年后的秦惠文王时代，秦国才终于从魏国手里重新获得了河西之地，而少梁改称夏阳，则已是秦惠文王继位后第十一年即公元前 327 年的事情了。结合司马错论伐蜀发生于公元前 316 年这个史实，假定他当时不会小于 30 岁，那么他入仕前也应该是魏人身份而不是秦人身份，因此当他具有卿的地位时，称为客卿似乎也是合适的。这种见解，貌似有理，实质上也有瑕疵，原因是：一、司马错也有可能是秦人收复河西之地后才入仕；

二、夏阳原本就是秦国的土地，只是有段时间被魏国占领，并且司马错被称为客卿是秦昭襄王时代的事，那时候，夏阳已回归成为秦土多年，无论出于哪种理由，秦人都不可能再将司马错视为外国人看待了。所以这种说法也是不能令人信服的。

那么，这是不是就说明司马错和客卿错是两个人呢？笔者认为也不是的。理由在于我们可能是受到了部分学者关于客卿定义的误导。我们还是先来看看《商君书》中关于客卿是怎么说的吧。《商君书·境内》说，爵位在五大夫以上者，“有税邑六百家者，受客”；又说“故客卿相，论盈，就正卿”，由此可见，客卿并不是对籍属外国高官的礼称，而是因为其按政府规定可以拥有税邑六百家以上，有权赡养门客，并且爵位属于卿的大类，工作职责系对相邦起到辅佐作用，所以才被称客卿。而客卿只要具备了朝廷规定的军功数量，就能转而升入正卿的行列。只不过是当时外国仕于秦者，秦王出于敬重，欲给其相当于卿的待遇，但又不能仓促授予实权，所以多任命为客卿，因而造成误解罢了。从当时卿的称谓有客卿、正卿、上卿之分来看，实际上我们也完全可以将客卿理解为卿的预备干部，因为它的下一步就是正卿。从秦国的官职看，有史料表明，在商鞅变法前，秦国的官制中就有中更一职，位列秦国九卿中的第二，地位显赫，再结合春秋时期的官制说法，一个国家，只有执政者或卿中最高、最有权力者，才能称为上卿的史实，我们可推断在秦国的军功爵位体系中，左更及以下的卿类爵位获得者，应该都是客卿，所以具有左更爵位的司马错，才会被称为客卿错。

最后，再说说“国尉错”这个称呼。《资治通鉴》周赧王二十九年中曾有“秦尉错伐魏襄城”的记载，其注中云：“尉，盖国尉也”，这就是关于“国尉错”的来历，其实这里的国尉，准确地说，在秦时应该和“相邦”一样，是叫邦尉，只是汉代因避高祖刘邦的名讳才转读为相国、国尉，一致沿用直今。有关学者认为，国尉是战国时秦国掌军政之官，级别仅次于大良造，是很重要的高级军事职务。近些年来，随着根据孙皓辉先生的原著改编制作的《大秦帝国》电视剧的播出，司马错的知名度有了迅速提升，有人因为司马错曾担任国尉一职，就将司马错与白起、王翦并列为秦国三大名将，并且又拿《司马错论伐蜀》为例，论说这三大名将中，司马错应是最具战略眼光的名将，评价与地位都应在白王二人之上。另外也有不少司马粉丝为此而寻找证据诋毁白起，认为白起有贪占司马错功劳的嫌疑，因为史书记载白起是周赧王三十一年即秦昭襄王时代才担任国尉，其后又升为大良造的，而司马错早在周赧王二十九年就已担任过国尉之职，并在秦昭襄王时代多有配合白起作战的史实，但未见升职，反而降为了左更，这怎能不令人愤愤不平？

其实，这又是一桩因对爵位、官职名称理解有误造成的冤案，我们完全可以通过阅读《商君书·境内》来揭开谜底，因为这篇文章不但说明了军功爵位名称，而且对军队中的职务名称也有较为全面的描述。文中表明，当时秦军的基层士兵爵位在一级及以下者，根据军中职责分工，被称为校、徒、操等，爵位在二至四级者均为卒，五级爵位者，可以出任屯长，管理五十人，六级爵位者，可以出任将，管理一百人，七级爵位者，军中称五百主，掌管五百人，八级爵位者，对应的是二五百主，掌管千人，九级以上爵位的，军中称为大将，可以在军事行动中担任负责人。这里，既无国尉这种爵位等级，也没有军中职务称谓的记载，说明国尉并不是秦国常备军中的职级名称。但是该文中说到各级将领私人卫队配置时，又有“五百主，短兵五十人；二五百主，将之主，短兵百。……国封尉，短兵千人。将，短兵四千人”的说法，并且还说“其攻城围邑也，国司空訾其城之广厚之数。国尉分地，以徒、校分积尺而攻之”，这又是怎么回事呢？《秦汉文史研究》2008 年 5 月期刊中，登载了陈治国、韩凤所撰的《秦汉国尉太尉考辩》一文，对此做了深入研究，他们的结论是：国尉实际就是邦尉，说国字是为了避汉刘邦之讳。邦尉只是秦国军队中野战部队的高级将领，职责相类于参谋长，战时设置，战后取消；它的级别要低于将军，也并没有掌管国家军队的权力。我们认为这个结论的可信度是极高的。由此结合史料可知，司马错、白起甚至后来的尉缭出任国尉，并不是什么了不起的事情，不但不是他们掌握大权的象征，正相反，说明他们担任此职时，在国君的心目中还是不足以独当一面的，只能作为领军将领的助手而已。因此，无论是司马错的粉丝，还是白起的粉丝，大可不必因之操戈相向。

解决了上述有关疑惑，综合相关史料，对于司马错，我们就有了以下的生平推断。司马错应是大约公元前 345 年左右出生于河西之地少梁的一个书香世家，受当地战火不断和秦国强调军功的影响，成人后的司马错只好弃文从武，成为秦国军队中的一员，他在秦国多次对魏等国的作战中，积累军功而得到不断提升，公元前 316 年，当秦惠文王组织朝会讨论伐蜀还是攻韩问题时，司马错已经是秦国的中高级将领了。在这次朝会中，司马错、田真黄等军事将领都主张优先讨伐蜀地，于是秦王命令张仪、司马错、都尉墨等人率军经石牛道攻蜀。由于蜀军装备和战斗力本就较弱，加之秦军又有巴、苴力量支持，所以双方在葭萌一战，蜀王就兵败遁逃，后被秦军杀死。随后，张仪、司马错等人又趁势攻灭苴、巴，俘虏了巴王，并且着手在巴蜀建立城池，一方面巩固秦国在当地的统治，另一方面谋划将之作为伐楚的基地。秦国占有了巴蜀之地后，曾向巴蜀大量移民，并委派惠文王之子通国为蜀侯，改封巴王为“君长”，以陈庄为蜀相，以张若为蜀守，共同治理巴蜀。秦悼武王元年（公元前 310 年），蜀相陈庄弑蜀侯而叛秦，司马错又受命协助甘茂平定蜀乱，诛杀了陈庄，秦悼武王的弟弟公子恽继任为蜀侯。秦昭襄王六年（公元前 301 年），传言蜀侯恽反，熟悉蜀地情况的司马错再次被委派前往平叛，蜀侯夫妇畏罪自杀，司马错仅诛杀郎中令婴等 27 人，平定蜀乱。秦昭襄王时代，司马错多数时候仍是作为从属将领参与重大军事行动，到了昭襄王十六年，才开始独立指挥军队，受命率军攻打魏国，夺取了魏国的轵地，攻打韩国，夺取了韩国的邓地，司马错也因之获得了左更的军功爵位。不幸的是，就在此时，秦国的另一位名将白起，因受穰侯魏冉的宠爱迅速崛起，而司马错年事已高再次成为配角，只能配合白起行动，先后参与了秦国攻魏、伐楚等多次战役。在秦昭王二十七年（公元前280年）秦国攻楚的黔中之战之后，再无与其相关的记载，可能此时司马错已经去世。

纵观司马错的一生，我们大概可以判定此人应是近于儒将一类的人物，因为在历次由他参与的军事行动中，他很少以主将身份出现，多数情况下都是从属或幕僚的角色，而且在平定蜀乱上，他不是靠武力，而是靠智慧，仅诛杀27人就获得了成功，这种做法对于贪功嗜杀的武夫将军是不可想象和难以置信的。另外从其力主伐蜀的言论来看，他对秦人东进中原、讨伐六国是热情不高的，并且对于秦人自商鞅变法以来，崇尚以杀人多少来计功升官的国策，也是有些看法的。所以他为将一生，主要功绩就在伐蜀、定蜀一事，直到去世前，官职爵禄也只不过止步于客卿、左更而已。想见其后人自其孙靳被赐死杜邮后多从文事，我们若是称其为那个尚武时代为数不多的和平主义者，估计是虽不中，亦不远矣！

四、决策容易准备难

《司马错论伐蜀》这篇文章，不但是一篇优美的论说文，而且也是一个比较典型的管理案例，对于职业经理人来说，我们可以从中获得关于如何进行有效决策与协调管理的诸多启发。

从事于管理学研究的学者认为，管理活动就是，某个特定组织为达成组织目标，运用计划、组织、领导、控制等手段，针对可供支配的人、财、物等资源进行决策与协调的过程。基于这一定义，对于管理工作，我们可以将其区分为支撑层面和表现层面两大部分，而决策与协调就是管理表现层面的核心内容。因此有人也将管理直接定义为决策活动。这种说法虽然未免狭隘，但却表明对于一个管理者来说，决策不但是一项必备的技能和素质，同时也是其日常业务活动的根本责任所在。

《司马错论伐蜀》这篇文章，从管理学角度来看，实际上就是一场由秦惠文王组织的成功决策活动的完整记录，从发起到沟通到协调，再到定案和验证，其中每一个环节，都无不和管理学的原理暗暗契合。

管理学认为，决策效率取决于议题是否明确，存在的选项越多，决策需要付出的时间代价越大。举个例子，譬如我们在家中讨论吃什么饭，就会经常存在这样的问题。假如你问对方，我们今天中午吃什么，对方要是回答随便，那这顿饭基本上你就没法安排，因为可选项太多，实在难以决策。但若对方提出要么吃面，要么吃米，决策起来就会相对容易得多，你完全可以根据家庭现有食材状况，很快提出解决方案，双方经过讨论达成一致意见。文章中，秦惠文王交付群臣讨论的议题就很简单，即大家只要说明你是赞同攻韩还是伐蜀，同时说明自己的理由即可，这样一来大家目标明确，讨论起来结果当然就会比较理想了。在管理活动中，我们常常强调，智慧的经理人，就是要善于将复杂的问题简单化，这是因为企业的经营活动不能不特别重视效率，来适应市场形势的瞬息万变。企业每天都会产生诸多需要决策的问题，如果常常久拖不决，后果是不堪设想的，所以提高决策效率，是每一个经理人必然的工作追求，而要做到这一点，能不能明确议题就是重要的一环。秦惠文王在这里给我们树立了一个示范，给我们的启发便在于，经理人组织决策活动，首先需要自己事前完成大量的筹备工作，进而从中提炼出明确的议题以供讨论，只有引导正确，才能提升工作效率。

在做好决策准备工作后，如何进行决策，一般认为，可供选择的模式分为五种，即 L 型、LI 型、LC 型、LCT 型和 T 型。这五种决策模式，是美国华盛顿大学贝蒂教授经过对诸多决策案例进行分析得出的研究结论，其划分的标准是以决策活动中领导者允许相关部属的参与程度为依据，从低到高进行排列。所谓 L 型，就是领导者对该项事情的决策，完全依据自己对该事情的了解与信息，凭其经验与知识做决策，不与相关部属讨论或征询意见；而 T 型，则是指领导者将决策的形成完全交给团队，并全力支持团队最后的决定，是一种全员参与的模式。这两种决策模式都属于极端决策模式，前者可称为独裁，后者则是泛滥性民主，尽管政治生活中并不鲜见，但在企业经营活动中并不受欢迎。原因在于前者依赖于杰出领袖，强调了效率，决策效果如何因人而宜并无持续性保证；后者依赖于组织成员的高度文化性自觉，强调了效果，但决策效率将无从谈起，且要求组织成员均有较高的文化水平也很难达到。所以企业经营决策常用到的便是中间的三种。

LI 型决策模式，是一种带有神秘性的决策模式，其内涵是指领导者面对一项决策时，会选择性的询问部属对一些问题的看法，但并不会让下属知道询问的目的何在，之后自己会根据这些得来的信息，独自做出决策。多数领导，特别是中国封建时代的帝王将相都比较喜欢采用该种方式，原因是除了可以具有较高保密性外，更重要的是可以给人一种领导者莫测高深的印象，增强部属的敬畏感。LC 型决策模式，是领导者单独分别找几位部属，征询他们对决策的意见，领导者会先说明决策的目的与困难，并与这些部属相互讨论什么是最佳的方案。LC 型的决策模式，具有明显的偏好性，容易变成领导者个人意志的印证性说明，但是领导者能提出困难与决策目的，并与个别部属分开讨论，至少由于准备工作充分，且经过互相印证，决策过程还是可以减少盲目性因素的。LCT 型模式，是指领导者在需要做决策的时候，会先召集相关的主管一起开会，先向主管们说明决策的目的与困难，并请每一位主管提出各自的看法与决策建议，在会议中，领导者只扮演鼓励发言、引导讨论的角色，让不同的意见激荡出更好的意见，最后领导者综合大家的意见后，加上自己深入的思考，才做出决策，并向相关提供意见的主管说明最终的决定与原因。这种决策模式因其可以充分实现上下交流，对形成团队合作有很大的帮助，对员工能力的成长效果也最好，并且一旦形成决策，非常有利于彻底执行，所以被大家公认为最好的决策模式。本文中秦惠文王采用的便是 LCT 型的决策模式，从其收效来看，也是比较理想的。秦惠文王组织的这次关于攻韩还是伐蜀的讨论，不但让大家清楚地认识到了两种行动方案的利弊，而且通过辩论还形成了一致的行动意见，原来持对立见解的张仪和司马错，能够成为伐蜀的共同指挥者，并且得到了比预想还要好的行动效果，这说明本决策模式对于形成工作合力的作用是显而易见的。

秦惠文王的 LCT 型决策模式，能够取得预期效果，除了得益于事前准备充分外，内部沟通与谈判技巧的正确运用也功不可没。张仪和司马错在这方面的表现是非常优秀的，这也是我们学习本文需要借鉴的重点所在。

沟通，是管理学中的一个重要术语，意指管理活动过程中的信息传递与理解，其一般模式为：先由发送者确定要发送的信息并对信息进行编码，然后选择沟通渠道，传递信息于接收者，接收者在收到信息后进行解码和理解，再将有关信息反馈给发送者。人们之间的沟通交流是非常重要的，因为人是群居性的动物，任何一个单独个体的生存与发展，都离不开周边其他个体的支持与协作，而默契的合作，是改善与提高人类工作效率与生活质量的根本途径。但要想实现良好有效的沟通也不是一件容易的事情，因为影响沟通效果的因素比较多，其中信息发出者的编码技术、接收者的解码水平以及信息传递方式的选择，是最为关键的三个环节。

信息传递的方式是多种多样的，立足于不同的观察角度，区分结果也有所不同，从传递途径说，沟通有正式沟通和非正式沟通之别，而正式沟通有链式、轮式、环式、Y式、全通道式等通道可供选择，非正式沟通有集群式、谜语式、随机式、单线式等通道不一而足；从传递方向上论，又能分为上行、下行和平行三种；就传递中的角色变化而论，则有单向沟通和双向沟通；就传递手段而言，又有书面沟通、口述沟通、肢体动作沟通等等的区分。面对如此众多的可选择项，如何使沟通效果利于最终决策的形成，对于一个人的管理水平是极大的考验。学者们认为，选择信息传递方式，必须与要决策的内容和影响相结合来考虑，内容越复杂、影响越广泛，其信息传递的方式就越要注意更多的采用正式沟通、双向沟通和面对面的口头沟通，秦惠文王要决定伐蜀还是攻韩，对于秦国这个组织来说，是要倾组织全力而为之的，所以必须以组织朝会的方式来解决，这种形式就类似于我们今天所说的关于召开会议进行有关方利益协调的模式。

我们知道，任何一个组织都是由多个个体组合而成的，他们虽然存在有共同利益的一面，但每个个体又不可能没有自己特殊利益的一面，于是组织就无时无刻不处于矛盾和冲突之中，为了保持组织的健康运行，管理者在决策时，就不能不以组织的整体目标为依据和前提，正确协调各方面的利益和诉求，来平衡冲突，缓和关系。所以召集会议，让相关各方面对面地陈述自己的意见，使大家了解各自的诉求和解决措施，然后从中找出最佳的方案，就显得很有必要。

张仪和司马错在会议上的沟通是良性且有效的，两个人所代表的利益群体首先存在根本利益目标的一致，那就是如何实现秦国走向强大，成就王业，这是沟通可以进行的一个重要基础。在此基础上，张仪强调首先攻韩，是要解决经略天下的核心问题，希望走捷径。他反对伐蜀，不是认为伐蜀没必要，而是认为伐蜀不是优先考虑项。与之相对，司马错强调首先伐蜀，并不是反对秦国一统天下，而是强调做事需要量力而行，先易后难。司马错要与张仪辩驳的关键是打消张仪认为伐蜀只是希图割据称霸偏安一隅的意识，只要消除了对方这个疑虑，那么达成一致意见的可能性就会大大增加。从沟通效果看，张仪的陈述，作为信息传递者，对自己所担心的内容，编码是完整清晰明确的，而司马错对于信号源传来的内容，由于是面对面的接收，所以理解也很到位，陈述的理由足以打消相关疑虑，所以协调起来，效果就很理想。秦惠文王作为最高决策者，通过认真聆听双方意见的异同，很快就掌握了各方意见的利弊，因此决策就变得容易，认为很有必要为实现根本目标，优先实施伐蜀策略，但同时为了不让伐蜀影响统一天下成就王业的目标，就有必要安排张仪主导、司马错配合来实施伐蜀，从而避免伐蜀旷日持久，冲突了大目标的进展步伐。

总结这一决策过程，无论是开始的筹备，还是中间决策模式的选择，以及协调各方所采取的沟通手段，无不可圈可点。由此，我们深受教育的是，工作中间存在问题并不可怕，只要找到了正确的解决问题途径，问题往往将是我们获得新提高的一个重要信号和标志。而正确的解决问题途径，需要决策者善于发现和鼓励培植有关各方的沟通愿望，引导各利益相关方准确、及时、完整、可理解的表达自己的诉求与意见，实现了这一步骤，也就意味着问题已经解决得差不多了。

附录：《司马错论伐蜀》

司马错与张仪争论于秦惠王前，司马错欲伐蜀，张仪曰："不如伐韩。"王曰："请闻其说。"

对曰："亲魏善楚，下兵三川，塞轘辕、缑氏之口，当屯留之道，魏绝南阳，楚临南郑，秦攻新城宜阳，以临二周之郊，诛周主之罪，侵楚魏之地。周自知不救，九鼎宝器必出。据九鼎，按图籍，挟天子以令天下，天下莫敢不听，此王业也。今夫蜀，西僻之国，而戎狄之长也，弊兵劳众不足以成名，得其地不足以为利。臣闻：'争名者于朝，争利者于市。'今三川、周室，天下之市朝也，而王不争焉，顾争于戎狄，去王业远矣。"

司马错曰："不然。臣闻之：'欲富国者，务广其地；欲强兵者，务富其民；欲王者，务博其德。三资者备，而王随之矣。'今王之地小民贫，故臣愿从事于易。夫蜀，西僻之国也，而戎狄之长也，而有桀纣之乱。以秦攻之，譬如使豺狼逐群羊也。取其地足以广国也，得其财足以富民，缮兵不伤众，而彼已服矣。故拔一国，而天下不以为暴；利尽西海，诸侯不以为贪。是我一举而名实两附，而又有禁暴止乱之名。今攻韩劫天子，劫天子，恶名也，而未必利也，又有不义之名。而攻天下之所不欲，危！臣请谒其故：周，天下之宗室也；韩，周之与国也。周自知失九鼎，韩自知亡三川，则必将二国并力合谋，以因于齐赵而求解乎楚魏。以鼎与楚，以地与魏，王不能禁。此臣所谓危，不如伐蜀之完也。"

惠王曰："善！寡人听子。"卒起兵伐蜀，十月取之，遂定蜀。蜀主更号为侯，而使陈庄相蜀。蜀既属，秦益强富厚，轻诸侯。

第五章 《范雎说秦王》解读

被誉为中国传统文化艺术瑰宝的京剧，有一出名为《赠绨袍》的传统剧目，其内容大概是，战国时期，魏人范雎随大夫须贾使齐，因受到齐的礼遇而遭须贾嫉妒陷害，回国后被魏国丞相魏齐毒打几乎致死，弃于荒郊。范雎苏醒后，被秦使王稽载归，改名张禄，秦王任其为相。后须贾使秦，范雎扮作穷人往见，适逢大雪，须贾怜故人寒冷，就赠以绨袍。次日须贾进见秦相张禄，知是范雎，惊惧万分，范雎念绨袍之赠，宽恕了须贾，略加薄惩后，令其返魏。

这出京剧名段，乃是以《史记·范雎蔡泽列传》中的历史故事为依托，经过改写打磨而成的“史记戏”，脍炙人口，流传甚广，在其他剧种中也多有版本。借助于戏剧的传播，范雎和须贾的知名度很高，即使乡野父老，对他们也是耳熟能详。那么历史中的范雎究竟是一个什么样的人物呢？我们不妨借助于解读《范雎说秦王》这篇文章，进行一个全面的还原性了解。

一、妒贤嫉能自作孽

战国诸雄中，魏国的情况是很让人有些捉摸不透的。想当初，魏文侯在世的时候，魏国正是凭着一大批人才优势，才得以迅速崛起成为当时第一强国的。然而，从那以后，他的子孙们仿佛与人才有仇，不少有识之士，只要在魏国稍露头，就会受到各种折磨和凌辱，以致不得不含恨离开而另投他邦。魏武侯时代的吴起是这样，魏惠王时代的商鞅、孙膑等也是如此，他们的才华虽然足以深刻影响战国走势，但在魏国却无法受到真正的礼待和重用。到了魏昭王的时代，新一轮的人才流失在魏国又继续上演了，继名将乐毅离魏投燕之后，范雎被推到了前台，而此人在魏的遭遇要比他的前辈们更为惨不忍睹。

综合有关史料记载可知，范雎本是土生土长的魏国人，名雎，字叔，年轻时也曾周游列国，希图有国君接受自己的主张而有所作为，但终因家境贫寒缺少活动资金，所以只好回国投奔到中大夫须贾门下做事。须贾也是个比较能干之人，秦昭襄王三十二年（公元前 275 年）时，秦国的穰侯魏冉带兵围攻大梁，他曾代表魏国拜见对方，陈说利害，使得秦军停止攻梁，解围而去，因此他在魏国比较受器重，经常出使修聘各国，范雎投奔于他，也是渴望发挥自己的长项，希望有朝一日能够出人头地。

范雎终日游走于须贾门下，好不容易总算碰到了一次展示自己的机会。一天，须贾告诉他，要他作为随从一道出使齐国，范雎领命后非常兴奋，认为自己终于有了用武之地，然而，他做梦也不会想到，福祸相依，就是这个看似绝佳的机会，却差点断送了他自己的性命。这件事刚开始的兆头很好，由于魏国之前伙同秦、韩、赵等，充当燕国帮凶差点灭了齐国，所以须贾使齐并不受欢迎，齐襄王甚至还当面辱弄了须贾，这个时候范雎站了出来，据理力争，不仅维护了魏国的尊严，赢得了外交场合的胜利，也使他个人获得了齐人的敬重。齐襄王非常欣赏范雎的表现，就派人赠给他黄金、牛、酒等礼物，并且有意招纳范雎在齐为官，但范雎婉拒了齐王的美意，对于礼物也只是收了牛、酒等食物，而辞却了黄金。范雎在这件事上的不俗表现，就其个人而言，肯定是感到有些得意的，甚至可能还认为这将会为自己开启一扇光明之门。但他有所不知的是，魏国的主事者并不这样想，先是须贾小题大做，捕风捉影，认为范雎定是里通外国，出卖了魏国利益．所以齐人才会又送礼又挽留，忙得不亦乐乎；接着，当须贾回国，将此情况汇报给魏国丞相魏齐后，魏齐也深以为然，勃然大怒，命令左右对范雎严刑拷打，直打得他皮开肉绽、肋折齿断、昏厥气绝方才罢手。到了这步田地，魏齐等仍不解恨，又派人用席子将他卷了扔在厕所里，任由其他宾客轮番尿溺，故意污辱他借以惩一儆百。苏醒后的范雎，为了活命，只好买通看守，以诈死被抛尸荒野而得以逃脱。

躲过此场大难的范雎，身衔刻骨铭心的仇恨，自知在魏国再也难以生存立足，于是更名张禄，在友人郑安平的帮助下，通过结识前来魏国修聘的秦国使者王稽，决心逃往秦国，谋求东山再起。

此时的范雎在魏国是个见不得阳光的人，如果被人发现还活着，后果是不堪设想的，非但范雎本人，就连收留和帮过他的人，都难免有性命之忧。而秦国的使者王稽和他既非亲眷，又非故交，若说有所了解，也只不过是经郑安平介绍，曾经有过一席长谈而已，然而就是在这样的情况下，王稽却甘愿冒着风险帮他逃出魏国，这中间的动力何在呢？是不是这人特别具有古道热肠呢？答案当然不是这样的，根本原因则是秦国重视人才搜求的政策所致。原来，和魏国对待人才漫不经心、挥霍无度的做法完全相反，秦国对自己偏处一隅、文化落后的历史深以为耻，自上而下有着浓厚的渴慕贤才之风，它的国家制度明确规定荐贤者与之同赏，举不肖者与之同罪连坐。而且它的重视引进人才，也不是个别秦君偶尔为之之事，自秦穆公时代发布《秦誓》将引进人才定为秦的基本国策以来，孝公时代秦又发布招贤令对之进一步做了明确，秦惠文王、悼武王、昭襄王等多代国君对之均是连续贯彻执行的，所以重视人才、引进人才已经成为秦国的传统深入人心。在秦国，凡是有身份的人无不随时留意访求人才，尤其是那些能够到他国出访的人员，更是将之视为发现人才立功受赏的良机。秦昭襄王三十六年（公元前 271 年），王稽本人出使来到魏国时，心目中便是带着这种习惯意识而来的。《史记》中记载，他刚和所下榻之处的服务人员熟络，就主动询问“魏有贤人可与俱西游者乎？”因之郑安平才有机会将化名为张禄的范雎推荐给他，而范雎也因之有了人生翻盘的机遇。对比魏、秦两国对待人才迥然不同的方式，不能不令人深有感触。俗话说，天作孽犹可活，自作孽不可活，魏国自绝人气，其若不衰落覆亡，恐怕才是天理不容吧！

范雎历经千难万险，在王稽的保护下，终于来到了秦国，但这只不过是意味着他跳出了火坑，获得了暂时的平安，至于要想报仇雪恨，现在看来似乎仍是一件遥不可及的事情，因为作为一介布衣，他要报仇，只能借助秦王的力量，而他虽然有王稽引荐，又的确有真才实学，但要想获得秦王的支持和器重，又谈何容易！

诚然，秦国是重视人才引进的，并且在人才的使用上也是不拘一格的，只要能够获得秦王的信任，不问出身、不计国别就能平步青云为将为相都是不争的事实，如宋人洪迈的《容斋随笔》中就曾说“七国虎争天下，莫不招致四方游士。然六国所用相，皆其宗族及国人……独秦不然”，据当代学者马非百所著《秦集史》的统计情况也表明，秦自惠文王设相至秦始皇时期，累计担任相位的有 22 人，其中籍贯可考的 17 人中，有 13 人都是来自与秦王室没有任何关系的秦国以外的人物，而且秦人对于外籍人士统率军队也没有什么忌讳，像魏人商鞅、公孙衍、张仪等都曾被任命为统军主帅伐魏。对于深衔冤仇的范雎来说，秦国的这些优越之处无疑是非常具有吸引力的，但这并不代表他自己就一定能在秦国获得重用，更不能证明秦国在用人方面就没有什么阻碍，不存在斗争。实质上，关于人才的认定和使用，在秦国同样存在着不同路线之间的残酷竞争，没有哪个人在仕途上可以做到一帆风顺！想当初，抱着一腔热血而来的苏秦，不就是弄得灰头灰脸乞讨而归吗？而商鞅变法于秦，也曾受到秦国旧贵族的各种阻挠，最后甚至搭上了性命；张仪为了仕于秦，就不得不想方设法排挤掉公孙衍、陈轸；甘茂和向寿、公孙衍之间为了相位的争夺，也都无不经历了尔虞我诈的各种相互倾轧，所以，范雎要想在秦立住脚，还有不少险关难隘需要闯，首先，穰侯魏冉便是他很难逾越的一道坎。

我们前面说过，秦昭襄王时代，大部分时间，真正掌握秦国实权的人物便是穰侯魏冉。他是宣太后的弟弟，昭襄王的舅舅，官拜秦国丞相，权势显赫，加之自己又多谋善断，能征惯战，手下有白起、魏章、司马错等一班虎狼之将，天下诸侯闻风丧胆，所以无论什么人，要想在秦国有所施展，没有穰侯的认可，那就几乎是不可能的。然而不幸的是，这位穰侯的用人理念，给范雎想在此时的秦国出人头地判了死刑。穰侯虽然在秦国也是外来户，但因为有着贵戚的身份，所以他的用人比较倾向于本土化并排斥异己。他对于外来的游士宾客，不但阻挠他们参与朝政，分享权力，而且根本上就持不欢迎的态度，所以那些在其当政之前就已加入秦国的外籍人士过得很惨，而新进者试图加入统治者的管理队伍，就更是难比登天了。

范雎实际在到达秦国国都前的路上，就已经领教到了这种压力了。《史记·范雎蔡泽列传》中这样记载道："王稽辞魏去，过载范雎入秦。至湖，望见车骑从西来。范雎曰：彼来者为谁？王稽曰：秦相穰侯东行县邑。范雎曰：吾闻穰侯专秦权，恶内（纳）诸侯客，此恐辱我，我宁且匿车中。有顷，穰侯果至，劳王稽，因立车而语曰：关东有何变？曰：无有。又谓王稽曰：谒君得无与诸侯客子俱来乎？无益，徒乱人国耳。王稽曰：不敢。即别去。范雎曰：吾闻穰侯智士也，其见事迟，乡者疑车中有人，忘索之。于是范雎下车走，曰：此必悔之。行十余里，果使骑还索车中，无客，乃已。”由此可见，穰侯对于外籍游士的厌恶已经达到了极点，甚至不惜干涉秦国传统的招贤政策，竟敢公然搜查外出使者有无携带外来游士，这基本上就是秦国人才政策要变天的征兆啊！

非但穰侯如此，此时此际，就连秦国的最高统治者秦昭襄王对于游客辩士也是不太感冒的。太史公在该传中说得明白，当时秦国由于国力强盛，南拔楚地，东破强齐，数困三晋，对于武力的崇拜正处于极其狂热的阶段，“厌天下辩士，无所信”，秦国的一只脚已经踏上了昔日魏国强盛后的人才观老路了。因此，当王稽将范睢的情况报告给秦昭襄王，并强调说“魏有张禄先生，天下辩士也。曰秦王之国危于累卵，得臣则安。然不可以书传也，臣故载来”时，秦昭襄王只是出于礼貌，安排他在客舍住下，根本没有用他的意思，甚至连面都不愿一见，在这样的大背景下，范睢要想得到重用，不是痴人说梦又是什么呢？

然而，范睢此时已经别无选择，只能背水一战了，因为天下虽大，可以让他容身之所却少得可怜。他深知，如果自己不能将智慧卖出去，成为秦王眼中的有用并可重用之人，就不可能为自己换来权力和富贵，而没有在秦国的地位为后盾，自己要想雪耻的目标就难以实现，毕竟，魏齐等是魏国的统治阶层，当时的天下，能够令魏慑服的国家，除了秦国，还能有谁呢？所以他只好隐忍索居，等待时机。时间在一点一滴的流逝，范睢的自信心也在被一点一滴的消耗，作为推荐人的王稽，初始的热忱也渐渐转化成了失落，一年多的时光，就在这种煎熬中成了过去。在这段时间里，范雎虽然无时无刻不在研究秦国政局，想着如何突破自己的困境，但希望依旧显得渺茫，让他看不到任何曙光。就在他快要陷入崩溃境地的时候，秦国上下纷纷议论的一则消息，突然触发了他的灵感。原来穰侯又要对外用兵了，他和客卿灶正商量要攻打齐国夺取刚、寿两城，借以扩大自己在陶邑的封地。范雎敏锐地意识到陶邑便是穰侯的软肋，也是自己的救命稻草，只要抓住了这一点要害，自己离功成名就的时刻就不远了。

二、营谋自保须当先

找到了支撑点的范雎，强大的自信很快就被重新点燃，他经过一番周密盘算，再次找到了自己的推荐人王稽，烦请对方将一封书信面呈秦王，并且信誓旦旦地拍着胸脯保证，此次定能引起秦王重视，一战功成，如若仍无结果，自己也无脸呆在秦国了，从此将永远不再踏入秦土。王稽被他的一番陈辞说得将信将疑，只好抱着死马当作活马医的态度，代其传书给秦王。出乎王稽预料的是，这次命运的天平果然向他们倾斜了，秦王读了书信后，不但连连向王稽致歉，而且表示要立即面见这位化名张禄的范雎先生，并且安排专车去接他入宫。

当王稽兴奋地将这个消息告诉范雎时，范雎既有些得意也有些不安。得意的是自己这次押宝看来是押对了，不安的是从此他将要走上一条更为无比凶险之路，稍有不慎，恐怕就要身首异处了。原来范雎呈送秦王的书信，立意就是要挑拨秦王和太后、穰侯等贵戚的关系，俗话说“疏不间亲，卑不谋尊”，他违背常理这样做就是在走钢丝，风险能不大吗？不过范雎这次对秦王的心理活动把握还是极准的，秦昭襄王已经在位近四十年了，但他这个名义上的最高统治者，实际上无论哪方面都不能不屈居于他人之下，心中肯定积郁了大量不平之气。首先，在诸侯中，大家都知道，要想获得秦国的好感，不受侵扰，秦王固需巴结，但更要结好穰侯、太后，得罪了秦王，还有缓和余地，要是伤了穰侯和太后，那就只有静等惩罚了。其次，在国内，论实际权力的影响力和生活的富足奢华排场，秦王也要逊于穰侯、太后，相比之下要说秦王可以心平气和，那才是自欺欺人。秦王的这种不平衡已压抑了近四十年，能不希望有所宣泄吗？即使穰侯很自律，功高震主，尚会让人不舒服，何况穰侯积威多年，并不一定懂得收敛呢？范雎在写给秦王的书信中强调国家立政赏罚均应自主上出，并说：“臣闻善厚家者取之于国，善厚国者取之于诸侯。天下有明主则诸侯不得擅厚者，何也？为其割荣也。良医知病人之死生，而圣主明于成败之事，利则行之，害则舍之，疑则少尝之，虽舜禹复生，弗能改已。语之至者，臣不敢载之于书，其浅者又不足听也。意者臣愚而不概于王心邪？亡其言臣者贱而不可用乎？自非然者，臣愿得少赐游观之间，望见颜色。一语无效，请伏斧质。”这实质上句句都在旁敲侧击述说秦王的心病，而且自称已有相应的良方可用，秦王正为如何抑制贵戚犯难，一读之下，当然就会急不可待要当面请教了。

范雎坐在接他进宫的专车上，筹谋着如何进一步强化对秦王的刺激，来加深秦王的印象，使之对自己更加依赖。到了宫门口，他假装并不知道是谁邀请了他，顺着内宫的通道，就往里走。当有宦官要求范雎止步等候秦昭王接见时，他故意乱嚷着说："秦国还有王啊？不是只有太后和穰侯执掌国政吗？难道不是太后宣召我吗？"宦官听了他的话，很生气，于是两人就争吵了起来，这时候，听到争吵的秦昭襄王，内心深受刺激，就主动走过来，上前去迎接范雎，并向他道歉说："张禄先生，我本该早就向您请教了，但不巧正遇到义渠之乱，事件很紧迫，我早晚都要向太后请示，竟然无法抽身。现在义渠事件已经处理完毕，我才得机会向您请教。我这个人很糊涂、不聪敏，让我向您敬行一礼。"范雎此时装出讪讪的模样，客气地向秦王还了礼。看到秦王对此人如此客气恭谨，在场的人脸色无不变得严肃，对这位先生也不由得刮目相看起来。

秦王将范雎引进了自己所居的殿内，屏退了左右的侍奉者，谨慎地掩了房门，然后两人相向跪坐，秦王才开口请教说："先生拿什么来赐教寡人？"范雎则是故意装出一副左顾右盼，欲言又止的样子，虚以应付地说了句"好啊好啊"就没有了下文。秦昭襄王以为他没有听清自己的话，就再次谦卑地请求，范雎还是那样"好啊好啊"的点头应对，就像这个样子，双方一连重复了三次，秦昭襄王有些沉不住气了，于是挺身长跪说："先生难道是有所顾虑，不肯赐教寡人吗？”

范雎见火候差不多了，觉得自己已经引起了秦王的足够重视，于是显得很无奈地一边致歉，一边说道：“大王，不是臣下胆敢知而不言，实在是我也另有苦衷啊。臣下听说当初吕尚初遇文王的时候，身份不过是个垂钓于渭水北岸的渔父，像这种情况，他们之间的关系可以说是极生疏的。然而他们双方经过交谈，周文王就任命他做太师，并请吕尚和自己同车一起回去。为什么会由生疏而变得突然如此信任呢？这说明他们之间交谈沟通得很深，相互都敞开了心扉，没有什么隐瞒对方之处，因此达成了合作默契。后来的事实是，文王果真凭借吕尚建立了功勋，周室也最终据有天下而成了帝王。现在想来，假如那时文王因为和吕尚生疏，而不愿与他深谈，那么周朝也就不可能拥有天子之德，而文王、武王也就不能成为一代杰出帝王了。拿这段史实来比照当前，臣下我是个客处他乡的人，与大王的关系也是疏远的，而我所想要面陈的，又都是想纠正国君偏差错失的事情。这样一来，臣下以关系疏远之身，怀揣一片浅陋的忠诚，要讲的内容可能涉及与君王有骨肉亲情之人，在尚不知大王心意如何的情况下，怎敢草率开口啊？所以大王您连问三次而我都无法回答，就是这个原因。

“臣下这样做，并不是因为爱惜己身而有所顾忌，即便臣下知道今天进说而明天就会受死，我也不会因之感到恐惧。只要大王真能听信臣下的话，并愿意去实施它，那么，死将不足成为臣下的祸殃，流亡将不足成为臣下的忧虑，浑身涂漆像生癞疮，披头散发状若疯狂，也不足成为臣下的耻辱。死，是人生无法逃避的，五帝这样的圣人要死，三王这样的仁人要死，五伯这样的贤人要死，乌获这样的力士要死，孟贲、夏育这样的勇士也要死。处在难免一死的形势下，只要能对秦国的发展有些益处，这就是臣下最大的希望了，臣下还担心什么呢？想当初，伍子胥藏在行李中混出昭关，夜间赶路，白天隐蔽，到了蔆水，没东西可吃，匍匐爬行，讨饭于吴国的城邑街道，最后却振兴了吴国，使吴王阖庐成为了霸主。假如臣下进献谋略能像伍子胥那样成就吴国，就是把我禁闭起来，终身不能再见大王，只要臣下的主张实行了，臣下又有什么可忧虑的呢？再说贤人箕子、接舆，他们被浑身涂漆像生癞疮，披头散发状若癫狂，忠于殷朝、楚国而没有获得任何好处，假如臣下可以跟箕子、接舆有相同的行为，而能对我认为贤明的君主有所帮助，即使承受浑身涂漆之苦也是臣下最大的荣耀，又有什么耻辱呢？臣下所担心忧虑的，只是怕自己受辱甚或失去生命以后，天下人以臣下尽忠而亡为鉴，从此杜口裹足，再也没有人愿意到秦国来做事罢了。大王您如今上怕太后的严厉，下受权奸的迷惑，居住在深宫之中，行不离辅臣之手，终身受到蒙蔽，没法洞察奸佞，大则江山社稷宗庙可能覆灭，小则自身陷于孤立危险境地。这才是臣下最感到恐惧的事情！至于那些自身可能被困受辱的遭遇，死刑流亡的祸殃，臣下是不敢也不会害怕的。如果臣下死了而秦国能够得到治理，这将比臣下活着更有价值和意义。”

范雎的这番话，从表面上看，显得十分啰嗦，没有什么营养，对于秦王基本上没有提供什么有价值的信息，然则，从范雎的个人立场上来说，实质上正是其初说人主必不可少、颇具匠心的重要一环。在这里，他既以欲扬先抑之法层层铺垫强调了欲谈之策的意义重大，事关生死；又借未见其成、先虑其败的思维优势，为不可预见的未来构筑了自保余地。《古文观止》的编选者二吴曾对这段说辞有过如下解读："始言交疏言深，再言尽忠不避死亡，翻来复去只是不敢言；必欲吾之说，千稳万稳秦王之心，待之以千肯万肯，而后一说便入。"这个评价道出了范雎言辞足以激起秦王积极探究之心的奥妙所在，无疑是中肯的，但在笔者看来，还是不全面的，因为其并没有看到范雎如此谨慎小心，也是为了将来自保预设地步。

范雎此来游说秦王，是抱着投人所好、用己所长以换取功名富贵而雪耻洗恨的，若说不怕死、不惧辱，那才是骗人的鬼话。可他在未曾献策之前，先就说出因此有可能会给自己带来"穷辱之事，死亡之患"，正是意识到相关话题的风险，预先对秦王进行试探，引导其对自己做出不会采用类似处罚的保证。《尚书》中说："人心惟危"，而主宰生杀大权的帝王，其心更是难测，俗语称伴君如伴虎，所以作为臣属，是无论什么时候都不能丢了自保意识的。帝王心目中同一件事，不同时间不同地点，看法迥异是经常发生的。韩非子曾在《说难》篇中提到这样一个例子，说的是卫国弥子瑕起初深受国君宠信时，曾私自驾驭国君车子回家探视母病，并且还曾将自己吃剩的桃子送给国君，卫君当时对他的评价是德行好，孝顺父母、敬爱国君。等到弥子瑕色衰爱弛时，同样的事情又成了他获罪的理由，国君反过来认为他是目无国法、亵渎君上。诸如此类的事情，在历史中是屡见不鲜的，范睢一个外籍游士，意图策动秦王疏远自己的母亲、舅舅，这是何等凶险，即便出于当时的特定环境，秦王认同了他的意见，谁能担保有朝一日他不会又反悔呢？所以范睢预做防范，决非杞人忧天。事实上，范睢后来罢相能够善终，应该说就和自己当初就留了这一手有莫大关系。我们读《战国策》便不难发现，这个招数，是战国之际游士们经常使用的一记杀手锏，堪称最高自保秘诀。想当初，秦悼武王欲用甘茂为将攻伐韩国宜阳，甘茂也用过这招。当时他深知顺应于秦王必受重用且功成后富贵不可限量，但他在有把握攻韩的前提下，还是故意说出建议先不伐韩的话，向秦王表明战争中自己可能会遭到的种种流言攻击及后果，诱使秦悼武王在息壤立下誓言，表示战争过程中决不因暂时失利而听信谗言追究甘茂的过失，结果后来攻打宜阳不利，正是因为有了息壤之誓，甘茂才躲过一劫。此外如楼缓使秦、苏秦间齐等等故事中，为了换取委命国君的充分信任，也无不是凭借此招保全了自己。花无百日好，人无一世红，得意处常想失意时，这个才是颠扑不破的真理呀！

几句题外话后，让我们再回头来看正文。

范睢已经将话说到了这种程度，又点出“足下上畏太后之严，下惑奸臣之态，居深宫之中，不离保傅之手，终身暗惑，无与照奸，大者宗庙灭覆，小者身以孤危”，直击秦王心事，就由不得秦王不引为知己更为倾心求教了。只见他挺身直跪，言辞更加诚恳地说：“先生您这话又是从何说起！我们秦国远离中原，僻处西方，寡人又笨拙而不能明辨是非，先生您能光临此地，这是上天要我烦劳先生，从而使我国先王的宗庙得以保存啊。寡人能够受到先生的教诲，这不正是上天施恩于先王而不抛弃他的后人吗？先生为什么要这样说呢？只要是秦国范围内的事情，上到太后，下到大臣，不论大小，希望先生全能指点教导寡人，请您不要怀疑我的诚意。”

范雎听了这话，知道秦王心中业已完全腾空，相信自己进言的成功率应该达到了 80% 以上，基本稳操胜券，于是他暗自出了一口长气，起身向秦王拜了两拜，秦王见状也赶忙还礼向范雎拜了两拜，静等他侃侃而谈发表高论。

范雎说秦王，到了这个时候，才算要开始转入正式话题，但《古文观止》的编选者裁选文章，到这里却戛然而止了。编选者的这种做法看似突兀，实则也是另有境界的。南北朝时刘宋王朝的刘义庆主编的《世说新语》中有则故事，与此意境颇为相近，内容如下：“王子猷居山阴，夜大雪，眠觉，开室命酌酒。四望皎然，因起彷徨，咏左思《招隐诗》。忽忆戴安道。时戴在剡，即便夜乘小船就之。经宿方至，造门不前而返。人问其故，王曰：吾本乘兴而行，兴尽而返，何必见戴！”二吴在此以《范雎说秦王》为题，结果文中竟在两人要谈正题的时候，兴尽而止，这说明他们两人要谈的具体方略，至少在编者心目中是处于次要地位的，编者看重的不过是范雎笼定秦王的技巧罢了。韩非子曾言，说之难根本在于“在知所说之心，可以吾说当之”，范雎已通过一系列技巧，使秦王说出了“寡人得受命于先生，此天所以幸先王而不弃其孤也。先生奈何而言若此！事无大小，上及太后，下至大臣，愿先生悉以教寡人，无疑寡人也”，接下来具体说了些什么，知与不知，对于寻求借鉴意义的我们，又有什么区别呢？看来二吴也是深知辩术三昧之人啊！

三、明晰战略具慧眼

韩非子在《难言》篇中曾经感慨：“度量虽正，未必听也；义理虽全，未必用也。大王若以此不信，则小者以为毁訾诽谤，大者患祸害死及其身。”那意思就是说，作为一名游士，即便你所持法则完全正确，所讲道理十分完美，未必会被采用还是小事，若是大王认为这些话不可信，轻则你会被看成是诽谤而遭斥责，重则你就可能要遭受灾祸或死亡了。由此我们不难看出，靠谋略来攫取富贵，非但不如想象的那样动动嘴皮就可手到擒来，而且还是一件具有高度风险的事情，稍有不慎甚至还会输掉身家性命。然而范雎在这样的职业背景之下，欲说的又是难以启齿的离间别人骨肉之亲的事情，结果仅凭借言语就赢得了秦昭襄王的完全信任，这足以说明其游说技巧已经达到了炉火纯青的地步，运用起来也挥洒自如，令人不知不觉间便受其羁鞫而不能自拔了。关于这一点，就是后来的太史公司马迁在整理范雎的史料时，也不能不赞叹有加的，他认为战国时代游士众多，大家对于天下之势认知也相差无几，而范雎能够脱颖而出，实在是其说力甚强，足堪与长袖善舞、多财善贾者相媲美所致。

后世的学者，基于太史公对范雎的评价，常常就将范雎简单地认知为一个杰出的辩士，这是我们所不敢苟同的。因为从他之后为秦国策划的一系列战略战术举措来看，就充分说明他不仅是一名巧舌如簧、能言善辩的游士，更是拥有非凡智慧、目光如炬的谋略大家，李斯所谓“昭王得范雎，废穰侯，逐华阳，强公室，杜私门，蚕食诸侯，使秦成帝业”的评价，才足以彰显范雎的历史地位和价值。

和他的前辈们一样，范雎对秦国的地理优势和民风优势有着清醒的认识和高度的评价，也认为秦国完全可以资借于斯，通过武力建立帝业一统天下。与众不同的是，范雎通过总结秦国之前的得失，提出了一种全新的更为便捷有效的行动方略，使得秦国实现终极目标的路线图显得更加清晰可行，从而避免了不必要的弯路和损失，加快了秦国统一天下的进程。他向秦王提出的可以概括为对外远交近攻、对内固干削枝的战略行动方案，我们即使用今天的眼光来审视其对秦国的贡献，也是无论给予什么样高度的评价都不为过的。

毋庸置疑，秦自孝公以来，历代国君无不具有称霸天下的野心和渴望，但对如何实现这一意图，他们的认识还是笼统而且模糊的。范雎以前的秦国，在商鞅变法后确立的战时管理体制推动下，逐渐养成了政为战、民敢战、民好战、以战养战的骠悍风尚，从而为其武力征服天下奠定了基础。但是这个阶段，秦人的实际行动还是充满小家子气的，他们沿习的基本上还是春秋时期诸侯争霸的路子，常常满足于抢掠财富、使诸侯各国惧秦的那种心理感受，而对兼并别国土地并且加以统治巩固则缺乏足够的重视。这种思想反映到国家的战略决策层面，就对秦国完成统一华夏大业带来了巨大的障碍，并给秦国的人力、物力以及军事力量造成了难以估算的损失和浪费。论其具体表现和危害，择其要者，大约可以归结为如下三点：

首先，秦人由于战略目标不明确，忽视了或者说并没有意识到许多战略要地的价值，常常对其反复弃守，影响了一统天下的实际进度。举个例子，譬如位于秦、韩两国边界黄河沿岸的军事要塞武隧，此地是韩国抵御秦国入侵的重要国防屏障，也是贯通韩国南北的重要通道，对于秦国兼并韩国有着十分重要的战略意义。秦国本在秦悼武王四年（公元前 307 年）已经占领该地并筑城防守，但秦昭襄王元年（公元前 306 年）受一些策士的蛊惑，秦国就轻易地将此地还给了韩国。秦昭襄王四年（公元前 303 年），秦国对韩国用兵，不得不再次攻占武隧，可是到了秦昭襄王十一年（公元前 296 年），为了示恩于韩，秦国竟又将其归还韩国。再如魏国的蒲阪、封陵，也是秦国攻魏的军事要地，秦国的处理手法与武隧相类，总是先攻占，然后又返还给对方。秦国如此反复折腾，表面上看是要仿效春秋霸主的做法，立威牵制魏韩，实际上则是缺乏战略意识和发展眼光的表现，当时的秦国决策者们并没有看到战国时期和春秋时代的格局已经完全不同，周天子连名义上充当天下共主的能力都没有了，秦人一方面有取周而代之的意图，另一方面在兼并列国上又犹豫不决，纯粹是自己给自己找麻烦，他们对已攻取的韩魏等国军事要塞的反复弃守，严重迟滞了其兼并韩、魏两国的步伐。

其次，秦人由于战略目标不明确，许多军事行动便过于强调贪求财货，因此显得目光短浅，得不偿失，也为日后秦国统一华夏不能持久统治埋下了阴影。这个问题，在秦昭襄王时代表现的尤为突出。据今人卢鹰《穰侯魏冉新论》统计，魏冉主政秦国四十年间，先后对东方六国连续用兵作战，其中颇具规模的战争，依次为魏国 12 次、韩国 8 次、楚国 7 次、赵国 4 次、齐国 3 次。他所推动的这些战争，杀戮规模通常都是极其残忍宏大的，梁启超先生曾经统计过整个战国时代的战争杀戮人数，认为大约是 200 多万，而仅这一时间段被杀的人数就在 100 万人以上，几乎占了一半还多。秦人的这种嗜杀和抢掠行为，虽然造就了列国对秦的恐惧心理，但也为其带来了“暴秦”“虐秦”的恶名，使得秦国即便统一了列国，也无法迅速收服人心，以致短命告结。另外秦人持续时间如此之长、杀戮烈度如此之大的战争，其对秦国统一天下的贡献却非常不成比例。据杨宽先生所著《战国史》中所列的《秦国设郡表》内容统计，秦国从开始推行郡县制到完成统一进程，共计设郡 36 个，而其中属于秦昭襄王时代兼并他国设立的只有9个。由此可知，穰侯魏冉主导的这些战争，出发点就是为了掠夺财货和积累军功，他既不重视秦国领土疆域的扩张，也没有统一天下、安定民生的愿望，一心想的就是如何借助国家机器满足个人或小团体的私欲，这也就难怪他在离开秦的国都前往封地陶邑时，《史记》中会有“穰侯出关，辎车千乘有余”的记载了。

再次，秦人由于战略目标不明确，国家的军事力量也出现了逐渐沦为权臣工具的趋势，如果任由发展，秦国很有可能成为春秋时期被权臣瓜分的晋国的翻版。穰侯魏冉主政下的秦国，表面上看，的确是轰轰烈烈、势压群雄，但内里却蕴藏着巨大的暗流与危机，其根本原因就在于以穰侯为代表的贵戚们正在将国家的军事力量转化为维护个人私欲的工具。司马迁著《史记》，专门辟有《穰侯列传》很大用意就是为了披露这一问题。清人吴见思对此就曾有所觉察，他说：“穰侯事大都备于《范雎传》，此只用点次法，以须贾说词及苏代书词，两篇出色，前后以简略相配，以成章法”，他的这个评语，点出太史公著该传，重点就是要记下与穰侯相关的须贾和苏代的两篇说辞。这两篇说辞，固然有其魅力，但若说太史公因偏爱它们而专立穰侯传，那是怎么也讲不通的，唯一合理的解释就是这两篇说辞之所以被太史公拿来，正是为了说明作为昭襄王亲舅的穰侯，为何会因“一夫开说”而“身折势夺”。穰侯伐魏之际，秦军已经势如破竹攻入了魏的腹地，合围了大梁，但须贾游说于他，强调了大梁如果攻不下，可能会连带穰侯失去自己的封邑陶，魏冉便决定撤围而去。秦军在与赵的战争中获得了胜利，穰侯不惜将秦军夺取的观津还给赵国，并且还要资助赵国四万兵力，让它去攻打齐国。当苏代给其书信，分析了助赵伐齐之弊后，穰侯虽然暂时接受了这个意见，但不久就又决定干脆自己亲自率军越过韩、魏等国去攻打齐国。其如此专注于攻齐，目的只有一个，也是为了“广其陶邑”，经营自家的地盘，扩大自己的势力。穰侯的这些所作所为，与三家分晋前的晋国权臣何其相似！按照这种趋势，秦国别说一统天下，估计若干年后，自己能否存在都是一个问题。对秦国政权构成如此严重威胁，秦昭襄王作为一个已经当政近四十年的国君，他不会看不出来，也决不可能任由其蔓延发展，范雎能够在此时趁虚而入，赢得秦王的信任，可以说正是穰侯自己为他创造了机会。

范雎正是由于敏锐地意识到了上述问题，所以才敢赌上一把向秦王面陈己见，而他对于如何扭转局面，实施自己的战略构想也是颇令人称道的。为了稳妥地实现自己取代穰侯的目的，范雎采取了由显及隐、先易后难的方针，先是针对穰侯存在明显失误的外交军事举措，提出了“王不如远交而近攻，得寸则王之寸也，得尺亦王之尺也”的见解，主张用专伐韩魏来代替穰侯的远道攻齐。经过一段实践检验，当秦王看到了实际效果口服心服后，他就进一步提出了“木实繁者披其枝，披其枝者伤其心；大其都者危其国，尊其臣者卑其主”的主张，痛陈秦国太后擅行、四贵专权之弊，认为当前的秦国“战胜攻取则利归于陶，国弊御于诸侯；战败则结怨于百姓，而祸归于社稷”，请求秦王“内固其威而外重其权”。此时的秦王，对范雎已是言听计从，于是废太后、逐四贵的目标水到渠成，范雎也因之由布衣而客卿进而拜相爵授应侯，成了秦国的新贵。

综上所述可见，范雎的人生成功决非偶然所致，有学者将其与商鞅、张仪等并列为影响秦国发展史的关键性杰出人物，我们认为是一点也不过分的。

四、职场范雎为模板

范雎趸售个人智慧给秦王，帮助秦王解决了秦国的危机，作为交换，秦王赠与了他权力和富贵，两人本来是可借此平台进一步扩大合作空间的，但范雎由于人生拼搏的出发点是为了快意恩仇，所以有了这些资本后，其所关心的问题焦点也就随之发生了转移。恰在此时，魏国惧于秦国的凌厉攻势，派须贾出使秦国修好，于是就有了本文开头的《赠绨袍》这段故事，范雎的复仇报恩也从隐性转向了公开化。

在《赠绨袍》这场故人的异国重逢中，使范雎差点丢掉性命的始作俑者须贾，由于一念之仁，只不过是受了𫗦豆马食之辱，被范雎当作畜牲戏弄了一翻，便算揭过了一页，而下达杖捶范雎命令的魏齐就没有这么幸运了。《史记·范雎蔡泽列传》记载，须贾使秦后，秦昭襄王才知道原来自己最为信任的张禄先生，就是魏人范雎，并且曾经有那样的一段令人不堪回首的悲惨往事。出于对范雎帮助自己摆脱秦国危难的感激，他决定亲自出手帮助范雎了却报仇的心愿。当时的魏齐已经闻讯从魏国弃职逃到了赵国避祸，秦昭襄王听说魏齐藏在赵国的平原君的家里，就不惜动用国家外交手段，将平原君骗到秦国软禁起来，以此要挟赵国拿魏齐人头交换。赵国顶不住秦的压力，想接受秦国的要求，魏齐的好友赵相虞卿，无奈决定弃官和他共同投奔信陵君，信陵君对于是否接纳魏齐非常犹豫，魏齐失望之余便刎颈自杀了。赵王得知魏齐自杀身亡，终于取了他的脑袋送到秦国，秦昭襄王这才放平原君回赵。范雎与魏齐的这场私人恩怨，竟然搅得三个国家波澜叠起，三王、三相以及两君都深陷其中，难以自拔，这也算是一桩千古奇谈了。

在报仇雪恨的同时，范雎也没有忘记那些苦难中为自己提供了帮助的人，他的救命恩人郑安平，被其举荐成了秦国的将军，而他的推荐人则因功成了秦国的河东郡守。史书记载，此时的范雎一时志得意满，“散家财物，尽以报所尝困戹（厄）者，一饭之德必偿，睚眦之怨必报”，真可谓风光无限。然而，好景不长，随着范雎的快意恩仇，问题也慢慢滋生。

秦昭襄王四十八年（公元前 259 年），秦国派郑安平领兵攻打赵国，郑安平在战场上反被赵军包围只好率众二万投降。按照秦国法令，作为举荐人范雎罪责难逃，但秦昭襄王法外示恩，非但没有追究，反而严禁国内议论郑安平事件，只是对郑安平的亲族处以刑罚了事。秦昭襄王五十年（公元前 257 年），范雎的举荐人王稽也出事了，他因与诸侯勾结犯法而被诛杀，范雎的处境就显得更为不利了。这时候的秦昭襄王和范雎之间的感情热度也开始降温，两人相处时，秦王没有了兴奋感，常常忧形于色，临朝叹息，并告诉范雎说："今武安君既死，而郑安平等畔，内无良将而外多敌国，吾是以忧"，秦王之所以有这等言辞，是因为长平之战后，名将白起被赐死，与范雎有很大关系，这就使得范雎对自己未来的命运更加担忧了。但人在事中迷，范雎身处此境，号称智囊，却找不到一个恰当的办法，来解决自己的问题。也许是吉人自有天相，就在范雎进退两难之际，他命中的另一个贵人蔡泽出现了。

燕人蔡泽，也是个游士，胸有谋略且干游诸侯甚众，但终无所成，正处于困顿境遇，当他听说范雎因推荐郑安平、王稽而负重罪于秦的消息后，认为是自己的机会来了，于是西入于秦，故意使人四处宣扬并告知范雎，"燕客蔡泽，天下雄俊弘辩智士也。彼一见秦王，秦王必困君而夺君之位"，借以激怒范雎召见自己。两人见面之后，蔡泽趁机讲述了功成身退的道理，劝诫范雎在怨已仇而德已报后，早作退返之计，范雎由是幡然醒悟，荐蔡泽而谢病请归相印，得以终老于自己的封地。

范雎的一生，起起浮浮充满了传奇色彩，追寻其成败的历史印痕，留给我们今人的感悟也决非一端，特别是对于作为企业职场中的经理人来说，范雎的经历，对于我们的职业素质培养是个很好的借鉴。

首先，范雎的经历说明，艰难困厄对于一个人的成长来说，未必就是一件祸事。司马迁曾在《范雎蔡泽列传》中有这样的评语，他说，天下辩士中才干与智谋如范雎、蔡泽这样的人应该有很多，但游说诸侯至白首仍无所成就的屡见不鲜，范蔡二人之所以能够那么耀眼成功，除了客观形势有利和个人游说技巧高超外，自己遭到了巨大的不公待遇深受刺激也是一个重要因素。《孟子·告子下》中有这么一段话：“故天将降大任于斯人也，必先苦其心志，劳其筋骨，饿其体肤，空乏其身，行弗乱其所为，所以动心忍性，曾益其所不能。人恒过，然后能改。困于心，衡于虑，而后作。徵于色，发于声，而后喻。入则无法家拂士，出则无敌国外患者，国恒亡。然后知生于忧患，而死于安乐也。”结合范雎的生平来看，还真是这么一回事！那范雎当初投奔于须贾门下，只不过是一个普通的门客，如若没有那样的一场生死屈辱经历，身心备受其苦，也许他会终老于魏国、满足于一日三餐无虞而不为人知；当别人已将其逼得无路可走，不得不西入秦后，如果没有穰侯作梗，使得他又有一年多的苦心积虑，那么也就不可能有他日后提出远交近攻、固干削枝这种宏远战略的风光传世。由此可见，灾难苦困，乃是上天考验磨练于人的利器，一个人只要没被苦难所吓倒，等待他的就必是一个光辉璀璨的明天！

其次，从范雎的人生经历，我们也再次体会到了仇恨力量的可怕性，它警示我们为人处世应尽量避免与人结怨。魏齐当初绝无仁人之心，视别人的生命如草芥，极尽了污辱范雎之能事，时间过去了五年多，范雎的生活条件已经有了极大改善，也是一人之下万人之上的人物了，但那仇怨却丝毫没有冲淡，反而为雪此耻，惊动了三个国家多位君相，直到魏齐自刎一死方才罢休。反思历史中的许多事件，我们不难发现仇恨往往是引发事态扩大化的重要根源，如吴越争霸的历史几乎就是一部仇杀史。事实表明，任何对立双方敌对情绪的激化，往往就是其中的一方行为趋向极端，导致问题从量变转化成了质变，打破了原来的平衡。魏齐对待范雎的态度与方法，是极其无理的，一件莫须有的事，不但将人往死处打，还用任人尿溺来凌辱，这已经超出了人之常情，所以范雎才始终不肯原谅他。而始作俑者须贾本应是最可恨和不能饶恕的，但他在异国看到一副落魄形象的范雎，没有嘲弄，而是施以援手，说明其还有着恻隐之心、故人之情，因此降低了范雎的仇视等级，反而得到了范雎某种程度上的谅解。这种对比说明待人接物中，由于立场、目的等不尽相同，冲突总是难免，但无论什么情况下，都不能做得过于绝情是很有必要的。过去那些拦路抢劫的蟊贼，得手后总要留给被害者一定的物事；开妓院的老鸨，在榨干嫖客后也要再送出一些盘费赶走对方，究其原因，就是源于他们对仇恨有着深刻的认识，不愿引发双方情绪上的极度对立。反观今日社会上的许多自视为受过高等教育者，汲汲于名利追求时常常无所顾忌，除了结怨不会再有第二种结果，盘算起来，其智商甚至还不如蟊贼、老鸨，这种作为也太可悲可叹了。

再次，从范雎和秦王的交往史来看，人与人之间的关系是相互依借的，如若一方对于另一方没有了可以用来交换的有用价值，或者交换价值难以实现时，则双方的相处平衡状态就会被打破，从而曲终人散。诗经上说“投之以木桃，报之以琼瑶，非报也，永结好也”，这句话是非常有道理的。正因为木桃与琼瑶不等价，所以才会有下一轮交往的持续进行，假若只是木桃换木桃，那么随着交易的终结，附着于交易上的人情关系也就自然终止，便不可能再有新的发展，今日的市场经营法则中招揽回头客强调物超所值，实际上就是一样的道理。文中的范睢能够被秦王所信任，那是因为范睢可以成为秦王解决贵戚专权影响秦国政权的智囊，作为回报，秦王授予了范睢相应的国家管理权力和应有的富贵，并且从个人感情的角度出发，又通过帮助其复仇雪恨来进一步稳固两人的关系。而范睢身份转化为国家权力机构要员后，仅从报恩角度出发，了结自己以前的交换，却无法提供出新的价值，其推荐上位的人员又不但不足以维护政权机构运行，反而有损机构的公信力，那么其与秦王之间的交换平衡就难以继续维持了，这时他如若不自行退出，由于不合乎游戏规则也会被强制退出。这个事实告诉我们，任何交换都是在对等基础上进行的，在一件事上的不对等，往往就需要创造或付出新的价值做补偿，如若没有积极的主动的响应，结果就会是被动、消极的，这一点是需要我们时时刻刻加以重视，绝不能掉以轻心的，否则一个人非但谈不上事业，有时恐怕朋友也是没得做的。

最后，范睢的人生成功经验也提醒我们，作为职业经理人，什么时候也不能忽视了说辩艺术对于个人职业生涯的重要性。刘向所著《说苑》的善说篇中，对于说辩之术是甚为推崇的。他说：“昔子产修其辞，而赵武致其敬；王孙满明其言，而楚庄以惭；苏秦行其说，而六国以安；蒯通陈说，而身得以全。夫辞者乃所以尊君、重身、安国、全性者也。故辞不可不修而说不可不善。”这说明自古以来，口才一直是被当作打工者的必备素质来要求的，文中的范雎若非善说，即使有再好的谋略，恐怕也是得不到秦王的赏识与认可的。同样的道理，如果作为职业经理人，不能将自己的想法与意见转化成别人的行动，非但不能获得上级的支持和理解，就是想获得部属的有效配合与执行，也几乎是不可能的。因此，说辩艺术的培养，无论是从职业素质角度还是从职业技能角度来看，都是职业经理人必须练好的一项基本功，有志于这个行当的，不可不知。

附录：《范雎说秦王》

范雎至秦，王庭迎范雎，敬执宾主之礼。范雎辞让。

是日见范雎，见者无不变色易容者。秦王屏左右，宫中虚无人，秦王跪而进曰："先生何以幸教寡人？"范雎曰："唯唯。"有间，秦王复请，范雎曰："唯唯。"若是者三。

秦王跽曰："先生不幸教寡人乎？"

范雎谢曰："非敢然也。臣闻始时吕尚之遇文王也，身为渔父而钓于渭阳之滨耳。若是者，交疏也。已一说而立为太师，载与俱归者，其言深也。故文王果收功于吕尚，卒擅天下而身立为帝王。即使文王疏吕望而弗与深言，是周无天子之德，而文、武无与成其王也。今臣，羁旅之臣也，交疏于王，而所愿陈者，皆匡君之事，处人骨肉之间。愿以陈臣之陋忠，而未知王心也，所以王三问而不对者是也。臣非有所畏而不敢言也，知今日言之于前，而明日伏诛于后，然臣弗敢畏也。大王信行臣之言，死不足以为臣患，亡不足以为臣忧，漆身而为厉，披发而为狂，不足以为臣耻。五帝之圣而死，三王之仁而死，五霸之贤而死，乌获之力而死，奔、育之勇而死。死者，人之所必不免也。处必然之势，可以少有补于秦，此臣之所大愿也，臣何患乎？伍子胥橐载而出昭关，夜行而昼伏，至于蔆水，无以糊其口，膝行蒲伏，乞食于吴市，卒兴吴国，阖庐为霸。使臣得进谋如伍子胥，加之以幽囚，终身不复见，是臣说之行也，臣何忧乎？箕子、接舆，漆身而为厉，被发而为狂，无益于殷、楚。使臣得同行于箕子、接舆，漆身可以补所贤之主，是臣之大荣也，臣又何耻乎？臣之所恐者，独恐臣死之后，天下见臣尽忠而身蹶也，是以杜口裹足，莫肯即秦耳。

足下上畏太后之严，下惑奸臣之态，居深宫之中，不离保傅之手，终身暗惑，无与照奸，大者宗庙灭覆，小者身以孤危。此臣之所恐耳！若夫穷辱之事，死亡之患，臣弗敢畏也。臣死而秦治，贤于生也。”

秦王跽曰：“先生是何言也！夫秦国僻远，寡人愚不肖，先生乃幸至此，此天以寡人慁先生，而存先王之庙也。寡人得受命于先生，此天所以幸先王而不弃其孤也。先生奈何而言若此！事无大小，上及太后，下至大臣，愿先生悉以教寡人，无疑寡人也。”范雎再拜，秦王亦再拜。

第六章 《邹忌讽齐王纳谏》解读

《红楼梦》第五回中，曾提到这样一副对联：“世事洞明皆学问，人情练达即文章”，脂砚斋评论认为此联从头到脚都是道学味，十分的俗不可奈，因此小说中的主人公贾宝玉先生看到它时，也就极不感冒，书中说他“及看了这两句，纵然室宇精美，铺陈华丽，亦断断不肯在这里了”。然而，世上清高若宝玉先生这种补天废石者毕竟不多，芸芸众生中对那联句中近乎大白话般表述的道理，持赞同甚至崇拜态度的还是不在少数。譬如中国当代的著名作家贾平凹先生就未能免俗，他的一本散文集便公然用了《世事洞明皆学问》这样的一个名称，来表达自己从平凡的事物中体悟到了真、善、美等等人生哲理。无独有偶，《古文观止》中的《邹忌讽齐王纳谏》这篇文章也为我们提供了同样的范例。文中的邹忌有感于家庭亲友对自己容貌的偏爱，从中体悟到的竟是治国必须广纳谏言才能兴利除弊的道理，二吴评论说“千古臣谄君蔽、兴亡关头，从闺房小语破之，快哉！”今天在这里，我们就将借助于对此文章的解读，深深感触由小见大、因微知著的魅力。

一、田氏代齐教训多

邹忌所处时代的齐国，和春秋时期的齐国已经不是同一个概念了，尽管其疆域并无大的变化，但国君却是出自并无血缘关系的另一个家族，西周初年分封的那个姜姓齐国，如今则是换作了田氏家族当家作主。

姜姓的齐国，曾经有着辉煌的历史。它的得国始祖，便是商末周初极具传奇色彩的人物姜尚姜子牙。大约成书于明朝隆庆、万历年间，据传为许仲琳编著的魔幻神话小说《封神演义》，就是以姜子牙为主角，描摹了商周更替之际的一场场人神混合大战。在这部书中，姜子牙不但是辅佐文王、武王开疆拓土，剿灭商纣的首席功臣，而且还是安定大罗周天、分封三界神灵的领袖人物，与其相关的许多故事，如今早已是妇孺皆知，并为人们茶余饭后所津津乐道。那么真实历史中的姜尚又是怎样的呢？据《史记·齐太公世家》记载，姜尚，字子牙，号飞熊，先祖中，曾有人在传说中的尧、舜时代，担任过掌管四时、主持方岳巡守的官长，又有人在虞夏之际佐禹平水土甚有功，被封于吕，因此其以先人封地名称为氏，又被称为吕尚。姜尚是个饱学之士，深明兵法战策，著有《阴谋》《阴符钤录》《金匮》《六韬》等书，但因家境极贫，无从伸展抱负，就隐居在渭水兹源钓鱼为生。当他80岁时，遇见了西伯侯姬昌，两人相谈甚欢，姬昌认定他是难得的贤才，并说："自吾先君太公曰'当有圣人适周，周以兴。'子真是邪？吾太公望子久矣。"因此又美称其为"太公望"，并礼聘他为专门负责周国军事行动的"师"。姬昌死后，他的儿子姬发继为西伯侯，进一步尊称姜尚为"师尚父"。后来，姬发在姜尚的辅佐下，消灭了殷纣王，建立了西周王朝，史称武王伐纣。新兴的周王朝，一方面为了酬谢姜尚在周室崛起中的巨大贡献，另一方面也为了镇压东方的蒲姑（今博兴）、奄（今曲阜旧城东）、莱（今高密、昌乐）、纪（今寿光）等夷国，就封姜尚为齐侯，都营丘，授权其在今山东东部、北部等地开拓疆域，进行征伐。姜尚至齐地后，简化礼仪，循应民俗，提倡工商，发展渔盐，不断扫荡诸夷，于是一个民富国固的新型诸侯国——齐国就应运而生了。

春秋初期，齐国通过不断兼并周边小国，国力进一步强盛。在其立国后的第十六任君主齐桓公小白主政时，齐国由于任用管仲为相，励精图治，成为了当时的第一强国，也达到了其历史上的最为鼎盛时期。齐桓公在位的四十余年时间里，以“尊王攘夷”为号召，联合中原诸侯，讨伐戎、狄、徐、楚，安定周室，从而成为春秋第一霸主，名标千古。桓公之后，齐国因内乱失去了霸主地位。春秋末年，齐国更加衰落，卿大夫之间相互兼并倾轧，到了齐景公在位的时候，外来户田氏的势力已大为膨胀，并在政治斗争中取得了胜利。景公去世后，田氏联合鲍氏杀掉了国君晏孺子，另立公子阳生为齐悼公。公元前 481 年，田成子杀掉了国君宠臣监止，独专齐政。战国初期，田氏家族的宗主田和成为齐相，公元前 386 年，他迁齐康公于海上，并通过魏武侯贿于周王，代替姜氏成为齐侯。这样姜齐经过二十世历三十二位国君，享国六百六十余年后最终就归于灭亡了。元人查德卿有感于姜尚出身草莽而立不朽功业，结果竟因后人的不肖而亡国，联想到蜀汉之时的诸葛孔明这位同样籍属山东的豪杰，认为两人境遇何其相似，因此写下了《蟾宫曲·怀古》，咏叹称：“问从来谁是英雄？一个农夫，一个渔翁。晦迹南阳，栖身东海，一举成功。八阵图名成卧龙，六韬书功在飞熊。霸业成空，遗恨无穷。蜀道寒云，渭水秋风。”

田氏能够代齐，其来有据。追根溯源，还要从落难公子陈完自陈赴齐说起。 陈完是春秋时陈国的公族子弟，谥号敬仲，他之所以逃难于齐，缘于陈国的一起内乱。陈国文公去世后，其子鲍继位为君，史称陈桓公，陈桓公不得民心，被其异母弟佗抓住了机会，陈佗借助其母为蔡侯之女的优势，利用蔡人的力量，杀掉了陈桓公和当时的太子免而自立为君，史称陈厉公。陈完便是这位陈厉公的幼子。陈厉公做了国君后，为了感谢蔡国，又从蔡国那里娶了一位夫人，不成想这个女人生活作风很不好，未嫁前就在蔡国有了情夫，出嫁后还经常回国偷会情郎，令人奇怪的是陈厉公知道情况后非但不反对，而且还经常和其夫人一起去蔡国乐而忘归。他的这种行为，就给他的侄子、陈桓公的儿子林提供了报仇的机会，公子林于是买通蔡人，利用陈厉公赴蔡淫乐的时机杀掉了他，然后自己顺理成章地做了陈国国君，是为陈庄公。陈庄公即位不久就去世了，他的弟弟杵臼被立为国君，是为陈宣公。陈宣公在位二十一年后，陈国再次祸起萧墙，为了改立自己的宠姬之子款为继承人，陈宣公突然下令杀掉了太子御寇，而这个太子一向与陈厉公之子，也就是他的叔父辈的陈完十分交好。陈完自从其父被弑后，一直为人低调谦恭，过着心惊胆战的日子，太子的被杀，使他的恐慌上升到了无以复加的地步，于是只好仓皇出逃，投奔到了齐国。

当时齐国执政的国君，正是一心图谋霸业的齐桓公，此人好面子，讲排场，常将异国人士来投视为个人威名远播的一个标志，加之陈完的母亲也是齐国僖公的女儿之一，按辈分论也算是他的外甥，而且陈完又素有贤名，所以陈完到了齐国后，很受欢迎，齐桓公一开口就欲给他一个卿的位置，彰显自己的亲亲贤贤。但陈完经过了陈国内乱的洗礼，政治上已经非常成熟，深知自己在毫无根基的异邦显贵，就是自寻死路，所以坚决推辞，自称“羁旅之臣幸得免负檐，君之惠也，不敢当高位”，最后只选择了担任并无多少实权、主要职责为管理手工业者的工正职务，从而在齐国渐渐立住了脚。

陈完投齐后的低调务实，使其赢得了齐国权贵们的好感，秉持齐国大权、同为齐国世袭上卿的国、高两大家族之一的国氏家族，很快就看中了这个年轻人的发展潜力，其宗主国懿仲，就想将自己的女儿许配陈完，结成姻亲之好。为了这件事情，国懿仲还特意请人占卜，所得卦辞也非常理想，内容为“是谓凤皇于蜚（飞），和鸣锵锵。有妫之后，将育于姜。五世其昌，并于正卿。八世之后，莫之与竞。”陈国出于妫姓，国氏则和吕氏一样都是姜姓后裔，这个卦辞预示他们的联姻将会前途无量，所以此事得到了顺利促成。而之后的历史则完全印证了这一预言的正确性，陈完的后人果然在第五世的时候，成为了齐的相国，独揽大权，到了第九代传人田和时，田氏终于取代了姜姓成为了齐国的主人。

陈完的后人之所以以田为氏，说法很多，有人认为田是陈完之表字的，也有人认为陈与田读音相近的，如是等等，不一而足，但可以认定的是，这一史实表明他的后人从此与陈决裂，奉陈完为始祖，开始了一个全新家族在异国他乡的奋斗旅程。从齐桓公十四年（公元前 672 年）陈完至齐到公元前 386 年田和列为诸侯，田氏代齐经历了 286 年的复杂斗争，其间，有和平演变，也有武力戮杀，有时隐蔽，有时公开，充分反映了一个家族成长的智慧和艰辛。

田家为了在齐国站稳脚根用了 120 余年的时间。在这段时间内，姜齐经历了齐桓公、无诡、孝公、昭公、懿公、惠公、顷公、灵公、庄公九任国君，而田氏经历了陈完、田孟夷、田闵、田须无、田无宇五代传人。姜齐方面，随着齐桓公的去世，齐国霸业不再，五子争位，耗尽了第一强国的实力，权臣倾轧，使得国家更加衰落，与之相对，田氏家族则以深感生存不易的戒惧心理，兢兢业业、务实低调发展，渐次从无足轻重一步步迈向了齐国的政治权力中心，到了田文子须无及其子田桓子无宇时，他们已经成为齐国国君的宠臣，具有了较大的影响力。齐庄公在位时为了笼络田氏家族，甚至还将自己的女儿孟姜嫁给了田桓子，田家隐隐已是新兴贵族，可与齐国高、国、崔、庆、鲍等传统贵族并肩而立了。

从田桓子事齐庄公得宠起，经过田釐子（田乞）、田成子（田常）、田襄子（田盘）四代，田氏代齐基本已成定局。在这段时间内，姜齐的颓势已不可扼止，即便是有晏子这样的贤士辅佐，也无力回天，特别是齐景公在位的晚期，齐国宫室在民众中的声誉更是一落千丈。齐景公是姜齐的第二十六任国君，在位长达 58 年，受家风的影响，为人本就奢侈，到了晚年，行为更加放纵，他好治宫室，聚狗马，厚赋重刑，公室仓廪中布、帛、稷、粟都放得腐烂，生了虫子，人民却生活无着，饿殍载道，劳役不止。遇到灾情，他也不去赈济，有人民起来抗争，他就派兵进行镇压，当时遭到砍脚的人不知多少，以至出现了“国之诸市，屦贱踊贵”的异常现象。而此时的田氏家族对齐国政权已经有了觊觎之心，他们的各代宗主均不遗余力地收买民望、扩充地盘，静候篡位时机的成熟。这种趋势，朝野上下，凡有识之士均洞若观火，公元前 539 年，齐景公派晏婴出使晋国，晏婴和叔向私下谈话中就已提到齐国政权可能会最终归于田氏，公元前 516 年，晏婴更是直言不讳当面警告齐景公，如果他再不修德政，那么齐国现有的一切，可能不远的将来就会为田氏所有。齐景公当时很认可晏子的主张，虽也采取了一些限制田氏家族发展的措施，但不甚得力，没有从根本上解决问题，姜齐的覆亡也就很无奈地进入了倒计时。

与之相对，田氏家族为了取代姜齐，采取的一系列措施，却能直击要害，迅速提升自己的影响力，择其要者，我们可以将之归结为四个方面。一是施舍百姓，收揽民心。田乞将齐国的量制由四进制（即四升为豆，四豆为区，四区为釜，十釜为钟）改为五进制，向人民放贷粮时用新制，而还贷时用旧制。此后田氏家族，每逢荒年或紧要关头都会采取类似举措舍于民，因此，田氏得到了齐国人民的拥护和爱戴，田氏家族也日益强大。二是软硬兼施，瓦解旧族。田家除了收买民心外，还巧妙利用齐国旧贵族之间的矛盾，唆使或利用他们相互争斗，从而使自己从中渔利。公元前 545 年，田氏联合鲍氏、栾氏、高氏共同击败了执掌国政的庆氏；公元前 532 年，田氏又利用栾氏、高氏之间的矛盾，联合鲍氏分别击败了栾氏、高氏，并把流亡在外的公子公孙召回国内，归还其原有的封地财产，以取得公族的支持；公元前 489 年，田氏借齐景公去世后，齐国大臣们在奉立国君上的矛盾，表面上假装拥护为相的高、国二氏，热心侍奉，暗地里却挑拨诸大夫与他们的关系，掀起了一场武装争权的斗争，结果高氏、国氏被逐，晏孺子荼被杀，新立的悼公出于感恩将国家的行政大权完全赋予了田氏，从此田氏在政治斗争中取得了优势地位，一股独大。三是通好邻邦，结交外援。公元前 500 年，晏婴去世后，晋国的范氏、中行氏起来反晋定公，到齐国请求援助并借粮。按常规而言，齐景公是不应当去支持范氏、中行氏反对定公的，但田乞却劝景公予以支持答应借粮，并且亲自组织人马去营救他们；公元前 480 年，田常在政变中诛杀了政治对手子我、监止，并弑简公而拥立平公，同时自任为相。为了安定邻邦，并争取诸侯的信任和支持，他自作主张尽归鲁国、卫国的侵地，西与晋国的韩、魏、赵氏订立了盟约，南方和吴、越互通使节。这些措施就为田氏代齐创造了有利的外部环境。四是扩大封地，培植势力。田氏在控制国家行政权后，不断通过扩大自己家族的封邑，来蚕食姜齐的疆土，实行渐进式的和平演变，到了田常为相时，田氏家族所拥有的土地，已经远远大于国君的食邑，姜齐基本上已名存实亡。为了强化对齐国地方的控制，田氏家族想了不少办法来培植势力，譬如增加田姓人口就是一例。史载田常为相时，曾公开大范围征选齐国 7 尺以上的女子侍寝，其妻妾仆侍更是数以百计，而他的宾客及舍人出入自己的宫室也不受禁止。这样一来等到田常去世时，其名下有子就达七十多人，田家一时人丁兴盛。有了人口优势，到了田常的儿子田襄子盘做齐宣公相时，此人便广泛地让自己的兄弟和本族人想方设法都做了齐国大小城邑的大夫，从而实现了从行政管理层面对齐国的全面把控。在国际方面，当晋国韩、赵、魏三家杀死知伯，瓜分了他的领地时，田襄子又借机让自己的兄弟与三晋互通使节，垄断了齐国的对外交往权。此时，田氏在实质上，几乎已经拥有了齐国。

到了姜齐的宣公和康公时代，田氏家族对齐国的控制，已经完全从幕后走到了前台，连国君的废立和奉养，都由田家一言以决。在这一阶段，田氏的主要目标就是外争盟国，求立为侯。公元前 405 年，齐宣公去世，子贷立，是为康公。齐康公即位 14 年，沉溺于酒色，不理朝政。田和就把他迁到海滨，只给一座城做食邑，权作对其祖先的祭祀费用。齐康公十八年（公元前 387 年），田和与魏武侯在浊泽相会，求他代告周天子，请列为诸侯。于是魏武侯派使臣报告周天子，请求立田和为诸侯，周天子接受了由魏使转赠的大量田氏贿赂后，就欣然准许。齐康公十九年（公元前 386 年），田和正式成为齐侯，列名于周朝王室。到此齐国的姜姓政权才完全由田氏所取代。

二、敬业方能小悟大

田齐立国后，自太公和、齐侯剡、桓公午，三传而至本文的主角之一齐威王田因齐。齐威王是田齐历史上大有作为的贤明君主之一，在其主政期间，齐国重视人才，蔚然成风，他使南子守南城拒楚，田肦守高唐拒赵，黔夫守徐州拒燕，用种首为司寇以安境内，用田忌为司马，孙膑为军师，教兵习战，以谋征伐。他把这些人才看作比夜明珠还要珍贵的国家至宝，倍加珍爱，因此国力飞速增长。公元前353年和前341年，齐国曾出兵救赵救韩，进行了历史上著名的桂陵战役和马陵战役，两次打败了强大的魏国，实力得以彰显。当时的魏惠王为了讨好齐国，在徐州尊齐侯为王，相应齐国也承认了魏惠王的王号，是为“徐州相王”。自是齐国代替了魏国的地位，称雄关东，到了齐威王晚年，齐国已经成为当时诸侯国中最强盛的国家。但就是这样的一位国君，其初继君位时的行为，则和楚庄王一样实在令人难以恭维。《史记·滑稽列传》记载，田因齐获得国君之位后，“好为淫乐长夜之饮，沉湎不治，委政于卿大夫。百官荒乱，诸侯并侵，国且危亡，在于旦暮”。那么，他后来又是如何能够奋起而振作，成就了一番伟业的呢？寻根求源，还要从邹忌说起。

邹忌此人系平民出身，从历史文献记载来看，当也是一位不甘寂寞、热衷名利并且善于观察、很会抢抓机遇的游士，因为田因齐即位初过着荒淫的生活，当别人对之抱着失望态度的时候，邹忌却将其视为自己踏上人生成功之路的一个重要契机。

《史记》《战国策》等书都认为邹忌的踏上仕途，乃是缘于鼓琴进谏。史料记载，齐威王当了国君后，不务国事而爱好广泛，弹琴便是其迷恋的技艺之一，他经常独自在后宫内抚琴自娱。邹忌获知这一信息后，结合个人与国君在弹琴方面有着相同爱好的重合，决定借机进谏对方，从而为自己换取权力和富贵。于是他就自称是精于琴道的大师，请求晋见齐威王。齐威王一听很高兴，就立即召见邹忌。

当时，邹忌和齐威王一见面，就装出一副马屁精的样子，齐威王刚一起手弹琴，他就大声赞美说："大王的琴，弹得真是好极了！"齐威王是个真正的音乐发烧友，对于言不由衷的奉承极为反感，见邹忌如此表现，便将其当成了试图前来迎合自己攫取富贵的无耻小人，因此非常不高兴，推开琴而手按宝剑怒斥道："先生只看到我的样子，还没有认真听完一支曲子，怎么就知道弹得好呢？"邹忌面对齐威王的质问，并无慌乱，让人感觉齐王之问正中下怀地说："大王从那大弦弹出来的声音十分庄重，就像一位明君的形象；从那小弦弹出来的声音清晰明朗，就像一位贤相的形象；大王运用的指法十分精湛纯熟，弹出来的个个音符都十分和谐动听，该深沉的深沉，该舒展的舒展，既灵活多变，又相互协调，就像一个国家明智的政令一样。听到这悦耳的琴声，怎么不令我叫好呢？"

齐威王听了他的这番解释，细想想还真有这样的体会，因此心境转好，说："看来先生你很善于谈论音乐啊。"邹忌见气氛融洽，就趁势将话题向自己的目标引申，他说："从琴音何止是可以领悟乐理，就是治理国家和安抚人民也都可以作为资借！"

齐威王听了这话又变得不高兴了，认为这人太过狂妄，信口开河，胡乱联系，于是说："如果谈论五音的调理，我相信您是有造诣的。如果是治理国家和安抚人民，又怎么能通过琴弦实现呢？"

邹忌回答说："大王息怒，请允许我向大王全面陈述一下自己的见解。大弦缓慢并且温和，象征国君；小弦高亢明快并且清亮，象征宰相；勾弦用力但放开舒缓，象征政令；弹出的琴声和谐，大小配合美妙，曲折起伏之声不相干扰，象征四时。回环往复而不乱，是由于政治昌明；连贯而轻快，是由于挽救了将亡之国：所以说琴音调谐就能保天下太平。治理国家和安抚人民，哪有比五音的道理更能相像的呢？"

齐威王听后想了想说："先生说得很有道理，那么就请先生试弹一曲吧。"

邹忌于是端坐琴前，两手轻轻舞动，只摆出弹琴的架势，却并没真的去弹。齐威王见邹忌如此这般，更加确信这人就是个蒙事之徒，因此恼怒地指责道："你奢言琴理，而不敢真弹琴，难道你要欺君不成？"

邹忌答道："臣以弹琴为生业，当然是悉心研究过弹琴技法并能抚奏的，但若临琴不弹，只是摆个空架子，您作为听众就不会心情舒畅。同样的道理，国君以治理国家为要务，心中纵有治国大计，但若处君位而不勤政，作为老百姓又如何能心满意足呢？这个道理大王要三思。”

齐威王至此才猛然醒悟，原来此人醉翁之意不在酒，是为进谏而来，可他讲的这个道理太形象了，自己所犯的错误，若非他点破，一时还真转不过弯来。齐威王由此认定邹忌是个不可多得的人才，便和他畅谈治国定霸大业，两人越说越投机，大有相见恨晚之势，于是邹忌很快便得到了重用，不多久就成了齐国的丞相，后来又被赐爵成侯，红极一时。

邹忌成功了，但是并没有忘本，他深知自己的一切都是善于进谏而来，所以在臣事齐威王之际，更加时时处处注意，看还能在什么方面可以对齐威王的事业有所帮助。正是有了这样的心态，所以才有了本文《邹忌讽齐王纳谏》的这又一著名案例。

这个案例讲述的内容，译成今天的白话表述，大致是这样的。

邹忌是那个时代的美男子，身高八尺以上，体貌俊美，风度翩翩，很受异性追捧，无论到了什么社交场合，都会成为人们瞩目的中心。对于这种际遇，邹忌很自得，又不太自信，因为他无法确信，这一切究竟是自己固有的容貌赢得的，还是缘于自己的地位权势而来。

一天早上，他整理好衣冠，站在镜子面前自怜自赏时，那种不自信又突然冒了出来，于是他就问自己的妻子：“哎，夫人！

你觉得我和住在城北的那个徐公相比，谁会更俊美一些？”他妻子说：“您美极了，徐公怎么能比得上您呀！”城北的徐公，是齐国一位名闻遐迩的美男子，邹忌也不断听到别人说起，但从未有人敢将他们放在一起作比较，因为邹忌的地位太过显赫。

邹忌见妻子不假思索，就给出了答案，心中更不自信，就再问他的侍妾：“你说我跟徐公哪个更俊美？”侍妾回答道：“这还用说吗？徐公哪能及得上您啊！”言下之意，她能够选择侍从邹忌，便是被他的容貌所吸引，不能自抑。邹忌被侍妾的话弄得有些将信将疑。

第二天，邹忌的一位故友来访，由于两人十分熟络，所以说话显得非常随意，交谈之中，邹忌就装作不经意地问道：“你觉得我跟徐公相比，谁更俊美？”那位故友像是做了一番思考比较，然后肯定地说：“徐公不如您美。”俗话说三人成虎，邹忌连问了三个人，见大家的说法如出一辙，于是就感觉自己真得美过徐公了。

然而邹忌这种自信只持续了一天，便被击了个粉碎。原来送走故友的第三天，一个偶然的机会，他和徐公不期而遇了。徐公因有事相求，亲自来到邹府拜访，邹忌已记不清对方所求何事，只知道他当面端详徐公时，惊为天人，自我感觉容貌差别太大，其间，乘暇照镜审视，更觉两人几乎不能同日而语。

送走徐公后，邹忌夜晚躺在床上，纠结于此事，辗转反侧不能入寐，最后终于想明白了其中的缘由：“我妻子说我美，那是对我有所偏爱；侍妾称说我美，那是因为对我心存惧怕；

故友相访赞我为美，那是他有求于我啊！”出于职业习惯，邹忌不由自主就将此事与朝政联系了起来，他认为很有必要再次向齐威王进谏了。

于是次日一大早，邹忌就来到朝廷叩见齐威王，很认真地向他讲述了这一自己亲身经历的故事，并且总结说：“臣下确实知道不如徐公美，但臣下的妻子偏爱于臣，臣下的侍妾惧怕于臣，臣下的故友有求于臣，就都说我比徐公美。现在我们齐国土地方圆千里，城邑一百二十余座，可谓地广人众事稠，而大王的后宫嫔妃左右亲信，没一个不偏爱于王；满朝大臣，没一个不惧怕于王；一国之内，没一人不有求于王。这样看来，大王在具体事情上，不能看到真相受到蒙蔽应该会是更严重的了！”

齐威王是个天资聪颖之人，闻弦歌而知雅意，对于邹忌的谏议一旦理解了，就能很快拟定出相应的解决措施，因此他立即发布命令要求：“凡我齐国百姓，无论是官是吏是民，如果能够当面指出国君过错的，给予上等赏赐；能够以书信劝谏国君过失的，给予中等奖赏；敢于在公共场所议论国君过错而被传入国君之耳的，可以给予下等奖赏。”这个命令刚刚下发时，臣子们上朝进谏，从宫门到殿堂好像集市一样。几个月以后，还经常有人断断续续来进谏。一年以后，即使想说，也没什么可以向上提的了。燕国、赵国、韩国、魏国听到这件事，认为齐国政治清明，是即将强大起来的征兆，于是都来朝拜齐威王，齐国的威望一下子达到了前所未有的高度。这或许就是所谓的战胜敌国于朝廷之内吧！

上述的这一事例中，作者以简洁的叙事手法，通过巧妙剪裁，设喻说理，最后得出了齐国威王时期的强盛乃是由于臣下善谏、君上善纳的结论，这种说法或许有失偏颇，不可全信，但其中体现出的邹忌那种敬业精神，则让我们对于何谓“业精于勤荒于嬉”有了更为全面深刻的认识，由此，若说齐国的强盛缘于他们君臣的敬业实干，我想是不会有多少反对意见的。

《古文观止》的编选者认为，邹忌之所以能够由生活琐事推及国家大事，是得力于“看破人情，便可因小悟大”，我们认为这个见解虽然有它的道理，但是未免有些隔靴搔痒的味道。原因很简单，这种生活琐事在每个人的身边都在发生着，为什么只有邹忌看破了，并将之推及国家大事层面呢？细加推敲，便不难看出，其根源是在于邹忌具有与众不同的敬业责任感所致。俗语说得好“日有所思，夜有所梦”，同样的道理，如果邹忌的心不在国事上，时时刻刻，念兹在兹，他又怎么会由生活琐事，自然而然地联想到国家大事上来呢？看那邹忌，初始以鼓琴见齐王，就大谈在其位而谋其政的道理，及其为相后，又能以一己私事而虑及国家兴亡的关键，单就这种“处江湖之远而忧其君，居庙堂之高则忧其民”的举止而论，即便他是一位醉心于权力富贵的政客，只要有那份痴心，我想也是足以令人肃然起敬并且必会成就斐然的。

古往今来，缺乏敬业精神，在其位而不谋其政的失败者，不在少数，像宋朝的道君皇帝、明朝的天启皇帝等就是代表，本文中提到的那位齐威王即位初时的形象也好不到哪里去，如是等等，说明身在权力富贵之中，仍能敬业实干，的确是一件不易做到的事情，由此足见邹忌的不改初衷是多么的难能可贵。同时这些例子也让我们对敬业的必要性和重要意义，有了更深层次的认知和理解，试想，若无邹忌这样的臣子时时提醒于齐威王，那么田氏能够代齐，其他氏的代齐又会有多远呢？若说收获，我想，悟得敬业的内涵，这才应是我们解读本文的最佳所得吧！

三、操弄文字谓无德

一篇《邹忌讽齐王纳谏》，使得邹忌赢取了善言敬业的美名流传至今，然而善于标新立异者，试图给我们披露的则是另外一种截然相反的人物形象。他们通过扒取故纸堆，言之凿凿告诉大家，其实，真正的邹忌本是一个心胸狭窄、趋名好利的小人，在齐国的历史上，他非但不是威王时代的功臣，甚至还有通敌叛国的嫌疑，我们都被历史假象蒙蔽了。这话又是从何说起呢？原来此事与齐国史上另一个颇有名望的人物田忌密切相关。

田忌此人，出身于田氏齐国的公族，是员名将，名忌，字期或期思，因封地在徐州（今山东滕州南），爵位为子，所以又被称为徐州子期。他能够为今人所熟知，大约应是源于“田忌赛马”这样一个故事。正如我们在上文中已表述的那样，齐威王曾是一位声色犬马无所不爱的国君，田忌能够在齐国公族中脱颖而出，挤入齐威王的视野，就是缘于他常参加齐王组织的赛马活动。起初，田忌在赌马中总是以败北告终，后来得益于手下门客孙膑的指点，田忌在赛马中开始有了不俗的表现，他采用以下马对上马，以上马对中马，以中马对下马的方法打了翻身仗，因之引起了齐威王的重视，渐次成为齐威王处理军政的依重对象。因为手下有孙膑这样一位杰出的军事谋略家作门客，田忌在齐国的军事活动中如鱼得水，成就非常突出。公元前 353 年，田忌率领齐军以“围魏救赵”之法击败魏军，公元前 341 年，他又采用孙膑的“减灶之计”，在马陵道痛歼魏军，并杀死了魏国名将庞涓。这些显赫的军功，使得田忌在齐国名声大噪，同时也引出了他可能谋反的各种流言蜚语，结果是此人真得走上了兴兵攻打齐国国都临淄之路，最终因兵败而不得不逃往楚国避难。人们惋惜于齐国痛失名将，探究这一往事时，便把原因归咎在了邹忌的身上，认为正是这一齐国文臣之首嫉贤妒能，才逼反了田忌，误国害民。

翻阅相关历史典籍，田忌造反还真和邹忌有一定关系，《史记·田敬仲完世家》中提供了两例佐证，一处是邹忌和门客公孙阅的谈话，这位门客向邹忌献计说“公何不谋伐魏，田忌必将。战胜有功，则公之谋中也；战不胜，非前死则后北，而命在公矣”。另一处是获悉田忌战胜魏国的消息后，邹忌的反应，文中称：“成侯邹忌恶田忌，使人操十金，卜于市，曰：我，田忌之人也。我为将三战三胜，欲行大事，可乎？卜者出，因使人执之。田忌不能自明，率其徒攻临淄，求成侯。不克，出奔楚。”从这两段文字来看，田忌的反齐，仿佛的确是被邹忌的阴谋逼迫所致，今人据此又进一步演绎，说公孙阅就是魏国的间谍，特意前来齐国离间将相关系，通过买通邹忌从而达到了除却田忌、孙膑的目的。这些事证，乍一看去，颇有说服力，但仔细一想，还有不少令人不解。

自古以来，朝廷之中将相不和是司空见惯的，由于矛盾激化而上升为互相攻击对方不忠也是有的，但田忌和邹忌两人相比，一人出身王公之族，一人来自于草根阶层；一个有大谋略家孙膑相佐，一个则不过是有些名不见经传的门客帮衬，双方实力对比如此悬殊，田忌怎么就输给了邹忌呢？何况从有关史料看，齐威王也不是昏聩之主，怎么就会轻易听信了占卜者供述田忌“欲行大事”这样的荒诞传言呢？更可怪者，田忌因不能自明，就“率其徒攻临淄”声称要清君侧，田忌宦海沉浮多年，又有孙膑为其出谋划策，难道就不知道这正是要遗人以图谋造反的口实吗？至于今人演绎得出的邹忌通敌卖国，则尤不可信，试想，如果真像某部电视剧所说，公孙阅是庞涓的亲信、魏国的间谍，其建议邹忌怂恿齐国伐魏不是没事找事吗？这样的间谍未免也太差劲了吧。

据笔者的推断，邹忌和田忌之间有些矛看，互相猜忌应是有的，但若说是邹忌诬称田忌试图谋反，而借齐威王之手逼走了田忌，那则是有些夸大邹忌的能力了。相较于这种说法，我觉得更接近事实的说法，可能是田忌的声望或某些做法已经威胁到了齐威王的统治，狡猾的齐王故意利用了将相矛盾，借邹忌之手排除了田忌这个心腹大患。

《战国策·齐策》中关于邹、田二人的争斗也有记载，其中一篇内容如下：“田忌为齐将，系梁太子申，禽烹涓。孙子谓田忌曰：将军可以为大事乎？田忌曰：奈何？孙子曰：将军无解兵而入齐。使彼罢弊老弱守于都。主者，循轶之途也，辖击摩车而相过。使彼罢弊老弱守于都，必一而当十，十而当百，百而当千。然后背太山，左济，右天唐，军重踵高宛，使轻车锐骑冲雍门。若是，则齐君可正，而成侯可走。不然，则将军不得入于齐矣。田忌不听，果不入齐。”读完这篇文字，相信多数读者已经明了，前文所说的“欲为大事”并非空穴来风，《战国策》收录的那些文章，问世要早于《史记》，当然也不存在看了《史记》才杜撰此篇的可能，可见要么是孙膑已经洞见田忌的行为引起了齐王的不悦难以调和，认为非兵谏无以解决；要么就是孙膑认为田忌所表现出的行为确是给人以有二心的嫌疑，需要早做决断。孙膑提出的解决问题的方法就是利用掌握兵权的时机发动变乱，所谓正君，既可理解为清君侧正视听，也当然可以理解为另立新君，自掌乾坤，如果解决了正君问题，对于田忌来说，要想扳倒成侯邹忌当然也就不在话下了。

从史料推断，田忌即便没有造反的野心，在齐国朝廷有些跋扈也是肯定的，其证据也很明显，一是他在赛马中敢于公然以诈术胜齐王，二是长期将孙膑这样的一个军事家一直当做私人力量使用，若非心中藐视于上，谁能做得出来？田忌利用掌握兵权之际，意欲谋取大事，在当时肯定不是诬告，不管他是想试图废立国君，还是要铲除朝中政敌，一是确实出现了兵围国都的事实，二是前期的确有过这样的谋划。至于齐威王能够掌握他的这一谋划，当然也不会是听信了邹忌所谓的卜者之言，而是因为齐威王的小儿子田婴就跟随在田忌的队伍中，有没有试图兵变，齐威王应该是会直接收到第一手资料的。这样看来，让人求卜，说不定也是齐威王故意要求邹忌做的一个局，邹忌在这个事件中不过是于公于私都甘愿代人受过罢了。

邹忌与田忌将相不合，有人说是源于邹忌嫉妒田忌的才能，这种说法恐怕也是站不住脚的，试想一个因为流言不能自明，就会莽撞到起兵围攻国都之人，其智慧与才干又怎会让邹忌心生嫉恨、艳羡呢？何况邹忌之才，就算当时号称汇聚天下英才的稷下学宫中的诸先生也是深为叹服的。《史记·田敬仲完世家》载："齐有稷下先生，喜议政事，邹忌既为齐相，稷下先生淳于髡之属七十二人，皆轻忌，以谓设以辞，邹忌不能及。乃相与俱往见邹忌。淳于髡之徒礼倨，邹忌之礼卑。淳于髡等曰：狐白之裘，补之以弊羊皮，何如？邹忌曰：敬诺，请不敢杂贤以不肖。淳于髡等曰：方内而员（圆），如何？邹忌曰：敬诺，请谨门内，不敢留宾客。淳于髡等曰：三人共牧一羊，羊不得食，人亦不得息，何如？邹忌曰：敬诺，减吏省员，使无扰民也。淳于髡等三称，邹忌三知之如应响。淳于髡等辞屈而去。"这里，以淳于髡为代表的一帮高士，以隐语的方式三难邹忌，均被其以治国至理轻松化解，使得他们辞屈而返，从中我们看到的不仅是邹忌的机智与聪敏，同时也从中间让我们领悟到了邹忌对国政要务的准确把握和理解，结合前面我们已经读过的那些足以体现邹忌敬业精神的事例，如果仍要将其归为阴险奸恶、拨弄是非之人，那么无论是从情从理来言，恐怕都是难以令人接受的。

从邹忌在今日文坛中的尴尬艺术形象，使人不由自主联想到了众多文学作品中关于宋代杨家将有关故事中对潘美、狄青等历史真实人物形象的扭曲，其实这类现象又何止这一二例？今日喜欢作翻案文章、信口雌黄者，还不是比比皆是？俗语说“文人无德”，这话可能说得有些过了，但对于操弄文字者却不能不引起警惕以之为戒。文字作为传播工具，它的影响不仅是当时当地，甚至千秋万载都有余音，持如是之权，我们还敢因一己之欲而信口开河吗？宋人张载说，为文之道，当“为天地立心、为生民立命、为往圣继绝学、为万世开太平”，我想，这才是作为文化人应有的态度和理想吧！

四、管理之要在于人

《邹忌讽齐王纳谏》这篇文章，在其结尾中盛赞：善纳谏言，可以战胜对手于朝廷。每当读到这里时，作为一名职业经理人，笔者都不免有些怦然心动，如今企业经营活动中面临的竞争局势，与战国时代颇多相似，《诗经·小雅·鹤鸣》中说“他山之石，可以攻玉”，那么昔日齐威王这种治国举措，我们现在治企能否加以效仿呢？这倒的确是一个值得探究的话题。

战国至今，已经跨越二千余年，社会的经济形态也从农耕为主转变成了工商主导，除此之外，治国和治企当然也不是可以等同的概念。尽管如此，我们还是认为古代先贤的管理方法应该有不少值得企业管理借鉴之处，理由很简单，因为构成管理过程主要因素的管理主体与管理客体，都是人，研究如何正确处理好组织中人与人之间的相互关系问题、研究如何建立和完善组织机构以及各种管理体制等问题、研究如何激励组织内部成员为实现组织目标而服务等，无论古今，其作为管理工作需要面对和解决的重要内容，则一直都没有变。所以师法于古，不但重要，而且也是我们获得发展的必经之路。毕竟，管理工作是一项实践性很强的工作，不能站在前人的肩膀上，以前人的经验为积淀，我们是无法看得更远、做得更好的。

若将管理归结为就是管人，中国应是最有发言权的，因为中华文明不仅是世界文明中唯一的持续传承五千余年不曾间断的人类文明，而且中国也是迄今拥有世界上人口占比最大的国家，若说这样的一个国度尚不知如何管人，那是无论如何也解释不通的。然而事实是，当今的中国人在管理学领域，的确有着充分的不自信，相对而言，我们仿佛更习惯于自觉或是不自觉地将西方的管理学说奉为行动的圭臬。出现这种现象，乍一看来，仿佛可笑，细加推敲，则又觉得还是有其内在的道理。这个道理便是近代以来，中国人在社会财富的创造与使用方式上落在了西方世界的后面，以致这个昔日的老大帝国，曾几何时，差点沦为西方的殖民地而被列强瓜分，满目耻辱的近代史，以雄辩的事实逼着我们不得不回过头来，以夷为师。

长期以来，中国的管理文化是过分陶醉于社会财富分配分享模式的不断趋于公正合理化的，它片面地认为只要解决了人的积极性问题，那么依赖于大自然的赐予，社会财富就会随之顺利增长，人类社会便会实现和谐大同。儒家历代先贤圣哲都是主张“不患寡而患不均”的，他们的理想追求便是大同世界，天下为公。所以我们翻阅中国经济史能够看到的一个突出特点，便是其大多数时期的经济理论都是重农抑商，损有余而补不足，视工业制造为奇技淫巧，认为其除了败坏世俗养成人的贪逸之心外别无所长。然而鸦片战争以来，我们所鄙夷的东西，恰恰成了别人奴役我们的后盾，这种震惊对于中国的有识之士是十分具有颠覆性的，所以追求西化也就渐次成了我们这个族群中大多数有识之士的梦想，并且一直延续到今天未见其衰。特别是对于我们所不擅长的工商金融领域，“拿来主义”的表现就更为明显，有种颇具影响的社会思潮，就提倡不仅要大力引入应用西方的装备和技术，即便是西人的各种理论、价值观甚至生活习俗也需原封不动全面照搬照抄才最佳。这种思潮在新中国建立后，曾经有所扼制，但在改革开放后又再次泛滥，以至于我们的管理学领域，能够看到的著作、教材，无不都是西方学者的译本，谈管理者，言必称美欧，几乎成了时尚，作为一名职业经理人，如果不知几位西方管理大师的名字，言谈举止中，不能弄几个英文的管理名词，那将非但很丢份，而且还会被人视为不入流，难登大雅之堂。时势如此，我们就很难再去说什么是是非非了。

回想前些年世纪之交的中国，所谓的MBA、EMBA教育风靡一时，笔者本人也曾经因为工作关系对此热衷非常，先后参加过多所名校的相关课程学习，然而与学习时的满腔热忱和兴奋不成比例的是，那些外国理论在实际应用中能够提供的帮助实在是成效甚微，以至有人发出了这样的哀叹：企业高管人员EMBA学成毕业之时，也就是自己经管的企业濒临破产倒闭之日。究竟有没有悲观到这种程度，笔者没有经过充分的调研，并不具备发言权，但从自己所处的具体环境以及与周边朋友的闲聊来看，所学之物虽然号称最重实践与操作，但被真正认为有用的几乎没有，应是事实。对此，我们常常自我安慰的理由是，花费了巨额资金和精力的投入，我们获得了思想上的洗礼与改变，有这些就足够了。当我们口头上这样说着的时候，心里面那种上当受骗的感觉还是很强烈的，可是与之同时，更令我们不解的是，我们所学的那些自感无法应用的理论，的确在西方产生过巨大的轰动而受追捧，这中间的原因又何在呢？

怀着这些纠结，抱着不甘言输的心情，我们不得不静下心来重新审视西方理论不服水土的成因。通过梳理学过的那些知识点，我们才发现不是那些理论本身有什么不妥，而是我们所学的东西基本是些过时的理论，若应用于当下，具体环境以及管理对象的素质已经完全不同，正因为驴头难对马嘴，所以我们才显得左右为难。

西方的管理理论是以工厂管理为起点的，最初的目的在于提升物的产出效率，其研究方法是建立在将人视为经济人的假设基础上而开展的。沿着这条线索，泰罗提出了科学管理，主张以科学方法代替经验操作，之后的管理学者便以之为宗师，将其以生产为核心的管理理论逐步推向企业管理的各个环节，由此产生了运营管理理论。再进一步，管理者开始站在一个完整经济组织的角度考虑如何提升效率，于是就有了以法约尔、韦伯等为代表的组织管理理论。我们今天在所谓的工商管理教育中所学的内容，上述理论占了很大篇幅，许多所谓的管理工具，也都是依托这些理论而设计的，这实际上也是西方管理理论无法在我们当今的社会得以实行的根源所在。为什么这么说？因为这些理论提出的假设前提已经和当前的实际现状大相径庭。他们的所谓经济人，实质上就是将工厂中的员工视同为和其他设备相等的工具，基本是奴隶制社会形态下的人群划分方法的翻版，有所不同的只不过是将田间的农奴代换成了工厂的工人罢了。当我们拿着出于这样一种设计理念的管理方法来管理生产关系历经两千余年变革、早已积累各种人文挑战、具有丰厚文化遗传基因的中国员工时，别说员工不接受，即便作为一名管理者，我们也不好意思昧着良心拿出手，真正为之欢欣鼓舞的恐怕只是一些私营企业主，而等待他们的结局就是企业的关门大吉甚至身陷囹圄。

在西方，当上述的古典管理学走入困境时，梅奥的霍桑实验为管理学的革命带来了新契机，于是建立在将人视为社会人的假设基础上的管理理论开始应运而生、纷纷出笼，其中比较有影响的学说包括人际关系管理理论、行为科学管理理论、需求层次与激励管理理论等，而彼得•德鲁克则以《管理的实践》成为该阶段集大成者的代表。这些学说和之前相比最大的区别是，它们认为，企业里的员工不能被视为单纯的工具来使用，他们是一群具有独立思维个性的高级动物，需求具有多样性，要想提高他们的工作效率，管理措施上需要对症下药才能解决问题，管理的目的，就是要建立和维持良好的人际关系，平衡好组织、群体和个人之间的各种冲突。这些理论，出于对人性的尊重，促使管理手段有了巨大的进步，体现出了一些温情脉脉的味道，具有很强的吸引力，但其在当今的中国企业管理中并不受欢迎，原因在于它们将员工有意或无意当成业主的宠物来培养，管理成本太高，勉强去做的结果，往往成了四不像，最后得不偿失，不但老板不满意，员工自己也不认可。

就在我们困惑于时下管理学教科书的教导时，西方的管理理论也因实践中遇到的问题在不断修订前进着，当前比较流行的管理理论正在提出一种新假设，即企业面对的员工，不仅仅是隶属于特定组织的个体，也是整个社会的一分子，任何员工都是一个知识体，我们可以将之称为知识人或文化人。以之为基础，单一的组织研究正逐渐被商业生态系统研究所取代，企业员工也不再只是简单的被管理者，而是被上升到自我管理者来对待。新兴的西方管理理论受诺贝尔经济学奖得主西奥多•

W. 舒尔茨的人力资本理论影响较大。该理论认为经济组织活动中的人，是一种重要资源，并且人力资源是经济组织里一切资源中最主要的资源，在经济增长中，人力资本的作用大于物质资本的作用，人力资本投资与国民收入成正比，比物质资源增长速度快，技术知识程度高的人力带来的产出明显优于技术知识程度低的人力。在此理论的推动下，知识管理成为当前最为时髦的管理话题，它鼓励人们在组织中建构一个量化与质化的知识系统，让组织中的资讯与知识，透过获得、创造、分享、整合、记录、存取、更新、创新等过程，不断地回馈到知识系统内，形成永不间断的累积，个人与组织的知识成为组织智慧的循环，在企业组织中成为管理与应用的智慧资本，从而有助于企业做出正确的决策，以因应市场的变迁。结合这种观点，如果再读本文，我们就会发现，这种管理理论实际上的应用不就是我们在本文中看到的齐威王的举措吗？我们学习西方管理理论，转了一大圈，结果却发现国人早在战国时期便是这么做了，这叫我们情何以堪！

通过以上对西方管理理论发展史的回顾，我们得到的印象大概是这样的一种结果：西方在生产方式上的革新走在了中国的前面，但在生产方式一定的前提下，如何调整生产关系，他们的管理理论却是在用新的时代语言诠释中华文明的发展历程。好笑的是，我们在接受了生产方式的变革后，却忘记了自己的坐标位置，试图要做的却是抹去记忆，从头再来。你看西人所讲的从经济人到社会人再到知识人的这样一个假设研究前提，中华文明不是就早已解决了这个问题吗？《资治通鉴》中就有这样一则与本文人物齐威王相关的故事，讲的便是我国古人很早就已有了人力资本高于一切的理念。原文内容如下：“齐威王、魏惠王（梁惠王）会田于郊。惠王曰：齐亦有宝乎？威王曰：无有。惠王曰：寡人国虽小，尚有径寸之珠，照车前后各十二乘者十枚。岂以齐大国而无宝乎？威王曰：寡人之所以为宝者与王异。吾臣有檀子者，使守南城，则楚人不敢为寇，泗上十二诸侯皆来朝。吾臣有盼子者，使守高唐，则赵人不敢东渔于河。吾吏有黔夫者，使守徐州，则燕人祭北门，赵人祭西门，徙而从者七千余家。吾臣有种首者，使备盗贼，则道不拾遗。此四臣者，将照千里，岂特十二乘哉！”人才就是最大的财富！古人已经说得如此直白，而我们却非要等到美国佬或欧洲佬说了才恍然大悟，难道果然是外来的和尚才会念经吗？这些事例足以说明，行之有效的管理方法实际就在我们身边，但是我们却守着宝山在哭穷，甚至不管别人的鞋子合不合自己的脚，只图样式好看，就非要高价买来穿了显摆一下，我想，这才是我们最为悲哀之事吧！目前，我们还真说不好为何国人总是有这样的思维，一提向别人学习，就要先将自己清零变成白纸，然后再从头做起，重复别人走过的弯路的同时，还不忘记加以炫耀！难道这也是成长之路必须经历的一个过程吗？如果真的是这样，我们还是希望这样的过程越短越好。

按照笔者的理解，中国之所以在近代落后了，原因是多方面的，王朝政治和游牧民族的入侵等等都在其中扮演了一定的角色，在这里我们不可能再做全面考察了，单就学术方面而言，最大的问题应该是我们研究问题的方法存在明显缺陷，而不是我们在经验上有什么欠缺。像齐威王这样的成功案例，中国历史上是不胜枚举的，可是它们又都是偶然的，我们很少去想如何从中提炼出一些必然性的、可复制性的东西来加以坚持，因人而别、特例众多几乎成了我们最大的特色。如果说这中间绝无规律可循，我想这肯定是不可能的，可是我们的研究总是停留在了知道有这回事的表面，而不肯更深的去思索，不愿从特殊事例中提取出具有一般性可效法推广的规律来，促使我们在解决问题之路上，由偶然转化为必然，进而上升为自由去运用，因此由于满足于知其大略，最终对大多事物便只能是以知其然而不知其所以然来告结。这个弊端如果不能排除，恐怕我们即使拥有再多的直接经验和间接经验也是没有用的。借这篇文章说了这些题外的话，希望从此我们的民族会有更多的逢事多问为什么者站出来，也许到了那时，我们的许多理想才会变得更容易成为现实吧！

附录：《邹忌讽齐王纳谏》

邹忌修八尺有余，形貌昳丽。朝服衣冠窥镜，谓其妻曰："我孰与城北徐公美？"其妻曰："君美甚，徐公何能及君也！"城北徐公，齐国之美丽者也。忌不自信，而复问其妾曰："吾孰与徐公美？"妾曰："徐公何能及君也！"旦日，客从外来，与坐谈，问之："吾与徐公孰美？"客曰："徐公不若君之美也！"

明日，徐公来。孰视之，自以为不如；窥镜而自视，又弗如远甚。暮，寝而思之曰："吾妻之美我者，私我也；妾之美我者，畏我也；客之美我者，欲有求于我也。"

于是入朝见威王曰："臣诚知不如徐公美，臣之妻私臣，臣之妾畏臣，臣之客欲有求于臣，皆以美于徐公。今齐地方千里，百二十城，宫妇左右，莫不私王；朝廷之臣，莫不畏王；四境之内，莫不有求于王。由此观之，王之蔽甚矣！"王曰："善。"乃下令："群臣吏民，能面刺寡人之过者，受上赏；上书谏寡人者，受中赏；能谤议于市朝，闻寡人之耳者，受下赏。"

令初下，群臣进谏，门庭若市。数月之后，时时而间进。期年之后，虽欲言，无可进者。燕、赵、韩、魏闻之，皆朝于齐。此所谓战胜于朝廷。

第七章 《颜斶说齐王》解读

一九五〇年六月二十五日朝鲜战争爆发，金日成所统率的北方军队，试图一统朝鲜，挥师南指，但很快便遭到以美国为首的联合国军协助南韩李承晚部队的反扑，接连败退，损失惨重。受意识形态的影响，联合国军的总司令、美军五星上将麦克阿瑟，本来就对共产党领导下的中国一直有着很深的敌意，一贯坚决支持美国政府建立针对新中国包围圈的决策，此次他又指挥联合国军越过三八线打击金日成的军队，更是积极向朝中边境推进，并派飞机轰炸中国丹东地区，试图趁机协助败退台湾的国民党反攻大陆，一并解决所谓的“中国问题”。

一代伟人毛泽东和他的战友们宣告中华人民共和国成立才一年时间，正欲全面恢复神州大地的经济与民生发展，但战火即将烧到鸭绿江边，国际形势使得他们不得不临时中断发展大计，做出“抗美援朝、保家卫国”的决策，并应朝鲜政府的请求，组成中国人民志愿军入朝参战。是年十一月初，当志愿军首战告捷喜讯传来时，毛泽东恰好也收到了柳亚子所做的一首新词，因此欣然唱和，写下了《浣溪沙·和柳亚子先生》作为回赠，词中说：“颜斶齐王各命前，多年矛盾廓无边，而今一扫纪新元。最喜诗人高唱至，正和前线捷音联，妙香山上战旗妍。”

在这首词里，毛泽东主席以齐宣王喻蒋介石，而把和蒋介石有多年矛盾的国内民主人士、国民党元老之一、著名文人柳亚子喻为颜斶。对此，后来的毛泽东思想研究者们普遍认为，其中体现了这位新中国的最高决策者即使在国际环境非常不容乐观的情形下，仍对国内民主政治建设十分关怀并且充满自信的豪情。那么这一典故何以会收到如此效果呢？颜斶和齐宣王之间又究竟有怎样的一段故事呢？我们正好可以借助《古文观止》中《颜斶说齐王》这篇选文加以了解。

一、角色错位遗笑柄

齐宣王是田氏代齐后的第五任君主，本名田辟疆，此人统治齐国时间的长度约为 19 年，不算太长。他在位期间既没有什么令人发指的昭彰恶行，也称不上有什么光彩夺目的杰出作为，但他在后世的知名度却颇高，原因就在于中国的文人团队记录或创作了不少关于他的轶闻奇事，听了往往令人为之捧腹。

据《韩非子·内储说上》载："齐宣王使人吹竽，必三百人。南郭处士请为王吹竽，宣王说之，廪食以数百人。宣王死，湣王立，好一一听之，处士逃。"这段文字，便是成语滥竽充数的由来，今人常常以之讽刺无德无才、招摇撞骗的骗子，并告诫世人骗子之所以能够得手，被骗者实际上也难辞其咎。这则故事也常和《吕氏春秋·壅塞》中与齐宣王相关的另一段轶事并举，被后人用来讥笑齐宣王的智商疏阔。其内容如下："宣王好射，说人之谓己能用强弓也。其实所用不过三石。以示左右，左右皆引试之，中关而止。皆曰：此不下九石，非大王孰能用是？宣王悦之。宣王之情，所用不过三石，而终身自以为九石。”

在一干文人的眼中，齐宣王这人非但智商不足，而且身上还有不少为人不齿的毛病，实在与人主圣君的形象相去甚远。有则见诸许多文学作品名为“宣王独少一爱”的典故，就借名士淳于髡之口对其进行了无情嘲弄。故事中说，一次，齐宣王对手下大臣淳于髡说：“先生谈一谈寡人喜欢的是什么？”淳于髡说：“古代王者所喜欢的有四，而大王喜欢的有三。”齐宣王十分奇怪，禁不住问道：“这话怎么说呢？”淳于髡说：“古代王者爱马，大王也爱马。古代王者爱美味，大王也爱美味。古代王者好美色，大王也好美色。古代的王者尊崇有才德的人，而大王却不尊崇才德之士。” 齐宣王听后，摇摇头说：“国中根本就没有什么特别优秀的才德之士！否则我也会尊崇他们，喜欢他们，怎么能说我不尊崇有才德的人呢？”淳于髡说：“古时有骅骝等好马，当大王发现自己没有时，您就不惜花费重金，从所有的马中去挑选，可见大王真的喜欢马。古时有豹、象等动物的肠肚做成嫩脆可口的肉食，当大王发现自己没有时，您就命令手下人不辞辛苦从众多美味中去挑选，可见大王真的爱好美食。古时有毛嫱、西施那样的美女，当大王发现自己没有时，您就从当今天下的众多美女中去挑选，可见大王真的喜欢美女。至于才德之士，大王就一定要等到有尧舜禹汤时代的贤德之士出现，然后才去尊崇他们、喜欢他们，可是对于人才的搜求，大家却没有看到大王有类似的举动。那么如果真有像尧舜禹汤时代那样的贤德之士，难道他们不会觉得大王并不是真心喜爱人才，所以才不肯来接近大王？”齐宣王听了这番言辞，一时静默在那里，竟不知怎么答话。

除此之外，与齐宣王有关流传至今的一则民谚“有事钟无艳，无事夏迎春”，也颇能说明世人对齐宣王的形象感知存在着多么强烈的调侃心理。钟无艳的故事最早见于西汉著名学者刘向所撰《列女传》。该书《辩通传》中称：“钟离春者，齐无盐邑之女，齐宣王之正后也。其为人也，极丑无双，臼头深目，长壮大节，卬（仰）鼻结喉，肥项少发，折腰出胸，皮肤若漆。年四十，行嫁不售”，可见此女乃是奇丑之人，而夏迎春据说则是当时齐国少有的美女，“蓁首蛾眉，杏脸桃腮，能歌善舞，貌若天仙，增半分嫌腴，减半分则瘦”，颇得齐宣王宠幸。但前者奇丑而有才，后者奇美而无能，刘向曾称说：“无盐之女，干说齐宣，分别四殆，称国乱烦”，齐宣王曾因之大为感动，把钟离春立为王后，从此国家大治。而夏迎春则属于胸大无脑的类型，除了能陪齐宣王唱唱跳跳、荐以枕席外就别无所长。因为钟、夏都是齐宣王身边的女人，久而久之，民间就传出了“有事钟无艳，无事夏迎春”的说法，意思是说齐宣王一旦有事，就跑去找钟无艳帮忙；事情一过，则去找夏迎春寻欢作乐，又把钟无艳抛到了一边，至于史实是否的确如此，我们就无从考证了。

从上述故事来看，齐宣王的为人实在不敢令人恭维，但诚如我们所知，故事总是难免有些虚构和夸张成分，有些甚至是捕风捉影、道听途说，原是不足为凭的，如果齐宣王真得像这些故事中所说的如此不堪，那么在其死后，竟被群臣议谥为宣，就显得有些不可解了。按照古人命名谥号的初衷，就是要用一两个字对一个人的一生做出概括性的评价，春秋战国之世，人们对此还是相当重视并且结论也是比较公允的。从释义上讲，“圣善周闻曰宣”，孔圣人也曾被后世追谥为文宣王，可见“宣”是个充满正面意义的褒奖之辞，想来古人即便抱着为尊者讳的念头来为田辟疆盖棺论定，也决不至于荒唐到完全罔顾事实而牛头不对马嘴的。那么历史真实中的齐宣王又是一种什么样子呢？我们不妨稍作一番探究。

史学巨著《史记》中关于齐宣王的生平事迹记载，是比较简约的，只有短短的数段文字，并且重点着墨处还是发生时间有争议的齐魏马陵道之战，而真正可以让人一窥齐宣王模样的，不过是以下的寥寥数语：“宣王喜文学游说之士，自如邹衍、淳于髡、田骈、接予、慎到、环渊之徒七十六人，皆赐列第，为上大夫，不治而议论。是以齐稷下学士复盛，且数百千人。”有鉴于此可知，囿于秦焚六国之史而造成的史料不足，若欲全面了解齐宣王其人，并非一件容易的事情。所幸的是儒家典籍《孟子》，对于亚圣孟轲和齐宣王的交往述说比较具体，尽管斯人于是书中不过是个配角捧哏的人物，但从他们讨论的内容以及书中记录的齐宣王本人的言辞，还是能够给予我们了解此人以不少帮助。

《孟子》一书中，和齐宣王相关的内容，主要集中于《梁惠王》章，其他如《公孙丑》《离娄》等章也都偶有提及。从这些材料看，孟子和齐宣王的关系还是相当亲密的，并且与齐宣王交往的那段时间也是孟子生活中最为宽裕、舒适的时期。在这期间，齐宣王对孟子十分敬重，不但造房子给孟子住、分配车马给孟子乘、给孟子发高薪，而且还特许孟子不用处理具体事务，“不治而议论”，但他用这种方法能换取的则是常常被孟子骂得晕头转向、不知所以。阅读那些材料，字里行间给我们的感受，孟子对待齐宣王，仿佛就是一位长者面对一位资质愚钝的晚辈，颇有一些恨铁不成钢的味道，尽管孟子对他循循善诱、谆谆教导，但齐宣王的实际表现则是呆头呆脑、一副仿佛听了进去却又我行我素的样子，让人不能不既爱又恨。

齐宣王在孟子面前，毫不掩饰自己的内心真实世界，他坦称自己好勇、好色、好货，喜高广大室，爱池林园囿，对当时的靡靡之音很感兴趣，而对所谓的雅音古乐却不感冒，对别国的领土有野心，而对王道政治无信心。平心而论，齐宣王所袒露的这些想法，应该说正是人性最真实的一面，没有丝毫的矫揉造作，假如其只是一个普通人物的话，仅就其真诚而言，便能赢得人们的好感。然而，作为一名国君，身为具有社会影响的公众政治人物，从其扮演的社会角色来说，命中注定其在人的个体自私性和人的社会利他性上，是必须违心地服从并提倡后者的，所以其真实人性不加掩饰的流露就显得有些大逆不道了。因为政治人物直接操纵着社会资源的分配权，他的一举一动有着广泛的示范效应，如果其不能自觉地抑制个人的欲望，反而借助有利条件，在各类资源有限的前提下，主动优先满足自己的私欲，那么其导致的直接结果，就是引动整个社会掀起对现有资源和财富的各种纷争，而不是共同努力去创造更多的可供人类享用的财富；再进一步的推论，可能就是长此以往，随着现有资源和财富的枯竭以及人类纷争杀戮而引起的自身生产趋微，人种或许也会走向灭绝。为什么这么说呢？道理很简单，无论是人类生存所需的物质财富和精神财富，还是人类自身的生产与延续，就创造和消费而言，消费、享用自然要比生产、创造容易得多，如果可以通过盘剥别人，来实现对已有财富的占有而生活得优越的话，那么为什么还要辛辛苦苦去生产创造呢？譬如一定数量的粮食，正确的使用方法是，让有所分工的一个群体内的成员，认识到维持一定的公平消费的前提下，大家必须生产更多的粮食，才有可能都吃得饱；而错误的使用方法，则是个别人优先保证自己吃饱吃好，这样一来，必然就会有人得不到粮食而饿死。这还是小事，最重要的是这种使用方法给了人们有争才有食、能抢才能存的观念，大家不再将心思用于可供使用的粮食绝对数量的增长，而是着眼于当下有限粮食数量的争夺，其结局可想而知。

如果立足于上述观点，来重新审视孟子和齐宣王之间的对话，我们就不难看出两人之间的矛盾，实质上就在于对承担着重要社会责任的政治人物，究竟应不应该仍保持普通人素质。正是基于这样的出发点，孟子与齐宣王谈话时，总是首先承认齐宣王各种私欲存在的合理性，然后则进一步提出更高的要求。譬如齐宣王好世俗之乐，孟子就劝他“独乐乐，孰如与众乐”；

齐宣王好苑囿，孟子便说“与民同之，民以为小”；齐宣王好勇，孟子就主张应“一怒而安天下之民”等等。从《孟子》一书的记载情况看，齐宣王对孟子所宣扬的观点应该说也是认可的，但要其身体力行之，则有着明显的畏难情绪，所以不免时时加以推诿，借口孟子所言甚大，声称自己没有相应的才德去贯彻落实。对此，当孟子一方面以人人皆有仁人之心来引导，另一方面又以“王之不王，不为也，非不能也”来直斥齐宣王的耍赖，而齐宣王退无可退时，就“王顾左右而言他”，故意装聋作哑。对于《孟子》一书如此记述齐宣王的闻谏举动，我们可以理解，但却不必全信。可以理解的原因有二，其一，本书旨在宣扬孟子学说思想，但其在战国时代实在收效甚微，如果不说别人耍赖不肯力行之，何以证明其的伟大正确性？其二，孔孟之道本身就是需要有些牺牲精神才能促成的，如果没有客观情势不得已的逼迫，要想人去实施肯定是有难度的，所以齐宣王有时加以推诿也是完全有可能的。说到不必全信，我们也有一番理由，因为若说孟子的说教未对齐宣王的行动产生任何改变，肯定也不合乎事实。所谓道不同不相为谋，这是自古成训，齐宣王对孟子那样看重，如果说完全是叶公好龙，相信他们两人的交往，是无论如何也坚持不了数年时间的。相比之下，更有可能的是，刚开始齐宣王的确听进去了对方的教诲，也遵照孟夫子所说的内容去做了，但他不得要领、徒具形式又急于事功，反而并没有很快获得理想效果，所以才慢慢心灰意懒起来，没有了什么热情。孟子的学生之所以以偏概全，把齐宣王说得如此不堪，只怕也是有些为先师理论迂阔难行遮掩的成分在内吧！

我们的这种揣测，决非信口开河，参考其他文献的记述，便能获得有力支撑。西汉著名学者刘向还曾编撰有一部以讽谏为政治目的的历史故事类编，叫做《新序》，其中《新序·刺奢》记载：“齐宣王为大室，大盖百亩，堂上三百户。以齐国之大具之，三年而未能成，群臣莫敢谏者。香居问宣王曰：荆王释先王之礼乐，而为淫乐，敢问荆邦为有主乎？王曰：为无主。敢问荆邦为有臣乎？王曰：为无臣。居曰：今王为大室，三年而不能成，而群臣莫敢谏者，敢问王为有臣乎？王曰：为无臣。香居曰：臣请避矣。趋而出。王曰：香子留！何谏寡人之晚也？遽召尚书曰：书之，寡人不肖，好为大室，香子止寡人也。”无独有偶，刘向所著的另一部作品《列女传》中对于丑女钟无盐进谏的结果，也说得明白：“于是宣王喟然而叹曰：痛乎无盐君之言！乃今一闻。于是拆渐台，罢女乐，退谄谀，去雕琢，选兵马，实府库，四辟公门，招进直言，延及侧陋。卜择吉日，立太子，进慈母，拜无盐君为后。”从这些事例来看，齐宣王还是颇有乃父齐威王之风，善于纳谏而且闻过能改的。只要道理讲明白了，并且做起来也不复杂，齐宣王还是愿意立即付诸行动的，决非是无知小人，除了耍赖别无所长。《战国策·齐策》中曾载有苏秦游说齐宣王的说辞，称说当时的齐国：“齐地方二千里，带甲数十万，粟如丘山。齐车之良，五家之兵，疾如锥矢，战如雷电，解如风雨”，“临淄甚富而实，其民无不吹竽、鼓瑟、击筑、弹琴、斗鸡、走犬、六博、蹹（踏）踘者；临淄之途，车毂击，人肩摩，连衽成帷、举袂成幕，挥汗成雨；家敦而富，志高而扬”，这些话语中难免有夸张的成分在内，但从中亦可看出，齐宣王的治齐还是很有成就的，并非一无是处的庸才。另外，我们前面提到的《史记》中也曾记载，宣王喜文学游说之士，稷下学宫盛极一时，当时各家学者均可直言国事，若说这些学者都是为了俸禄衣食而留恋齐国，而不管自己所言是否能为齐王所用，这恐怕也是以常人的智商所不能接受的吧！

综上所述，关于齐宣王这个人，站在相对公允的立场上来说，笔者认为或许应该如此评价他：此人虽然智商不高，常为奸滑者所欺，但决非狂妄自大、骄横无知之徒，只不过他的自我意识中对自己是王的这种地位很是看重，虚荣心很强，所以行为举止有时就不免显得可笑。但在很多场合，齐宣王的心中还是常存敬畏之感的，他气度宽广，爱惜人才，尊重人才，并且也有知过能改的精神，虽然说不上是什么英主，但也绝非什么昏聩之君。不过从政治角度而言，无论是其谋略、心术，还是眼界、志向，他都不能算是一个合格的政治家，至多也就是个碌碌自得的守成之君。尤其是他口无遮拦，直暴己短，有时又爱自以为是的耍些小聪明，如果是一个普通人，我们自然会觉得其憨厚、可爱，但作为一政治人物，在见其诚实厚道之余，难免也多遗人以把柄，绝对称不上是什么优点。至于文人们敢于以笔墨相戏，除了知其度量宽宏外，只怕多多少少还是有些欺负老实人的成分在内。

二、士贵王贵各逞辩

关于颜斶此人，史书更无什么笔墨，我们能够知道的，只是限于他乃战国时期齐国隐居不仕的一名志向高洁之士，至于他的名字能为今人广泛传颂，实是得力于他被齐宣王召见时，两人之间如本文所述的一番对话。

当时，可能是有人向齐宣王推荐了颜斶，也可能是颜斶听说了齐宣王招贤纳士的名声决定亲往试探，总之，不管出于哪种原因，两人在一公开场合见面了。这时候的齐宣王对颜斶并不了解，相见之际显得漫不经心，为了方便交谈，他摆出国君的架子，要求对方："颜斶，请到我面前来！"不料颜斶根本不吃这一套，他认为自己的来访，并非有求于君王，齐宣王要想和自己交谈，应该主动走过来，于是也说："大王，请到我面前来！"

两人之间，一个出于无心，一个出于有意，为了获取主动权，交谈之初便起了冲突，相持不下，这种局面令齐宣王很不高兴。左右大臣见状，连忙责备颜斶说："大王，是人君；颜斶，你是人臣。大王说'斶过来'，你也说'大王过来'，这怎么可以呢？"颜斶回答说："我到大王跟前去，是趋炎附势；大王到我跟前来，是礼贤下士。与其让我做一个贪慕权势的小人，何如让大王做个爱贤敬士的明主？"

齐宣王耳闻颜斶说出这等理由，心中更加愤怒，因此大声斥问:“依你这样的说法，那到底是王尊贵呢，还是士尊贵？”

颜斶昂然回答说：“士尊贵，王不尊贵！”

齐宣王被他呛得几乎气结，于是又问：“你这话有根据吗？”

颜斶说：“有。从前秦国攻打齐国，途经鲁地，曾经下命令说：‘有人胆敢去柳下季墓地五十步范围内砍伐柴木的，一律死罪，决不赦免。’后来进入齐境，又下一道命令说：‘有人能够斩获齐王的头颅，就封万户侯，赏黄金二万两。’由此看来，活着的君王的头颅，还不如死去的贤士的坟墓珍贵！”

面对齐宣王怒气冲冲的质问，颜斶不但不慌不忙对答如流，而且处处地地故意忤逆，定要在气势上压过对方一头，来充分体现一个士子的傲骨与清高。他的一番话，以秦人攻齐的军令为证，通过对比来支撑自己“士贵而王不贵”的观点，齐宣王听了虽然依旧非常生气，并且感觉对方的逻辑好像有些不对头的地方，但却一时无从辩驳，只能哑口无言、默不作声。

其实，这也是当局者迷，若是以今日一个旁观者的身份来看颜斶的这番陈辞，我们便会觉得他也不见得就是那么理直气壮，甚至可能还有一些虚张声势的嫌疑。首先，颜斶既然已有“斶前为慕势，王前为趋士”的说法，那就是承认王和士之间是存在高下、尊卑之别的。王之所以趋士而能成令名，原因就在于其以在上居尊而能礼贤于卑下，所以才显得不同寻常而让人赞叹，这实际上不就是变相在说王贵于士吗？但其接下来又反称士贵而王不贵，岂非自相矛盾？其次，颜斶在以秦人攻齐的军令为据论证“士贵王不贵”时，明显存在着偷换概念的问题。齐宣王发问之际所说的“士”和“王”，均是泛指，而颜斶回答时故意将“士”这一泛指的概念转化为特指的柳下季，然后又和秦军命令中带有泛指意义的“齐王”来对比，这不是有意制造出人们感知上的误差，以图乱中取胜吗？像那柳下季，我们在本书第一卷《展喜犒师》这篇文章的解读中，也曾有过介绍。此人生性耿直，不事逢迎，屡受打击排挤，仕途蹭蹬，但是道德学问却名满天下，就连孔子、孟子都对其十分推崇，孔子认为臧文仲执政不能用他是“三不仁”之一，孟子更是直接将柳下惠和伯夷、伊尹、孔子并称为四位大圣人，如此人物何止是士子之中的凤毛麟角，即便在整个人类中也是百年不遇的大贤，能有几人可比？而秦军后道命令中所说的齐王只不过是代指齐国的最高领袖罢了，其价值只能用秦国占领齐国的代价和意义来衡量，本和个人素养没有多大关系，颜斶将之混为一谈，错位相较又能有什么说服力呢？不过话虽如此说，反观当时的情景，颜斶能在这里推出柳下季，说明他也是颇有些以先贤为榜样坚持直道而事人的，这倒不能不令人为之嘉许。想来齐宣王无辞以对，应该也是为其志所折服吧！

文章读至此处，需要加以说明的是，《古文观止》的编纂者二吴，在选录这篇文章时，出于篇幅和编选主旨的需要，在颜斶说完上述那段话后，有意删掉了一大段文字。参校于《战国策》，我们可知，那被删去的内容，正是当齐宣王无言以对之际，其手下的大臣与颜斶就士贵抑或王贵的进一步辩难。鉴于该文对于今日之读者弄明白士贵还是王贵这一争论有着重要意义，并且能对我们在如何看待企业所有者和经营者的关系上有所启迪，所以我们在这里还是有必要对其进行相应补充。

根据《战国策》中原文的记载，齐宣王的左右近臣，看到颜斶的话语难住了自己的主子，一时之间，出于“主忧臣辱”的激愤，急忙纷纷跳出来助拳，大家七嘴八舌，大体意思不过是说：“颜斶你太过分了！让我来告诉你吧。我们大王乃是万乘大国的诸侯，拥有地域方圆超过二千里，庭堂上用于奏乐的大钟便有千石之重，钟架的重量更在万石以上，似这等的权势与豪阔，放眼华夏，有几人能比？如今天下，不知有多少知仁行义的士人，正在争先恐后地来到齐国，主动要为齐王服务。那些有口才有智谋的人，无不希望到齐国来发挥他们的才能；四方的诸侯，更没有哪个敢对大王不表示敬服。我们齐王所要的东西无不齐备；全国的百姓也无不拥护。处在如此富足显赫的地位，还有谁会不认为他极其高贵呢？反之再看那些一般人眼中的所谓高尚之士，他们身处农村，耕作劳苦、缺衣少吃，不过是被称作匹夫、徒步等的鄙贱之人而已，既无社会地位，更加难奈饥寒，等而下之者，甚至不得不放弃尊严和自由，流浪到边远地方乡村里巷，沦落为别人家的看门人。士人都生活下贱到这种程度了，还奢言什么高贵！”

站在公正的立场上，我们不能不承认，齐宣王的左右侍臣在言辞上所描述的内容，乃是客观的现实，单就物质财富和管理权力的分配状况而言，何止齐国，推而广之到整个战国时代，甚至再进一步扩展到今天的社会，这种现象还不是普遍存在吗？颜斶当然也应深知这一事实是无可辩驳的，那么他又会如何去应答呢？我们不妨接着往下看。

针对齐王近臣们的这种言论，颜斶的回答既有些出人意料又都在情理之中，他说：“诸位所说的固是事实，但结论却不正确。我听说，在上古大禹治世之前的时代，天下的诸侯有万国之多。为什么会这样呢？正是得力于诸侯们都德行淳厚、普遍重用士人啊！惟其如此，所以才会有舜帝出身于农民，发迹于穷乡僻壤，也能最终成为天子这种情况的出现。可是到了商汤时代，天下诸侯的数目已经减少到了三千之数，到了现在，能够称孤道寡的更是只不过二十四家。由此看来，这难道不是社会风气正如诸君所说，由贵士逐渐向轻士、贱士退化而造成的吗？在这样的社会风气影响下，那些曾经身为诸侯者渐渐地被杀戮、被消灭，试想他们被亡身灭族之际，就是想要做个乡村里巷的看门人，又怎么可能呢？《易传》上不是就这样说过：‘高高在上的统治者，如果不重视士人而热衷于标榜虚名，他们就必然会在具体行为上表现得骄傲奢侈；态度轻慢而行为奢侈，灾祸必然随之而来。因此不能重士治国却喜有国君空名的，国家只会渐至覆亡；没有良好德行却希望获得福报的，结局只会更加困窘；没有建立功勋却安享富贵俸禄的，个人只会蒙受侮辱。这一切都是招灾惹祸的自取之道’。所以我们也常说‘好大喜功者，必定不能建立功业；空言无行者，终究不能实现他的愿望。’这都是爱虚名、好浮夸，无治国爱民实效者的必然下场啊！正是出于这样的道理，尧有九佐，舜有七友，禹有五丞，汤有三辅，自古至今，没有得到士人辅助而能建功立业的，从未有过。所以身为国君者不应该以经常向人请教为耻辱，也不应该以需向别人学习而羞愧，像尧、舜、禹、汤、周文王等等这些贤明君王，就是因此成其道德而能传扬功名于后世的。所以说：‘无形者，形之君也；无端者，事之本也’，那些在上能窥见事物的本源，在下能通晓事物的流变，了解事物很透彻的最圣明的人，其行动又怎么会有什么不吉之处呢？《老子》说：‘贵必以贱为根本，高必以下为基础。所以，王、诸侯才自称孤、寡、不谷，这不正是不忘其本吗？’所谓孤、寡，乃是指人们处于困窘、卑贱的地位。可是王侯们自己却称孤道寡，这难道不是他们甘愿谦居人下、重视士人的证明吗？尧传位于舜，舜传位于禹，周成王任用周公旦，他们世世代代都被赞扬为英明的君主，正是因为他们深知士人的可贵啊！”

在这里，颜斶口若悬河、引经据典，一口气讲了大半天，可谓畅快淋漓。他一开始对齐王近臣们描述的社会现实并不否认，但话锋一转，却极力陈述这正是潜藏巨大危机的末世之兆，从而预先堵住了近臣们的进一步反驳之口，站在了辩论战中的不败之地。接着他又从三个方面采用正反结合的方式论证了对方观点的荒谬以及个人见解的正大光明。他所抛出的第一论据便是以史为鉴的思索。自古及今，诸侯地位显赫，但为何诸侯国数量却越来越少，归结起来，无不是因为失德轻士以致亡国。

当诸侯身死国灭之时，连求做一乡里看门人尚不可得，如此看来又何贵之有呢？他的这种冷竣表述，对于极力宣扬王与士者表面差距的齐王近臣，实不啻于响亮一击。是啊，他们怎么就会只看到了王者眼前的繁华，却未能看到那背后的危机呢？田齐从何而来？还不是得自于姜姓家族！想当初太公望、姜小白的时代，他们又是何等兴旺，而今他们的后人又在哪里呢？颜斶此语既出，相信对于齐王及其近臣定是触动不小。

立足于这一基础，颜斶围绕《易传》的表述，祭出了自己的第二个论据，重点从理论层面印证王不贵士而自贵的谬误。因为《易》经是世人推崇的经典，它的文字乃是历代圣哲智慧的结晶，不但精练明晓，而且深入人心，所以颜斶以《易传》所云，针砭齐王重虚名而骄奢、因骄奢而必致祸的行为，仿佛前贤的言论就是专门为齐王而预设，这种带有预言性的震慑力，对于听者而言，引发的心灵感受自然非同凡响，当然也就增强了颜斶语言的说服力。

最后，颜斶又将论证的焦点转移到了正面证明“士贵”上来，他先说尧、舜、禹、汤、周文王等等这些贤明君王，都是“无羞亟问，不愧下学”，“成其道德而扬功名于后世”，证明没有得到士人辅助而能建功立业的从未有过；又以诸侯、王等都自称孤、寡、不谷，结合《老子》之言，说明君王这类职业本就是以士贵为本的。至此，就是其他人再想反驳也都无隙可乘了。

颜斶的这番话，既是对齐臣们的反驳，又是对齐王应如何治国的谏言，他一方面以不贵士可能会使诸侯“灭亡无族”向齐王施压，另一方面又以贵士乃自古以来明主“以贱为本，以下为基”的美德向齐王示好，齐宣王听了，自然不能不由怒转惊进而转为熨帖感慨。因此他说：“哎呀，君子贤士怎么可以欺辱于他呢？我这是自讨没趣啊！这样吧，我希望颜先生能够收我为弟子经常指教，只要您同意和我交往，我保证您吃的一定是三牲鱼肉，出门一定有车马乘坐，并且您的妻子儿女均可穿上华衣丽服。”

一旦遇到对上眼的东西，不管是否有用，也不论其实际价值，马上就出手高价先买进来，即便被人视为“大头”也在所不惜，这本是富家子弟任性骄人的一贯作风，齐宣王贵为一个大国之君，对于此招当然更为稔熟，并且屡试不爽，稷下学宫的那些文学游说之士不都是这样被招纳而来的吗？然而就在齐宣王按照惯性思维开出价码，认定颜斶会喜出望外山呼谢恩之时，颜斶却再次给了他个意外，此人仿佛脑袋里少了一根筋，竟然婉言拒绝了他的美意。他说：“玉石生在山中，一经打磨制作就破损了，不是说玉不宝贵，但璞玉本来的面目已不完整。生在穷乡僻野的士人，一经推荐就能得到官位俸禄，这并非不尊贵，但士人的身心已受到功名利禄的侵蚀，不能保持本色了。我情愿回去，饥食素餐以当肉，慢步缓行以当车，乐天无过以当富贵，清净纯正以自娱乐。”说完，他向齐宣王拜了两拜，便昂首飘然而去，只留下齐王与其一干近臣目瞪口呆地默默发傻。

原文的作者在记述完这件事后，以第三者的身份发出了一番感叹，称赞说："颜斶真是一个知道满足的人啊！他能返璞归真，不失本我，那么也必将终生不受羞辱了。"

三、知时择主不受辱

《颜斶说齐王》这篇文章犹如一幕话剧，二吴说它"起得唐突，收得超忽"，看它全篇均由对话组成，自始至终并无半分铺垫延宕，然而其仅凭对话堆砌和辩难推动，就使全文显得波澜起伏、引人入胜，更将人物的性格与内心世界表现得惟妙惟肖、生动传神，宋人陆游曾说"文章本天成，妙手偶得之"，想来应该说的就是这种情况吧！明人毛宗岗在批评传世名著《三国演义》时，慨叹于《三国演义》记人叙事的种种之妙，追根求源，认为皆应归功于"古事所传，天然有此等波澜，天然有此等曲折，以成绝世妙文"，并说"造物者可谓善于作文矣"。由此反推，那些看上去天然无雕饰却又能感人至深的文章，我们则也应有充足信心，认为其内容应该是完全出自史实而无任何艺术加工成分的。基于这种判断，重新审视文中人物所探讨的主题以及文中主角颜斶的行为举止，因其真实性就不能不更激起人们的兴趣，让我们不禁对其现象背后所蕴积的内涵深思不已。

颜斶和齐宣王相见之初，想来其中任何一人都是不会预料到，他们的对话竟会扯到"士贵还是王贵"这样一个命题上来的。文中的颜斶，面对齐宣王猝然提出的这一问题，大概是完全出于本能，才亢然对以“士贵耳，王者不贵”的。在相互的论辩中，他言辞激昂、气势如宏，并且将齐宣王及其近臣驳得几近体无完肤、铩羽而归，甚至当齐宣王不惜拿出君王们惯用手段，试图以丰厚爵禄加以笼络时，他更是以“斶愿得晚食以当肉、安步以当车、无罪以当贵、清净贞正以自虞”为志狠狠奚落了对方一番，从言语到行动充分支持了自己的观点，让古往今来的士子们都大感扬眉吐气，争相传颂从他身上看到了何谓知识分子的独立人格与尊严。

然而，作为一名读者，当我们合上书本，结合实际，热血不再澎湃、情绪不再高涨，平心静气再来回思这一命题时，心中的困惑却并不能迎刃而解。

首先，从文中的对话背景来看，故事发生的地点应是在齐宣王的宫廷，或者是出自颜斶有所准备、双方看似偶遇的路边，总之决不会是在颜先生的居处。尽管他们交谈的冲突是从“颜斶齐王各命前”开始的，双方好像处于平等的对峙状态，但我们若再追问一句颜斶和齐王是怎么走到一起的，事情好像就不再是那么简单了。按照常理揣度，颜斶和齐王的此次能够相见，要么是齐王礼聘请来的，要么是齐王威逼而来的，要么就是颜斶不请自来的，但不论哪种情形，总是颜斶有意要见齐王，而非齐王特意去拜会颜斶，这个当是公论。那么颜斶既然心中原有一见齐王的愿望，为何事到临头又要突然端起架子，在这最后几步较起真，非要齐王先上前呢？难道这最后的几步便是足以彰显士贵的核心所在吗？既然自贵，何如莫来，既已来之，何若安之，颜斶前恭而后倨，这中间又是什么道理呢？

其次，颜斶婉辞齐宣王厚禄相邀的理由，也让我们感到不可理解。他说："夫玉生于山，制则破焉。非弗宝贵矣，然夫璞不完。士生乎鄙野，推选则禄焉。非不得尊遂也，然而形神不全"，既然如此，我们倒要问问，如果不破璞玉，其永远不过是一块含玉的石头，其价值又该如何体现？想当初，楚人卞和在荆山得一玉璞，先后献给楚厉王和楚武王，他们请人鉴别，结果被认为是石头，作为惩罚，卞和接连被断去左右两足。后来楚文王即位，卞和抱玉恸哭于荆山下，文王派人去问他为什么哭。他说："宝玉而名之曰石，贞士戮之而漫，此臣之所以悲也。"文王令人剖璞，果得宝玉，从此世上才有了被奉为"无价之宝"的"和氏璧"，以致秦人不惜拿十五座城池希望换得它。假若该璧永远以璞玉形式存在，恐怕其终究也不过是一块无所用处的石头吧？同理，士为什么推选则禄就形神不全呢？难道天生一士，其目的就是无所事事、终老鄙野吗？孟子说："士之仕也，犹农夫之耕也"（《孟子·滕文公下》），荀子也说，士者"以仁厚知能尽官职"（《荀子·荣辱》），可见为士者，任职做事服务于社会，就好像农夫从事耕作一样，是他的职业，学了一肚子知识却不肯拿来做事，这非但不是什么保全自己，反而应该视为士者的耻辱才是。看那颜斶说话时动辄引经据典，那他也应算是士中之优者了，但言辞中为什么竟拿出如此上不了台面的理由来推拒于人呢？况且辩难之中，他也一再强调世之明主，能“成其道德而扬功名于后世”者，无不是缘于能够贵士用士，如“尧有九佐，舜有七友，禹有五丞，汤有三辅”等等，那么为什么到了他这里，齐宣王甘愿奉以厚禄、执弟子礼而事之，颜斶反而会以担心形神不全而婉拒呢？

再次，颜斶一方面坚称士为贵而王不贵，另一方面却认为真正的士者应过的是“晚食以当肉，安步以当车”的日子，这从情理上也难以自圆其说。辞典上说，贵的含义，可以解释为“价值高，分量重，值得珍惜与重视，贵也可以形容一个人在社会中的重要性，优越性，关键性，也可以是一件物品在人们心中的位置，或人们向往的位置”。如果按照这种理解，遵循“等价交换、按劳分配”的原则，士者正是理所当然应该“食必太牢，出必乘车，妻子衣服丽都”的，齐宣王所要给的所谓丰厚禄爵，不过是士者本来就应得的东西罢了，颜斶为什么要加以拒绝自食其言呢？如果说是无功不受禄，那么颜斶又该怎样评价自己对齐王所说的那些话？若说那些话对齐王是有价值的，那就不存在受不受禄的问题，若是其自己也认为那些话是无价值的，那么又何必拘泥于士贵抑或王贵，偏要婉辞以证士贵呢？

对于我们之所以会有以上种种困惑，如果细加推敲，原因应该说是只有一个，即无论颜斶说得如何天花乱坠，“士贵而王不贵”的观点是根本就不靠谱或者说是完全违背客观事实的。很明显，在当时的那个时代里，或者说即使在此前后相当长的历史时期内，人类社会组织的区分都是以那个被称为国君、王或者皇帝的人物来作为标志的，而在那个标志人物的势力范围内，只有他掌控着该组织的各类资源分配使用的最终决定权，其他人无论有多优秀都不能不听命于他，或者通过他来实现自己的意志，面对这种局面，我们能大睁两眼说瞎话否认王者之贵吗？在那样的社会时代里，即便是有“士贵”的说法，也不过是那些为王、为君、为帝者的一种羁縻士人的手段而已，我们又怎么能将其当真呢？试想，假如颜斶运气不好，遇到的不是齐宣王，而是像桀纣那样的暴君，那么恐怕其早就连性命也没有了，还哪里能去大谈什么“士贵而王不贵”？尽管颜斶也说，有为诸侯者因德不厚、不贵士而被亡国或兼并，可是这对士人的地位又有什么影响呢？一个为王为君者被消灭了，代替他的不过是另一个王或君，昔日的逻辑不是依旧存在吗？而当一个王的势力范围被另一个王所兼并，称王、称侯者的数量可能是减少了，但对于士人来说，除了减少了一个侍从选择项外，又会有什么实质变化呢？

上述的这些道理，即使如笔者这样愚拙之人都能看出来，像颜斶这样敢于在大庭广众之下挑战王者权威的高洁之士，当然也是心知肚明的。那么他为什么还偏偏要故作违拗呢？为什么世上会有这样匪夷所思的真人真事呢？笔者认为，这其中唯一合理的解释也许应该是，颜斶实际是在借题发挥，意在言外。他的所谓的“士贵而王不贵”，不过是要聊为凭借这一个命题，来对齐王进行试探，看看齐王能否成为自己可以服务的对象。可是通过双方的言语交锋，颜斶认识到齐宣王并非自己心目中愿意侍从的人主，因此对方即使许以高官厚禄，他也不会为之心动。他认为与其在对方的手下“食必太牢，出必乘车，妻子衣服丽都”，还不如自己老死于鄙野，“晚食以当肉、安步以当车、无罪以当贵、清净贞正以自虞”。为什么这么说呢？下面我们就做番剖析。

如果说颜斶没有出仕做事之志，我想那既不符合他为士的身份，也不可能是他从家乡不辞辛苦地来见齐王的本意，然而他所见到的齐宣王却十分令他失望，这才使他被迫改变了初衷。为什么会失望？原因有二，其一是这个齐宣王根本不知道自己身为一国之君，当前面临着什么问题，更不知道应该借助什么人来解决问题。这是颜斶通过亦命王前，并且解释说此举意在“使王为趋士”后看出来的。因为齐王管理偌大一个齐国，各种问题何止千头万绪，若是他常被欲做而不能的问题所困，出于人之常情对于有可能会帮到自己的人，他都会有迫不及待、如饥似渴、急于求教的冲动，而无暇去计较什么琐碎的尊卑礼仪。譬如周公为什么会一饭三吐哺、一沐三握发，那还不是因为他所考虑的事情太多，总盼着有人来帮他吗？然而，颜斶此时看到的齐宣王却是施施然正陶醉于自己君王威仪的一幅形象，由此足见此人胸无大志，甚至根本不知道国君的基本责任所在，试想他能不失望吗？其二，当颜斶与其左右近臣一番辩论，明面上是在论证“士贵而王不贵”，暗地里却是要表明治国用贤修德的道理时，这个齐宣王虽然在他的启发下，认识到了爱惜士人的重要性，但除了知道养士外，还是没有如何使用士人的想法与行动，他的认知层面只是停留在“君子焉可侮哉？寡人自取病耳”的层面，能够给予颜斶的也只不过是赐予厚禄来充门面而已，却不知道该在什么样的位置、授予什么样的权力使用对方，和这样的君主相处，颜斶会有什么前途，他又怎么能不失望灰心。正是出于这样的原因，颜斶才不得不找出一大堆如此牵强的借口飘然而去呀！

中国历史上的士人阶层，是有着自己独特胸怀和情操的社会群体，他们并不是不喜爱富贵荣华的生活，也不是天生就愿意甘守贫困拮据，之所以要在物质生活方面有所取舍，乃是因为他们有着自己内在的精神追求和兼济天下之志。孔夫子说过：“富与贵，是人之所欲也；不以其道得之，不处也。贫与贱，是人之所恶也；不以其道得之，不去也”（《论语·里仁》），又说：“富而可求也，虽执鞭之士，吾亦为之。如不可求，从吾所好”（《论语·述而》），还说：“饭疏食饮水，曲肱而枕之，乐亦在其中矣。不义而富且贵，于我如浮云”（《论语·述而》），由此可见，真正的士者，是将道义看得高于一切的，虽富且贵，但不能让自己追求的道义得到施展，那么他们是宁愿选择清名，也不肯屈就于利诱的。

《孟子·告子》篇中，将这种理念和精神阐释得更加明白，孟子说：“鱼，我所欲也，熊掌亦我所欲也；二者不可得兼，舍鱼而取熊掌者也。生亦我所欲也，义亦我所欲也；二者不可得兼，舍生而取义者也。生亦我所欲，所欲有甚于生者，故不为苟得也；死亦我所恶，所恶有甚于死者，故患有所不辟也。

如使人所欲莫甚于生，则凡可以得生者，何不用也？使人之所恶莫甚于死者，则凡可以辟患者，何不为也？由是则生而有不用也，由是则可以辟患而有不为也。是故所欲有甚于生者，所恶有甚于死者。非独贤者有是心也，人皆有之，贤者能勿丧耳。一箪食，一豆羹，得之则生，弗得则死，呼尔而与之，行道之人弗受；蹴尔而与之，乞人不屑也。万钟则不辩礼义而受之。万钟于我何加焉？为宫室之美、妻妾之奉、所识穷乏者得我与？乡为身死而不受，今为宫室之美为之；乡为身死而不受，今为妻妾之奉而为之；乡为身死而不受，今为所识穷乏者得我而为之，是亦不可以已乎？ 此之谓失其本心。”

由此，我们联系到本文中的颜斶，对于他的所作所为感知当然就更为深刻。颜斶固然有意于功名利禄，可当他面对的是一个资质平庸而让自己深感失望的国君，又怎么能委屈己志而贪恋于富贵呢？古语说“良禽择木而栖，贤臣择主而事”，三国时的诸葛亮，感激于刘备的三顾茅庐之情而出山相助蜀汉，一生鞠躬尽瘁、死而后已，主要原因就在于刘备愿意倾尽全力给予他做事的平台，而不是赠予他什么丰厚的报酬。尽管如此，仍然有人感叹其出仕是“得其主而不得其时”，惋惜之中，也有些讥刺他的不知天时，明知其不可为而为之的辅助气数将尽的汉室。像孔明那样的君臣际遇，尚且不免蒙羞，何况是在战国那个时代，颜斶碰上的又是齐宣王那样一个国君，他的不肯出仕不是更见高明吗？宜乎后人评价称他此举为能使自己“终身不辱”啊！单就这一点而论，颜斶的识人之术是要比孟子高明多了。孟子仕齐前后与齐宣王相处五年有余，一直到目睹了宣王在伐燕之战中的轻义重利行径之后，才发现他和宣王的关系已“无义可取”，不得不痛下决心离开齐国，这两者之间的差距又怎是一个“不可同日而语”所能形容呢？

四、甘守师道悲与欢

颜斶和齐宣王是完全出于偶然，才提出“士贵”还是“王贵”这一话题的，从我们前面的分析可知，就当时的情景而论，他们两人谁也没有将其当做是件多么严肃的事情，特别是颜斶更不过是将其视为一个幌子罢了，也许过后就将之抛到了九霄云外。然而对于后世的读书人来说，情况仿佛就不再是这么简单，“士贵”还是“王贵”简直就是大家均需直面的一个重要问题，如何做答，实际上已经上升到了人生世界观和价值观的高度。因此，我们不能不多费些笔墨，进行更为深入的讨论。

在儒家学者的眼中，士应该是既不属于统治阶层也不属于被统治阶层的。他们认为在家天下的制度下，所谓的统治阶层只能是王室家族，儒人曾经常常提到的出自《诗经·小雅·谷风之什·北山》的那句话“溥天之下，莫非王土；率土之滨，莫非王臣”，就是这种意识的集中体现。而相对于统治阶层而言的被统治阶层，儒家并没有遵循二分法的原则，将整个社会的其他人群全部纳入，他们虽然没有公开说，但隐隐约约是将以自己为代表的士阶层排除在外的。宋人范仲淹在《岳阳楼记》

中说，士人当“居庙堂之高则忧其民；处江湖之远则忧其君”，这种观点曾被读书人广为称颂，可见他们的眼中所谓的被统治阶层乃是指从事具体劳作事务的农工商等，而士则是这存在对立关系的两大阶层之外的第三种社会力量，不隶属于其中的任何一方。至于在士农工商四民之外衍生出来的“兵”，儒家则一直认为其不过是附属于统治阶层的暴力工具而已，所以才有“好男不当兵，好铁不打钉”这样的民谚广为流传。

儒家的这种社会阶层划分法，和老子道家思想颇有渊源，老子的《道德经》中说“道生一，一生二，二生三，三生万物”，而被儒家奉为经典的《周易·易传》又将其发挥为“昔者圣人之作易也，将以顺性命之理。是以立天之道，曰阴与阳；立地之道，曰柔与刚；立人之道，曰仁与义。兼三才而两之，故易六画而成卦。分阴分阳，迭用柔刚，故易六位而成章”，魏晋时期，士人阶层曾经痴迷于老庄、周易，以致谈玄成风，深为道家的宇宙观所折服，由此足见道家的宇宙发生论对于儒人的影响之大，我们也常常会听到儒家学者极言对三的推崇，诸如“凡事不过三”“三思而后行”等，已是耳熟能详。这都说明儒家的思辨逻辑是力主三分法的，所以存在上述的认识也就不足为怪了。

在社会阶层三分法的主导下，儒人对自己的社会责任和角色定位是比较明晰、并且充满神圣使命感的。孟子曾经对宣王说：“夫人幼而学之，壮而欲行之。王曰：‘姑舍女所学而从我。’则何如？今有璞玉于此，虽万镒，必使玉人雕琢之。至于治国家，则曰：‘姑舍女所学而从我。’则何异于教玉人雕琢玉哉？”（《孟子·梁惠王》）显然，在孟子的观念中，他认为人主虽然是天下的拥有者，但士才是治理国家的主体担当者，人主不但不应命令他所取之士放弃其一生所学而听命于自己，反而应该在是非问题上听取士子们的意见，并按士的意见来行事，因为士人就像玉匠一样，是保证玉石增值的第三方。他的这种理念对于后来的士人影响很大，也为士人从心理上自认为比王更为高贵增添了一些底气。在这种思想的作用下，儒家将自己的人生价值便定位在了“致君尧舜”上，希望可以依靠一个既成的力量借以推行王道的理想。他们认为这样一来，其展现在世人面前的应该就是师的形象，不但应受到民的尊重，而且也应受到王的尊重。然而，现实却和他们的愿望大相径庭，无论是王还是民，对其的实际印象都是臣，如果一定说有所区别的话，那不过是已仕之臣和未仕之臣以及忠臣和奸臣的区分罢了。既为王者之臣，那便没有了士贵可言，以师为志而有臣之实，追求士贵而终究王贵，这便是千古以来士人的最大尴尬处。

探究士者的这种尴尬的成因，我们可以尝试用商品经济的理论来加以解释，当然之所以选择这样的角度，也是为了便于更好地以史为鉴、古为今用。我们知道，社会不同阶层的出现是社会化大分工的结果，而社会化的大分工则是因应于生产力的发展出现的。恩格斯的《家庭、私有制和国家的起源》一书认为，阶级社会的出现，其经济基础便是以货币为中间交换物的商品经济，随着商品交换密度和范围的不断扩展，不从事生产只从事交换的社会阶层不但剥削生产者，而且还取得了生产的领导权，他们利用金属货币增加着财富积累，又凭借着财富建立了国家机器为自己的社会地位和继续有效剥削生产者提供保障。在这样的社会结构下，国家的统治阶层，实际上就是最大的商人阶层，而士人眼中的所谓国家治理之术，在他们眼中也不过是可以用来交换的一种商品罢了。只是这种商品有些特殊，不是有形的物质，而是肉眼难见的精神或技能，不但其价值无法准确衡量，而且还存在众多的可替代品，譬如有别于儒家思想之外的道家、法家、墨家、名家、阴阳家等，甚至还可以包括各种各样的宗教思想和流派等。根据商品价值理论和供求关系理论，商品的使用价值是其交换价值的基础，使用价值越明晰的商品，就越容易为客户所理解和接受，但客户愿意付出的价格，也即商品的交换价值，则取决于供求关系，供大于求时，商品的交换价值便被低估，求大于供时，商品的交换价值就会被高估，由于儒家士人能够提供的精神产品使用价值难以准确衡量，更加之有众多的可替代品，所以其在交换过程中价格被低估也就是经常发生的了。

儒家学说在成长过程中，为了推销自己，也在不断自觉或者不自觉地一方面尽量明晰其使用价值，另一方面又极力改善着供求关系。其明晰个体使用价值的主要手段就是普及儒家经典教育，兴办私学，让人们在接触文化知识之初，便受到儒学的熏陶，从根本上让大家认可儒学的合理性，进而上升为国家的学问之本；其改善供求关系的方法则是鼓动统治阶层独尊儒术，试图垄断国家的精神产品市场，当相关的可替代品与之竞争达到白热化时，它就以“三教本来是一家”来加以妥协，试图将别种学术表达为自己的衍生分支，或者干脆将别派的思想或学术成果直接据为己有，从而顽强地突出自己的主体地位。儒家的这些手段，从中国长达二千余年的封建社会历史来看，总体上是成功的，但其付出的代价也是沉重的，其成败则均在于其为了迎合客户需求而精心设计的甘愿为师、依附发展的理论体系，可谓“成也萧何，败也萧何”。国学大师南怀瑾先生在其著作《孟子旁通》中，对此曾有精辟的解释，我们特加摘录以共享。他说，尽管儒家标榜的是尧、舜、禹、汤、文、武历代帝王的盛德，可是他们本身所走的路线，都是依据既成的力量，推行他们的理想；依附别人的门户，并没有自己去走出一条路来，或自己起而行之，去实现他们的理想。简要而切实地说，儒家从来没有想到自己为尧，为舜，也没有这样做过，他们只是希望已经在位的帝王，能够变成尧，变成舜，因此影响到后世两千年来的儒家思想，怀揣师道之梦，永远是走臣道的路线，只希望做到“致君尧舜”，使在位的帝王，能够像尧舜一样，施行仁政。可是，“致君尧舜”又谈何容易！自秦汉以后，历代的帝王，在基本素质上，他们不但并非尧舜的根株，而且都是以征服起家的。正如杜甫《过昭陵》诗说：“草昧英雄起，讴歌历数归。风尘三尺剑，社稷一戎衣”，但“乃翁天下”虽在马上得之，当然不能在马上治之。于是乎才轮到了后世标榜儒家的读书人们，来坐而论道，大谈其治平之学与孔孟之道了。事实上，那些天子的禀赋，既非尧舜的本质，要想“致君尧舜”，岂非痴人说梦。历史上虽然也出过极少数几个比较好的皇帝，到底距离孔孟所标榜的先王之道，相差太远。可怜的后世儒生们，在文章上拼命讲述“致君尧舜”，而事实上每况愈下，都只是希望自己考取功名以后，“致身富贵”而已。像孟子一样，极尽所能诱导齐宣王走上王道的路子，结果还是徒劳无功。何况既非孔孟之才，又非孔孟之圣，哪有可能？此所以我们过去的文化历史，始终在帝王专制政体中“内用黄老，外示儒术”的一个模式之下，度过了两千多年。也使孔孟的道统精神，依草附木式地攀附在帝王政体之下，绵延存续了两千多年。

儒家的这种自我贬抑的世界观和方法论，虽然让为王为帝者可以放心使用，对于稳固帝王统治、敦厚社会人心、促进生产发展、繁荣社会经济起到了巨大作用，但它在某些方面给自我造成的伤害也决非一两句话能够说清。首先是读书人的清名受到羞辱，且是越到后世越为不堪，譬如汉高祖刘邦就爱常常口头斥骂读书人为“竖儒”或“鲰生”“腐儒”，到了近世就更有人公开将教授儒业者视为下九流的行当，与娼妓、乞丐等等并举。其次，为士者的个人生活环境也渐趋恶劣，所谓“千古腐儒骑瘦马”的穷酸落魄形象屡见不鲜，如东晋的陶潜、唐代的杜甫、清代的曹雪芹、蒲松龄等，思之无不令人落泪，而明人冯梦龙所撰的《广笑府》中对下层士人生活状况的披露，则更让人在冷幽默中有说不尽的辛酸。再次，士人在国家治理层面的作用，也日益衰退，特别是群雄并起的乱世，士者虽然满腹诗书，究竟又有何用？比较有成就的，也只是引经据典，成为第一流的帮闲而已。如五代十国时期的冯道，贵为宰辅，也不过是尸位素餐的摆设。最后，最为可悲的是，自古以来，被视为昏君、暴君的身边，总有一大批读书人受到儒家“忠君报国”思想的影响，不分是非，抱着愚忠的念头，死谏死难，他们的高风亮节固然可敬，但靠牺牲自我来维持的却是一个荒淫残暴的独夫民贼，又怎能不令人扼腕长叹！

好在随着现代民主制度的确立，读书人跳出了家天下的窠臼，那样的日子终于一去不复返了。毛泽东主席在写给柳亚子先生的和词中，敢于自豪地宣布“多年矛盾廓无边，而今一扫纪新元”，就是因为以共产党为领导的新中国提出了执政党乃人民公仆的理念，他们的权力产生于民，受制于民，为人民服务乃是其宗旨，主从关系已经发生了彻底改变，读书人是人民队伍中的一员，真正成了国家的主人，没有了“师”与“王”的纠结，又怎能不从千百年来理想中追求的士贵而成为真实意义上的贵显呢？可是政治制度设计层面解决了这个问题，并不等于就一劳永逸了，由于商品经济的客观存在，士不贵的土壤是并没有得到根除的，特别是在经济领域的私营企业内，由于中国有着长达数千年的家天下历史，受惯性思维的影响，困扰于传统士人的那个“士贵”抑或“王贵”的问题则是依然存在的，只不过名字换成了企业所有者和经营者之间的关系罢了，因此深入了解一下中国历史上“士贵”抑或“王贵”的争辩，并从中汲取经验和教训，还是有着极强的现实意义的。借鉴于儒家学说和王权之间的斗争与合作的恩怨是非得失，我想，今日的职业经理人定是会“仁者见仁，智者见智”收益颇多的。

附录：《颜斶说齐王》

齐宣王见颜斶曰："斶前。"斶亦曰："王前。"宣王不说。左右曰："王，人君也。 斶，人臣也。王曰斶前，斶亦曰王前，可乎？"斶对曰："夫斶前为慕势，王前为趋士，与使斶为慕势，不如使王为趋士。"

王忿然作色曰："王者贵乎？士贵乎？"对曰："士贵耳，王者不贵。"王曰："有说乎？"斶曰："有。昔者秦攻齐，令曰：'有敢去柳下季垄五十步而樵采者，死不赦。'今曰：'有能得齐王头者，封万户侯，赐金千镒。'由是观之，生王之头，曾不若死士之垄也。"（宣王默然不悦。）

（左右皆曰："斶来，斶来！大王据千乘之地，而建千石钟，万石虡。天下之士，仁义皆来役处；辩士并进，莫不来语；东西南北，莫敢不服。求万物不备具，而百无不亲附。今夫士之高者，乃称匹夫，徒步而处农亩，下则鄙野、监门、闾里，士之贱也，亦甚矣！"

斶对曰："不然。斶闻古大禹之时，诸侯万国。何则？德厚之道，得贵士之力也。故舜起农亩，出于岳鄙，而为天子。及汤之时，诸侯三千。当今之世，南面称寡者，乃二十四。由此观之，非得失之策与？稍稍诛灭，灭亡无族之时，欲为监门、闾里，安可得而有乎哉？是故《易传》不云乎。'居上位，未得其实，以喜其为名者，必以骄奢为行。据慢骄奢，则凶中之。是故无其实而喜其名者削，无德而望其福者约，无功而受其禄者辱，祸必握。'故曰：'矜功不立，虚愿不至。'此皆幸乐其名，华而无其实德者也。是以尧有九佐，舜有七友，禹有五丞，汤有三辅，自古及今而能虚成名于天下者，无有。是以君王无羞亟问，不愧下学；是故成其道德而扬功名于后世者，尧、舜、禹、汤、周文王是也。故曰：‘无形者，形之君也。无端者，事之本也。’夫上见其原，下通其流，至圣人明学，何不吉之有哉！老子曰：‘虽贵，必以贱为本；虽高，必以下为基。是以侯王称孤寡不谷，是其贱必本于？’非夫孤寡者，人之困贱下位也，而侯王以自谓，岂非下人而尊贵士与？夫尧传舜，舜传傅禹，周成王任周公旦，而世世称曰明主，是以明乎士之贵也。”）

宣王曰：“嗟乎！君子焉可侮哉？寡人自取病耳。愿请受为弟子，且颜先生与寡人游，食必太牢；出必乘车，妻子衣服丽都。”颜斶辞去曰：“夫玉生于山，制则破焉。非弗宝贵矣，然夫璞不完。士生乎鄙野，推选则禄焉。非不得尊遂也，然而形神不全。斶愿得晚食以当肉；安步以当车；无罪以当贵；清净贞正以自虞。”则再拜而辞去。

君子曰 ：“斶知足矣！归真反璞，则终身不辱。 ”

第八章 《冯谖客孟尝君》解读

战国时期的士人，虽然和此之后直到清末的中国读书人一样，其基本文化素养都是靠对《诗》《书》《礼》《乐》等儒家典籍的学习而获得，但他们的人生观和价值观，则并不像后来者那样完全以讨好和顺应王权为核心，主要通过推销精神产品来换取生活所需的物质产品。这中间的原因很多，而最重要的则是由于当时的士者，绝大多数都是有着高贵血统的。他们这个群体，不是周王室子弟的后裔，便是周王所封各诸侯国的遗脉。按照当时的宗法观念，只要周天子的大旗一日不倒，从理论上来说，他们就是各国诸侯的亲眷，理所当然，即使不从事直接的物质生产劳动，也应被诸侯们养起来而衣食无忧。这种理念的流行促成了战国时期的养士之风，使士渐次成为了社会上的一种特殊势力。因为士者是有着较高文化素养的知识分子，他们能文能武，血脉中流淌着先人治国理政的文化基因，所以往往能够为供养他们的统治者发挥异乎寻常的重要作用。于是各大诸侯国的权贵们便由被动养士又转变到了主动养士的方面上来，并且收养门客的规模也越来越大。到了后来，为了彰显个人经济实力和威势，养士规模甚至到了来者不拒的地步，如号称战国四公子的齐国孟尝君，赵国平原君，魏国信陵君，楚国春申君，其招揽门客的数量都高达数千人，鱼龙混杂，只要有一技之长者，便都有可能被奉为座上嘉宾。广揽门客的各国贵族们，利用门客队伍这种势力，一方面对内维护和扩大自己的既得利益，打击和排斥政敌，另一方面也将其作为在国际间进行军事和政治斗争的工具，借以极力扩大自己的政治影响。《冯谖客孟尝君》这篇文章，便是反映战国时代权贵养士现象对于国家和个人利弊影响的一个缩影，尽管后人多有质疑其故事内容真实性的，但若我们跳出故事本身，以之来解读其影射的社会现实，那么相信应该还是无伤大雅的。

一、此孟尝非彼孟尝

阅读《冯谖客孟尝君》一文，首先需要注意的是，万不可受了时下影视文学作品的影响，望文生义，误将标题中的“君”视为古人对男士的敬称，进而将“孟尝君”直接解读为一个名叫孟尝的君子。

中国古代的确曾经有过一个名叫孟尝的志行高洁之士，他的声望很高并且也深为后世敬重和推崇，但其生活的时代是在东汉后期，和本文并无任何联系。《后汉书·循吏列传》载，孟尝字伯周，是会稽上虞人，初仕郡吏，后举茂才，历任徐县令、合浦太守等职，因当局政治昏暗而告病辞官隐居，年七十卒于家。此人在合浦太守任上时，由于“郡不产谷实，而海出珠宝，与交阯比境，常通商贩，贸籴粮食”，但“先时宰守并多贪秽，诡人采求，不知纪极，珠遂渐徙于交阯郡界。于是行旅不至，人物无资，贫者饿死于道”，因此“尝到官，革易前敝，求民病利。曾未逾岁，去珠复还，百姓皆反其业，商货流通，称为神明”，这便是典故“珠还合浦”“孟守还珠”的由来。由于孟尝在合浦深得民心，北宋景德年间，合浦民众曾专门为其建“海角亭”以示纪念，迄今该亭仍是广西合浦县的一处重要人文景观。

与之相较，我们这里提到的孟尝君，无论是其权势和富阔程度，还是名望以及历史影响，则都要显赫于孟尝百倍而不止。太史公所撰的《史记》中曾专门为此人立传，称其名为田文，出身于齐国王族，乃是齐威王的孙子、齐宣王的亲侄，其父田婴，也曾多年出将入相，所以身世极其荣耀。论其权势，他曾先后被秦、齐、魏等聘为相国，过赵国时，只是因为有人讥笑他的身材，他就愤而砍杀了几百人，毁了一个县才离去；当时的秦、齐虽然号称战国双雄，但其纵横捭阖，也曾组织联军谈笑间将之一一击败。若说豪阔，仅是其名下养客盛时可达数千之众，也就足以震古烁今了，三国时的曹植曾著文称其“凌轹诸侯，驱驰当世，挥袂则九野生风，慷慨则气成虹霓”，由此我们完全可以想见该人拥有多么雄厚的经济实力和多么巨大的社会影响能力。后世之人，常将仗义疏财、交友极广者呼为“小孟尝”或“赛孟尝”，实际上那是将之比喻为如同田文那样的人，而非比附于东汉孟尝的，这一点我们不可不知。

那么，既然如此，此人明明是叫田文，为何却被称作孟尝君呢？这就需要我们对战国时期的封君制有所了解。

根据杨宽先生所著《战国史》的相关内容，以及刘泽华、刘景泉的论文《战国时期的食邑与封君述考》（《首都师范大学学报·社科版》1982 年第 3 期）中的表述，所谓“君”，乃是战国时期流行的一种新的分封卿大夫的爵位，而“孟尝”

则是田文区别于其他被封君者的封号，称孟尝君而不直呼其名，既是一种习惯，也是一种敬称。

从史籍记载看，在战国时期的各诸侯国中，赐爵以“君”是无上殊荣。讲究军功爵位制的秦国，将君与二十等爵的最高爵位“列侯”通用，如秦孝公时主持变法封爵为彻侯的卫鞅，因封地在商就被称为商君，秦昭襄王时的“应侯”范雎有时也被称为“应君”等。而在东方六国，君的爵秩甚至是还要高于国家最高爵位，不在正常爵秩之内的，如楚国的最高爵位为“执圭”，大臣庄辛因说楚襄王图治，襄王除爵以“执圭”外，又封之为“阳陵君”，赵国的廉颇也是先被爵为上卿，后因功又加封信平君，而乐毅在燕初为亚卿，后又为上将军，拜为相国，伐齐大胜后，燕昭王则进一步封其为昌国君等。

按照《仪礼·丧服》篇中的说法：“君，至尊也”，汉人郑玄注称：“天子、诸侯及卿、大夫有地者皆曰君”，唐贾公彦又疏说：“以其有地则有臣故也”，由此可见，能够称君者，至少在初始意义上应是据有土地、拥有属臣的人。当时的诸侯，敢于以君的爵位赏封自己的臣下，一方面说明他们的国土面积、人口数量已远远大于春秋时期的诸侯规模，另一方面也说明，他们已经基本在行为上把自己等同于了周王，自认为可以裂土分茅以尝臣下之功了。史实也印证了这一点，有专家统计表明，终战国之世的254年中，各国先后封君见于记载的有100余人，有时间可考的88人，其中绝大部分的封君，都发生在公元前340年以后。而正是在这一年的前后，各国的君主相继互推称王，华夏领域从此再也没有了周王天子一家独尊的局面。

战国时代各国被封为君的，就其本身分来说，不外乎是国君的亲属和外戚、国君和太后的宠臣、有功的将相大臣等，这和周王朝的分封诸侯对象，除却少了先代勋贵以外，基本是一致的，但此时的君和昔日的诸侯，无论是从政治、经济上讲，还是从军事、外交角度来看，都是完全不同的两个概念了。

战国时代的七大强国，虽然都有封君的传统，但是经过政治改革，行政管理上更为普遍的是实行中央集权的政治体制，并在地方上设立以郡统县的行政机构作为辅助，而非划地给“君”进行实质管理，君的各项治权和以前的诸侯相比已经大大缩水。首先，他们所封的君，虽然多数是有大小不同的封邑或封地的，但也不乏只是享受虚荣，既无临土治权又不食其租税的，其象征意义往往大过了实质。例如蔡泽为秦相，“号为刚成君”，便只有君号而无封地；楚封苏秦为“武贞君”，苏秦并没有在楚任实职，也未在楚久留，显然只是一种荣誉称号。其次，即便有封邑的君，除了部分是具有行政权力与经济权力，相对独立外，多数的封邑，其行政权与经济权仍是由君主任命的地方行政长官管理的，受封者只是把当地的赋税收入作为俸禄而已。如秦灭蜀后，惠文王就委派其子通国为蜀侯，但同时以陈庄为蜀相，以张若为蜀守，共同治理巴蜀，在此条件下蜀侯能有多大权力，自然不言而喻。再次，对于拥有自治权的一些君的封邑，国家也有诸多限制条件，譬如封邑必须奉行国家统一的法令、发兵之权须由中央君主直接掌握、封君还要向国家交纳一定的租税、封君多在中央任职而遥领封地、外事活动服从中央要求等，可见中央对其干预措施还是比较全面具体的，而这些也正是封邑之君与中央君主经常发生冲突的根源所在。最后，战国时代的封君世袭制，也是没有保障的。为了削弱封君的实力，各国君主们采取了不少的措施，想方设法阻止封君们长期占据其封邑。譬如吴起在楚变法就规定，封君子孙“三世而收爵禄”，而更有一些国家则是借故夺封，以致虞卿说春申君时就有这样的话：“秦孝公封商君，孝公死，而后不免杀之；秦惠王封冉子，惠王死，而后王夺之。”

从以上的史料考察情况来看，在战国时代，能够成为君的，尽管是统治阶级中除王之外最高贵的一个阶层，但是日子过得仿佛也并不那么舒心。他们和王的阶层既唇齿相依，有着统一性，又因为权力和利益的切割不均，存在着尖锐的矛盾，如何处理好两者之间的关系，实在是一个难吐又难咽的大问题。了解了上述情况，对于正确把握本文中所反映的孟尝君与齐王之间的关系，以及冯谖在其中充当的角色与价值，当然是会有着莫大帮助的。

接下来，我们再说说田文获得君爵，为何称以“孟尝”。

战国史专家杨宽先生认为，战国的封君称号有三种类型，即以封邑为号的、以功德为号的、有名而无实的。严格来说，第三种是不能成为封君称号缘由中的一类的，只能归为封君性质中的一种，所以按照杨先生的理解，封君之号应当为要么是来源于封邑之名，要么就是源于功德美称。刘泽华、刘景泉二人立足杨先生的意见，又将之进一步细分为五种类型，即：（1）以封地为号；（2）以原籍或发迹地为号；（3）以功德为号；（4）以谥为号；（5）以雅称为号。以上关于封号的分类固已明了，但无论是杨先生还是二刘，并未明确指出“孟尝”之号属于哪种类型，倒是太史公在《史记·孟尝君列传》中提到田文的父亲田婴时说，“婴卒，谥为靖郭君。而文果代立于薛，是为孟尝君”，又说“文卒，谥为孟尝君”。所以按照他的说法，“孟尝”应是谥号。对于这种提法，学者之中是多有不予认同的，《管子学刊》1991年第2期所载杨朝明先生的《薛邑辩》一文，便是一例。该文中杨朝明先生引用《史记索隐》《竹书纪年义证》以及钱穆先生等的考订意见，认为尝也是邑名，在薛之南，而孟应是田文的字，所以命名为孟尝君，应该也是因循习惯以封邑为号的，并且由此进一步认为田文的父亲田婴号为靖郭君，也非谥号，因为据《水经注》，“郭亦薛南之邑可知”，靖也有可能是田婴之字，故称靖郭。

杨朝明先生所撰原文，虽然要旨并不在于论证孟尝君封号的由来，但其以之为据，力证薛邑在今山东滕州境内，则足以说明其对孟尝君以封地为号的说法是深信不疑的。不过，尽管这种意见已经可以拿来作为论据，但我们还是未敢轻易取信，原因就在于他的这种以封地为号显得有些怪异。首先，从《史记》记载可知，田婴、田文父子封地是相袭的，也许田文时期封地规模比田婴要大，但薛是其封地中最为重要或者最具代表性的城邑，应该是无疑的。相关史书也都曾提到他们父子是封于薛，被齐王免职后也是归于薛，田婴为了加固薛的城防还曾受到门客的谏阻，本文中也说冯谖为了助孟尝君营造安全屏障，曾劝他“愿请先王之祭器，立宗庙于薛”，这说明薛并非后出的称呼，那么他们父子若是以封地为君号的话，为什么不是遵从时人习惯称为“薛君”或者“靖薛君”和“孟薛君”，而非要用封地内并不突出的“郭”和“尝”来代指呢？其次，以封地为号者，同时与君的字相杂，或许是我们视野有限，这种方法在其他地方还没有见到类似的，即便假定这种命名方式是成立的，也不论“靖”和“孟”是字还是谥，那么参考对诸侯国国君的称呼，如齐桓公、齐昭公等的格式，为了区分同一封地的父子，是否应该称为“薛靖君”和“薛孟君”才更为合理呢？再次，据明朝万历年间撰著的《滕县志·古迹志》中记载：“薛城，在薛河北、县南四十里，周二十八里，盖古奚仲所封国，城则田文增筑。”有专家考证，薛国历经夏、商、周三代，凡六十四世，至春秋战国时国衰而灭，由此可见，薛的名字古已有之，而郭、尝，假若确有这样的村邑，一者它们决非会是薛的曾用名，二则薛也不可能是它们任何一个的从属村邑名，这样一来，若说他们父子的君号皆因封地而得，我们还真一时之间看不出来三个地名是如何联系起来的。

综上所述，尽管我们已经知道了古人命名君号的方法，但田文被称“孟尝”属于哪一种，应该说还是并无定论的，这也许要期待考古发掘的结论，才能揭开谜底。不过据有关记载，田文的坟墓好象很早就已被盗，今天即便是想掘墓证史仿佛也很难奏效了。北魏郦道元《水经注·泗水》中引《晋太康地记》的内容说："奚仲冢在城南二十五里山上，百姓谓之神灵也。齐封田文于此，号孟尝君，有惠喻。今郭侧犹有文冢，结石为郭，作制严固，坚不可动，莹丽可寻。今墓已开发，如宫室，以铜铁铸壁，扣之有声，行人往还，莫不迳观，以为异见矣。"由此可知，我们今天在山东滕州市境内所能看到的田文墓，不过是后人复修的空冢，至于"孟尝"之称的由来，要想确知个中原因，怕是有些渺茫了。

二、名满天下任评说

相对于孟尝君的知名度和影响力，对于其生平事迹，我们能够了解到的还是十分有限的，尽管《战国策》中，与孟尝君直接相关的文章就有 16 篇，间接存在联系的也有七八篇，但因它们均是来源于秦人焚书后的断简残篇或民间口传，要么语焉不详，要么错杂凌乱，所以别说关于此人的行状描摹，就是对其具体活动时间我们也是很难通过阅读而确知。好在还有太史公所撰的《孟尝君列传》作为辅助，我们对其才算能够知个行事先后大概。不过，这两本书中的记述，相互之间也是有些出入的，取舍之间，那就只好根据我们自己的判断来理解了。

孟尝君的这种身负盛名和史料残缺错乱造成的反差，既给后人留下了无限的暇想空间，同时也给他本人带来了后世褒贬评价上的极端对立。在这里，我们既无能力也无意于梳理有关评价的是非，只是为了便于读者阅读理解《冯谖客孟尝君》这篇文章，而略作一些相关介绍。

综合相关史料的记述内容，关于孟尝君的事迹，我们大体可以归纳为三个方面，一是彰显其个人多智多谋的，二是说明他善于养士用士的，三是突出其敢于挑战王权的，下面就依次分述之。

首先，我们可以看看他是如何的多智多谋。孟尝君田文虽然出身高贵，但能够世袭其父封邑与获得相位，却并非顺理成章。《史记》上说，孟尝君的父亲田婴，有子四十余人，而其生母不过是田婴的贱妾，且他出生日期犯忌，因此一出生就为其父所恶，完全是被偷偷养大成人的。像这种情况，按照当时的嫡长子继承制，田文能够活下来就不错了，根本是不可能有资格成为田婴的继承人的。然而史实让人大跌眼镜，田文不但从几十位兄弟中脱颖而出，继承了其父的封邑，而且还成了齐国最有权力的人，以至天下诸侯"只知齐有孟尝君，而不知有王"。如此巨大的剧情翻转，所依赖于的便是其个人的聪慧多智。

当初，田文的父亲因其生于五月五日，从于民谚，认为其会"长与户齐，将不利其父母"，严令不得留养，但田文被偷偷养大成人后，竟主动找到父亲，以"二难推理法"与其父论辩，提出人若受命于天，就不必听从民谚；人若从命民谚，则更好办，只要抬高门户即可，从而为自己争得了生存权，并在其父亲心目中留下了深刻印象。后来他的父亲用事相齐日久，缺乏长远之计，又是田文发现了问题，极力劝谏其父要养贤自重传家，以至田婴幡然醒悟，进一步对其依为臂膀，命其主家待宾客，以致“名声闻于诸侯”，田文因此顺势获得了田婴家族合法继承人的位置。

田婴去世后，田文袭领了封邑，但在齐国政府中并没有受到重用，这个时候的田文为了争得相位，其从政的天赋再次得以全面展现。总结田文在为政方面的独到之处，主要有两手非常可圈可点，其一是他竭力讨好齐王，将“迂回奉迎”之妙，发挥到了极致。《战国策》中有两则短文很能体现他在这方面的别具匠心。一则说的是孟尝君在薛，深知淳于髡很为齐宣王所喜，所以极力结交。一次薛地遭到楚人攻击，孟尝君没有直接向齐王求救，反而是令人准备大礼，亲自郊迎刚从楚国出使归来的淳于髡。在接待期间，孟尝君对他说：“荆人攻薛，夫子弗忧，文无以复侍矣。”于是，淳于髡回到齐国朝廷后，就告诉齐王“薛不量其力，而为先王立清庙。荆固而攻之，清庙必危”。齐王听到这个说法后，出于对祖宗祭祀之所安全的考虑，立即兴兵救之。而另一则构思更为奇妙，当时的齐王好色多宠，其原配夫人死后，孟尝君为了巩固“枕边风”效果，很想知道齐王最受宠的七个女人中谁会成为继任夫人，于是想了一个绝招，“乃献七珥，美其一，明日视美珥所在，劝王立为夫人”。孟尝君如此刻意收买齐王周边的人，估计齐王每时每刻能够听到的，自然是关于他的溢美之辞了。

孟尝君为政的另一手高明之处，则在于他无师自通，悟到了今人常说的“挟洋自重”的一招，运用自如，也收到了奇效。他先是利用父亲在世时留下的威名和所养的门客，诈称要竭力“合纵抗秦”，以此引起自苏秦以来最怕此招的秦国的注意，然后派门客公孙弘西入于秦，名为观秦虚实，实则是向秦人推销自己，结果秦昭襄王真被打动，竟力邀孟尝君到秦国为相。这个消息传到齐国后，孟尝君便假意要离齐赴秦，齐王则马上安排谋士等进行劝阻。孟尝君顺水推舟取消了行程，但齐王却迟迟不肯将相位授予孟尝君，因此经过一番评估，无奈之下，他只好抱着不入虎穴、焉得虎子的精神，坚决入秦。在秦国期间，秦昭襄王虽然给予了孟尝君相位，但目的却是要软禁于他，甚至要杀害他，而孟尝君虽然得到了相位，但醉翁之意仍在于齐，所以双方各怀鬼胎，经过一番斗智斗法，孟尝君还是逃离了秦国，从此名满天下。致此，齐王再也无有其他选择，只好任其为相，孟尝君独揽齐国大权的梦想终于水到渠成。

接下来，让我们再谈谈孟尝君的善于养士用士。近代李宗吾曾经说过：“孟尝君一生的成就，说到底就是得益于他善于挂着仁义道德的招牌来网织人才，然后再借助这些人才的力量来实现他的抱负”，这个评价可谓一针见血，善于养士和用士，实在是为孟尝君赚足了政治资本。《史记·孟尝君列传》中说：“孟尝君在薛，招致诸侯宾客及亡人有罪者，皆归孟尝君。孟尝君舍业厚遇之，以故倾天下之士。食客数千人，无贵贱一与文等。孟尝君待客坐语，而屏风后常有侍史，主记君所与客语，问亲戚居处。客去，孟尝君已使使存问，献遗其亲戚。孟尝君曾待客夜食，有一人蔽火光，以饭不等，怒而辍食辞去。孟尝君起，自持其饭比之。客惭，自刭。士以此多归孟尝君。孟尝君客无所择，皆善遇之。人人各自以为孟尝君亲己。”孟尝君如此不计代价的赡养于士，当然不是为了发扬光大慈善事业，而是要这些人在关键的时候能够为他冲锋陷阵，甚至付出生命。俗话说，投桃报李，孟尝君付出的代价高，其得到的回报当然也就巨大，譬如他以四马百人之食奉夏侯章，夏侯章就不惜自毁名声来反衬孟尝君的高大；孟尝君的门客魏子曾代其以封邑收入赠一贤者，而那个贤者便在孟尝君衔冤时，“以身为盟，遂自刭宫门以明孟尝君”；就连最不起眼的“鸡鸣狗盗之徒”也在孟尝君困于秦时，帮他化险为夷，躲过了一场大难。由是足见养士投入产出比之高，已经到了如何令人艳羡的地步，无怪乎当时的其他几位贵公子也要纷纷效仿了。

孟尝君虽然养士收益巨大，但由于士源驳杂，后人对其评价并不高，甚至颇有责词。譬如宋代的王安石和司马光这一对誓不两立的政敌，他们对孟尝君养士的不屑就多有一致之处。王安石写有《读孟尝君传》称“世皆称孟尝君能得士，士以故归之，而卒赖其力以脱于虎豹之秦。嗟呼！孟尝君特鸡鸣狗盗之雄耳，岂足以言得士？不然，擅齐之强，得一士焉，宜可以南面而制秦，尚何取鸡鸣狗盗之力哉？夫鸡鸣狗盗之出其门，此士之所以不至也”。司马光则在《资治通鉴》中评价道：“今孟尝君之养士也，不恤智愚，不择臧否，盗其君之禄，以立私党，张虚誉，上以侮其君，下以蠹其民，是奸人之雄也，乌足尚哉！”这两人看问题的角度不同，一个人认为孟尝君的养士不足以立功，另一个人认为孟尝君的养士不足以立德，但对孟尝君都没有好感是肯定的。

他们的这些看法，很有代表性，影响也很广，但并非就不存在可供商榷之处。王安石说孟尝君所得皆非真正之士，所以擅齐之强而不能南面制秦，这话有失公允。孟尝君曾合山东五国以伐秦，使得秦不得已而求和，这是史有明证的，怎见得就不能制秦呢？再退一步说，即便孟尝君所得为真正之士，齐能否胜于秦的最终决定权，恐怕还是取决于齐王而非孟尝君吧？以孟尝君的强势，齐王想要免其职也不过是一句话的事，可想而知在当时的背景下，孟尝君在齐能够发挥的作用多么有限。

司马光说孟尝君养士，不恤智愚，不择臧否，是没有选择标准的滥收并蓄，笔者估计他所说的标准当是其自己心目中的标准，且是以后世儒家教条为参照拟出的，应该和孟尝君及其所处的时代关系不大。《战国策》记载，孟尝君曾经认为部分门客的表现不合乎自己的要求，而想要赶走他们，鲁连知道后就劝他说：“错木据水，则猿猕不若鱼鳖；历险乘危，则骐骥不如狐狸。曹沫之奋三尺之剑，一军不能当；使曹沫释其三尺之剑，而操铫耨与农夫居垄亩之中，则不若农夫。故物舍其所长，之其所短，尧亦有所不及矣。今使人而不能，则谓之不肖；教人而不能，则谓之拙。拙则罢之，不肖则弃之，使人有弃逐，不相与处，而来害相报者，岂非世之立教首也哉！”孟尝君认为他的意见很有道理，便不再驱逐宾客，而是转向如何用人之长而弃人之短，所以才有了后来宾客中有暗恋其夫人者，孟尝君也不以为忤，反将其荐于卫国国君的轶事。这说明孟尝君养士是有自己的标准的，其养的目的就是为了用，只要人有一技之长，便可养而蓄之。今人不过是因为“鸡鸣狗盗”这类事情更有传奇色彩，易于吸引人的眼球，所以未免以偏概全低估了孟尝君的智商罢了。其实孟尝君门客三千，杰出优异之士又怎么会少了呢？像本文中的冯谖不就是一个很好的例证吗？

最后，我们要说的是孟尝君和齐王之间的纷争。相对于养士，孟尝君最受人非议的还是他的敢于挑战王权，他不但与秦王斗，合纵诸侯而西击函谷，而且还与齐王斗，联络天下让齐国差点灭亡。如果说前者尚有些许赞扬之声的话，那后者就令历来接受儒家正统教育者，完全无法理解和容忍了。史书记载，孟尝君从秦国逃回后，曾经联络韩、魏攻入函谷关，迫使秦昭襄王割地求和，大长了山东诸国的威风。但这样一桩出彩的事，后人也有不同声音，有人认为当时三国联军势如破竹，完全可以沉重打击秦国，甚至消灭秦国改写历史，只是由于孟尝君私心太重，受了韩庆的蛊惑，试图示好于秦而换得楚国割让下东国来壮大自己的封邑，才使得联军功败垂成，由此可见孟尝君所谓讨伐虎狼之秦，名为公义，实则不过是他了结私人恩怨的借口，其人品确实不值一哂。

与之相比，大家更普遍认为孟尝君在国内政治斗争中的表现，非常令人不齿。齐湣王时期，齐国发生了田甲劫王事件，孟尝君遭受谋反嫌疑，虽然得到洗清，但从此不受重用而不得不告老回到自己的封邑。为了图谋东山再起，他竟派人游说秦穰侯魏冉以兵伐齐，承诺“齐破，文请以所得封君”，结果秦真的出兵伐齐，他的政敌齐相吕礼被迫出逃。孟尝君的这种卖国以自重的行径深深激怒了齐王，于是齐王决心除掉他。孟尝君得到消息后，便跑到魏国避难。在魏国，魏昭王为了表示自己对孟尝君的器重，驱除了自己姬妾中的齐女，隆重地以之为相，使其“西合于秦、赵，与燕共伐破齐。齐湣王亡在莒，遂死焉”，这便是历史上有名的差点让齐亡国的乐毅伐齐事件。在这场战役中，以孟尝君为相的魏国虽然只是协从者，但孟尝君的恶名还是因之而传满天下，当时就有人斥责他的行为是“轻忘其薛，不顾先君之丘墓”。当齐湣王的儿子齐襄王在田单等的辅佐下，好不容易复国后，孟尝君已无意回齐，竟据薛地“中立于诸侯，无所属”，一度成为真正独立的小国，使得齐王也无可奈何，只能“与连和，复亲薛公”而了事。他的这种行为的确令人惊诧，当然也就难怪后人给予其恶评了。

遍观战国时代，封君和王权之间发生矛盾的并不鲜见，但绝大多数都是以封君的失败或顺从王权而告终的，如商鞅、魏冉以及春申君黄歇等，虽然受宠时权倾天下，可一旦失宠，结局就只能是灰溜溜地回到封邑，甚至性命不保。而孟尝君则不然，他从未屈服于秦王、齐王，在封君独立化道路上走得最远，王权在其面前也只有黯然失色。终孟尝君一生，在各种各样的政治斗争中，无论是和其父亲，还是和秦王、齐王以及其他政敌相持，他都笑到了最后，这也堪称是殊为难得。自太史公以来，世人多讥刺孟尝君“好客自喜”，为了维护自己的尊严和权势，可以不择手段，甚至对祖国也反眼不识。对于他的这种汲汲于营私的做派，我们固然应持批评态度，可是如若放到当时的特定历史环境下去看，似乎也无须过分责求，甚或要对他“人在江湖，身不由己”的苦衷有几分谅解才是。

首先，战国时代，本身就是无信义可言的弱肉强食时代，“弃仁义而用诈谲”，乃是一种普遍现象，我们何必苛责于孟尝君一人！其次，无论是哪场政治斗争中，从历史资料来看，孟尝君总是被动迎战者，在其父亲面前是这样，在秦王、齐王面前也是如此，他若不还手，便只有死路一条，既然是你死我活的争斗，又有什么讲仁义的前提和必要呢？再次，孟尝君倾尽家财来养士，表面上看繁华热闹，可落实到自己身上，也不过是衣食车马，无贵贱一与己同而已。费了如许大的周折，究其目的，最大的追求不过是要求得一善终，想想这中间的反差，我们就算原谅他一些应该也不为过吧！况且田氏代齐，也不是什么名正言顺之事，齐湣王的昏聩更是有目共睹的，齐国即使因之而亡国，也是报应，又有什么值得愤慨呢？

总而言之，历史就是历史，无论如何优秀的人物，其生活方式和思维方法，都不可能脱离具体的时代背景而存在，我们可以从前人的事迹中追寻今日行事的得失，却不可反过头来教训和指点前人应该如何去做，这将是我们接下来解读《冯谖客孟尝君》要依据的重要原则。

三、弹铗三赠三报还

和前篇《颜斶说齐王》中的颜斶有些相类，冯谖虽然在战国时代不过是个小人物，但在《冯谖客孟尝君》这篇文章中却是当之无愧的大主角。我们阅读此文，欲分享的便主要是此人的机谋与智慧。

这篇文章在起首便交待了冯谖的身份，说他是个落魄的士子，因为不事稼穑，已经穷困到了几乎不能养活自己的地步，所以只好请人求告孟尝君，声称自己愿意投到他的门下做个食客。尽管在介绍人那里孟尝君并没有弄清楚冯谖有何特长和才干，但还是在连面也没有见的情况下，就答应接纳了冯谖。

今人读至此处，对于冯谖的不能自食其力、为斗米而折腰，并自愿去做权贵门下的食客，可能多有认为其是有辱士林名声之举，肯定为时人所不屑，因此对于孟尝君的大度收留，也认为估计应是碍于介绍人的情面，出于怜悯和同情，满满的都是施恩于人做慈善的味道。对于此种看法，笔者认为，那或许正是我们站在今天的立场上，去想象古人而造成的一种误解，很有必要加以申辩。

我们在前面说过，战国时代的士，早已不再是社会上的一个什么贵族等级，更无可能还像春秋时期或者更前时期那样，拥有一定的"食田"，禄足以代其耕，大可不劳而食，因此清贫几乎就是战国时代士人最为突出的特征。但是他们宁愿忍饥挨饿也要保持不参加体力劳动，并不见得就会被人视为迂腐或无耻，说不定还会因此而更受整个社会的关注和尊重。因为在宗法制度下的中国社会，从事体力劳动，是小人贱业的标志，作为士，按照传统怎么说也属于社会的上流阶层，如果要放下身段亲事农耕，那才会被人耻笑，会被人认为是自甘堕落。我们之所以做出这样的推断，那是有事实作为依据的，譬如《论语》中就有这样的记载。在这本记录圣人言论的书籍中，其中的《子路》篇就曾提道："樊迟请学稼，子曰：'吾不如老农。'请学为圃，曰：'吾不如老圃。'樊迟出，子曰：'小人哉，樊须也！上好礼，则民莫敢不敬；上好义，则民莫敢不服；上好信，则民莫敢不用情。夫如是，则四方之民襁负其子而至矣，焉用稼？"很明显，孔圣人对樊迟欲从事稼穑之事的行为是持批评不满态度的。连引导世人舆论的大圣大贤都持这样的看法，由此可见，在当时人的心目中，士人因清贫而投靠权贵，不仅不是什么丑事，而且非常正当，因为这至少说明一个士人还是想去做他分内的事的，而非不务正业。

反过来，我们再说权贵们的这个层面，按照当时的情况，我们认为，对于有门客来投，他们估计应该也是求之不得的，至少也不会认为自己收养门客是慈善事业。战国时代的大环境是，出于大国争霸、贵族争权的政治需要，整个社会对智能、知识的需求在急剧增长，各大诸侯和权臣们受到利益机制的驱使，不得不"尚贤""使能"而争相招揽士人以为己用。在这样的背景下，门下能够养士数量的多少，已经成为权贵们社会地位高低和权柄轻重的一种重要外在象征，试想，处于此情此景，权贵们又有谁还会将主动来投的士人拒之门外呢？

从上述分析可知，在战国时代，具有文化知识的士人们，由于不能从事稼穑，迫于生活现状压力，有着寄食权贵以养身的强烈需求和舆论支撑，而另一方面，作为权贵阶层，也迫切需要有人来帮助自己攫取各种利益，于是供需双方诉求的有机结合，遂使社会出现了养士的潮流。俗话说“兴啥啥不丑”，既然权贵以养士而自重，那么士者当然也要以被养而为荣了，所以冯谖主动请求成为孟尝君门下的食客，乃是当时一件很时髦的事情，双方均应感到脸上有光才对，谁也不可能因之有轻贱或施赠的想法和念头。至于孟尝君未曾见面，就安排接纳了冯谖，则更说明养士就是一种时尚，无须繁文缛节，哪里会是有意轻慢？况且愿做孟尝君门下食客的有数千之众，孟尝君又如何可能个个都见得到呢？

一番题外话后，让我们回到文章，继续来看冯谖的具体表现。

由于介绍人向孟尝君推荐冯谖时言语含糊，所以冯谖成为孟尝君门下食客之初，只是被当做普通士人对待，能够给其供给的食物也比较粗劣。对于这种待遇，冯谖是心有不满的，但他没有直接提出来，而是采用了一种很特别的方法来表达自己的意见。文中说，他在孟尝君的府上住了一段时间后，就开始依柱弹剑而歌，歌词很简单，就是一句话反复咏叹：“长长的剑柄啊，随我归去吧！餐无鱼吃啥。”冯谖的这种反常举止，很快就被传到了孟尝君那里，孟尝君知道后，觉得这人挺有意思，就安排给府上的仆役们说：“可以提高他的供应标准，比照相应级别门客的饮食，让他餐餐有鱼。”

自伙食改善后，冯谖就不唱歌了，但没持续多长时间，他又弹起剑柄唱出了声，只是歌词有了改动，内容变成了：“长长的剑柄啊，随我归去吧！出外没车驾。”孟尝君府上的仆役们见他如此滑稽，就纷纷将之当做笑柄来议论，结果又传到了孟尝君的耳中，孟尝君于是说：“就按他的要求，比照相应门客的标准，可以给他配车。”这样一来，冯谖在孟尝君府中的地位陡然变得重要起来，冯谖个人也非常激动，感到倍儿有面子，于是就驾着车子，携着长剑，到朋友家走访炫耀，声称：“你们看，孟尝君是把我当成上宾对待啊！”

冯谖别出心裁地获得了如此高的待遇，让孟尝君府上的门客、仆役无不惊讶、感叹，心中难免酸溜溜的，又羡又恨。但更让他们想不到的是，冯谖的要求并没有因此而止步，过了一阵，当冯谖的兴奋劲下去后，他竟再次弹起了剑柄，唱出了新的更高要求：“长长的剑柄啊，随我归去吧！没法照顾家。”这次他终于将众人都激怒了，大家无不认为他贪婪、好利而不知足，因此争先恐后向孟尝君进行汇报，要求对其给予惩罚。孟尝君听后，表现很平静，反而向大家询问：“这位冯先生家里还有什么亲人吗？”有了解情况的门客回答说：“听说他还有个老母亲。”孟尝君点点头，不但没有处罚和赶走冯谖，反而派人立即供给冯母吃穿用度，要求保证不能有所短缺。从那以后，冯谖便再也没有弹剑高歌了。

古往今来阅读此文者，看完弹铗作歌，多对孟尝君无限景慕，深恨自己没有生在战国时代，错过了这样一位明主，而对作者意欲描摹的主角冯谖之智谋，却常常做了选择性的忽略不见。揣摩这其中的原因，大概是因为读书人中清贫者居多，但又长期受到耻于言利的教育，为人做事时，为了求得一点公正的待遇，常常受尽了苦恼，所以才要借他人杯中之酒，来浇自家胸中块垒。特别是《古文观止》的编选者吴氏叔侄，读到此处，还加评作结说“冯谖既云无好、无能，所责望于人者，较有好、有能者倍之，大是奇事，孟尝亦以为奇，即姑应，实非有意加厚冯谖也”，孟尝君不是要有意加厚于冯谖，就有如此之气魄，这岂不让如今听惯了一提待遇领导就说“研究研究”的我们，更加心驰神往吗？吴氏叔侄在本文总评时，还再次咏叹“三番弹铗，想见豪士一时沦落，胸中块垒勃不自禁”，可见天下读书人为了一点衣食住行，个中饱含辛酸原是共识！

然而，本文的作者，在此极力渲染冯谖的三弹剑铗，明面上看是以冯谖要求之奇，衬托孟尝君养士的慷慨大度，暗地里却是在徐徐展露冯谖的才干与智谋，为接下来的“焚券市义”和“经营三窟”做铺垫，从而让文章有机地联成一体。冯谖不满于个人的待遇，既没有直接提出来，也没有一次都说完，其中的心思缜密和步步为营，不能不令人叹为观止。首先，从表达方式上看，冯谖以弹铗作歌为载体，借他人之口，传心腹之事，可谓一举两得，一是获得了待遇之争中的主动权，维护了自己作为士人的尊严，二是利用众人的好奇心理，吸引了大家的眼球，造成了轰动效应，借以引起了孟尝君的关注。其次，从诉求内容上看，冯谖的要求由易及难，并且总有一些间隔，既能巩固已得成果，又为新的诉求预留了评估空间，从而保证了自己每一步目标的顺利实现。由孟尝君的每次答复意见，我们可以看到，冯谖提出的要求非常有水准：都是已有不少食客在享受着的待遇，均在孟尝君认为合理的范围之内。冯谖能够提出来这样的要求，应是将自己和相应的食客，在各方面都经过一番比较的结果，正是因为心中有不逊于人的底气，所以才敢步步升级。另外，他肯定也预留了如果孟尝君有所不满，就与人一较高下的准备，所以每次弹铗作歌之初，就已是胜珠在握了。

但出乎意料的是，孟尝君一直没有亲试其才能与待遇是否相符，这就让冯谖的心情，难免像被压制了的弹簧，跃跃欲试，希望有机会来证明自己，于是故事便自然而然引渡到了下文。

这天，孟尝君突然在府中传谕了一张文告，大意是向家中供养的众门客征询：诸位中有无熟悉会计的，谁愿替我到薛邑去收债？孟尝君贵为封君，名下食邑万户，除了田赋收入外，每年还会向封地内的民众通过放贷钱财来获得一些利息收入，由于涉及户数多，项目杂，钱粮数额巨大，在算术方面没有一些天赋，是办不好这种事情的。尽管如此，孟尝君拥有薛邑也不是一年两年了，收赋收债当然也不是当年才有的事，按照常理，正应该安排旧年老手驾轻就熟直接去做才是，如此方能收到事半功倍之效，为什么还要特别发布文告征聘收债之人呢？想来当是收债不同于收赋，一是欠债者难缠，是是非非太多，收债难免出力不讨好；二是放债这事和孟尝君的轻财好施连在一起，不免让人感觉有些别扭，谁去收债都会有类似的心理阴影；三是士子们虽然出身清贫，但对钱总是敬而远之，以示洁身自好，所以愿做这种事的人当是不多的。再加上《史记》上也有记载，魏子代孟尝君收赋，曾因“三反而不致一入”而被逐，可以想见，若欲安排收债，食客之间定是相互推诿，应者寥寥的，故而孟尝君不得不靠发文告来解决。

然而，就在大家纷纷躲避这一差使的时候，冯谖却将之当成了一个机会，并率先在征询文告上署了自己的名字，声称自己愿意去做这件事。大家见有人出头，当然乐见其成，于是就将他的名字呈报给了孟尝君。

按当时的情形估计，孟尝君可能每年都会因收债一事而愁，虽然心中有着合适人选，但却不好意思面命。这次，就在其正捉摸如何说动理想人选时，忽然听说有门客主动站了出来，不由一喜，但看了名字后，并非其心中人选，就又是一惊，于是问道：“这位先生是谁呀？名字如此陌生！”

孟尝君的左右侍从人等见问，便回答说：“就是我们府上过去唱‘长铗归来’的那个人啊！”孟尝君笑道：“没想到这位客人果然是有才干的，我对不起他了，一直还没会过他的面，快把他请来吧！”

孟尝君见到了冯谖，就急忙赔礼说："真是太对不起了，先生！我琐事缠身精疲力尽，忧虑挂心头昏脑胀，个性懦弱生来笨拙，埋头于国家的事务中，这么长时间也没能和先生一叙。先生不见怪我，竟有意想为我到薛邑去收债吗？"冯谖没有多说，就两个字："愿意。"

孟尝君大喜，于是便命人套马备车，整理行装，让冯谖带上债券契约准备启程。冯谖辞别孟尝君时，好像突然想起了什么事，就又特意向孟尝君说："君上，这批债收完后，您需要我买些什么带回来吗？"孟尝君也没感到家中缺少什么，就随口答道："你看着办吧！家里缺少啥就买些。"

于是冯谖赶着马车到了薛邑，下车伊始就让办事人员把该还债的乡民们都召集起来核对债券。在凭证全部勘对过后，冯谖站了起来，假传孟尝君的命令把欠的债务全部赏赐给众乡民，然后就当众把他们的债券烧了，乡民们没有想到有这样的好事，于是纷纷高呼万岁，感激之情溢于言表。

冯谖一路马不停蹄回到齐都，一大早就来求见孟尝君。孟尝君奇怪他来去如此之快，就急忙穿戴好衣冠接见他，并问："债收完了吗？为什么回来得这么快啊？"

"收完了。"

"买些什么回来了？"

冯谖说："君上行前曾交待我视家中缺少的东西购买。我暗自考虑，您宫中珍宝成堆，宫外狗马满圈，堂下美人都站满了。您家里缺少的就是义罢了。因此我自作主张为您买了义而归。”

孟尝君一下愣住了，说：“买义？这是怎么回事？”

冯谖说：“现在您的封地只有小小的薛邑，而您却不把那里的乡民当子女般抚爱，相反还要用商人的手段取利于民，这很危险啊！因此我就私自假托您的命令，把欠债赏赐给了乡民们，并把债券都烧了，乡民争相欢呼万岁。这就是我为您买的义。”

孟尝君听了这话，非常不高兴，但事已至此，发脾气也没用，传出去了反而会遗人笑柄，再想想，这笔钱有它不多，无它也不少，于是就淡淡地说：“先生算了吧，我可算是领教你收债的本领了！”

从文中内容来看，冯谖的焚券市义决非临时起兴，而是早有所谋。吴氏叔侄在点评冯谖辞别孟尝君的一席话时，特意交待说是“问则有意，答则无心”，真是一语中的。俗话说：“人以国士待我，我以国士报人”，虽然在孟尝君眼里，满足冯谖的食有鱼、出有车、可奉养于家，只不过是举手之劳，但对于“贫乏不能自存”的冯谖来说，则不亚于恩同再造，因此在冯谖的心目中，不用任何人提点，只要是事关孟尝君的忧乐，冯谖都绝对会竭力为之的。正如其所言，孟尝君“有区区之薛，不拊爱其子民，因而贾利之”，这可是处于鼎盛之中的孟尝君不能觉察或疏忽了的巨大潜在危险。冯谖既已凭借自己的敏锐直觉认识到了这一点，肯定是看在眼里而急在心中，所以他才会在众人推诿之际自告奋勇前去收债。当他打定主意要焚券市义时，有魏子的先例在，想来他不会没有考虑到自己可能也有被逐甚至被杀的后果，但他仍是义无反顾的那样做了，说明他是业已抱定了“士为知己者死”的决心，只要对孟尝君有利，自己即使被人误解而死也不足惜。还好，事情并没有其想象的那么糟，孟尝君虽然对冯谖的做法不赞同显得不高兴，但也没有其他的处罚措施，只是斥退了事。后人读至此处，常常称叹于孟尝君的心胸开阔，孰不知，他的这一举动也正是在挽救自己而非别人，若是其一怒为了钱财逐走或是杀了冯谖，那么他的人生辉煌恐怕也要紧接着戛然而止了。因为接下来发生的事情，很快就应验了冯谖的先见之明。

就在焚券市义这件事过去的一年之后，齐国政坛发生了重大变化，齐宣王驾崩，新君齐湣王成了齐国领袖。这位君主对孟尝君的声望、权势都很反感，于是对他说：“我不敢使用先王的臣子做臣子。”言下之意，就是要孟尝君交出相权，离开朝廷。这天下是人家齐王的天下，人家不愿用你了，你再有本领又能如何？于是孟尝君只好到收拾行装，返回自己的封邑薛地，心中的落寞可想而知。

然而，当孟尝君的车驾离薛邑还有百里之远时，动人的一幕出现了。薛地的乡民们扶老携幼，箪食壶浆，纷纷或跪或站于路旁，前来迎接孟尝君。原来大家听说恩人罢职而归，为了表示对他的支持，不约而同都早早来到路旁候他。这样的情形，孟尝君走了一天也没有看到尽头，于是孟尝君回头对冯谖说：“先生为我买的义，今天终于看到了。”

冯谖听了孟尝君的话，并无得意之色，反而说："君上不能太知足了。狡猾的兔子有三个洞穴，也不过免于一死罢了。现在您只有薛邑这一个地方栖身，还不能高枕无忧睡大觉。请让我为您再营造两个安身立命的依靠。"接下来冯谖向孟尝君汇报了自己的计划，孟尝君就给了他五十套车马，五百斤黄金，让他向西出访魏国。

冯谖来到魏国，面见魏王游说利害，并且声称："如今，齐国把大臣孟尝君免职赶出了国都，这可是给天下诸侯创造了一个良机，诸侯中要是谁能先迎接到他，谁就一定能国富兵强。"魏王认为冯谖所言非常有理，马上把原来的相国调任大将军，空出了相国的位置，并派了使者，带着黄金一千斤，车马一百套，去聘请孟尝君。

这时，冯谖又抢先赶着马车回来，告诫孟尝君说："千斤黄金，是隆重的礼品；百套车马，是显贵的聘问。齐王该听到这消息了，君上可一定要沉住气，千万别真得答应了魏国的请求。"孟尝君接受了冯谖的建议，尽管魏国的使者往返三次相请，孟尝君还是坚持辞谢不肯前往魏国就任。齐湣王听说了这种情况，和一帮大臣都慌了手脚，非常担心孟尝君出走他国将不利于齐，于是急忙安排太傅送来黄金一千斤，彩饰纹车二辆，马八匹，佩剑一柄，并专函向孟尝君谢罪说："我举止草率，行事鲁莽，遭到列祖列宗降下的灾祸，受到拍马奉迎者的蒙蔽，以致得罪于您。像我这样寡德之人固然不值得您来帮助，但还是希望您看在先王宗庙的份上，能够暂且回到朝廷治理万民！”

孟尝君见齐王已经服软于己，就答应了使者，重新担任了齐相。这时候冯谖又告诫孟尝君说：“希望君上能够趁此机会，向齐王求得先王的祭器，在薛邑建立宗庙。这样当你退守薛邑时，便不会受到齐王的征伐，一旦有事，齐王也不能不救。”孟尝君对此高度赞同，于是宗庙很快在薛邑顺利建成，到了这时，冯谖才终于松了一口气，回报孟尝君说：“君上，三个洞穴均已凿好，在齐、在魏、在薛，您就从此高枕而卧，享受安乐吧！”

文章写到这里，也进入了尾声，作者不由大发感慨地说：孟尝君做相国几十年，竟没有遭受一丝半点祸殃，这都是冯谖的计谋啊。客观地说，作者的这种理解，可能是有些夸大了冯谖的作用。而且参照《史记》的说法，冯谖和孟尝君之间的交往也并不像作者所说的那么圆满，如太史公认为冯谖要求孟尝君养其家的愿望，孟尝君答应得就不够痛快，而冯谖焚券，孟尝君也曾怒而相招，但故事大体主旨应该还算真实，无论孟尝君罢相后，齐的压力是来自于秦，还是来自于魏，总之孟尝君能复相，冯谖发挥的作用都是最突出的。由是，我们对孟尝君的倾心养士，也就不能不出言一问：和孟尝君的弹铗三赠相比，冯谖报之以智凿三窟，这两者之间又是孰轻孰重呢？会心者怕是要为之一笑吧！

四、风险管理大有益

读完《冯谖客孟尝君》，能够让人有所感悟之处颇多，但若说最令人难忘的，则应首推冯谖在相关事件中表现出的那种风险管理意识。看他无论是为己还是为人谋事，总是力求自身先立于不败之地，这份智慧可说是殊为难得。古往今来，成就大功业者，如诸葛亮、曾国藩等莫不受益于此，作为一名企业中的职业经理人，我们所面临的经营环境无时无刻不充满变数，相较之下，当然更应牢固树立风险意识了。

所谓风险管理，实际就是未见其成先虑其败，以便将可能出现的损失降到最低限度的一种思维方法与解决问题的过程。兴起于西方的管理学，本照实证主义的态度，约在 20 世纪 50 年代，就将其发展为了一门独立的管理学科分支，从此风靡全球。

在 20 世纪 30 年代，由于受到 1929—1933 年的世界性经济危机的影响，美国约有 40% 左右的银行和企业破产，经济倒退了约 20 年。恶劣的经营环境，使得企业无不忧心重重，谁也无法想象自己的明天会不会就突然破产崩溃，悲观消极的气氛充斥弥漫。然而为了生存，企业又不能不冒险开工经营，在这种背景下，为了应对经营上随时可能发生的各种危机，许多大中型企业都在内部设立了保险管理部门，负责安排企业的各种保险项目，于是乎专门研究风险应对科学方法的管理队伍开始出现，久而久之，风险管理在企业管理中便成为了一个独立的领域。

考察西方风险管理学的产生缘起，结合《冯谖客孟尝君》所记述的故事，我们不难看到，就战国时期的那个时代环境而言，风险管理作为一门学科，完全是有可能提前西方二千余年诞生于中国的。遗憾的是，我们的祖先总是将这种自发体现出来的风险意识，仅仅视为一种智慧闪烁的光芒，充作茶余饭后的消遣性谈资，而不肯以实证主义的态度，花些工夫来研究其内在可复制的规律性的东西，从而使偶然性的事件上升至必然性的阶段上来，于是许多带有现代科学萌芽性质的案例，就这样慢慢湮没在了历史的故纸堆中，这不能不说是中华文明的一大悲哀。

事实上，直到今天，我们阅读中国古典文献，还总是抱着一种猎奇的心理或者文化消费的心态，很少有科学研究态度的；与之相对，当我们学习西方传入的各类学科时，又以一种完全盲从的方式，信奉于他们的结论，却有意无意忽略了他们的研究方法，结果就出现了中西两种文化的对立，反而割裂了中华民族的族群意识，这可能是我们当下学习所不得不面对的一个重要问题。

对于这个问题，自清末洋务运动以来，中国的有志之士就一直在孜孜不倦的探索，他们提出的解决方案，归结为一句话，就是“中学为体，西学为用”。总体来看，这个带有原则性的指导思想是不错的，但如何才能实现，我们认为还总是有些过于笼统的，也就是说，目标已经很明确了，只是路径还不清晰。

因为路径的模糊，百余年来，我们不免又吃了不少苦头，成效仍然不是那么显著，尤其是在社会科学的领域。近些年来，中国由于在自然科学领域，完全接受了西方的研究方法和学术成果，获得了较为长足的进步，这种经验使得社科领域也逐渐出现了全盘西化的思潮，认为中国新生的途径在于不破不立，没有勇气完全摈弃过去的文化传统，就不可能使中华民族成为一个现代的族群，迎头与其他民族并行于今日之世界。

持上述观点的学者或群体，从其用心和动机而言，当然是好的，但其违背学术研究客观规律的事实也是很明显的。我们知道，自然科学所研究的对象，是人类赖以生存的自然界，在这一点上，东西方差别是不大的，而中国的学术短板也正在对自然界关注的缺乏上，所以中国的自然科学知识积累应该说是非常原始和不系统的，接受西方的学术体系，并以之为基础发展自己，当然也不会有什么问题。但社会科学领域的研究对象是人类社会，如果也完全照搬照抄西方理论，并以之为原点谋求发展自己，就难免有削足适履之嫌了。首先，和自然界相比，人类社会形成的历史是短暂的，这个短暂性也说明，人类社会作为研究对象，其稳定性要逊于自然界，一个时期归纳出来的共性认识，或许对于那个时期是对的，但可能并不代表就能适用于人类发展的其他时期；其次，人类社会不同族群的形成与发展，是各有其独特背景和方式的，各个群体之间的差异性还是很大的，这种差异性说明，如果立足于某一群体得出的研究结论，完全有可能并不适用于其他群体；再次，人类与其他物种的区别，在于人是有意识的，而意识则是对其接触的外界事物的印象与加工，且其上升到理性高度时，能够成为遗传基因的组成部分自动流传，这就决定了不同族群思维方式的差异和惯性，如果无视这一差异或惯性，那么无论多么优秀的理论都可能会无用武之地。正是由于存在着上述的区别，所以，我们又怎么可能用适应于一种特定对象的社科理论作为不变的真理，完全指导另一研究对象的行为呢？因此即便粗浅去想，我们也是能够明了社科理论完全西化是不可行的。

具体来说，中国人在社科领域的学术研究中，其所擅长的，实际在于其管理思想认识的精准与简洁，但在具体行动方法上又往往粗疏而迂阔，所以有“知之非艰、行之唯艰”的感慨；而西方在社科领域的学术研究，其所困惑的常常是指导思想探讨的浑沌与晦涩，但在具体行动方法上精细而明晰，所以有“知之唯艰，行之则易”的呼吁。这两种理论体系，说白了就是对于人类社会的认识，在知行观上存在“繁与简”的差异，其产生原因自然是源于各自文明存在时间长短的不同，以及文明赖以存在的自然条件对于人类认识活动的限制。以中国为代表的东方文明，延续周期长，积累了大量人类长期活动的共识，并成为文化基因代代遗传，许多西方文明中认为费解的理论困惑，对于中华文明而言，则往往是自然而然的事情；以欧美为代表的西方文明，存在周期短，但人类生活的自然条件相对优越，不需要像东方国家那样需要通过艰辛的农耕来获取生活资料，所以反而有时间将现实活动的每个细节琢磨深化，进而比较优劣。

事知其弊，就应对症下药。考察了中西学术的渊源和所长，我们将不难发现，原来任何管理活动都存在着指导思想和行动方法两个层面，中国的学术胜在了管理思想简洁明了，西方的学术则在行动方法上细腻具体，更有操作性。这对我们的启发意义就在于，凡做事，考虑问题应当举重若轻，指导思想的理论陈述，当然是越简单就越易被理解接受，但要付诸实际行动，就要刚好反过来，必须举轻若重，对于每个步骤都要尽量细化和详尽列出可能出现情况的应对方法，唯有如此，才能达到预期效果，真正发挥出理论的价值和作用。我想，这恐怕才是我们常常所说的“中学为体，西学为用”的真实本义吧！

按照这种思路，我们再来读《冯谖客孟尝君》，便会发现它的确是一篇成功的风险管理案例，对于我们立足于本土背景学习和掌握风险管理大有裨益。

对于为什么应重视和强化风险管理工作，西方的学术论证非常繁杂，不宜让人理解，而我们的老祖宗，就像冯谖说得那样，一个“狡兔三窟”的比喻便解释了一切。不过如何营造三窟，回避风险，在我们传统的国学理论中则是找不到相应的规律性总结的，能否掌握，就全看个体的悟性和运气了。而这个短板，则刚好是西方学术所长。西方管理学认为，所谓风险管理，就是社会组织或者个人，通过风险识别、风险估测、风险评价，并在此基础上选择与优化组合各种风险管理技术，对风险实施有效控制和妥善处理风险所致损失的后果，从而以最小的成本收获最大的安全保障。如果我们根据这个定义给出的操作流程，结合本文给出的成功案例加以复盘，便会发现要做好风险管理工作，实际上还是有规律可循的，并没有多么复杂。

西方的风险管理学告诉我们，成功的风险管理活动，均需要通过以下流程来实现，即风险识别、风险估测、风险评价、选择风险管理技术和评估风险管理效果等，而冯谖能够成功令孟尝君摆脱人生危机，实质上也正是全面履行了这一流程的结果。

首先，冯谖出于报答孟尝君知遇之恩的动机，设身处地对孟尝君可能会遇到的人生危机进行了分析识别。孟尝君的富贵，对于齐王的态度有着很大的依赖性，获得齐宣王的器重，既是孟尝君的成功所在，也是他的危机根源。因为以色事人者，尚且色衰而爱弛，何况其他！接着，作为一名旁观者，冯谖不能不考虑一旦齐宣王这边发生了变故，将会对孟尝君造成什么样的影响。从风险估测的角度看，这种影响当然是以负面的居多，甚至是要多坏就有多坏，因为在那个时代，这样的事情屡见不鲜，商鞅、李悝、吴起等等那些权重一时的人物，在君主更换后的下场，均是前车之鉴。有了这样一个风险估测，冯谖就要对其进行全面评价，分析其后果，会影响到哪些人的利益，并判断其中可以藉以凭借的地方，然后设计相应的风险规避技术。最后，他的结论出台，从重到轻，依次划出了三条保障线，分别是巩固封地人望、联络友邦声援和让齐王投鼠忌器。计划出台后，冯谖在具体实施时，便先从最难实现和最不易被人察觉的地方入手，于是有了焚券市义，接着在危机发生后，则采取了出使魏国和建宗庙于薛的举措，终于使孟尝君成功摆脱了危机。这一风险管理的过程，从直接投入角度看，实际就是在孟尝君极盛时期牺牲了一部分封地债权收入而已，而其换来的结果则是孟尝君在齐国的权势更重，从效果来看，当然也是符合以最小的成本收获最大安全保障这一初衷的。这一结果从实际效用上完全印证了风险管理的必要性及其意义所在，对于推行风险管理者来说，自然便是一个事实胜于雄辩的理想案例了。

受制于未来的不可知性，无论人类从事任何活动，风险总是客观存在的，尤其是市场经济条件下的企业生产经营活动，不夸张地说，时刻都面临着内部或外部这样或那样的风险，影响着企业各个层次目标的实现。因此作为一名企业管理者，就必须了解风险管理、做好风险管理，这既是前人智慧的结晶，也是企业的生存之道。在读了《冯谖客孟尝君》一文之后，如果我们仍不能意识到这一问题，那将会是一件憾事，但若认为学了此文，便已完全掌握了风险管理的内涵，那也未免有些固步自封。事实上，风险管理作为一个独立管理系统，并成为一门新兴学科，仅在企业领域，其内容也是相当广泛的，要想登堂入室，其实还需有更多的路要走、更多的精力来付出。譬如企业生产经营活动中的风险该如何分类；一旦发生风险，管控活动要达什么样的损前目标、损后目标；要提高风险管理意识，企业应建立什么样的运行机制；为了管理风险，企业可以采取的技术手段如何选择组合等等，这些不仅需要我们借鉴他人的经验和教训，也需要我们每个从业者在具体实践中去感悟总结和积累。总之，学无止境，学海无涯，如若一堆故纸，对于广大职业经理人的风险管理意识觉醒，能够起到抛砖引玉的功效，那么也就不枉开卷有益这四个字了。

附录：《冯谖客孟尝君》

齐人有冯谖者，贫乏不能自存，使人属孟尝君，愿寄食门下。孟尝君曰："客何好？"曰："客无好也。"曰："客何能？"曰："客无能也。"孟尝君笑而受之曰："诺。"

左右以君贱之也，食以草具。居有顷，倚柱弹其剑，歌曰："长铗归来乎！食无鱼。"左右以告。孟尝君曰："食之，比门下之客。"居有顷，复弹其铗，歌曰："长铗归来乎！出无车。"左右皆笑之，以告。孟尝君曰："为之驾，比门下之车客。"于是乘其车，揭其剑，过其友曰："孟尝君客我。"后有顷，复弹其剑铗，歌曰："长铗归来乎！无以为家。"左右皆恶之，以为贪而不知足。孟尝君问："冯公有亲乎？"对曰，"有老母。"孟尝君使人给其食用，无使乏。于是冯谖不复歌。

后孟尝君出记，问门下诸客："谁习计会，能为文收责于薛者乎？"冯谖署曰："能。"孟尝君怪之，曰："此谁也？"左右曰："乃歌夫'长铗归来'者也。"孟尝君笑曰："客果有能也，吾负之，未尝见也。"请而见之，谢曰："文倦于事，愦于忧，而性懧愚，沉于国家之事，开罪于先生。先生不羞，乃有意欲为收责于薛乎？"冯谖曰："愿之。"于是约车治装，载券契而行，辞曰："责毕收，以何市而反？"孟尝君曰："视吾家所寡有者。"

驱而之薛，使吏召诸民当偿者，悉来合券。券遍合，起矫命，以责赐诸民。因烧其券。民称万岁。

长驱到齐，晨而求见。孟尝君怪其疾也，衣冠而见之，曰："责毕收乎？来何疾也！"

曰："收毕矣。"

"以何市而反？"

冯谖曰："君之'视吾家所寡有者'。臣窃计，君宫中积珍宝，狗马实外厩，美人充下陈。君家所寡有者，以义耳！窃以为君市义。"

孟尝君曰："市义奈何？"

曰："今君有区区之薛，不拊爱子其民，因而贾利之。臣窃矫君命，以责赐诸民，因烧其券，民称万岁。乃臣所以为君市义也。"

孟尝君不悦，曰："诺，先生休矣！"

后期年，齐王谓孟尝君曰："寡人不敢以先王之臣为臣。"孟尝君就国于薛，未至百里，民扶老携幼，迎君道中。孟尝君顾谓冯谖："先生所为文市义者，乃今日见之。"

冯谖曰："狡兔有三窟，仅得免其死耳；今君有一窟，未得高枕而卧也。请为君复凿二窟。"

孟尝君予车五十乘，金五百斤，西游于梁，谓惠王曰："齐放其大臣孟尝君于诸侯，诸侯先迎之者，富而兵强。"于是梁王虚上位，以故相为上将军，遣使者黄金千斤，车百乘，往聘孟尝君。冯谖先驱，诫孟尝君曰："千金，重币也；百乘，显使也。齐其闻之矣。"梁使三反，孟尝君固辞不往也。

齐王闻之，君臣恐惧，遣太傅赍黄金千斤、文车二驷，服剑一，封书，谢孟尝君曰："寡人不祥，被于宗庙之祟，沉于谄谀之臣，开罪于君。寡人不足为也；愿君顾先王之宗庙，姑反国统万人乎！"冯谖诫孟尝君曰："愿请先王之祭器，立宗庙于薛。"庙成，还报孟尝君曰："三窟已就，君姑高枕为乐矣。"

孟尝君为相数十年，无纤介之祸者，冯谖之计也。

第九章 《赵威后问齐使》解读

据有关学者统计，《战国策》这部以记录战国策士言行为主的史传性文学名著，总共涉及人物有六百余名，但其身份属于女性的只有22人，其中可以称为政治人物的更是凤毛麟角，秦宣后、赵威后、齐君王后则无疑是她们这个群体中当之无愧的突出代表。这三位女性，各有千秋，都给后世留下了不少令人津津乐道的传奇故事，然而，《古文观止》的编选者，却只选录了与赵威后有关的两篇文章——《赵威后问齐使》和《触龙说赵太后》列入其书，对于其他两位的事迹则基本是视而不见，充耳不闻，这就显得有些怪异了。就其影响力而论，秦宣后在秦昭襄王时代曾经执政长达三十六年（或谓四十一年），使秦武功极盛、国土急增，“东益地，弱诸侯，尝称帝于天下，天下皆西向稽首”；齐君王后在齐王建继位后，也曾主持齐国大局十六年，连司马迁都盛称“君王后贤，事秦谨，与诸侯信”，使得齐国能够免于战祸，长时间太平无事。和她们相比，赵威后真正执政赵国尚不足两年时间，而赵国在战国时代的声威，也要逊色于秦、齐不少，吴氏叔侄竟然在选文时厚此而薄彼，视宣太后和君王后于不见，而独青睐于赵威后，究竟原因何在呢？我们不妨通过解读《古文观止》所选与赵威后有关的这些文章，一解困惑。

一、情愈深时责愈切

《赵威后问齐使》，讲述的应该是齐国襄王在位末期，派遣使者来到赵国，拜望赵威后时的一番对话。不过，《古文观止》的编选者认为此事应发生于齐王建时期，并在注中说“时君王后在”。对于编者的这个判断，后世的学者大多持有异议。原因有二：一是据史书记载，赵国的惠文王先于齐国襄王（即齐王建的父亲）去世一年，赵威后执政赵国也只有两年时间就生命完结，假若此事果系齐国新王即位后发生的事件，那么此时的赵威后应该已是日薄西山，不太可能有精力接见齐使，况且齐王新旧交替之际，作为大国，也不太可能优先考虑国际关系出使赵国，反之联系《触龙说赵太后》篇看，倒是赵国应该遣使前往齐国吊贺才是。二是从本文内容来看，如果此事的确发生在齐王建已经即位、齐国由君王后执政的背景下，那么，赵威后在向齐使发问时，就不会完全不提及对君王后的问候，更不会指责一个刚刚继位的君王在用人上的失误，这于理于情都不太吻合。基于这些意见，笔者认为和吴氏叔侄的判断相比，后世学者的见解应该更为可信，所以在此界定为齐襄王末期进行叙述。至于齐襄王为什么这个时候派人来问候赵威后，文中没有交待原因，但我们不妨借助相关史料，做番揣摩了解。

这个话题还需从齐襄王的父亲湣王说起。

齐湣王田地，为人骄傲，刚愎自用，喜欢享乐且穷兵黩武，继位之初，便倚仗齐国的强大实力，插手他国内政，在位五年后，更是趁着燕国发生了子之之乱，高举对外扩张的大旗，把战火点燃到了邻邦燕国。当时秦为燕的婚姻盟国，由于相距甚远，不便出兵救燕，就派魏冉到秦的盟国赵国，请求赵国出兵帮助燕国抗击齐军。这时齐湣王也让大臣魏处来到赵国，游说赵王，意在让赵国保持中立，不出兵干预此事。结果赵国以获得齐国默许相助攻灭中山国为条件，采取了中立措施，不派兵干预齐国攻燕，从而导致燕军在权地大败，十万人马几乎全军覆没，燕国在内忧外患交织之下还差点亡国。后来由于秦、魏、赵的共同干预，燕国才得以存续安定下来。

当时的燕昭王为了向齐国报仇，一面在国内招贤纳士、厉兵秣马，另一面又不断派人到齐国从事间谍活动，以折断齐国的羽翼、拆散齐国的联盟。在燕方间谍的唆使下，野心膨胀的齐湣王被引导着将扩张的矛头对准了宋国，齐、赵的关系也在间谍的挑拨下逐渐疏远恶化，双方的同盟貌合神离已成定势。从齐湣王十三年到十五年，齐国曾牵头联合多国先后三次攻宋，最后终于一举消灭宋国，使齐国的政治、军事实力达到了顶峰。然而伐宋胜利后，齐湣王食言于对各联盟方的承诺，特别是对给他提供最有力支持的赵国，原来许诺的灭宋后割陶邑与赵相李兑之事，也绝口不提，于是齐国在国际上的信誉一落千丈，更加惹人厌憎。连年不断的战争，使齐国的人力、物力、财力几乎耗尽，再加上齐湣王不讲究对外战争和对内治理的策略，专横跋扈，已是内外树敌，这也就预示着齐湣王国破身亡的悲剧即将上演。

公元前 284 年，也即齐湣王十七年，蓄谋已久的燕昭王终于等来了复仇的一天，他联络赵、韩、魏、秦等国力量，任命乐毅为上将军，率领五国联军开始合纵攻齐，一举攻下七十余城，几乎占领了齐国全部国土，齐湣王仓惶出逃到了莒城。这时楚顷襄王派淖齿来救齐，齐湣王就任命其为相主持抗敌，孰料淖齿无心救齐，却有心与燕国瓜分齐国，因此反而杀了齐湣王。

齐国此时已经走到了灭亡的边缘，只是由于齐湣王的儿子田法章侥幸逃脱，事情才有了转机。田法章为了避祸，改名换姓在莒城太史敫家里做了佣人。太史敫的女儿觉得其状貌奇伟，认为绝非平常之人，因而很喜欢他，对他很好，经常偷来衣食给他。后来田法章就把自己的真实身份告诉了她，两人就私自成了夫妻。淖齿离开莒城后，莒城百姓和齐国逃亡的大臣会合在一起寻找齐湣王的儿子，想拥立他为君，复兴齐国。田法章害怕他们诛杀自己，很久之后才敢申明自己的身份，于是得到拥立，是为齐襄王，这个太史敫的女儿便是日后齐国历史上大大有名的君王后。

齐襄王据守莒城的第五个年头，即公元前 279 年，齐国将领田单以即墨作为基地攻破燕军，逐步收复了齐国全部失地，于是齐襄王被迎回齐国都城临淄（今山东淄博），这才成为真正意义上的齐王。

在齐襄王回到临淄之后，齐赵之间的关系仍未得到有效缓和，公元前 278 年赵惠文王命廉颇向东攻打齐国，破其一军。

公元前 276 年，又命廉颇再次伐齐，攻陷九城。公元前 274 年，赵国联合燕、周攻取了齐的昌国、高唐两城。公元前 270 年，赵惠文王再次安排蔺相如伐齐，攻至平邑。频繁的战争受损，对于齐国的发展来说，当然是个巨大的灾难性负担，改善与周边国家的关系，特别是与赵国的关系，应该说是齐国领导层出于国家安危计的重要共识。

与此同时，赵国的执政层面也在悄然发生着变化，赵相已经数易其人，对齐的敌对意识也逐渐松弛。公元前 266 年，赵国惠文王驾崩，新君赵孝成王即位，由于新君年幼，惠文王的妻子赵威后成了赵国的实际掌权者，齐国由此也终于等到了一个重新和好两国关系的契机。因此，笔者认为齐国在这个节骨眼上遣使来到赵国，面见赵威后，可能就是出于重结盟好、解除双方战争危机的目的。

言归正传，书接上文。却说那齐国使者到了赵国，面见赵威后，非常恭敬地呈上了齐王的问候书信，心中可能正在盘算如何应对赵威后看完书信后的说辞。不料这位太后拿到书信，还没有启封，却先向其问话了。她说："齐国今年的粮食收成好吗？老百姓过得怎么样？齐王的身体好吗？"

齐国的使者听了这话，显得有些不高兴。为什么不高兴，文中没有表述，依笔者揣测，应该是他没有想到赵威后对书信如此不重视，竟然抛开它和自己扯闲篇，他肚子里可能准备了不少论述两国应该友好的大道理，一下没有了用武之地，因此情绪顿时有些低落。于是他说："下臣奉齐王的使命，出使到威后这里来，现在您不问齐王对改善双边关系有何建议，反而先问年成和百姓，岂不是把贱的放在前面，把尊贵的放在后面吗？”他的这番话，实际上是在委婉地提醒赵威后，自己的使命是来传达齐王意见的，齐王的想法都在书信里呢！现在您连书信都不看，置齐王的意见于不顾，不去讨论主题，反而和我说些不相干的东西，这可是不尊重我们齐国的表现啊！

然而赵威后仿佛没有听出使者的弦外之音，或者是故意借题发挥，很快就对齐国使者的指责进行了反驳。她说：“你这种说法不对。假如没有收成，哪里有百姓？假如没有百姓，哪里有国君？因此与人交谈了解情况，有不先问根本性的东西，而问细枝末节的吗？”

赵威后说完上面的话，意犹未尽，不等齐国使者反应过来，就又进而问他说：“齐国有个处士叫钟离子，他现在还平安吗？他的为人，能使有田产的人得到食物，没田产的人也能得到食物；能使有能力种置桑麻的人有衣可穿，没能力种植桑麻的人也有衣可穿。这是帮助国君抚养老百姓的人呀，为什么到今天还不见他在位成就功业？叶阳子这人现在还平安吗？他的为人，怜悯同情那些无妻或无夫的人，顾念抚恤那些无父或无子的人，救济那些困苦贫穷的人，帮助那些缺衣少食的人，这是在帮助国君养育百姓的人，为什么到今天还不见他在位成就功业？北宫氏的女儿婴儿子现在还平安吗？她摘掉耳环等装饰品，到老不嫁，来奉养父母。这是在带领百姓尽孝心的人，为什么到今天还不让她上朝受到褒奖呢？这两个处士没有成就功业，一个孝女也不上朝受奖，君王靠什么来统治齐国，做百姓的父母呢？於陵的那个子仲还在吗？这个人做人呀，上不能对国君称臣分忧，下不能治家室兴办产业，中不愿同诸侯交往，为国家争取利益，这是带领百姓无所作为的人，为什么到今天还不杀掉他呢？”

在这里，赵威后言辞犀利，劈头盖脑地一连串发问，如长江之浪，层叠起伏，直抒胸臆，一泻千里，遥想当时齐国使者听了，定是如被雷击了一般头脑发蒙、目瞪口呆、不知所以。他们这番对话的火爆性，不由也使笔者联想到老太太被称为赵威后，是不是就和她的脾气相关？首先，在字典中，关于威的释义，一般都认为其本义，就是有力量、有势力，能够表现出使人敬畏的气魄，从对话的内容看，以之来概括赵威后这个人的性格特点，应该说是恰如其分。其次，《说文解字》指出，威是形声字，从女从戌，威者，姑也，汉律中就有“妇告威姑”的说法，意即威姑就是指妇人丈夫的母亲，法律规定身为妇人，其在家中的任何行动均应告知丈夫的母亲。今人张菁雅所著《威字的研究》，据此进一步认为，此字体现出的是中国母系氏族社会女性文化的遗迹，应该是个会意字，像是妇女手执斧钺，象征着拥有绝对权威或一家的管理权力，赵威后的身份、地位和处事风格，以及在文中的表现，与此十分吻合。再次，据《逸周书·谥法解》称，“猛以刚果曰威，猛以强果曰威，强毅信正曰威”，按照当时的社会风俗，依据这位赵太后的行迹，在其去世后，被赵国的臣属议谥为威，应当也是情理之中。

然而笔者的这种想法很快就在专家那里得到了否定。当代著名文史专家、藏书家范祥雍先生，其在1965年完稿的代表作《战国策笺证》中就已指出，“君、威古声相近通用，威后犹言君后，赵威后亦犹齐之君王后，乃当时对王后之称，非谥号也”。那个时代的女人一般是没有名字的，即便有个小名也很难载入史册，“威”既然不是赵太后的谥号，那就更不可能是名字了。范先生治学以藏书入门，涉及古文字学、音韵学、艺术史、佛教史、中西交通史、历史地理、目录版本学和古典文学等诸多领域，精于版本文献，其学问之精深，自然非我等所能望其项背，笔者的那些管窥蠡测之见所佐证的材料，先生定是熟稔于胸后才有所取舍，相比之下，我们当然是要以先生的意见为是了。这就说明赵威后如此不留情面的激烈陈辞，与她的性格无关，至少也是关系不大。

既然如此，那么我们感慨于赵威后为人的坦率爽直、不拘常规之余，想必也会有些纳闷：这位老太太为何肝火这般强盛，反应怎么如此暴烈呢？无论怎么说，齐国使者毕竟远来是客，何况又是外交场合，姑且不论她讲的内容是否属实，是否有理，如此这般不留情面直斥对方人君之非，是不是有点太过分了呢？另外，赵太后在赵国也是刚执政不久，对齐国的人事又是通过什么渠道掌握得如此详尽、具体呢？

原来，这中间确实另有隐情。通过翻阅史料，我们发现，其实这位赵太后还有另外一个身份：据冯梦龙的《东周列国志》称，她和齐国的襄王竟然是姐弟关系，齐湣王十年，为巩固齐赵同盟，才被她的父亲嫁到赵国，成为了当时赵惠文王的王后，齐国是她的父母之邦，和她有着血浓于水的亲情！俗话说“爱之深才会责之切”，有着这层渊源，就怪不得她对齐国情况如此熟悉！也怪不得她对齐国的政事如此关切，更怪不得她对齐国失政之处会如此恼火！

话说到了这个份上，我们就不免有些好奇，那么，赵太后痛加指责的齐襄王，是不是就像她所说的那样不堪呢？换句话说就是，赵太后的指责，是否属实呢？囿于历史资料的缺乏，对于文中提到的钟离子、叶阳子、婴儿子、於陵子仲等人，我们已经无法确知其生平事迹，也就无法由此判断赵太后这番话的真假，但是若从齐襄王和齐国历史知名人物田单的交往来推断，赵太后所说恐怕决非空穴来风、虚无凭借。

田单这个人，《战国策》中多有提及，汉代的史学大家司马迁在《史记》中也曾专门设有《田单列传》，想要了解他的事迹不算太难。据史载，田单本是齐国田氏王族的远房本家，在齐湣王时，所任仅为齐国首都临淄佐理市政的小官，并不被齐王重用。后来，燕国派遣大将乐毅攻破齐国时，田单率领族人退守即墨，由于他的机智和忠诚得到了即墨城中军民的普遍认可，故被推举为首领，抗击燕军。在守城期间，田单与燕军斗智斗勇，硬是以五千疲弱之众，坚守将近五年，并且最终大胜燕军，杀死了燕国的主将骑劫。此后田单率领齐军，乘着战胜的军威，一路追击燕军到黄河边上，将齐国原来沦陷的七十多座城池一一收复。此时的田单在齐国民众中的威望，如日中天，若想自立为王，不敢说是轻而易举，想来也是难度不大。然而出人意料的是，他竟主动派人到莒城迎接齐襄王回到都城临淄来主持政务，自己则甘居人下臣事齐王。

按照常理，齐襄王对于拥有田单这样一位臣下，应该充满感激信任、给予充分重用才是，但事实和我们的想象却是大相径庭。据《战国策·齐策》记载，齐襄王复国后，首先做的便是在表面上恢复其先王尊重贤士的传统，将燕军占领期间中断的稷下学宫恢复起来，借助笼络那些燕军攻来时不知所踪的文人墨客，来打击排挤以田单为代表的具有复国之功的武将们。他对田单不但一直不够信任，而且也不尊重，甚至还常将田单治国爱民之功抢来据为己有，致使田单郁郁寡欢，又担心性命不保，只好于公元前265年借出兵援助赵国抗秦的机会，胜利后滞留在赵国，任职异乡。接下来我们要读到的《触龙说赵太后》中，赵国以长安君为质所借来的齐国援兵，便是田单所率。

后人南宋学者鲍彪在注释《战国策·齐策·田单将攻狄》中，对于齐襄王和田单的相处，曾有一番总结性评价，读之令人心酸、扼腕不已。他说："单自复齐之后，唯有伐狄之战……而襄王十年，赵、燕、周取齐昌国、高唐。十三年蔺相如伐齐，至平邑。秦客卿灶暨楚，仍岁攻刚、寿。以单之在齐而丧地被兵，不闻其却战而克敌也，而一为赵用，遂以立功。意者，单功高被谗，齐襄虽为之杀谮者，所以任单，不能展尽矣？不然，则单之惧祸持怯而自晦也……田单将齐之良，横行于中十四年，终身驰于封内……然单之在赵，自二战之后，不闻他功。盖既试其端，而亦终不忍背宗国……单之心亦可见矣。”

通过追述这段史实，结合本文赵太后说的情况，我们完全可以想见齐襄王不但在如何使用人才方面，不够开明，一再听信奸邪小人的谗言，而且酷肖其父，刚愎自傲，徒慕虚名，完全弄不清楚治国理政的轻重缓急，因而使齐国失去了复盛的可能。

前有其父丧身破国，后有其弟昏庸持政，作为心系故土的赵太后，看在眼里，急于心中，又碍于身份，无法发挥作用，套用一句不雅的俗语，实不啻于狗咬刺猬，焦虑万分。她那份百感交集的心情，设身处地，恐怕谁也难免怒火腾腾。这时齐国使者的不悦，就恰好为她提供了一个渲泄通道，所以才有了本文这种完全不顾外交礼仪的当面痛责。《古文观止》的编选者吴氏叔侄在为此文总评时说：“问固奇，而心亦热，末一问，胆识尤过人”，这份评价想来也算切中肯綮吧！

总结我们前面对赵太后疾言厉色原因的探讨，实际上也为我们的另一困惑提供了答案。以前笔者读《古文观止》至此篇时，常常不解全文明明记述的是赵国太后的治国理念，为何在《战国策》中收录归类时却是齐策而非赵策？是不是刘向先生的一时疏忽呢？时至今日，我终于明白，赵太后的这番言辞，之所以不见于赵策，怕是于礼仪不合，因此赵国人出于为尊者讳的原因视而不见；而齐国的使者则可能是与赵太后心有戚戚焉，回到齐国后故意将此话完整复述给了齐王，齐人认为她所讲述的内容实在入木三分，故而特做记录流传了下来，以示警戒。如果真的是这样，则我们就又不得不敬佩齐鲁文化的强大，古语云“家有诤子，不败其家；国有诤臣，不亡其国”，信哉，斯言！

二、法理人情兼顾难

《古文观止》所选录的《触龙说赵太后》，从另一个侧面为我们展示了赵威后作为一名政治人物的形象，堪称是《赵威后问齐使》的姊妹篇。为了全面探究吴氏叔侄偏爱于这一战国时期女性政治家的内在根源，我们很有必要也在此将之一并解读和剖析。

话说《触龙说赵太后》这一事件，就其发生的背景而言，也是相当复杂。尽管这篇文章一开首便交待说：“赵太后新用事，秦急攻之”，但秦选择在这一时机进攻赵国，却并不像常人所理解的那样，是出于欺负赵国孤儿寡母的目的，乘人之危。至少从有关史书记载看，“赵太后新用事”和“秦急攻之”并不存在必然联系。赵国此次遭受刀兵之祸，应该说在很大程度上当是受了义气之累。因为这一事件基本上可以视为魏人范雎与魏齐之间恩怨情仇的一个重要插曲。

前面我们在《范雎说秦王》一文解读中曾经提到，范雎在魏国蒙受了不白之冤，历经生死磨难，化名为张禄才辗转入秦逃过一劫。此后，他在秦国得到了秦昭襄王的赏识和器重，并于公元前266年出任秦相。当时，由于范雎的远交近攻之计被秦王采纳，秦魏之间战事不断，惧于秦的压力，魏国不得不派遣须贾为使入秦求和。范雎在此关头入见秦昭襄王，将往事一一禀报，秦王遂决意动用国家力量为范雎复仇，因此提出秦魏可以议和，但必须以魏国交出魏齐任由范雎发落为条件。须贾归魏并将此事告知魏王后，魏齐担忧魏王会牺牲自己讨好秦国，于是弃了相印，星夜逃往赵国，请求庇护。赵国的平原君赵胜出于义气，竟然收留了魏齐，并将其私藏于自己家中。秦王嬴稷得到了赵国收留魏齐的情报，十分恼怒，就在公元前265 年，命王翦为大将率师二十万伐赵，连拔三城，于是才有了本文开头的一幕。

此时此际的赵国，本来在如何应对秦国的入侵方面是有多个选项的。一个魏齐的生死和整个赵国的利益相比，孰轻孰重是显而易见的，况且魏齐此人的人格仿佛也并无什么值得令人称道之处。作为魏国的丞相，从魏齐的表现来看，其本质上和那些官场混混并无两样，对于忠义的理解与信奉完全是双重标准。当初其斥责范雎时，可谓大义凛然，不惜动用酷刑，甚至令人致死；而等到需要他自己流血维护国家的安全时，他却卑劣地选择了弃职潜逃，骨气全无。为了这样的一位朋友却要搭上整个赵国生灵涂炭，怎么看都不是什么明智之举。然而赵国还是为了这样的一位朋友选择慷慨应战。为什么会是这个样子呢？原因无它，完全是赵人性格使然。在赵人的眼中，轻生死、重侠义乃是人生的最高追求，只要对方把自己当成朋友，那么自己就应当为了对方两肋插刀，即使献出生命也在所不惜。《隋书·地理志》在提到燕赵之地时就说："自古言勇敢者，皆出幽燕"，唐人韩愈《送董邵南序》中也曾称："燕赵古称多慷慨悲歌之士"。民风慓悍如此，"遇强必强，宁折不弯"已经成为了赵人的思维定式，所以在外人看来也许觉得有些不可思议的事情，但在他们那里则是再正常不过了。

话虽这么说，但兵凶战危，面对秦赵力量对比在实质上的差异，赵人虽然好战，却也没有盲目到妄自尊大、不顾现实的地步，所以为了抵御强敌，他们便想到了要尽量争取外援来增加自己的胜算。由于齐、赵如我们在《赵威后问齐使》中分析的那样，刚刚结束敌对成为盟好，而齐国无论实力还是距离，都不失为强援，因此向齐国求援自然成为了赵国的首选。不过令赵国没有想到的是，他们以盟好为由发出的出兵相助请求，齐国虽然没有回绝，但却按照当时的国际惯例，提出了要以长安君为质的前提条件，反将是否出兵的皮球踢回了赵国，于是一场争执激烈的朝议开始在赵国上演。

赵国的这场朝议非常特别，对立双方的力量很不成比例，基本是一对多，并且彼此观点几乎完全没有调和余地，也没有第三方可以对争议进行主持裁决，因为发生争吵的双方是执政的赵太后和赵国的群臣。文中说，对于齐国提出的"必以长安君为质"，太后坚决不肯，而朝堂上的大臣则几乎是一边倒，极力强谏。这一个"强"字，便将意见冲突的激烈程度渲染到了极致。争吵到了最后，赵威后被逼得退无可退，甚至已顾不得身份尊严，竟然拿出了村野悍妇的架势，明告大家："你们听着，有再说让长安君为人质的，我老太婆一定朝他脸上吐口水！”

为了一个人质问题，双方认知差距竟如此之大，其中原因何在？为了弄清个中缘由，我们不妨结合当时流行的质子制度来进行考察。

关于质子制度，当代历史研究学者中也有不少人比较关注，昆明师专历史系的杨爱民先生便是其中之一，他所著的《春秋战国质子制度考论》（《昆明师专学报》，1997 年第 04 期）曾对这一问题有过系统阐述。杨先生认为，质子制度是春秋战国时期处理诸侯国间关系的重要方式，当时，无论是大国还是小国，是媾和还是乞援，是加深友好关系还是消除芥蒂、猜忌，是为了进行攻势外交还是守势外交，通过交质活动来实现目的的情况比比皆是。交质之事虽然早在礼崩乐坏的春秋初年就已产生， 但其蔚然成风当推战国时期。据统计，战国时期国与国之间见诸史料的交质事件就有三十二起，其中系赵国出质的便有五例。以上情况说明，赵国在秦人入侵之际求助于齐，而齐人提出要赵国入质，并非苛求。对于这一点，想必赵太后和诸位大臣认识是一致的，所以，我们首先可以肯定的是，他们争执的焦点并不会是齐人应该不应该要求赵国入质。

那么，他们争论的原因会不会是对出质的效果认识不一致呢？即是否担心出质后齐人并不出兵呢？从质子制度形成的历史来看，这种推测也许不无道理。杨爱民先生在其论文中也指出，质子制度的形成本就源于讲信修睦之风渐衰，正是由于彼此处于已互相猜忌而又追求互相信任的这种近乎二难推理的情形，所以才有了不得已而为之的质子行为，冀求通过有形抵押和道德力量的双重约束来达成合作意图。在这一前提之下，当信义的价值体系还未完全崩溃的时候，用其来处理诸侯国间的关系，无论是互求放心、罢兵议和、乞援求救，抑或是要挟勒索，还是能达到一定目的的；但当交质双方均是首先顾及自己的切身利益时，质子制度就会逐渐变成各诸侯权衡利弊的一个筹码，成为诸侯间尔虞我诈的一种方法，其所带有的取信色彩也就变成了虚伪的外衣。尽管如此，但依笔者的判断，无论是赵太后，还是赵国诸大臣，还是均不会有出质后齐国不出兵的担心的。因为从现存的史料看，在质子制度中，违约的情形大多是出质方而非入质方，即使偶有入质方的违约，也不过是想方设法滞留人质，谋求更大回报而已，更何况，齐国提出的索取物，定是与其出兵相比处于等值或超值状态，赵国君臣怎么会为此担心呢？

否认了以上两点，立足于《触龙说赵太后》一文的内容，我们难免会自然地想到，赵太后如此激烈地反对以长安君为质于齐，是不是出于溺爱孩子、缺乏政治远见。因为从文中内容推断，长安君当是赵威后的少子并且深为受宠，赵威后对他不仅给予尊贵的爵位，而且还“封之以膏腴之地，多予之重器”，这样的一个心头肉，老太太舍不得让其远行，当属常态。另外，结合杨先生在《春秋战国质子制度考论》中的论述，我们也能看到，质子在所质国的境遇不容乐观。本来，质子在国内的血统或地位是非常高的，多为太子、公子或重臣，但一旦出质到他国，便往往成为诸侯们玩弄于股掌之中的一粒棋子而无法把握自己的命运，其一切生活质量都不能与在自己国内时相提并论。如《左传·僖公二十二年》载子圉之事："晋太子圉为质于秦，将逃归。谓嬴氏曰：与子归乎？对曰：子，晋太子，而辱于秦。子之欲归，不亦宜乎？"一个辱字，便道出了做质子的圉的无尽悲哀。而《史记·刺客列传》载燕太子丹从秦国逃亡的理由时亦说："秦王之遇燕太子丹不善，故丹怨而亡归。"至于说两诸侯国关系趋于紧张，甚至兵戎相见时，质子的生命就更难能得到保障。如《战国策》卷三十一燕策中就曾记载，齐臣张丑为质于燕，燕王欲杀之，张丑便不得不将逃亡避祸当做唯一出路。

上述的推论，虽然合乎人情，但若联系《赵威后问齐使》中赵威后的表现，不免让人觉得有些别扭。赵威后在驳斥齐使时就曾提出"苟无岁，何以有民？苟无民，何以有君？"这无疑是孟子所说的"民为贵，君为轻，社稷次之"的翻版。难道持这种思想的一位政治家，事到临头也现了原形，竟是"只许州官放火、不许百姓点灯"的双重标准政客吗？如果赵威后果然有这样的心机，那么她接下来的一连串发问，就更加殊不可解，如此这般的"问固奇，心亦热"，岂不让人思之毛骨悚然！另外，假如赵太后真是这样的人，依照女人的心性，本文中的触龙，恐怕即便舌灿莲花也说服不了她吧？

既然如此，那么赵太后坚决反对以长安君为质于齐会不会另有隐情呢？笔者认为是肯定存在的，并且这个隐情就在魏齐身上。前面我们说过，秦人的此次伐赵，起因便是赵国收留了魏齐。试想一下，为了一个与赵国并无多大关联的魏国逃亡人员，赵国不仅要得罪强秦，让黎民百姓遭受战争之苦，还要迫使赵太后的骨肉至亲分离，假如读者是赵太后，我们能接受吗？我想，这恐怕才是赵太后与赵国大臣们发生冲突的真正原因所在。作为一名政治人物，赵太后是不可能不了解当时的国际关系惯例，也不会因为儿女亲情而置国家安危于不顾的。为了和好于燕，她能接受爱女远嫁，难道为了获得齐援，她就不能接受爱幼子为质吗？如果没有齐援，赵国可能兵败丢失国土，这中间的孰轻孰重，我们相信精明如赵太后这样的执政者自会做出正确判断。那么令她生气和不解的，就只能是赵国的大臣们为什么非要为一个不相干的外人而置赵国于战争的泥潭。我们甚至可以进一步推想，刚与赵国恢复盟好的齐国，之所以提出以长安君为质来作为换取自己出兵增援的条件，是否也有对赵国的举止感到困惑而故做试探的成分呢？

然而赵国的大臣们出于尚武任侠、扶弱锄强、打抱不平的血性，是不会考虑赵太后的这份感受的，他们要的是义气，要的是在强虏面前威武不屈的名声，所以与赵太后发生冲突就在所难免。对于双方竟是为此而站在了难以调和的对立面，有人也许会问，这种猜测会不会有失偏颇呢？赵人果然有这么迂直吗？笔者的回答只有一个：从有关材料佐证来看，这恐怕最接近史实。史载，就在本文所述事件之后，由于齐国的增援，秦国不得已而退兵，但他们要获取魏齐的计划并未中止，于是主动邀请赵国的平原君出访秦国，并且软禁了他，逼其交出魏齐。然而即便在这种情况下，平原君的回复仍是：“贵而为交者，为贱也；富而为交者，为贫也。夫魏齐者，胜之友也，在，固不出也，今又不在臣所”，断然拒绝了秦王的请求。秦王见威逼不成，就又派人致信赵孝成王说：“不砍下魏齐的头，你的叔父（即平原君）就出不了函谷关”（参见《史记·范雎蔡泽列传》）。事情到了这种地步，魏齐只好从平原君的家中逃出，结果还是又被赵相虞卿收留。虞卿为了尽到朋友之义，在赵国已经无法保护魏齐的时候，竟然决定辞去职务，跟魏齐一起逃亡他国求助，直到四处碰壁，魏齐无奈自杀，此事才算作罢。

面对抱着如此惯性思维理念的群臣，赵太后当然是气愤至极又无可奈何，所以才会表现出一副蛮不讲理的姿态。想见当时的赵国群臣，见此尴尬局面，定是心中愕然，面面相觑，不得不默然而退。

争吵是结束了，但问题并没有解决，两种理念的对峙也没有随之而消失。随着大臣们的悄然退出，王宫中便只剩下了赵太后一个人在生闷气。群臣是不会同意交出魏齐来退秦兵的，凭赵太后的政治资源和影响力，她也抓不了魏齐，接下来该怎么办？难道要坐视国家安危于不顾，任其自然发展吗？就在问题看似无解之际，有人禀报赵太后说，老臣左师触龙希望拜见太后，于是事情由此开始发生了转机。

触龙此人，囿于史料缺乏，我们无法有更多了解，只知道事件发生时，他担任着赵国左师之职，是名年迈的老人。从文章内容来推测，估计左师也就是赵国的一种荣誉职务，待遇很高，但却没有实际管理权力，也不需要参与具体国家事务，往往赠授给那些年高德劭又退出政府管理层的长者。因此触龙没有参与朝议，也未与太后发生直接冲突，这才有可能在朝议争吵结束后单独求见太后。

赵太后当然明白，触龙来见她决不会是为了其他什么事，但这个时候她作为国家的最高决策人，当然比任何人都更希望打破僵局。因此她虽然怒气未息，但还是传命让触龙进见。

触龙是名老臣，这次晋见又是有备而来，对于事件的来龙去脉应该说是有着较为透彻的了解，所以心态调整得十分到位，尤其是对于相关礼数更是特别注意，力求缓和气氛的同时，也使自己显得从容、淡定，所以他一走入殿内就用快走的姿势，努力挪着小步，到了太后面前便先谢罪请安。

他说："老臣体弱，腿脚已不利索，现在连想极力快跑几步也是力不从心，以至于很长时间都未能前来拜见问候您了。我私下常常以病足来原谅自己的不恭，但又十分挂念太后的福体康安，所以今天还是挣扎着特来拜见太后。"

对于这样的场面话，太后当然不能问而不答，于是就说："理解！我也老了，现在也是腿脚有毛病，走路都要靠车辇支撑。"

触龙一看太后肯与自己答话，心里一下子踏实了不少。诚如大家所知，话语交际有着三大原则，即接话原则、礼貌原则和合作原则，如果在准备交谈时，对方根本就不接话，交际就自然难以继续，只要对方肯予接话，那也就意味着沟通平台开始达成。为了巩固双方的谈话气氛，触龙开始顺势和赵太后拉起了家常。他说：“太后，您最近每天的饮食该不会减少吧？”

赵太后叹了口气，说：“就靠喝点粥罢了。”

触龙身有同感地向赵太后推荐起自己的经验，他说：“老臣我近来也特别不想吃饭，于是就强迫自己散步，每天走上三四里，结果就稍稍增加了自己的食欲，身体也感觉舒适些了。太后不妨试试！”

对于触龙的热心推荐，赵太后不知不觉融入了氛围，思量了一番自己的条件说：“我怕是做不到像你那样天天散步呀！”

随着对话的进行，赵太后的思绪渐渐从朝堂上的争执中解脱了出来，脸色也慢慢和缓了。

触龙在这当口，故意抛开公事，仿佛根本不知道有朝议的争执，反而大谈起个人的私事来。他说：“太后，老臣今日前来，实在是有点私情，想恳求您给予关照。我的犬子舒祺，年龄最小，又不成器，可是臣已衰老，私心又疼爱他，希望您能赏个差使，让他补充到黑衣卫士中来保卫王宫。我冒着死罪前来求您，尚望允准！”

赵太后听了，觉得也不是什么大不了的事情，就说：“可以答应你！不知道他年龄多大了。”

读到这里，也许有人会觉得触龙这是否在假公济私呀？赵太后不假思索就慷慨应允是不是也有些刻意收买成分呢？对此，我们有必要立足历史做点解释。在我国，自从国家政权出现以后，就有了专门从事保卫其领导人的工作机构和人员，但在中国古代，从事警卫工作的人员不同于今天的国家公职人员，首先他们的选拔，有着严格的出身限制，只有统治阶层的成员才能出任。这种规定持续时间相当久，譬如秦朝时，充当宫廷护卫的郎官多为富豪、官僚子弟；汉初规定，只有俸禄在二千石以上的官吏子弟才可以到京师为郎。在唐朝初期，最受皇帝信赖的内府亲卫、翊卫、勋卫三卫卫士均为品官子弟，并且必须是从二品至五品子孙中选拔，有着极强的等级观念。其次，贵族成员或官宦子弟充当卫士，也是一种义务，甚至有当人质的成分，如周朝的统治者就曾强令贵族成员充当警卫，来防止诸侯或大臣们在外叛乱。又如夏朝时王室的贵族卫队平时担任宫廷警卫任务，战时又要作为军队的核心和骨干冲锋陷阵，基本上相当于敢死队，伤亡率相当高，恐怕自愿充当者居少。因此，触龙在这里提出让自己的儿子充当黑衣卫士，从其位居左师来说，出身是完全够格的，而从某种程度上来说，其荐举儿子作卫士也是向赵王室效忠的表现，所以赵太后才会痛快地接受。

至于赵国的宫廷卫士为何喜着黑衣，甚至使黑衣成为专指，当今也有不少学者进行了探究。他们有从阴阳五行说出发，以君王信奉五德轮回来寻找依据的；也有从军事行动性质，以利于隐蔽为由进行论证的；更有学者从色谱学的角度，由今日之特警仍然尚黑予以说明的。特别是这后一种观点很有意思，他们认为，黑色是一个很强大的色彩，具有高贵、稳重的意象，适合和许多色彩作搭配，所以服饰设计大多利用黑色，来体现和塑造高贵的形象。如是等等的观点，不一而足，我们也不好判断孰是孰非，另外，这也不是我们本文要加以解读的重点，所以这里就只能略作列举，抛砖引玉以待来者了。

一段插曲之后，让我们再次回到正文。

这时触龙见赵太后主动问讯，就急忙回答说："我家那孩子十五岁了。虽然还小，但总是我的一块心病，我想趁未死之前来托付给您。"

太后听了触龙这番言辞，心中对触龙的舔犊之情感到既好气又好笑，舒祺还是一个未成年的孩子，触龙就急巴巴地出来求人安排事做，如同一只护崽的老母鸡般，生怕自己有生之年帮不上忙，使孩子受了委屈，这不是也宠得有些过分了嘛！于是她说："你一个大男人也这么疼爱小儿子吗？"

触龙见太后如此相询，仿佛看到鱼儿咬钩一般，心中暗喜，就故意装出郑重的样子说："只怕比女人爱得厉害些。"

赵太后被其逗笑了，说："应该还是女人爱得更厉害些。"

触龙陪着太后自我解嘲般笑了一阵，突然话题一转说："可能还是太后说得有道理吧！不过老臣认为，太后您对自己的子女，疼爱燕后的成分要超过长安君了。"太后没有多加思索，顺着触龙的话就答道："这你可说错了，我呀，还是疼爱长安君多一些。"

触龙说："太后，我之所以这样说，是有理由的，您听听，看对不对。我认为父母疼爱子女，就会为他们做长远考虑。想当初，您送燕后出嫁时，她都上了车了，老臣记得您还握着她的脚后跟为她哭泣，惦念、伤心她的远嫁，那场景提起来就让人感到悲戚不已。自从她出嫁以后，您不是不想念她了，也不是不想见到她，可是每逢祭祀您一定为她向神灵和祖先祈祷，希望他们保佑女儿一定不要回来，这难道不是从长远考虑，希望她有子孙相继为王吗？”太后说：“是这样。”

在本书第一卷《左传选文解读》中，我们曾经提到，按照《周礼》的有关要求，出嫁的女子是不能随便省亲的，被人送回娘家，往往意味着品行有所不端而被休弃，像齐桓公将蔡姬送回故国，就激怒了蔡侯，成为齐楚之战的导火索。触龙在这里巧妙引入这一常识，运用太后想念女儿又怕见到女儿的这种二难心理，论证了“父母之爱子，则为之计深远”的正确性，为下文劝说太后应创造条件让长安君为国立功埋下了伏笔。

触龙见太后对自己的理念非常认可，胆子更壮了一些，就接着说：“太后，您扳指算一下，从这一辈往上推到三代以前，甚至到赵国刚建立的时候，赵国君主们的子孙，未能继承王位而被封为侯的，他们的子孙现在还有能继承爵位的吗？”太后说：“没有。”触龙又问：“不仅是赵国，其他国家君主的子孙被封为候的，其继承人还有在侯位的吗？”太后说：“我没有听说过。”

到了这个地步，触龙认为可以摊牌了。他说：“这些国君的子孙被封为侯的，要么灾祸及于自身，要么灾祸及其子孙，不知太后您考虑过没有，这其中到底是什么原因在作祟？难道是国君的这些子孙就一定不好吗？我看不是。依老臣的愚见，根源就在于他们地位高贵却没有功勋，俸禄优厚却没有业绩，对国家没有贡献，却拥有常人难以企及的无数贵重宝器。现在太后您让长安君居于高贵的地位，赐于他大片肥沃的土地，赏给他诸多贵重的宝器，却不趁您健在时让他有功于国，一旦您驾崩了，长安君凭什么在赵国立身呢？老臣认为您为长安君考虑得还是不够长远啊！所以老臣才说您对长安君的疼爱不如燕后。”

话说到这个份上，赵太后已听明白，触龙和那些大臣们一样，原来也是为了劝谏她同意以长安君为质而来，不同的是他选择了与众大臣完全不一样的看问题角度，一下打开了自己的眼界。在这里，触龙并没有论述保护魏齐对于赵人的意义，也没有强调以长安君为质，以求得齐国之援与秦人决战的重要性，而是引导她将此视为帮助长安君为国立功的机会，以求长远平安。平心而论，做质子而立功，无论其难易程度还是风险系数，都要比战场厮杀拼命来立功小得多，且机会也不是什么时候都有，过了这村，就可能没有那店了，这绝对是在帮赵太后化被动为主动、变不利为有利。看来触龙是太后真正的自己人，他考虑问题的出发点都是站在了太后利益的立场上，话自然也就说到了赵太后的心窝里。于是赵太后也想通了，就说：“你说得对。既然这样，长安君就任凭你们支使吧！”

有了赵太后的允准，接下来的事情也就顺理成章，赵国的大臣们感激于太后的通情达理和做出的牺牲，特意为长安君出质齐国备车百乘，筹集了充足物资，以便使他在齐国为质时的生活境遇尽量不受影响。齐国收到了人质，很快也按照承诺派出了援兵，秦国看这局势已难操胜算，就主动撤兵西归，赵国终于转危为安，一时皆大欢喜。

文章写到这里，按说已是一个完整的故事了，但原文的作者却在末尾又特意加了另外一个局外人的评论。内容是这样的，说是一位名叫子义的人，听到触龙说赵太后这件事后大为感叹，他说："君王的儿子，有着骨肉之亲，尚且不能依靠没功勋的高位，没劳绩的俸禄，而占有着金玉珍宝等贵重的东西，更何况作臣子的呢？"

我们初看这段话仿佛有些画蛇添足，可是细一捉摸，就会感到确实另有深意，甚至说是全文的画龙点睛之笔也不为过。子义是何许人也，我们不得而知，或许是作者的假托，也完全有可能。但他说出的这段话，其实际用意便是要读者明白，作者写下这篇故事的目的，并不关注长安君是否应该为质的本身，而是意在言外。由此，我们再回顾全文，将是一个全新的认识，即文中的赵太后之所以同意以长安君为质，并不是认同了赵人出于朋友义气与秦为敌的任侠血性，也不是屈从于了赵国大臣们的集体施压，更不是单单为了获得齐国的援兵，而是认同了触龙提出的"人无贵贱，无功不禄"的道理，这对那些为了朋友之义而无视国家利益的大臣们来说应是严重的警告！

当下，我们也看到过不少关于本文的解析文章，那些导读者常常将触龙当成了主角，为了抬高触龙，甚至不惜贬低赵太后这一杰出女性人物，说她是“缺乏政治经验、目光短浅、溺爱孩子、固执任性”的老太太，只是由于触龙具有高超的语言交际艺术技巧，晓之以理，循循善诱，才使她怒气全消，幡然悔悟，明白了怎样才是疼爱孩子的道理，高兴地安排长安君到齐国做人质。并且他们还认为触龙与其他人相比，高明之处就在于，他与一般大臣只强调国家利益，不关心长安君利益，一味强谏不同，他既关心国家利益，又关心长安君的利益，并把两者统一起来，用历史事实说明爱长安君就应该“及今令有功于国”。这种论调言下之意无非是说赵太后的眼中缺少国家利益，只有个人私利。实际上，我们通过将此事放在当时的历史背景下去观察，就会发现这是多么荒谬的主观臆断。赵太后初始的不愿以长安君为质，不过是反对为了一个魏齐拖累整个赵国，怎么能说就是没有国家利益观念呢？至于其最终还是同意了长安君出质齐国，更是一举两得，既宣扬了无功不禄的政治理念，又恰到好处地与习惯势力达成了妥协，这该是多么高明的政治智慧！反思认知上的这种误差，除了缘于断章取义外，我想性别歧视怕在中间也起了不少作用，这些先入为主的思维，不知曾经害了多少人，如果通过这番解读，我们能够引以为戒，应该说善莫大焉也不为过吧！

三、为政在人说中庸

从文学赏析的角度来看，《古文观止》所收录的与赵太后有关的这两篇文章，都不失为反映语言交际艺术的精彩篇章，其谋篇布局、遣词用句，处处无不耐人寻味。更让人称奇的是，这两篇文章在许多方面竟存在着天然的对仗，从而浑然成为一体。《赵威后问齐使》的言语风格似急风骤雨、单刀直入、畅快淋漓，正如清人林云铭《古文析义》中所评："篇中直问到底，意庄而词甚婉，读之，惟见威后灵心慧舌、满纸飞动而已"，总结起来，可用"直"、"畅"两字概括。而《触龙说赵太后》里的言语风格则是琐笔碎墨、旁敲远击、迂回曲折，看似"句句闲语，步步闲情"，但其间苦甘浅深，却无不一一具有至理，诚如清人余诚《古文释义新编》中所说"绝不使直笔，绝不犯正面，而未言之隐，自能令人首肯，真是异样出色"，总结起来，"曲"、"抑"二字可谓当仁不让，恰与前篇相映成趣。非但如此，两文在其他方面的相互对举，也可令人信手拈来，譬如《赵威后问齐使》中赵太后作为一名女性，话语中却是阳刚之气十足，而《触龙说赵太后》里的触龙作为一名须眉男子，说起话来偏偏是用尽阴柔手段；又譬如同样是描摹赵太后的文章，一篇是正面入手，短小精悍，另一篇就侧面着墨，长咏闲叹；再譬如一篇出自《战国策·齐策四》，而另一篇竟鬼使神差出自《战国策·赵策四》，如是等等，不知是二吴选取时有意为之，还是造化天成，冥冥中固有这样一段奇缘，令人不能不击掌拍案。

驾驭文字的技巧极尽其妙，固然对于塑造人物形象和增强文章的可读性功不可没，但文学作品真正的生命力却在于它所反映和体现的内涵，是否具有永恒价值，能否激起广大读者的共鸣。对于创作理论坚持“文以载道”、“文以明道”的古文来说，更是如此。立足于这样的一种认知，对于《古文观止》所选那些传世名篇的解读，我们自然就不能仅仅止步于作品的文学艺术性和观赏性，更要深入挖掘其所宣扬的价值理论，对于促进人类社会发展进步的重要意义。具体到本文来说，弄懂作者借助于赵太后这一人物形象所要表达的政治理念，便是我们的重要任务之一。

其实，欲从文章内容中抽象出作者的意图所在并不太难，借助于前人先贤的评点，我们便能从文中人物赵太后身上得出清晰结论。在《赵威后问齐使》中，文章通篇主要以赵威后的七问为核心，前三问可视为一个层次，后四问可视为又一个层次，清人唐德宜在《古文翼》中点评此文时，根据这一特点，对其所体现的政治理念就总结得非常到位，他说：“前一层问深得民惟邦本意，后一层问深得为政在人意。不料战国时母后有如许大学问。”而《触龙说赵太后》一文，明面上是在说触龙游说赵太后同意长安君为质，实际上则是对赵太后“为政在人”理念的进一步深化和细化。清代古文大家，桐城派的姚鼐对此就看得十分清楚，他说“左师言固善矣，亦会值赵太后明智，易以理谕耳”（《古文辞类纂》卷二六）。至于赵太后明智在什么地方，姚先生没有明言，但我们通读全文就会体味到，这里所谓的明智，实际就是她深知“为政在人”的道理，懂得在什么时候应予适当的妥协。

综上所述，我们可知，作者通过赵太后要告诉我们的“道”，便是两句话：“民惟邦本”“为政在人”。那么这个“道”具有永恒性、普世性吗？也就是说它是否经得起时间的考验，直至今天对于我们仍然具有借鉴意义呢？服从于直觉的判断，我们对这个问题的回答应该是肯定的，因为赵太后的形象，在时间已经过去两千余年的今天，依旧那样深入人心，依旧能够唤起我们强烈的共鸣，本身就是很好的例证。但是我们也深知，感性认识往往是靠不住的，真理信念的确立，还需要我们上升到理性认识的层面去分析，并且通过实践事例检验来证明，所以接下来我们有必要对作者所说的这个“道”再进行一番考察。

“民惟邦本”一语，出自儒家经典《尚书》中的《五子之歌》，据传是上古圣贤大禹对子孙的训诫内容之一。当时夏王太康由于荒淫无道而失国，他的五位弟弟和母亲被后羿赶到了洛河边，穷困之际，五位公子咸怨太康，于是“述大禹之戒以作歌”，其中第一首便提出：“皇祖有训，民可近，不可下，民惟邦本，本固邦宁”，认为太康失国的首要原因是忘记了祖父大禹“民惟邦本”的教诲，以至于“黎民咸贰”，酿成大祸。这里，关于太康失国的历史故事应该是确有其事的，但《五子之歌》是否就是夏代作品，学者则多有争议。不过这个问题，属于历史考据学的范畴，与我们要讨论的“民惟邦本”的政治意义关系不大，不妨予以忽略。因为即便学者认为它是魏晋时期人们的伪作，那么后人能够通过研究将太康失国的原因归结到这上面来，也是表明对这一理念重要意义的高度认可，知道了这一点，对于我们来说就已经足够了。

至于“民惟邦本”所宣扬的民本思想，在本书的第一卷《季梁谏追楚师》解读篇中我们也曾有过介绍，在那里我们就曾断言，季梁所提出的“民为神主”“圣王先成民而后致力于神”的观念，对于随国作为汉东诸姬的小国而后亡具有不可估量的重大贡献，堪称中国历史上政治思想的一次伟大革命。我们之所以这样来评价，是因为他把人类社会的治理从被动依赖于自然转变到了主动关注自身的特殊规律上，标志着人类的自我管理能力开始走向成熟。

我们知道，人类文明之初是对自身充满不自信的，直到春秋初期，我国的先民们还坚守着“国之大事，唯祀与戎”的理念，他们把人类的存在与发展完全归结为自然界的恩宠与庇佑，先是流行自然崇拜，进而将自己的祖先配享天地，有了祖先崇拜，并且在此前提下，依据“弱肉强食”的丛林法则，维系人类社会的运行。在夏朝，人们祭天地、鬼神，祭星辰、日月，在人们心目中地位最高的是太阳神，以致夏桀暴虐无道，却以太阳自比，认为其统治权神圣而不可改变。在殷商时期，迷信的氛围仍然特别强烈，人类将自己的一切活动还是完全交给上天来安排，事无巨细，每事必卜，甲骨文即是为记录占卜而产生。到了西周，随着生产资料和生活资料的不断积累和丰富，人类开始对自己的能力有了新的认识，他们发现人类仿佛并不一定要全部听命于天，依靠自身的能力也可解决很多问题，譬如人民团结起来武装倒戈，就可打败自称拥有“天命”且势力强大的商王朝。出于对周室代商的反思，“天命靡常”的观念、“皇天无亲，唯德是辅”的观念开始走上历史舞台。

春秋时期，随着周王室的衰败，原来依靠周礼而确定的社会财富生产和分配秩序，受到了挑战。一方面，人在认识自然、改造自然方面的主观能动作用不断提高，动摇了人们对于神圣天道的崇拜，另一方面战乱和人口繁衍，也使凭借血统关系维持的社会等级划分走向瓦解，于是礼崩乐坏之下，人们开始更加注重社会治乱与人类群体内部关系的探讨，而一些政治人物的实践结果，则更坚定了社会管理理论向着“以民为本”的方向发展。这其中比较有代表性的事例就有管仲相齐、三家分晋、田氏代齐、鲁公被逐等。管仲曾经辅佐齐桓公一匡天下、九合诸侯，使齐国成为春秋五霸之首，他的治国经验在《管子》一书中有着系统总结。管仲认为“政之所兴，在顺民心，政之所废，在逆民心”，所以齐国能够迅速强大起来，主要便是得益于“民之所利立之，民之所害除之”，“善为民除害兴利，故天下之民归之”，这已和老天没有任何关系。齐国后来出现了田氏代齐事件，史书认为其中的关键因素是收买人心，正是由于田家几代人搞大斗出货，小斗收进，“民众归之如流水”，所以田氏才能由一个外来户取代了功勋赫赫的姜氏，成为了齐国的统治者。与之相对，三家分晋和鲁公被逐则是顽固坚守旧观念走向灭亡的反面典型。晋是周室的嫡姓之国，血统纯正，但“庶民罢敝而宫室滋侈，道相望而女福溢尤。民闻公命，如逃寇雠”，因此国君渐被架空，政权归入六卿控制，最终国家被韩、赵、魏三家彻底瓜分。鲁国是周初圣人周公旦的封国，周室礼乐保存最为齐全完整，但鲁昭公被大臣季孙氏驱逐出国，身死于外却没有人同情他。史墨在分析其中原因时说：“物生有两，有三，有五，有陪贰。故天有三辰，地有五行，体有左右，各有妃耦。王有公，诸侯有卿，皆有贰也。天生季氏，以贰鲁侯，为日久矣。民之服焉，不亦宜乎？鲁君世从其失，季氏世修其勤，民忘君矣。虽死于外，其谁矜之？社稷无常奉，君臣无常位，自古已然。”这段话里，史墨虽然还没有完全摆脱旧有的自然崇拜思维，但已是主要从人事角度来解释社会问题了，这也说明“以民为本”正在成为社会的主导潮流。

战国时期，中国在政治、经济、文化、科技等领域都迎来了变革的高峰，代表各阶级、各阶层，各派政治力量的学者或思想家，于是均从本阶级（层）或本集团的利益和要求出发，试图寻找一种理论来指导解决当时的社会动荡问题，以便人类更好的生存和发展，一时号称“百家争鸣”。然而不管这中间到底有多少家，我们细究其立论的原点，就会发现无非仍是两种情况：继续师法自然，还是人事自立？若说他们与春秋时期有所区别，也不过是研究内容从自发到主动、由零散到系统而已。在这一争论过程中，儒家学者是率先站出来主张人事自立的，他们秉承孔夫子“天道远，人道迩”的教诲，“不语怪力乱神”，专注于“以民为本”，很快就造成了巨大的社会影响，并且渐被社会的统治阶层接受和认可，成为了当时的显学，本文中赵太后的言行表现就很能说明这一点。但是儒家理论名气虽然很大，可在实施层面却碰到了巨大障碍，列国之中总是赞成者居多，能够坚持连续实施者几乎没有。为什么会出现这种现象呢？其中原因固然很多，不过最重要的还应是民智未开。普通老百姓这个群体由于文化知识的缺乏，并没有认为自己是社会主体的这种意识的觉醒，不愿积极参与其中，于是儒家思想的热脸就不免贴上了不明所以的普通民众的冷屁股！

尽管从孔夫子开始，儒家已开始兴办私学，促使文化下移，可是受制于战国时期主客观条件的不足，老百姓能够接受文化教育者仍是少数，直至新中国成立前，我国的文盲率还保持在80%左右，由此可以想见那时人们的文化水平该是一种什么程度。在这种历史背景下，老百姓是很难提出什么政治诉求的，他们所追求的不过是一日三餐和眼前的平安，至于明天会是什么样，应该怎么样，基本上是不会去想，也不关心的，他们不会防患于未然，只知道在过不下去时就与人搏命。这样一来，儒家欲成为他们的利益代言人，不能得到理解和支持也就很自然了。 而另一方面，作为社会既得利益阶层，出于人类贪婪的动物本性，在没有感受到具体威胁时，当然也是不会主动让步和妥协的，可是当他们真正受到威胁时，中间已没有任何缓冲，老百姓直接就要跟他们搏命，结果他们不是身死就是国亡，即便后悔想要采用儒家理论也无可能性了。儒家的尴尬便在于此。

儒家学说的名噪于世而无用武之地，引起了整个学术界的深思，结果一方面使得师法自然坚持传统天道崇拜的道家、阴阳家等，也不得不重视人类自身因素的作用，甚至出现了杨朱学派那种极端自我的思想，另一方面也使同样立足于人事自立的学术各家更加分裂，各擅胜场。譬如墨家就更加关注社会下层的团结与互助，带上了帮会色彩，农家极力推崇全民耕作而食，有了无政府主义的苗头，等等。在这一裂化演变中，由刑名而来的法家最终胜出，开始左右时代的潮流。法家对于人类社会问题的解决，也是主张要从人类社会自身去寻找答案的，但它不同于儒家的“以民为本”，立足于人类群体大多数的利益，而是强调“以官为本”或“以君为本”，立足于人类少数所谓精英群体的利益，绕开了开启全体民智的难题，希望借助具有先天优势且掌握了文化的既得利益阶层——“官”或“君”为主导，来解决社会问题，结果相当成功，收到了事半而功倍的效果。秦国就是凭借法家思想为指导，最终实现了一统华夏的大业，结束了春秋以来中国长达数百年的混乱局面。

然而，大秦帝国“其兴也勃，其亡也忽”，它仅仅存在了十余年，就土崩瓦解了，血淋淋的现实对法家思想“以官为本”的正确性作出了否定性的回答，因此学术界的思考开始出现反复，人类社会应该师法自然的理论再次旧调重弹，道家经过改造的黄老之学逐渐占了上风。这个时候的儒家，痴心未改，仍在坚持“以民为本”，但有着战国时代不被重用的教训，儒家学者其实也在全面反思，着手完善自己的理论来极力迎合社会需求。那么他们的反思最终取得了什么成果呢？一言以蔽之，就是本文所说的“为政在人”，且其精髓便是要善于妥协。

早在战国后期，儒家学者荀子就有了改造儒学之志，提出了“人定胜天”、“化性起伪”和“隆礼重法”的主张，这三个观点首先肯定了儒家立论本于人事自立道路的正确性，其次在实现“以民为本”理想的途径上，强调了教化与借鉴法家手段的重要性，这对后来的儒家学者很有启发，促使汉代的儒家学者完成了儒学改造任务，奠定了此后儒学在中国长达千余年的学术统治地位。

在汉初的儒学改造过程中，发挥了重要作用的学者，当推董仲舒和戴圣。董仲舒堪称杰出的妥协大师，在儒家立论的依据方面，他向代表传统势力的黄老之学进行妥协，提出了“天人合一”的主张，进而又吸纳法家“以官为本”的理念，极力肯定了“君权神授”的观点，从而使儒学受到社会既得利益阶层的接纳和欢迎。在儒家如何坚持“以民为本”的方面，他抓住了儒家限于财力无法全面兴办教育、开启民智的这一薄弱环节，提出了“兴太学，置明师，以养天下之士”和“择贤岁贡，量才而授官，录德而定位”的主张，客观上解决了政权官制以“郎选”、“任子”和“资选”造成的人才匮乏问题，主观上则通过教化和荐选，增强了老百姓参政的愿望，打通了老百姓参政的途径。董仲舒的这种妥协，换取的成果是极其丰硕的，汉政府为此特意颁定了“罢黜百家，独尊儒术”的基本国策，儒家的“大一统”也终于由梦想成为了现实，从此开始左右中国历史的发展步伐。

和董仲舒相比，戴圣此人在汉时的名望和影响力并不突出，他对儒学所做出的巨大贡献，也要直到宋人朱熹再次改造儒学时，才得到全面承认和追捧。据史载，戴圣是西汉时期的梁国睢阳（今河南商丘睢阳区）人，他潜心钻研《礼》学，汉宣帝时曾被立为博士，参与石渠阁会议，评定五经异同。他和儒家的创始人孔夫子有些相像，长期从事授徒讲学事业，述而不作，但其搜集战国至汉初孔门几代弟子有关礼仪的论著编撰而成的《礼记》，却使他名扬千古。

对于《礼记》这部书，许多读者也许印象并不深，但若提及儒家经典“四书”相信不知道者定然不多。不过你也许还不了解，这“四书”中竟有一半都是出自《礼记》的，《大学》和《中庸》只不过是它其中的两篇而已，由此我们完全可以想象该书的牛气程度。学者们认为，《礼记》这部书内容广博，门类杂多，涉及政治、法律、道德、哲学、历史、祭祀、文艺、日常生活、历法、地理等诸多方面，几乎包罗万象，并在社会的、人性的、超越的三个理论层面上，都显示出与原始儒学及孟子、荀子儒学思想不同的变化和发展，是对儒家各派求同存异、对诸子百家加以融合吸收和改造的大荟萃，集中体现了秦汉时期儒家的政治、哲学和伦理思想。我们之所以在这里要提到它，就是因为它在改造儒学的历程中，对于“为政在人”的内涵有了较为全面的完整论述。

“为政在人”出自《礼记·中庸》的第二十章，从它的全章内容来看，“为政在人”具有以下几方面的含义：第一，政治管理方法和具体的人有着密切关系，既不来自于天，也不会自然遗传，“文武之政，布在方策。其人存，则其政举。其人亡，则其政息。”第二，国家政务具有可塑性，想要达到什么样的政治状态，就要使用什么样的人，“夫政也者，蒲卢也，故为政在人”。第三，在上位者，要想使政治清明，需要做到九条，即修身、尊贤、亲亲、敬大臣、体群臣、子庶民、来百工、柔远人、怀诸侯。第四，在下位者，要想参与政治并治理好民众，最重要的是应获得上位者的信任和支持，“在下位不获乎上，民不可得而治矣”。第五，上位者和下位者达成一致的前提条件是都要修身，修身的方法是要好学、力行、知耻，其指导思想则是择善守诚，即中庸。那么何谓中庸呢？作者认为就是“致中和”，并说“喜怒哀乐之未发谓之中，发而皆中节谓之和”，“中也者，天下之大本也；和也者，天下之达道也”。这话不免有些故作高深，要用我们今天的话说，就是强调言语行动要做到“不偏不倚，折中调和”，如果再说白一点，实际就是教导我们为人处事要善于妥协，不要单纯强调自我利益罢了。

读完《中庸》此章，相信大家对于为何说儒家“为政在人”的精髓在于善于妥协，已经了然于胸。当然，这也是我们之所以要将《触龙说赵太后》中赵太后的表现，归结为“为政在人”原则细化的原因所在。儒家的所谓“为政在人”，并不是单纯的宣传口号和社会呼吁，而是对于人们能否开创清明政治的一个判断标准，其内容便是看该人是否具有民本思想，并在具体的施政过程中善于与各方势力达成妥协。《古文观止》里的赵太后，其言行就是这样的一个典范。首先，她的民本意识在向齐使的问话中就已充分展现。其次，当其明白与赵国群臣习惯性思维方法对抗，可能对国家利益不利时，就选择了妥协，并且主动接受了触龙的谏议，这完全符合《中庸》关于上位者治国九经里“敬大臣、体群臣、子庶民”的提议。再次，赵太后的妥协，不是一种无原则的消极的妥协，她的妥协目的根本在于要解决赵国面临的战争危胁，而其通过妥协客观上还达到了教育群臣“无论贵贱，无功不禄”的效果，这才是真正的妥协之道，可称为“善”。最后，同样是为了以长安君为质这一件事，赵太后能够听进去触龙的劝谏，却不能接受其他众臣的强谏，其中的原因就在于，触龙的立场是与赵太后相近或一致的，而其他大臣，明面上是为了赵国利益不受秦国侵犯，实质上则是绑架国家利益来成全个人的朋友之义，赵太后对于两种谏言的不同态度，对于在下位者如何获得上级的信任和支持，传递了强烈的警示意义。赵太后是一个能够如此完美体现儒家政治管理思想的人物形象，也就无怪乎《古文观止》的编者会对其青睐有加了。

四、企业治理儒可鉴

宋人罗大经所著的《鹤林玉露》中有这样一段话："学不必博，要之有用"，"学而无用，涂车刍灵也"，意思是说治学的目的，就是为了应用，只要能够用得上，渊博不渊博都没有多大关系，如果所学的理论，不能应用于实践，那就无异于送葬明器中的泥车草人，只不过图个好看而已。这话虽然说得有些尖刻，但若细加玩味，倒也不无道理，像《南齐史》所记载的陆澄，"当世称为硕学，读《易》三年不解文义，欲撰《宋书》竟不成"，不就是被人讥为"两脚书橱"以至遗羞于今吗？或许正是出于这样的缘由，所以每当笔者读完《古文观止》的一篇选文时，都会情不自禁考问它对自己当下有何用处，进而兴之所至，不由信笔涂鸦，甚或胡乱联系地谈些所思所想。这种做法，虽然也自知学浅识薄，难免见笑于大方之家，但总抱着"刻鹄不成尚类鹜"式的自慰，觉得聊胜于无，不肯悔改。因此，这次一口气连读了《赵威后问齐使》和《触龙说赵太后》两篇文章，自然忍不住又要联系职业身份，再发一通感慨。

《古文观止》里有关赵太后的这两篇文章，其文学艺术特色自是极妙的，可以学习借鉴之处也颇多，但正如古人所云"得鱼而忘筌"，既然古文讲究的是以文载道，那么我们也就不妨抛开文章本身，只着眼于它所反映的道，也即儒家所提倡的民本管理思想，谈谈其对企业人力资源管理工作有何启迪。

在这里，笔者认为首先有必要声明，将儒家学说应用于企业人力资源管理工作，应该没有胡乱联系的嫌疑。不可否认，儒家学者是从来没有也不可能接触到现代企业的，儒家学说的理论也是根植于以农耕为主的有着家天下性质的封建社会，和现代社会的运行模式有着根本上的不同。但是，我们也不能忽视了儒家学说和现代企业人力资源管理理论在管理对象和管理目的方面存在着高度的一致性：他们的管理对象都是人，他们的管理目的都是为了妥善解决管理者与被管理者之间的矛盾，从而不断提高各类资源配置和使用的效率与效果。社会发展了，但和过去相比，发生了重大改变的是人类的生产方式，不变的却是人的本性和本质，如果从人类文化的连续性和承继性上来说，吸纳儒家理论于现代人力资源管理之中，正是古为今用的体现，又有何不妥呢？何况中国的儒学思想能够维系一个庞大的家天下社会组织存续上千年，这对于市场经济条件下，追求成为百年老店的产权明晰的企业组织，又该是一种什么样的吸引力呢？如今的社会，不少发达国家的企业组织都在尝试引入儒家学说，作为生活在儒家学说发源地的我们，在紧追西方进入工商时代，努力学习西方企业管理理论的同时，自然也不能妄自菲薄、数典忘祖了。

当然，在坚守上述声明的同时，我们也不能顺水推舟地认为，儒家管理理论和企业人力资源管理理论就是一家人，不分彼此。儒家管理思想强调以民为本，但对企业而言，人力资源只是其存在和发展所依赖的资源之一，在不同的发展阶段，企业的核心支撑资源是不一样的，不可能什么时候都要以人为本。

儒家思想对于企业管理能够发挥重要借鉴价值的时刻，应该是在人力资源管理上升为企业发展过程中的主要矛盾之时。另外，因为企业是借助资源以赢利为目的的经济组织，而按照经济学家的说法，资源是指为了创造物质财富而投入生产过程的一切要素，人力资源则是指人所具有的对价值创造起贡献作用，并且能够被组织所利用的体力和脑力活动总和，所以企业人力资源管理，虽然和儒家管理思想一样，从研究对象上看都是人，但它更关注的是人的劳动能力，而不是人类自身的生产繁衍和人类社会的存在与发展，这也是它和儒家管理思想的重要区别之一，我们不可不知。

那么在此前提下，儒家的管理思想究竟能为现代企业的人力资源管理提供哪些帮助呢？要弄清这个问题，我们有必要应先将儒家所说的“民”，与现代企业里的员工群体分类在定位上取得一致。我们知道，为了提升管理效率和管理效果，管理学在实践中是最为看重分类管理的，企业人力资源管理作为管理学的一个分支，自然也不例外。对于现代企业尤其是民营或私营企业的人群组成，其实，我们也完全可以套用儒家社会管理定位的三分法（详见《颜斶说齐王》篇中，有关“士贵”抑或“王贵”问题的试析讨论），将之区分为三个大类，即企业产权所有者阶层、企业经营管理者阶层和直接从事价值创造活动的普通员工阶层。这样一来，我们便不难发现，儒家所说的“民”，如果要在企业中加以代换，基本上是与普通员工相当，而儒家所说的“君”、“官”，则在企业管理中可以分别理解为产权所有者和经营管理者。因为企业人力资源管理工作，要想解决劳动能力问题，首当其冲的重要任务在于理顺这三者之间的关系，因此儒家管理理论在君、官、民三者关系方面的探讨，就不失为企业人力资源管理者制订行动法则时可资借鉴的参考蓝本。

儒家管理理论在君、官、民三者关系方面，突出强调“以民为本”，经过数千年的充实和发展，其相应理论内涵已经非常具体、丰富和完整，有关学者通过归纳和总结，将其概括为十个方面，即畏民、重民、安民、知民、爱民、宽民、教民、忧民、利民和富民等。人力资源管理如欲加以运用，还须对其内容进行全面理解和适应性分析，以免出现文不对题，甚或适得其反。

首先，儒家思想中的“畏民、重民、安民、宽民、爱民”这五个方面，讲的是君民关系，且主要是对国家最高统治者的要求，强调的是作为天下之主，君王治国应该具有的精神意识。儒家学派一贯十分注重规范君主的思想态度，孔子曾经强调，国君为政，应“节用而爱民”，孟子早在战国时代就提出了“民为贵，社稷次之，君为轻”的口号，明代的王夫之则进一步要求国君应“严以治吏，宽以养民”……诸如此类的话语，在儒家典籍中俯拾皆是。而儒家学者的这些观点，作为封建王朝的最高统治者，无论贤愚，绝大多数是认可的，并且在实践中也取得了较好效果。譬如儒人所推崇的好皇帝唐太宗李世民就是一个典范。李世民曾写有《民可畏论》，认为：“天子有道，则人推而为主；无道，则人弃而不用。诚可畏也！”并从过往朝代的兴衰分析中提出了“可爱者君，可畏者民”的警句。因此他在与身边的大臣议论朝政时，就常说：“朕每日坐朝，欲出一言，即思此一言于百姓有利益否，故不敢多言。”又说：“为君之道，必先存百姓，若损百姓以奉其身，犹割股以啖腹，腹饱而身毙。” 他的这种态度和精神，可以说是出现贞观之治的重要原因。再譬如明朝的开国皇帝朱元璋虽然因滥杀大臣饱受诟病，但其在君民关系问题上的见地还是非常开明的。据《明实录》记载，朱元璋曾说过这样一段话：“善治者视民犹己，爱而勿伤；不善者徵敛铢求惟曰不足。殊不知君民一体，民既不能安其生，君亦岂能独安其位乎？”学者们认为，明朝对待臣下薄情残酷，且多任君主都是才能庸下之辈，但其政权能从元末乱世中很快发展崛起，并且延续二百余年，这与朱元璋所树立的安民、重民意识当有密不可分的关系。

换作今天的企业管理环境，我们认为儒家的这些观点，对企业的产权所有者来说，应该也是完全适用的。诚如我们所知，任何组织的存在都源于核心层的吸引力和凝聚力，而这种力量是不可能凭空获得的。如果作为企业的产权所有者，没有吸纳员工加入的愿望，员工就不可能成为组织中的一员；如果产权所有者没有敬畏基层员工的心理，不能为基层员工提供安定的生产生活环境，让其感受到做人的尊严受到了保护和重视，那么在今天这个企业遍地都是、员工就业选择空间很大的背景下，他就会用脚来表明自己的立场；如果企业产权所有者放任员工流失，那么组织的最终命运，便只有曲终人散。我们观察那些成功的企业家，不论是自发的还是有意识的，他们的秘诀中总有重视基层员工物质生活和精神生活这样的一条。有的企业老板会经常在工厂的大门口恭谨迎送员工上下班，有的老板会安排企业在节庆或员工生日时馈赠礼物送祝福，有的老板对企业员工的生活食宿非常重视，有时亲自抓……如是等等，这些活动和企业本身的生产经营活动并无直接关系，甚或增加企业的管理费用支出，但他们却乐此不疲，当然这不是他们傻，而是他们理解了产权所有者的职责重心就是要凝聚人气。这实际上也从理论和实践两个层次，对于我们从事人力资源管理工作的管理者们做了提醒，那就是我们的工作设计，必须要有鼓励和引导企业产权所有者重视基层员工的内容，使员工由于参加组织而获得更大的心理满足和心理收益，从而提升企业凝聚力和向心力。

其次，儒家民本思想中的另外五个方面，如“忧民、知民、教民、利民、富民”等，则主要是讲官民关系的，而不是对君权的制约，套用到企业管理上，其实就是教导经营管理层人员如何成为一名合格的管理者。因此，这些措施对于我们人力资源管理者的启发，应该是如何制订评价和考核管理人员的方法和途径，而不是如何要求企业的产权所有者们。

儒家重视对官员执政价值追求的培养，强调当官者应树立忧民意识，为民做主。北宋政治家范仲淹就提出为官应“先天下之忧而忧，后天下之乐而乐”，清代大儒黄宗羲在《原臣》

中则说得更明白，“我之出而仕也，为天下，非为君也；为万民，非为一姓也”。关于儒家所说的知民和教民，按我们的理解，应该就是为官者的工作内容。当官就要体察民情，了解民意，“知稼穑之艰难”，“知小民之依”，知道了老百姓生活不易和靠什么生存，从而去为他们办事，才能受到他们的欢迎。至于当官的如何替老百姓办事，为老百姓服务，当然不是代替大家直接从事他们要做的工作，而是给予他们做事的方法，帮助他们提高工作效率，达到良好效果，这个过程实际就是教育引导的过程，儒家称之谓“教民”。孟子十分重视“教民”的作用，他说：“不教民而用之，谓之殃民。”又说：“善政不如善教之得民也。善政，民畏之；善教，民爱之。善政得民财，善教得民心。”西汉贾谊总结了要教民的原因，他说：“夫民者贤不肖之材也，贤不肖皆具焉，故贤人得焉，不肖者伏焉，技能输焉，忠信饰焉。故民者，积愚也。”所以需要为官者予以正确引导，“惟上之所扶而以之，民无不化也”。那么为官者的工作价值又如何体现呢？儒家认为其判断标准就是看能否达到“利民、富民”的要求，凡属把扬善惩恶、发展民生作为要务的官吏就会受民拥戴，也为朝廷赞赏。譬如，按照儒家的这种管理理念，中国古代的史书一般都会设立《循吏传》，将那些重农宣教、清廉理讼、致富一方的州县级地方官一一载入史册，使其清名远扬，世代受人钦敬。又譬如那些位高权重者，能够利民富民的，其受到称赏的声誉就更为隆重。唐朝宰相狄仁杰为官，不媚上、不阿贵，始终保持体恤百姓的本色，做大理丞到任一年，便处理了前任遗留下来的诸多案子，没有一人上诉申冤，就被誉为“唐室砥柱”。管仲治齐时，“遂滋民，与无财”“轻重鱼盐之利，以赡贫穷”，以至齐国“通货积财，富国强兵”，就被国君尊为“仲父”。

儒家之所以在民本思想中，对于为官者也做上述强调，其原因应该是出于对官僚政治弊端的防范，正如今日之有关学者指出的那样，“从理论上讲，官僚政治往往是如此 ：第一，所尽的责任，减至最小限度。第二，所得的利益，扩充至最大限度。……所以怠惰和贪污，乃是官僚阶级的本性”，“官僚和民众的利益，是处于相反的地位的。” 所以，从社会实践操作层面来看，更多的时候，为官者的腐败，要比君主的昏庸对社会造成的危害更大，这就使得儒家在管理思想上不能不将对官员的管理列为重中之重。就企业而言，随着其规模的不断扩大，也难以避免出现官僚政治的问题，因此人力资源管理工作者在此方面防微杜渐，就显得十分重要。而要解决这一问题，对于企业来说，也是一项综合工程，决不是哪个部门或哪项制度便能办得到的。不过从人力资源管理角度来说，如果我们借助儒家学说在这方面的经验，从对管理者的工作态度、工作过程、工作结果三个维度来完善相应的个人绩效考核管理制度，那么其对解决工作中的官僚主义，应该说是完全有益而且可以发挥重大作用的。

再次，关于儒家民本思想应用于企业管理工作，我们还需注意民本和民主在实质上的区别。在前面的论述中，我们已经看到儒家理论里所提到的民本思想，或论君民关系，或论官民关系，仿佛已很全面，但给我们的感觉，总像是少了点什么东西。为什么会这样呢？原因就在于既然说关系，就应该是双方相互的，可是在儒家思想里，“民”总是作为被动接受的一面而存在的，从来不是双方关系的主导方，他们的命运只能任由“君”或“官”们摆布，没有选择余地。难道这中间就没有其他可能让人民来获得主动权吗？如果从儒学理论本身来看，这种可能性是不存在的，但若立足于我们今天的认知水平，则是完全有可能的，这个答案便是民主。

民主和民本的观念，虽然在具体治理方式上比较相似，但他们理论的前提假设是完全不一样的。民本的观念，是建立在君权神授的前提下，以君和官为社会的主体提出的，而民主的观念，则是以普通民众为主体，建立在民众契约授予的前提下而提出的。在民主的观念下，政权是“民有、民治、民享”的，政府的管理权力来自民众的集体委托，政权首脑是集体意志的体现，政府官员则是协助首脑履行责任的分担者，真正的主权在下而不在上，所以这种管理体制的权力赋予要通过选举来产生和更替，不存在民本观念下，因天命更改而须武力斗争解决政权转移的问题。两种观念的对比，说明民主观念在人类自我治理方面，基本上已完全摆脱了对自然的依赖，应该说是更进步、更彻底的思想革命。

有了这种认识，那么接下来的问题就是现代企业的管理能否引入民主理念呢？我们认为在整个人类社会都提倡民主的大环境下，企业作为社会的组织单元之一，当然是完全有可能的，但是要想使民主的观念落到实处，则还需要企业在产权治理结构方面进行改善。从某种程度上来说，产权就是企业存在的“神”，企业的最高权力完全来源于产权的授予，如果产权是个体所有，那就不存在民主，只有产权是企业公众所拥有，企业才有可能谈民主的问题。因此，从发展方向上看私有企业进行股份制改造乃至最终实现社会公有制，是必然趋势。这个过程可能比较漫长且充满无情的自然淘汰，然而就像人类社会的治理形式由封建制走到今天一样，由民本到民主虽然不可跨越却又必然到来。立足于这种理念，作为负责任的人力资源职业管理者，我们在自己的工作中，就应该顺从这种发展趋势，从制度设计到具体实践，鼓励企业的股本多元化和普通员工的参与管理决策，协调各方面的力量来保证企业的健康发展，惟其如此，才能使企业避免在激烈的市场中被淘汰，从而成为不断发展壮大的百年老店或千年支柱。

最后，关于儒家思想应用于企业管理工作，我们还是要重点提一下其管理思想在行为方法论上的精髓——善于妥协。其实对于任何管理理论，我们认为要想应用于实践，都会有一个相互妥协的过程。我们在本文前面阐述儒家“为政在人”的观念时，曾明确说过儒家所宣扬的“君权神授”观念，是其与社会既得利益阶层妥协的结果，这个妥协的收获就是其民本理念得到了统治者的认可，并得以实施，以至延续到了今天。而它所坚持的内核——依靠人事自立来解决人类社会问题，正是由于一直到今天儒家理论的仍然存在，才是我们认知到它的正确性，将其视为当今流行的民主思想的萌芽。若从这个角度上说，儒家学说在昨天的妥协，按其初衷，自然应是乐见于顺乎潮流发展的民主理念实行于今天的。那么，是不是民主思想指引下的社会管理理论就不需要妥协精神了呢？当然不是这样的。从西方民主思想产生的根源上看，民主本身就是人类社会在发展过程中，为了改善存在环境，大家互相妥协的结果，法国民主启蒙思想家卢梭的社会契约论，对此已有全面的推理和论证，并且深为大家所信服，对此已不需要我们再做过多的解释，仅就现实而论，民主的观念尽管已经深入人心，但在推广的过程中不是依旧举步维艰吗？只要财产私有的社会现实依旧存在，所谓的民主就只能是一种理想状态。但这个方向的正确性是确定无疑的，民主的观念要想得到实施，就不能不和财产私有者达成妥协，这和当初儒家学者不得不屈从于君权应是一个道理，只不过是昔日的"君权神授"前提，被代换成了"私有财产神圣不可侵犯"罢了。

妥协的实质，就是在条件不成熟的情况下，不得蛮干，只要能够保持向有利于自我原则底线实现的方向发展，具体操作措施没有不可以改变或被抛弃的理由。有句成语叫做"朝三暮四"，对于我们如何理解和实施妥协理论就很有指导意义。这个成语源自《庄子·齐物论》中的一个寓言故事，内容如下："宋有狙公者，爱狙，养之成群，能解狙之意，狙亦得公之心。损其家口，充狙之欲。俄而匮焉，将限其食，恐众狙之不驯于己也。

先诳之曰：‘与若芧，朝三而暮四，足乎？’众狙皆起而怒。俄而曰：‘与若芧，朝四而暮三，足乎？’众狙皆伏而喜”。同样是日食七果，朝三暮四群猴就怒，朝四暮三，大家就喜，结果没有变，但众猴的态度迥异，这说明方法的选择对于结果目标的达成也是至关重要的，哲人所说“前途光明，道路曲折”也许就是这个意思。不懂得妥协，即便动机再好，也未必就能有好的结果，这方面历史也有明证，如秦始皇修长城、隋炀帝凿大运河，其用意都是为了解决国计民生，但不能量力而行，结果导致了政权覆亡，这类教训应该说是极其惨痛的。企业中的人力资源管理工作者，以协调各方人事关系为要务，学会妥协，就显得更为重要，片面迎合企业中的任何一方，可能都会给企业带来严重的灾难。因此我们在工作中要为各方保留表达自己意见的通道，管理制度的制定必须是各方妥协的结果，这应该成为我们重要的工作原则而予以全面遵守和贯彻。譬如我们强调劳动合同的拟订要明确双方的权利义务、绩效评价要注意上下沟通、设计申诉处理机制等等，就是这一原则的具体体现。今后，人力资源管理工作顺应于时代潮流，也许不得不引入更多的民主理念应用于企业管理过程，在此期间，学会妥协的重要性就会进一步显现，如果没有这种意识，那么即使再好的人力资源管理举措，恐怕结果也只能是无疾而终。

总结以上所述，儒学理论之所以可以被现代管理活动所借鉴，缘于它的核心观念“人事自立”具有普世价值，正确反映了人类社会存在与发展应遵循的运行规律。可见世上的道理，只要是真知灼见，并不一定受到时间流失的影响而失去其应有的价值，但要发现前人著述的真谛，就不能仅停留在文章的表面，也不能人云亦云，而须自己独立思考，花一番去伪存真的功夫。因此学习古典文献，领略于先人的智慧，还是应该有些举一反三、学以致用精神的。如果不能结合今日之实际去追索，只是停留于寻章摘句，那么读书活动不仅失去了存在的意义，也有辜负于前圣先贤的辛勤探求和付出。孔子说："学而不思则罔，思而不学则殆"，又说："三思而后行"，以笔者所见，实在应该视为我们读书时的最佳座右铭，以求共勉。

附录 1：《赵威后问齐使》

齐王使使者问赵威后。书未发，威后问使者曰："岁亦无恙邪？民亦无恙邪？王亦无恙邪？"使者不说，曰："臣奉使使威后，今不问王而先问岁与民，岂先贱而后尊贵者乎？"威后曰："不然，苟无岁，何以有民？苟无民，何以有君？故有舍本而问末者耶？"

乃进而问之曰："齐有处士曰钟离子，无恙耶？是其为人也，有粮者亦食，无粮者亦食；有衣者亦衣，无衣者亦衣。是助王养其民也，何以至今不业也？叶阳子无恙乎？是其为人，哀鳏寡，恤孤独，振困穷，补不足。是助王息其民者也，何以至今不业也？北宫之女婴儿子无恙耶？彻其环瑱，至老不嫁，以养父母。是皆率民而出于孝情者也，胡为至今不朝也？此二士弗业，一女不朝，何以王齐国，子万民乎？於陵子仲尚存乎？是其为人也，上不臣于王，下不治其家，中不索交诸侯。此率民而出于无用者，何为至今不杀乎？"

附录 2：《触龙说赵太后》

赵太后新用事，秦急攻之。赵氏求救于齐，齐曰："必以长安君为质，兵乃出。"太后不肯，大臣强谏。太后明谓左右："有复言令长安君为质者，老妇必唾其面。"

左师触龙言愿见太后。太后盛气而揖之。入而徐趋，至而自谢，曰："老臣病足，曾不能疾走，不得见久矣。窃自恕，而恐太后玉体之有所郄也，故愿望见太后。"太后曰："老妇恃辇而行。"曰："日食饮得无衰乎？"曰："恃粥耳。"曰："老臣今者殊不欲食，乃自强步，日三四里，少益耆食，和于身。"太后曰："老妇不能。"太后之色少解。

左师公曰："老臣贱息舒祺，最少，不肖；而臣衰，窃爱怜之。愿令得补黑衣之数，以卫王宫。没死以闻。"太后曰："敬诺。年几何矣？"对曰："十五岁矣。虽少，愿及未填沟壑而托之。"太后曰："丈夫亦爱怜其少子乎？"对曰："甚于妇人。"太后笑曰："妇人异甚。"对曰："老臣窃以为媪之爱燕后贤于长安君。"曰："君过矣！不若长安君之甚。"左师公曰："父母之爱子，则为之计深远。媪之送燕后也，持其踵，为之泣，念悲其远也，亦哀之矣。已行，非弗思也，祭祀必祝之，祝曰：'必勿使反。'岂非计久长，有子孙相继为王也哉？"太后曰："然。"

左师公曰："今三世以前，至于赵之为赵，赵王之子孙侯者，其继有在者乎？"曰："无有。"曰："微独赵，诸侯有在者乎？"曰："老妇不闻也。""此其近者祸及身，远者及其子孙。岂人主之子孙则必不善哉？位尊而无功，奉厚而无劳，而挟重器多也。今媪尊长安君之位，而封之以膏腴之地，多予之重器，而不及今令有功于国，一旦山陵崩，长安君何以自托于赵？老臣以媪为长安君计短也，故以为其爱不若燕后。”太后曰：“诺，恣君之所使之。”

于是为长安君约车百乘，质于齐，齐兵乃出。

子义闻之曰：“人主之子也、骨肉之亲也，犹不能恃无功之尊、无劳之奉，已守金玉之重也，而况人臣乎。”

第十章 《鲁仲连义不帝秦》解读

自辛亥革命推翻帝制迄今已有一百余年，虽然皇帝作为中国社会传统政治模式的代表已经退出了历史舞台，但其在中国人的精神意识层面仍然或多或少占有一定比例，时不时地有所表现。譬如国人在养生领域就有“早餐像皇帝、午餐像大臣、晚餐像乞丐”的口号，教育领域对于独生子女的娇生惯养，也常常冠以“小皇帝”待遇进行批评，而在文学创作和影视文化领域，对于有关帝王的话题更是津津乐道，甚或偶有泛滥之势，引发方方面面的热议。出于常理推论，这种现象似乎也不奇怪，毕竟中华文明五千年，三分之二多的时间都是帝王史，遍观二十五史，哪部不是以帝王为核心进行记述？即便是从秦始皇算起，中国的帝制历史也有2200多年，据有关学者统计，其间，出现的皇帝也不少于400人，试想这个影响该是多大？更何况当今世界上仍然存在着大大小小20多个王国，皇帝的形象也并非远不可及，所以受惯性思维力量的影响，中国人有些皇帝情结当然也在情理之中。不过，要是仅靠这种宽容性的态度，来解释国人对皇帝的情有独钟，恐怕对于解决问题不会有任何帮助，所以要想对此文化现象有个正确结论，我们就很有必要做进一步的深思和分析。

追根溯源，从文字的本义上看，在古代，“皇”有“光明至大”的意思，主要作为修饰词使用，个别时代也曾被视为专有名词；而“帝”作为核心词，原本是对人类道德修养境界的一种表达。《史记·正义》中说“德象天地曰帝”，《白虎通》称“德合天者称帝”，可见，只有一个人的道德修养达到了与天地融合可滋养万物的地步，才能被称之为“帝”，这可是比“圣”还要高的人类精神追求层次。如果从这个角度出发，且不说能否达到，即使有着这样理想的人，自然也是值得人们敬仰和爱戴的。而这样的人必然也是所有人类中最有智慧和能力的，我们若是推举他为最高管理者，来管理大家的公共生活，引导教化大家，应该并无不妥。

然而，观察中国的过往历史事实，大多数当皇帝的和这个概念差别极大。在他们那里，皇帝实际上就是个人权力和地位的象征，人们之所以孜孜以求，是因为它至少可以最大限度地满足自己以下三方面的愿望：第一，拥有绝对权威，可以在任何时候都说一不二；第二，能任性支配财富，可以在任何时候随心所欲地挥霍而不受制约；第三，掌握生杀大权，可以在任何时候快意恩仇而不用担心受到报复。如果是从这个角度出发，作为社会管理阶层，哪怕是他名义上不叫皇帝，称自己是公仆，恐怕老百姓也是不欢迎、不支持并且深恶痛绝的。

那么，当今国人的皇帝情结，是种什么状况呢？说穿了实际就是上述两种思绪的纠结，人们一方面希望正本清源，能将社会交给道德修养极高者来治理，实现公平公正，另一方面又艳羡着旧时帝王的腐化快乐，希望自己能够最大限度的不受制约。我们认为这才是中国帝制所遗留下来的最大祸害，只要有这种情结存在，那么无论社会的治理模式换成了什么名字，其结果都是一样的。

既然如此，我们就不免要问，对于这个问题又该如何解决呢？俗话说，“解铃还须系铃人”，如果我们将视线转回到刚刚出现称帝现象的战国时期，看看那时的人们如何认识这一问题，也许从中能够有所启发。下面，我们就将结合《古文观止》里所选的《鲁仲连义不帝秦》一文，做些相关介绍，并且尝试性地探讨一下有关问题的解决途径和方法。

一、称帝之说有渊源

出自《战国策·赵策》的《鲁仲连义不帝秦》，讲述的是一个政治故事，话题主要围绕是否应该拥秦为帝展开。为了突出这场辩论的紧迫性和必要性，作者特意选择了一场事关赵国存亡的战争——邯郸之战作为背景，冀图借助气氛渲染形成的感官冲击，来增强文章的可读性和说服力。

说起秦赵之间的邯郸之战，就不能不提历史上著名的战例长平之战，因为邯郸之战基本可以视为长平之战的延续和发展。

公元前262年，在远交近攻战略指引下的秦国，出兵攻占韩国的野王城（今河南省沁阳市），切断了韩国上党郡（今山西省长治市东南）与国都新郑（今河南省新郑市一带）之间的战略通道，韩国无奈欲献上党与秦求和，但是上党郡守冯亭不愿降秦，竟率众献郡于赵国，意欲借助赵国军事力量抗击强秦。赵孝成王出于扩张领土的目的，采纳了平原君赵胜的意见，笑纳冯亭之献，并派平原君赵胜领军五万接收了上党。秦国见自己一场辛苦，最终成了为他人做嫁衣，心中不忿可想而知，于是经过周密准备，秦王一方面继续派军进攻韩国的缑氏（今河南省偃师境内）、纶（今河南省登封境内）等地，震慑韩国并阻断韩、魏、楚北上增援赵国的通道；另一方面，令左庶长王龁率领秦军主力，进攻上党，且准备以此为跳板进攻赵国。公元前 260 年，缑氏、纶、上党三地均被秦军攻陷，秦军主将王龁挥师北上，进攻赵国，仓促间赵孝成王拜廉颇为主将率军迎战。由于秦军甚为勇锐，接连挫败赵军，老将廉颇只得退于长平（今山西省高平市西北）筑垒防守，双方进入相持状态。此时赵国粮粟短缺难以继续支持战争，赵孝成王听信反间谣言，撤销了廉颇的统帅权，启用年轻将领赵括为长平前线主将，意图速战速决。结果轻率、躁进的赵军，被秦国新委任的主帅白起以“后退诱敌，分割围歼”的战法一举击败，包括主将赵括在内的四十余万赵军全军覆没，降后又被悉数坑杀，这就是著名的长平之战。是役之后，赵国整整损失了一代青壮年，元气尽失，从此由强转弱，而秦国则由此变成了列国中唯一的超级大国，再也无人敢与争锋！

长平之战结束了，秦国的欲望却并没有因战果的巨大而止步，“拿下邯郸，攻灭赵国”很快就成了秦军的新目标。危急之际，赵、韩联手利用秦国内部文武之间的矛盾，以割地求和为条件，暂时促成秦王停止了有关军事行动。然而，秦人试图不战而屈人之兵的美梦很快就成了画饼。赵国在战后，不仅没有依约割让土地，反而开始积极游说东方诸国，商讨合纵抗秦。秦王感到自己被再次戏弄了，遂于公元前 259 年 10 月，令五大夫王陵率军二十万再伐赵国，并且直攻赵都邯郸，于是秦、赵之间一场新的旷日持久的战役拉开了序幕。

当时的赵国虽然在长平之战中惨败，并且精锐丧失殆尽，但有血性、尚侠武的赵人在仇恨的驱使下，并没有屈服于秦国的强大攻势，而是奋起自卫，选择了血战到底。大将廉颇被赵王重新起用，主持保卫邯郸之战，赵相平原君赵胜亦散家财于士卒，编妻妾入行伍，鼓励军民共赴国难。战至第二年，双方已经厮杀多轮，秦军在邯郸城下并无丝毫进展，不得已又增兵十万，但依旧死伤惨重。秦王没有想到大败之后的赵国还能如此顽强，后悔之余就要求白起接替王陵为帅攻赵，没想到白起竟称病推辞，于是只好改令王龁接替王陵，再次增兵援粮继续围攻邯郸。这时候的邯郸城已成了强弩之末，几近弹尽粮绝，摇摇欲坠。赵国危在旦夕，无奈被迫向魏、楚两国求救，本文的故事也就从这里开始了。

赵相平原君带着自己的一批门客，游说列国，费尽了九牛二虎之力，才获得魏、楚两国君王的同情和支持，并使魏国率先派大将晋鄙率军前来援救赵国。就在赵国暗自庆幸之际，孰料波澜再起：魏军刚刚走到赵魏交界之地荡阴（今河北省临漳县西南），就突然停止不前了。原来秦国了解到了赵国四处求援的消息后，就派人威胁魏王，并说："诸侯中有敢于救赵者，秦国败赵后，对敢于最先前来救援的，一定首先给予惩罚，请魏国自己掂量相关后果。"魏国由于和秦相邻，长期受到秦国的打压，不断割城失地，早已如惊弓之鸟，秦人放出了这样的狠话，魏王胆气不足，哪里还敢贸然前往救赵？可是他又不甘失信于赵国，心存万一联军胜秦可以报仇的侥幸，因此只好下令军队暂停观望。

文中说，就在魏军进退两难之际，魏王绞尽脑汁终于想出了一个自认为两全其美的好办法，于是安排能言善辩的客将军辛垣衍潜入邯郸，试图通过平原君，将自己的意见转达给赵王。

那么魏王的锦囊妙计又是什么内容呢？我们听听辛垣衍的陈辞，便可知晓。他说："据我国的揣测，秦国现在之所以围攻赵都，怕是因为以前和齐国争强，希望相互称帝结果没有成功的缘故。那时候，齐国欺弄于秦，赵国可是追随于齐的。如今齐国日益衰弱，只有秦国称雄天下，难道会不记恨此事？我们认为现在秦国兵临城下，久攻无果，恐怕其心思已经不在一定要得到邯郸，而是想要有个体面的理由好撤兵罢了。当前最能打动秦国的莫过于尊其以帝号，赵国如果派使臣到秦国，表示愿意尊秦王为帝，那么秦国一定会很高兴，主动撤兵，邯郸之围也就可以不费刀兵而自解了。"

魏国为何在这关头会提出这样的一个主意？其中的缘故，尚需我们追溯到三十年前的齐秦互尊为帝事件。

公元前288年，随着领土的扩张和不断的战争胜利，秦国的实力已经远远凌驾于它国之上，秦国的昭襄王，对于和其他国家的君主一样拥有"王"的名号，也开始有些嫌弃，他渴望获得新的称号，使其可以显得与众不同，高人一等。今人对于秦王有这种想法，可能有些不解，认为他是否心理过于膨胀，斤斤计较于一个名号称谓，真是匪夷所思，蠢得可以。但若放在当时的历史背景下来看，实则不然。要知道，春秋战国时代为政是最讲究“正名”的，本书第一卷中对于“名”的威力曾经有过详细阐述，连孔夫子都一再唠叨“名不正，则言不顺；言不顺，则事不成”“天下有道，礼乐征伐自天子出”，由此足见，称什么“名”，绝不是什么可有可无的小问题，而是事关社稷民生的头等大事！秦昭襄王之所以重视“名”的问题，实际上就是为自己统一天下，寻找礼治上的合法性，试图借助“名”的以上驭下，收到事半功倍的效果，这可是个大手笔！

古语有云：“上有所好，下必趋之”，作为秦国的最高统治者秦昭襄王有了不满足于自己称号的需求，自然就有一帮大臣挖空心思来极力迎合，于是一个属于国君称号专用的新名词“帝”，便被秦王属下提出，开始正式登场。秦国的群臣经过商议，能够提出这样的一个名号，据学者们的研究意见，应该与当时秦人的信仰崇拜和整个社会思想界所宣扬的社会历史发展观有着密切联系。

秦人对“帝”这个称谓的偏好，源自其以自然神崇拜为主的精神信仰。《史记·封禅书》记载，早在秦国成为诸侯之初，秦的首位国君秦襄公就“自以为主少暤之神，作西畤，祠白帝”，之后的秦宣公曾“作密畤于渭南，祭青帝”，秦灵公也“作吴阳上畤，祭黄帝，作下畤，祭炎帝”，可见，“帝”的影响在秦地不仅广泛而且深远。在秦人的意识里，帝就是其所在方位的神秘力量主宰者，而国君则可以视为帝的化身，代其治理万民。

那么，既然如此，秦国为什么不在建国之初，国君就自称为帝呢？这当是由于其起始从属于周，不得不屈服于周文化所致。以周王室文化为主流的中原地区，在信仰上是以祖先崇拜为主的，祭祀讲究“神不歆非类，民不祀非教”，他们注重膜拜祖先功德，提倡“敬天法祖”，但对代表着天或方位神等意义的“帝”，虽然将其地位放的很高，却在人类最重视的祭祀活动中予以排斥，因此，帝的意义比较虚无。秦国那时敬畏于周，对自己的文化缺乏自信，当然也就不敢公开将“帝”视为至高无上，以免被人嘲为无理了。

然而到了战国时期，“帝”所代表的意义发生了变化，这就为秦人旧事重提创造了条件。当时，由于周天子的权威彻底丧失，列国之间战乱不已，战争的血腥残酷性，使得各路思想家们都不得不积极思考如何消除战争、安定民生。在这种背景下，由祖先崇拜而来的崇古思维，指导着人们形成了一种特殊的厚古薄今的历史发展观，大家认为眼前的社会混乱不堪，是最糟糕的人类发展阶段；在此之前的齐桓晋文时期，社会虽乱，但还能够有强权者维护社会正义，可以称为 “以力服人”的霸道时代；再往前的夏商周三代，他们的创立者夏禹、商汤、周文王伸张正义、统一天下、“顺乎天而应乎人”，深得人们的嘉许、赞扬，可以称为“以德服人”的王道时代；由此再往上，则越发美好，分别应是深受推崇的以神话传说人物黄帝、颛顼、帝喾、尧、舜等为代表的帝道时代和文明肇始之际的所谓“天皇、地皇、人皇”治世的皇道时代，《管子·兵法篇》甚至对不同时代的特征进行了抽象描述，称“明一者皇，察道者帝，通德者王，谋得兵胜者霸”，羡古之情，可以说是完全溢于言表。在这种历史观的作用下，于是乎列国混战中各个层次的胜利者们，出于扩大号召力和满足虚荣心的需要，便开始纷纷捉摸用什么“道”来代表自己，试图以名的力量来吸引世人的眼球，通过自我标榜来获取舆论的支持，进而彰显自己的治国理念与众不同、高人一等。因此在魏首开称王先河后，不甘示弱的齐、秦、赵、韩、燕、中山等也就纷纷相继称王。这个时候的王，当然与思想家们所宣扬的王道已经没有了什么必然联系，充其量只不过是个时髦的称号而已，难免令人生厌。于是当“王”的称号泛滥成灾丧失号召力时，出于人情常理，自然就产生了希冀使用令人耳目一新、为之一振的新称号的需求。在这种前提下，便有了秦人结合自我信仰和社会思潮，提出了要变革称“帝”的这种设想。

要说“帝”这个称呼，的确很合乎秦王的心意，既能神化自己，又能彰显追求，真是再巧不过的大融合，秦王应该立即拍板定案才是。然而事到临头，他却犹豫不决了，这是为啥呢？原因很简单，那就是秦王自我揣度秦国的实力和其他诸侯相比，并不占绝对优势，要是自己贸然称帝，说不定会遭到诸侯们的集体反对，并给秦国带来难以估量的灾难。

一面是心痒难奈，一面又顾虑重重，秦昭襄王想必也是为此寝食难安了好长时间。不过在他的一群智囊帮忙谋划下，秦王还是找到了一个“曲线救国”的好主意。其内容便是，秦国可以故意抛开“帝”所代表的施政方略意义，仅按秦人将“帝”

视为方位主神的传统来理解。这样秦国就可以自称西帝，同时拉实力不俗的齐国称东帝，通过这种掩耳盗铃的手法，试探一下天下民意，即使此事不成，也能拉个做伴的，免得秦国树大招风，四面树敌。另外，秦国自认为想出了称帝这么一个好主意，也不能白送齐国，让他捡便宜，完全可以派使者到齐国，以相约称帝立威为由，共同出兵攻击军事实力强大的赵国，从而达到一举数得的效果。

秦王非常欣赏这一堪称完美的方案，于是立即派人来到齐国联络共同称帝。此时，齐国的国君正是骄矜自傲的齐湣王，对于称帝也很热衷，但其对秦人的意图却持怀疑态度，特别是前不久齐国与赵国合作刚获得伐燕的巨大胜利，双方还处于蜜月期，秦国竟以称帝为诱耳，希望联合攻赵，这中间肯定有不可告人的阴谋。于是齐湣王也召来自己的臣下商议释惑，结果他的谋士们一眼就看穿了秦国的诡计，建议齐国以彼之道还治彼身，齐王可以先口头上答应秦国称帝，但暂时不付诸行动。待秦王称帝后，天下各国如果不反对，齐国就跟进正式称帝；如果秦遭到天下人的唾弃、指责，齐国则可借不称帝收买人心。再者，秦邀请齐联合进攻赵国，是包藏祸心，无论结果如何，得益的都是秦国，受损的都是齐国，因此齐国可反其道而行之，选择先攻打秦国支持的宋国，这样既教训了秦国，又赢得救民于水火的美名，可谓名正言顺，名利双收。齐王对此计深以为然，因此假装称帝两天就告别了这一徒有虚名的称号，而秦国正式称帝则果然很快就遭到了各国的反对，齐国趁势联合燕、韩、赵、魏等国西向攻秦，迫使秦昭襄王不但废帝请服，还退还了所攻占的赵、魏部分土地，于是一场由秦发起的称帝闹剧，才两个多月，便以秦国偷鸡不成蚀把米而草草告终。

二、消厄释难靠义胆

说完这段往事，让我们的目光再次回到战火纷飞的赵国邯郸。

当魏国客将军辛垣衍陈述完魏王的解围高见后，赵国的平原君赵胜并没有当场表态，因为依他的性格自是不愿向秦俯首的，但赵国覆亡在际，内无粮草，外无救兵，他满怀希望求救于魏，魏王却劝他投降，他又能说什么呢？辛将军也知道兹事体大，就请赵国尽快三思而定夺，然后告退前往驿馆安歇。

这时齐国的名士，素以急公好义著称的鲁仲连，恰巧正在赵国游历，碰上秦军围困邯郸，又听说魏国正动员赵国尊秦为帝，就主动去拜见平原君，问道："目前局势如此紧张，不知公子有何良策？"

平原君无奈地摊摊手答道："我还能说什么呢？长平之战，赵国百万大军损失在外，已经有舆论归罪于我，认为是我当初建议接纳上党郡招来了秦国的报复。而今国都邯郸被秦军包围，激战已久敌无退意，我尽管努力游说友邦，但援兵却迟迟不见。现在魏王又派客将军辛垣衍来提出要赵尊秦为帝，纾解国难，客人尚在，我还能说什么呢？"

鲁仲连听了这话，有些生气道："过去，我以为您是有胸怀、能担当、名闻天下的贤公子，现在我才知道您并非如此。魏国的客人辛垣衍在哪里？请让我替您责备他并叫他回去。"

鲁的这个建议，可谓正中平原君的下怀，于是他就顺水推舟说："既然这样，那就让我做个介绍人，使他和您相见吧！"

平原君来到驿馆，见到辛垣衍并对他说："齐国有位鲁仲连先生，现在碰巧也在邯郸，他素慕将军威名，托我介绍，想和您相见结识。"

辛垣衍对于鲁仲连的能言善辩，应是早有耳闻的，据说此人少年时代师事徐劫，便被称为"千里驹"，年方十三就折服了齐国当时有名的稷下辩士田巴，齐国的孟尝君对他也是言听计从，更令人吃惊的是，在田单复齐的过程中，他曾以一纸书信，就帮助田单令聊城燕将不战而溃。像这样的人物，身处是非之地，定为是非而来，辛垣衍自认为还是不见为妙，因此就向平原君推托说："我听说鲁先生是齐国令人敬仰的高洁之士，而我只是魏国的一介微末小臣，况且有使命职守在身，我怎敢高攀和他相见？还是不见为好。"

平原君见他心虚，就更力邀说："我已经把您在此的事情告诉他了，对方是出于至诚要见一面，如若推托是否也不太妥？"辛垣衍见已没有回旋余地，只好答应见见这位久负盛名的鲁仲连。

虽然是鲁仲连提出要见辛垣衍，但两人相见后，鲁仲连却并不先开口。受不了两人的尴尬默坐，辛垣衍只得抛出了话题，他说："当今赵国主少国疑，兵祸连绵，邯郸粮草无以为继，危若累卵。我看现在留居在这个围城之中的人，大多是心态惶惶而有求于平原君的；依先生您的神态和为人，是不会有求于平原君而脱困的，不知您为何还停留在此不肯离去？"

鲁仲连答道："昔日周朝有个叫鲍焦的，耻居浊世，遁入山林，结果因饥饿抱树而死！世人多认为他心地偏激、迂腐可笑，这种看法实在谬误之极，因为一般人并不了解鲍焦的这种行为。他的这种举止，决非是为个人打算，而是要以死来唤起人们对恶政的愤慨与反抗。像那秦国，原是一个抛弃礼义、专讲军功的国家，他用欺诈利诱之术来使用士人，把普通百姓当作俘虏奴隶对待。假如让这样的国家毫无忌惮地发展壮大起来，并且称帝进而号令天下，那么我鲁仲连宁愿身赴东海而死，也不愿做它治下的百姓！我之所以留在这里，并来拜见于您，就是想对赵国有所帮助啊。"

辛垣衍知道鲁仲连不过是一介布衣，身无所长，对于他所说的欲帮助赵国很不以为然，于是就问："那么，先生您准备怎样帮助赵国呢？"

鲁仲连回答道："我将说服魏国和燕国出兵帮助赵国，现在齐国和楚国都已经同意帮助赵国抗秦了。"

辛垣衍觉得鲁仲连大言不惭，简直就是信口开河，因此语带讥诮地说道："说服燕国嘛，以先生之才，想必不难；至于魏国，鄙人便是魏王差遣而来请赵尊秦为帝的，不知您怎能使魏国出兵帮助赵国呢？"

鲁仲连说："这是因为魏国还没有看到秦国称帝的害处，如果看到了，就一定会帮助赵国。"

辛垣衍问："那就请先生说说，秦国称帝的害处究竟是怎样的呢？"

鲁仲连说："我举个例子来说明吧。想当初，齐威王执政时，曾经主张仁义治国，倡导天下诸侯，按照礼的要求朝见周天子。当时周王室已经没落，财力穷困，国土狭小，别的诸侯都不愿前去朝见，齐国只好独往进贡周室。过了一年多，周烈王死了，各国诸侯便都前往吊丧，齐国由于有事去得晚了，周朝新君就因为这件小事而大发雷霆，派人到齐国进行训斥说：'先王辞世，犹如天崩地裂，新即位的天子都要下席守丧，而齐作为东方藩国，竟然最后才遣使到来，田婴齐实在罪该问斩。'齐威王听了勃然大怒，大骂周王：'啊呸！你娘不过是个婢女！少来这些张狂！'这事传开后，最终成为了天下人的笑柄。齐威王在周天子活着时，能够殷勤朝见；到他去世的时候，却忍不住要大声斥骂，这其中的原因便是实在忍受不了周天子的苛求。可是做天子的，自认为高高在上，对于愿意臣属自己的，本来就是如此苛求，这也就难怪别人会嘲笑齐威王了。"

辛垣衍对鲁仲连讲的故事并不认同，他说："先生您难道没有见过那些仆人吗？他们十个人侍从于一个主人，唯唯喏喏、小心翼翼，难道是这些仆人的力量没有主人大，智慧不及主人强吗？这还不是由于心底里害怕他嘛！"

鲁仲连说："您说得对。但魏国对于秦国来说，就像仆人和主人吗？”

辛垣衍坦然答道：“是的。”

鲁仲连见他如此无耻，就接着说：“如果这样，那我将会劝说秦王把魏王煮成肉酱！”

辛垣衍听了这话，心中十分不悦，语带怒气地说：“哎呀！先生您的话也太过分了，您又怎能使秦王把魏王煮成肉酱呢？”

鲁仲连道：“辛将军你别不高兴，我说的可是实话，道理本来如此。若不信，我可以为您再举些例子。商朝的时候，鬼侯、鄂侯、文王，位列纣王朝廷的三公。鬼侯有个女儿长得很美，为讨好天子，就将其进献给了纣王。不过纣王却认为这女孩长得太丑，因此把鬼侯剁成了肉酱。鄂侯听说了就急忙去争辩，结果被纣王诛杀做成了肉干。文王听到了这事，长长地叹了口气，纣王就把他拘禁在羑里的监狱长达百日之久，而且还差点也将其处死。这些人贵为一方诸侯，不是也一样沦落到成为肉干、肉酱的地步吗？再譬如齐国的湣王，一次他要到鲁国去，夷维子持鞭相从先行到达，他对鲁国人说：‘你们将怎样接待我的君王？’鲁国人回答说：‘我们将用十头猪、十头牛、十只羊来款待您的君王。’夷维子很不高兴，反问道：‘你们是从哪里找来的这种礼节来款待我的国君？我的国君称号为王，形同周天子！天子出来视察，诸侯应该让出自己的宫室，交出宫门的钥匙；亲自布置几案，立于堂下伺候天子用膳；等天子吃完饭休息了，做诸侯的才敢退去听政办公。’鲁人听了这话，立即轰走夷维子，将城池关门落锁，拒绝接待齐王。齐湣王一行见进不了鲁国，就准备到薛地去，路上经过邹国，此时正碰上邹国的国君去世，齐湣王想进去吊丧。夷维子就先期前去吩咐邹国新君说：‘天子前来吊丧，主人一定要将灵柩换个方向，把原来停在北面的灵柩换到南面来，以便天子面南行礼。’邹国的群臣听了说：‘如果齐王一定要这样做，我们宁愿伏剑自杀。’所以齐湣王他们也不敢进入邹国，再次落荒而去。邹、鲁两国，由于国家贫弱臣事于齐，他们的国君活着时，不能得到侍奉供养；死了以后，连饭含之礼都无法实行。然而当齐湣王想要邹、鲁之国对他行天子之礼时，却遭到吃闭门羹的下场。如今秦是万乘大国，魏也是万乘大国；都是万乘大国，彼此一样称王。如果魏国看到秦国打了一次胜仗，就想顺从他，尊他为帝，那不是表明三晋的官员们，连邹、鲁的仆从姬妾都比不上吗？况且秦国一但称帝，为了建树自己的权威，肯定就要变更诸侯国的人事布局。秦国会按他们的标准来确定诸侯所属大臣们的贤与不肖，会把他们不喜欢的人削职夺权，而将财富和权力转交给那些他们所喜欢的人，秦王甚至还会把他的女儿和那些专会打小报告的妃妾，赐嫁给各国诸侯做嫔妃来发挥监控作用。到了那个时候，这样的人充斥着魏国的宫廷，请问，魏王怎么能够起居安然？而您又怎能保住昔日的荣宠呢？”

听到这儿，辛垣衍坐不住了，他站起身来，再次施礼，向鲁仲连称谢道：“起初我以为先生您是位普通的人，现在我才知道您真不愧为天下的高士！请让我告辞，我不敢再谈帝秦的事了。”

辛垣衍被鲁仲连说服了，文章的作者认为，这场辩论的胜利造成了巨大的影响。其具体表现是，首先，秦军听到这个消息，知道赵国已不可武力征服，主动向后退兵五十里。其次，魏国希望妥协于秦的念头也被逐渐打消，正巧碰上魏国的公子无忌夺取了晋鄙的军队，前来救赵击秦，结果是秦军不得不退兵而去。

写到这里，故事似乎已经很完整了，但作者仍然意犹未尽，为了进一步彰显鲁仲连的高尚人格，他又续写了秦军退去后赵国的一个庆功场面。文中说，邯郸之围被化解后，平原君认为鲁仲连居功至伟，因此要封赏鲁仲连，鲁仲连多次推辞，始终不肯接受，平原君便设置酒宴款待于他。酒酣耳热之际，平原君再次站起来，拿出千金，走到鲁仲连跟前，为鲁仲连祝酒。鲁仲连笑道：“作为天下之士，其可贵之处，正在于为人除掉祸患，消释危难，排解纷乱而不图报酬。如果收领了报酬，就是行商坐贾之辈的行径，我鲁仲连可不忍这么做。”于是他向平原君告辞而去，终身不再来见平原君。

这段记述，看似画蛇添足，实则将全文又推向了一个新的高潮。鲁仲连前有大义凛然的不帝秦，此处又来个洒然一笑的辞封爵，一代高士的奇伟形象顿时跃然纸上，令人不由不意驰神飞、艳羡难抑。难怪《古文观止》的编者读至此处，也大发感慨，信笔作评，称说：“人知连之高义，不知连之远识也。至于辞封爵，挥千金，超然远引，终身不见，正如祥麟威凤，可以偶觌，而不可常亲也。自是战国第一人。”

三、欲毁帝制头绪多

《鲁仲连义不帝秦》一文，言辞犀利，气势磅礴，以一个“义”字，领起全篇，贯穿始终，并且借助人物极具个性特色的语言，通过鲜明的理念冲突对比，成功塑造了鲁仲连这一“胸怀大义、见识卓越、不畏强暴、不慕荣利”的人物形象。这种来自文学艺术领域的成就，不但为其赢得了“《国策》第一篇文字”的美誉（见清人高嵣《国策钞》），而且也倾倒了后世无数的仁人志士，使他们纷纷将鲁仲连视为自己的人生偶像，反复咏叹和效仿。

晋代文学家左思曾创作有一组咏史诗，其中第三首便说：“吾慕鲁仲连，谈笑却秦军。当世贵不羁，遭难能解纷。功成耻受赏，高节卓不群”，直接借古人古事来浇自我心中之块垒；明代军事家袁可立在《蓬莱阁怀古》一诗中也赞颂道：“义城鲁仲连，功成甘退让。千载有同心，感时怀高尚”，俨然已将鲁仲连视为了同道中的榜样。和他们有着同样情怀的，我们还能举出来很多，如汉代的贾谊、唐代的吴筠、宋代的陆游等，而其中最具代表性的鲁仲连粉丝则应首推唐代大诗人李白。

众所周知，李白不仅是一位杰出的富有浪漫主义色彩的伟大诗人，也是一位自小便抱有“济苍生，赈黎元”之志的政治理想家，而他的政治偶像便是鲁仲连。今人李长之所著《李白传》就曾直言“李白的从政史，就是他的学鲁仲连史”。李长之先生通过自己的长期研读李白作品，曾将李鲁二人做过全面对比，他认为，在性格上，李白将鲁仲连视为“同调”，他在一首《古风》中就说：“齐有倜傥生，鲁连特高妙。明月出海底，一朝开光曜。却秦振英声，后世仰末照。意轻千金赠，顾向平原笑。吾亦澹荡人，拂衣可同调。”

对于鲁仲连的“节”，李白有很深的敬意；对于鲁仲连的“舌”，李白也是由衷地佩服，在《留别鲁颂》里，他便满怀敬仰之情地写道：“谁道泰山高，下却鲁连节。谁云秦军众，摧却鲁连舌。独立天地间，清风洒兰雪。夫子还倜傥，攻文继前烈。错落石上松，无为秋霜折。赠言镂宝刀，千岁庶不灭。”李白在未从事政治以前，想到鲁仲连：“我以一箭书，能取聊城功。终然不受赏，羞与时人同”（《月东鲁行答汶上翁》）；他在有所谋划时，想到鲁仲连：“恨无左军略，多愧鲁连生”（《闻李太尉大举秦兵百万出征东南懦夫请缨冀申一割之用半道病还留别金陵崔侍御》）；讲到谈笑时，他想起“鲁连善谈笑，季布折公卿”（《献从叔当涂宰阳冰》）；他赞美别人时，还是鲁仲连：“辩折田巴生，心齐鲁连子”（《送王屋山人魏万屋》）。

鲁仲连之不为金钱所动，李白尤其在心上，所以他常说，“鲁连逃千金，珪组岂可酬”（《赠崔郎中宗之》），“鲁连卖谈笑，岂是顾千金”（《留别王司马嵩》）。而鲁仲连之恬然而退的态度，因为合乎道家的思想，所以李白简直就认为他可以与老子并列了，直称“鲁连及柱史，可以蹑清芬”（《古风》第三十六）。鲁仲连既是说客，又是策士，以一介布衣而“折卿相之权”，名满天下而不染尘世纤毫之利，心肠热，气岸高，飘飘然若神仙游龙，结合李白的生平来看，他真不啻为鲁仲连在唐朝的一个翻版，宜乎两人遥隔近千年而惺惺相惜！

鲁仲连的形象影响如此深广，《鲁仲连义不帝秦》这篇文章功不可没，然而我们在感慨之余，却不能错将它所描述的事件就当成了历史事实，充其量而言，《鲁仲连义不帝秦》不过是像《三国演义》一般“七实三虚”的历史小说罢了，鲁仲连的事迹到底有多大真实性尚不可知！为什么这么说呢？下面我们就作一番分析。

首先，我们可以断定此文，正如钱穆先生所说：“出自后人追记文饰，语已多误，决非鲁连当日之言，更非鲁连亲笔所记”，理由有三。其一，文中称呼当时尚在位的国君，如魏王、秦王等，都直接使用谥号魏安釐王、秦昭王，而谥号只有当国君去世后，才能出现，当时人不可能未卜先知，因此，不能排除文章为后人所做的嫌疑，至少也是后人追记有所润色，绝非当日之事的实录。其二，本文一开首，在辛垣衍劝赵王尊秦为帝的话中，就有“今齐湣王已益弱”一语，与史实并不相符。秦、赵邯郸之战时，齐湣王已死约二十年，辛垣衍怎么可能说出这样的话？王德敏、周立升所撰《鲁仲连杂考》认为“此乃流传抄写过程中的错误”，中间可能有脱字或衍字，我们不否认有这种可能性的存在，但这么明显的失误，也说明本文肯定存在后人加工文饰的成分，否则古人传抄时，至少也会注意到滑为谥号，不应以讹传讹的。其三，在这篇说辞中，鲁仲连在阐明尊他人为帝是作茧自缚时，曾举齐威王和周烈王的一段交往作为例证，提到，“昔者，齐威王尝为仁义矣，率天下诸侯而朝周。周贫且微，诸侯莫朝，而齐独朝之。居岁余，周烈王崩，齐后往，周怒……”然而史实是齐威王在位时间是公元前356年至公元前320年，而周烈王在位时间是公元前376年至公元前369年，两人根本没有政治活动交集，如何会有“卒为天下笑”之事呢？有人说“此烈王为威烈王”，那就错的更远，因为周威烈王时，田氏才刚刚代齐，只有齐太公田和才会有可能和他有交往，作为齐国名士，鲁仲连应该熟谙齐国掌故，无论如何在说辞中是不会犯这种低级错误的。

其次，本文对于发生是否应该拥秦为帝这场争论的起因，描述过于牵强。在前面的解读过程中，我们尽管也明确指出秦赵之间的邯郸之战和秦齐互帝事件都确有其事，然而本文把这两个历史事件拉在一起，实在是没有充足的理由。第一，秦赵邯郸之战的直接起因，历史记载已交待的很清楚，源于长平之战后，赵国求和时曾承诺割秦六城而失信；第二，秦人称帝计划的失败，主要原因在齐而不在赵，秦国因此而惩罚赵国，也于理不合；第三，秦齐互帝事件和邯郸之战已相距三十年，赵国即使此时支持秦国称帝，意义也不大；第四，结合秦国在此前后为统一六国而举行的各兼并战争来看，他们的目的非常明确，就是要不断扩大领土，而不是为了尊号，历史记载表明，山东六国没有哪一个因迎合于秦称帝而幸免于亡，也没听说，秦国在战争中曾经要求哪个诸侯国将支持自己称帝作为议和条件。综上所述，辛垣衍代表魏国在此提出尊秦为帝以解邯郸之围的主意，便显得有些突兀生硬，令人对于邯郸之战中是否发生过这样一场争论心存疑问。

今人读司马迁所著《史记·鲁仲连邹阳列传》时，都不免会遇到这样的一个困惑，即按照太史公的说法，鲁仲连“义不帝秦”事件应是发生在他“致聊城燕将书”之前二十余年，而田单收复聊城至少应是在公元前265年之前的事，因为前文我们已经说过，在赵太后当政之时，赵以长安君为质邀齐求援，齐国援兵的将领便是田单，此后田单便留在了赵国为相而离开了齐国。这样一来，若确实有过鲁仲连与人辩论不当尊秦为帝的事件发生，其背景便不应是发生在公元前258年前后的秦赵邯郸之战，而应是在公元前288年的秦齐互帝事件之际。司马迁在编写鲁仲连列传的过程中，把事件的时序如此安排，推想应该也是在审阅有关材料时，并不相信在秦齐互帝事件过去了三十年还会有义不帝秦的争论，所以才有了取舍上的这种错乱。

最后，本文将秦国的撤兵归结为鲁仲连的功劳，不但言过其实，且也说明文章存在假托虚构的成分。文中说，鲁仲连在辩论中战胜辛垣衍后，“秦将闻之，为却军五十里”，然后“适会魏公子无忌夺晋鄙军以救赵击秦，秦军引而去”，这明显是为了突出鲁仲连的辩论之功所做的夸张文饰之词，我们不难想象，即便秦军围赵是为了尊号而来，要使其退去，也不可能如此轻而易举，何况秦国志在灭赵，向来崇尚以实力见高低，又怎会为言辞所动。综合有关史料记载可知，围城的秦军之所以后撤，一方面是由于魏、楚的援军正在开来，秦人不得不防，另一方面，也和平原君组织的绝地反攻有很大关系。当时，在援军未曾到来之前，“秦急围邯郸，邯郸急，且降，平原君甚患之”，于是招募3000余人组成敢死队，命李同率领进击秦军，结果李同战死，秦军也被迫后退30里，可见这其中并没有鲁仲连什么事。若一定要说此次战役谁的功劳最大，首当其冲的也应是平原君而非别人。

平原君赵胜，历经惠文王、孝成王二朝，和齐国孟尝君田文、魏国信陵君魏无忌、楚国春申君黄歇并称为战国四公子，《荀子·臣道》篇曾称他能够 “率群臣百吏”，“以解国之大患，除国之大害”，是个可以“尊君安国”的贤相。从相关资料看，赵胜非常具有赵人尚武、血性、讲义气的风骨，在抗秦方面从未有过动摇。前面我们在有关《触龙说赵太后》一章的解读中，就曾提到此人为了朋友魏齐甚至甘愿个人被囚禁于秦，在长平之战前也是他力主无视秦人、接纳上党，长平之战中，他也坚决反对与秦议和。这次邯郸之战，由于赵国倾国的军队在长平之战中全军覆没，已经很难再组织起一支像样的军队，当时如果没有国际上的支持，赵国极有可能会亡国。而赵国最有国际影响力的人，除平原君外别无他人。他肩负着如此沉重的压力和责任，一边派人到魏国恳请自己的内弟信陵君魏无忌救赵，一边又亲自使楚，请求楚王出兵救赵。在出使楚国时，一个叫毛遂的门客依靠自己的大智大勇，终于说服楚王派春申君将兵救赵。“脱颖而出”和“毛遂自荐”两个成语典故便来源于此，都和平原君有关。回到邯郸后，又是他组织了三千多人的敢死队，把自己家里的钱都拿出来赏给士卒，妻妾也“缝补于众军中”，才使得邯郸军民能够安心固守待援，坚持奋力抵抗秦军。而邯郸之围得解，乃是魏国的信陵君“窃符救赵”杀魏军统帅晋鄙后，率领8万魏军与平原君鼎力合作最后大败秦军的结果。综观这场战役，在整个过程中，我们并没有看到有鲁仲连参与的任何影响痕迹，如果真像文中所述鲁仲连发挥了举足轻重的作用，太史公在邯郸之战的有关记述中对此只字不提，岂非显得有些怪异？所以我们有理由据此推断，司马迁在整理有关材料撰写鲁仲连列传时，是抱着传信存疑之态度的，鲁仲连义不帝秦这场辩论，可能并不存在于这次邯郸之战，并非信史。

既然如此，那是不是就意味着历史上并未发生过是否帝秦的争论呢？我们认为也不能这样说，因为《鲁仲连义不帝秦》毕竟是一篇历史文学作品，其素材肯定是来源于生活的，虽然作为一个整体，它也许与史实有较大出入，但其每个片断则必然是有所生活原型的。这就像我们最近看到的一部反腐热播剧《人民的名义》，它的故事整体当然是虚构的，其中的人物也决非现实生活中存在的哪个人，可是其描述的具体情节在现实生活中并不难找到实例，譬如剧中所说的那个故意整人的信访接待窗口，又比如那个表里不一的小官巨贪，竟窝藏了二亿多人民币的现金，如此等等，都是可以在国内近期的反贪反腐实践中找到实际对应典型的。

文学作品不同于历史之处，就在于它来源于生活，又高于生活，它通过对各种现实素材的有机加工组合和升华，以趣味性和可读性来引发人们的思考，从而唤起人们对真善美的向往或对假恶丑的憎恨与鞭挞。在对文学作品的赏析中，我们对于作者选择了什么样的表达途径，是从不会较真的，譬如神魔志怪小说、寓言故事等，其情节或人物多是荒诞不经的，可是只要它能引起我们思想上的共鸣，我们也并不会因其中的虚假而质疑它所要表达的内涵。出于同样的思想，我们之所以要论证《鲁仲连义不秦帝》并非信史而是文学作品，目的便是希望读者不要过于沉迷于作品中塑造的具体人物形象，而是要注意其作为文学作品要表达的主旨意图在于反对像秦王那样的人物称帝。

从文章的内容来看，作者表面上仿佛只是反对秦王称帝，原因是秦王“弃礼义而上首功”，“权使其士，虏使其民”，而实际上作者对所有以帝王姿态出现者，都是抱着极其厌恶反感情绪的，他借鲁仲连之口所例举的周烈王、商纣王、齐湣王等自视为帝的野心家们，无一不是反派的道德低劣者形象。作者有意将义不帝秦的争论放在秦赵邯郸之战的背景下，实际也是在委婉表达天下纷争不断的根源，就在于部分野心家们的称帝追逐，而鲁仲连义不帝秦辩论胜利带来了邯郸之围的结束，则更是一种只有消灭称帝才能天下太平的寓言。

在作者的心目中，帝道的本义已经被现实里的统治者所亵渎，完全不是应有的模样。他认为所有称帝者的目的，主要是为了逞一己私欲，追求高高在上、决人生死的快感，而不是为大众“排患释难，解纷乱”。因此无论什么样的人出来称帝，其结局对于人类社会都是害大于利的。作威作福，就是帝王的根本特征，“彼天子固然，其无足怪”。所以人类社会要想健康发展，从根本上解决问题，需要的就不是“帝”道，而是“士”道，其具体标准就是鲁仲连所说的“为人排患释难，解纷乱而无所取也”，也只有像他那样的高士出来主持公道，人类社会才会没有战争、没有苦难，大家才能过上好日子。

然而，我们也不得不说，作者的这种追求只能是充满乌托邦色彩的空想，虽然好看，但并不现实，因为即便真有人可以凭一己之力为社会排患难，解纷乱，可他如果做事总是无所取，自己又如何生存呢？当个人生命都不存在了，当然就也无从谈起为他人服务了。如若沿着作者的思路走下去，可能的后果大概只能是两个，一就是把希望还给虚无飘渺的上帝，因为他才是不食人间烟火、不为任何个人意志所左右的存在者；再就是又回到帝王统治的老路上来，因为“夫以千万倍之勤劳，而己又不享其利，必非天下之人情所欲居也”，当其“以为天下利害之权皆出于我”时，自然便会有“我以天下之利尽归于己，以天下之害尽归于人，亦无不可”的念头（参见黄宗羲的《原君》）。很明显，这两种前途，无论哪一种都是我们所不愿看到也不想接受的。

既然作者提出的代换目标不可行，那么他提出的抵制帝制的方法论又该怎样看待呢？在这里，我们也可做番分析。作者认为，帝制这种怪现象滋生的社会根源有两个方面，一方面是既得利益阶层凭借拥有专政工具的优势，“弃礼义而上首功”，以武力恐吓威胁于人，另一方面则是由于普通老百姓畏于其势，目光短浅，自甘为仆，有力有智，却苟且于“十人而从一人”。因此要摆脱这种现状，道路也很明确，那就是要丢掉畏惧心理，对于高高在上者的非分要求敢于说不，勇于反抗。实践表明，那些私欲膨胀者总是外强中干的，你越捧他，他就越为所欲为，而你真和他针锋相对做斗争了，他就也只能灰溜溜地夹着尾巴逃走了事。周王室如此，齐湣王如此，连貌似强横的秦国也不过如此，赵国长平之战后又遭邯郸之围，弱至极亦危至极，但因为赵人信心坚定又能团结一致顽强抵抗，结果不就是以胜利告终吗？这也不由让人想起了毛泽东主席的名言：“一切帝国主义都是纸老虎”，但“你不打，他就不倒”。对于受压迫者而言，只有抗争才是出路，没有像鲍焦那样宁愿抱树而死的义愤填膺，没有像鲁、邹之人那样的勇敢拒绝，等待世人的便只能是鬼侯、鄂侯、文王那样的结局，现实就是这样的残酷无情，所以我们时刻都不能忘了阶级斗争，这个才是最有效的法宝！

但是，仅仅依靠阶级斗争，就能完全解决问题了吗？也不一定。因为阶级的划分不是绝对的，当昔日的被压迫者通过斗争掌握了政权，就自然而然地成为了统治者，谁又能保证他不会变质成为作威作福者呢？这一点，中国两千余年的帝制历史就是很好的证明。诚如我们所知，在中国漫长的封建社会历史中，社会阶层的垂直流动是很剧烈的，变动最大的就是最上层的皇室和最下层的游民。自从有了皇帝这个称号以来，中国朝代的周期基本上是两三百年一变，在战乱之中，“几人称帝，几人称王”的情况是经常出现的，中国的皇帝就像走马灯一样，“乱哄哄，你方唱罢我登场”，每个朝代总是从开国之君的励精图治逐步蜕变到了末代帝王的荒淫昏聩，而在这江山易姓的过程中，无一例外总是如元人张养浩所说“兴，百姓苦，亡，百姓苦”。无怪乎连德国古典哲学家黑格尔先生都说：“中国的历史从本质上看，是没有历史的；它只是君主覆灭的一再重复而已。任何进步都不可能从中产生”，这话虽然说得有些绝对，但也不无道理，的确值得我们深思。

另外，若是一定要从阶级角度而论，即便那些身为帝王的又何尝不是帝制的受害者。古往今来，人们多艳羡于帝王至高无上的威权和无与伦比的好处，却往往忽略了他们身处的危险。据杨剑宇所著《中国历代帝王录》一书统计，中国史载的历代王朝，包括江山一统的大王朝与偏安一隅的小王朝，一共有帝王 611 人，其中不得善终也就是非正常死亡的就有 272 人，几乎占了一半；而每次的王朝更替，又不知有多少王室成员身遭奇耻横祸，祈祷愿世世无生帝王家。如北宋覆亡之际，金军攻破东京（今河南开封），除了烧杀抢掠之外，更俘虏了宋徽宗、宋钦宗父子以及赵氏皇族、后宫妃嫔、贵戚等共三千余人北上金国，他们一路上被金人极尽蹂躏辱弄之能事，等到达燕京后，只剩下一千几百人。尽管此时已十人九病，金人还是将其或卖为奴，或沦为娼，其间惨状可想而知。从这些事例来看，那些称帝者及其家族也未必就不痛恨帝制，如果说要大家共同行动起来消除这个人类的大肿瘤，想必他们也会举手赞成的。大家既然在这方面认识一致，是友非敌，又怎么可能通过单纯斗争的方式解决问题？

当话题说到了这种程度，如果我们再回头去看解读本文的初衷，也许不免有人认为欲借助古人智慧解决皇帝情结这一问题的愿望落了空，从而有些灰心丧气。其实这也大可不必，因为我们毕竟还是有所得的，虽然《鲁仲连义不帝秦》的作者没有为我们找到根本性解决问题的方案，但却开启了我们的思路，至少使我们弄清了解决问题的方向。通过对文章作者理念的分析，我们已然明白，由于人类社会是由众多利益诉求不尽一致的个体组成的，所以就必须有人站出来为大众“排患释难，解纷乱”，这说明任何社会形态都离不开管理阶层的存在，所以，要想消除皇帝情结，就不能靠无政府主义或消灭一切管理者来解决，正确的方法应该是如何防范出发动机本是美好的管理者或统治阶层蜕化成私欲膨胀、为所欲为的丑恶帝王。当我们认识到这一点时，实际上解决问题的答案已经呼之欲出了，因为我们终于找到了问题的症结所在，社会管理者或者统治阶层之所以会变坏，就在于大众赋予他们的管理权力被滥用了：他们本应将公权力用于为大众“排患释难，解纷乱”，同时获得自己的合理利益，但由于权力的不受约束和监督，结果在使用过程中，反成了他们无限扩张个人索取的工具，这就是帝制弊端的根源，也是国人所谓皇帝情结的真正本质。

知道了病根所在，自然就可对症下药，问题因权力而引起，欲除国人皇帝情结，当然也要从赋予权力、约束权力、监督权力使用来入手。说到这里，人们能够首先联想到的手段，估计肯定是民主、法治等词汇和理念居多，对于它们所包含的内容及其先进性，相信我们不用再做介绍大家也必能说出一二，譬如政府应该民选、民有、民享、民治，公民应该具有自由、平等人权，社会应该崇尚法治、和谐、共享，治权的使用需要分立制衡等等。毋庸置疑，这些现代政治理念都是人类在长期社会政治实践中的智慧结晶，对于防范权力滥用能够起到至关重要的作用，但是，对于其的局限性，我们也不能不有清醒的认识，万不可因之就将其视为万能的良药，以为可以包治百病，而一旦在实践中遇到了效果并不理想的局面，就又简单地归结为是皇帝情结的惯性力量在作祟。说到底，民主政治不过也是管理权力使用的一种方式，在这一点上其和帝制并无不同，打个不太恰当的比喻，帝制就是一个粗莽的武夫，对于权力的使用有些赤裸裸的不讲道理，而民主政治则像一个文雅的书生，表面上文质彬彬，但其是否内含狡诈，我们就很难一眼看穿了。当今世界上，美国应该说是被推为实施民主政治最为典范的国家，但其在国际交往中贪婪虚伪、自我至上、两面三刀、双重标准的形象也广为人知；在所有推行法治的国家中，法律本应是公正的，但执法者甚至包括律师，以法谋私、罔顾事实的报道也并不鲜见。这些事实说明，制度设计层面的优化固然是不可或缺的重要一环，但如何提升人的素质才是解决问题的关键。

说到人的素质，自然就不能不提及人的本性。在本书的不同的章节中，我们都或多或少地说过，人的本性就是他的自然属性，虽然无所谓善恶，但自私自利优先为自己争取生存和发展的条件，则是其根本特征；而人的本质，则是他的社会属性，虽然也无所谓善恶，但其要求为了满足个人的社会存在感，任何人都必须使个人利益服从于整体利益，优先保证实现人类社会存在和发展的条件。

所谓人的素质，实际就是人的本质的具体表现，由于人的本性和本质存在着对立，所以提升人的素质，就难免要对人的本性有所抑制，而其要求个体接受的内容，即我们通常所说的道德，虽然是人类的共识，但因这个共识是妥协的结果，所以人们也难免有抵触情绪，并不容易做到，这就需要有人来反复教育和示范，让其久而久之，由习惯成为自然。编于汉魏时代的《孔丛子》，在其《执节第十七》章中提道："魏安釐王问天下之高士，子顺曰：'世无其人也；抑可以为次，其鲁仲连乎！'王曰：'鲁仲连，强作之者，非体自然也。'答曰：'人皆作之，作之不止，乃成君子。文武欲作尧舜而至焉，昔我先君夫子欲作文武而至焉。作之不变，习与体成，则自然也。'"这里子顺"人皆作之，作之不止，乃成君子"的总结，就完全可以视为提升人的素质的要诀。世界上的圣贤，本就不存在天生的，他们表现出来的样子，当然不是本性的自然流露，只不过是他们强迫自己向着一个目标前进，不停地这样做下去，所以就达到了那种境界。由此可见，只要我们不断地进行正确使用社会公权力的引导宣传和教育，然后再借民主与法治的制度来督促管理者作之不止，那么当其习与体成时，国人的皇帝情结自然也就消除了。恐怕这才是正确的解决途径与方法吧！

四、皇帝情结难治企

通过对国人皇帝情结有关问题的探讨，我们不难明白，帝制之所以为世人所憎厌，根本原因就在于其将公权力当作了谋私利的工具。那么，自古以来为帝王者，为什么敢于如此堂而皇之使用公权力呢？明末清初的大思想家黄宗羲先生认为，这其间当是有着经济意识上的误解根源，即整个社会有意或无意地将天下当做了某个人或家族拥有的产业，其中汉高祖刘邦在向其父夸耀自己时所说的“某业所就，孰与仲多”，就很有代表性。可见，帝制作为一种管理模式是深植于财产私有这一土壤之中的，两者之间有着相互呼应的密切关系。由此，就不禁使人联想到在当今的企业管理中，会不会也存在着一个皇帝情结的问题呢？毕竟现代企业尤其是私营企业，一个非常显著的特点便是产权明晰，更何况企业存在的目的，便是本着赢利而来，这样的环境与帝制诞生的背景何其相似，我们能绕过这个问题吗？

依笔者的判断，当前的企业，皇帝情结不仅存在，而且还应是皇帝情结最活跃的地方，有关企业的生存周期统计情况便是一个很好的旁证。国家工商总局企业注册局、信息中心2013年9月出具的《全国内资企业生存时间分析报告》指出，截至2012年年底，我国实有企业1322.54万户。其中，生存时间五年以下的企业652.77万户，占企业总量的49.4%；5—10年的435.24万户，占企业总量的32.9%；10年以上的234.52万户，占企业总量的17.7%。非但中国，国外的许多相关调查研究也有相同的结论。美国《财富》杂志的统计数据显示，美国62%的企业寿命不超过五年，只有2%的企业能存活50年。学者们经过观察发现，在那些短命的企业中，无论是受外部市场环境的影响，在“物竞天择”的自然法则作用下沦入了被淘汰的命运，还是由于管理决策的不善导致企业市场竞争能力减弱而不得不寿终正寝，它们都有一个共同点，即企业的所有者或投资者，在资本使用中，均是热衷追求独断性，认为“有钱就该任性”。说白了这种心态不就是皇帝情结的具体表现吗？然而，对于此种社会现象，人们或持怜悯同情，或予冷嘲热讽，却鲜有义愤填膺指责批评的，探究其原因，无它，当是其社会危害性小，且企业的失败带给投资者的打击反而满足了人们的畸形心理补偿罢了。

生命周期短的企业，因为投资者的皇帝情结而走到了尽头，那么，这是不是意味者生命周期相对长的企业，在管理上就没有皇帝情结了呢？客观上说，我们当然愿意它是这种情况的，但事实上却并非如此，在有的企业，这种情结非但存在，甚至还会演变成带有实质帝制色彩的管理模式来出现。我们可能在很多场合，甚至是很正规的企业管理培训课程中，都会听到这样的一句话："老板永远是对的"，有人为了增强幽默感，有时还会再加一句："如果认为老板错了，请参考上一句。"这种看似开玩笑的言论，反映的却是企业管理中普遍存在的一个事实，即老板作为企业的产权所有者，拥有绝对的管理权力，而绝对的管理权力意味着什么，又会带来什么样的结果，自是不言而喻的，所以企业管理活动是否具有皇帝情结和企业生命周期的长短之间，虽然并不是充分必要条件的关系，管理活动具有皇帝情结的企业不一定就短命，但夭寿的企业则肯定在管理活动中存在皇帝情结的因素。关于这一点，我们也可以拿中国古代社会的王朝历史来印证，自秦汉以来，中国的大地上称帝建国者层出不穷，这些政权中有疆域辽阔、统治时间长达数百年的，也有偏安一隅昙花一现的，虽然其规模大小以及存在时间的长短有别，但其都属于帝制的社会管理模式则是无疑的，这应该是大家的共识。

笔者认为，管理中具有明显帝制色彩的企业能够长期存在，应该是和部分封建王朝延续时间较长有着同样的道理，即它们都在具体管理方法上有限地采用了所有权和管理权分治的模式，部分缓解了内部矛盾，从而为自己的发展创造了相对平和的生存空间。和封建王朝的所谓君权神授相比，企业内部产权所有者的绝对权威，是来自于对资产的控制权，这种合法性要比前者更直观，也更容易被人理解和接受，所以在企业组织内部，管理模式倾向于帝制集权是非常容易的，甚至不需要有什么理论来论证它的合理性。但是企业毕竟也是包含多种利益相关者诉求的综合体，作为一种经济组织不可能仅靠满足产权所有者的利益就能生存和发展，因此也和政权机构一样，需要寻找合适的方式来协调各利益相关者之间的矛盾来保证其有效运行，于是各利益相关者之间的博弈和妥协便产生了企业公权力交由共同第三方行使的需求，在这种情况下，企业的所有权和管理权就不得不逐渐分离开来了。

既然企业的内部治理环境和中国封建王朝有着高度的相似，那么作为与中国封建王朝政治统治相适应的儒家管理思想与理论，对于当前的企业如何处理所有权与管理权的关系，就应该也会具有相应的借鉴和指导意义。事实上，在今天的企业当中，特别是家族企业的内部治理，也的确有不少人就在按照儒家的理论教条去做，并且取得了一定效果。有统计表明，亚洲区域，深受儒家文化影响的企业平均存活时间要高于欧美国家，像日本《日经实业》的调查结果就显示，日本企业平均寿命为 30 年，几乎是欧美国家的五倍，这个结果当然是要比任何雄辩都更有说服力了。

在此前的论述中，我们曾指出，儒家管理思想是主张以民为本并且富有积极妥协管理艺术的，这实际上就从理论层面解决了企业所有权应和管理权进行分离的思想认识问题，而在这一思想指导下，中国封建王朝在具体实践中总结出来的许多行之有效的政治制度，对于当代中国的企业管理来说，应该是可以互通参考，甚至照搬使用的。举个例子，譬如封建王朝关于内廷、外廷分设与制衡的做法，对于当代企业管理工作的开展就很有借鉴意义。以明朝为例，当时的国家政权，便有职责明确、比较完善的两套管理机构，一套是以直接服务于皇帝为目的以宦官为主的内廷管理机构，另一套则是以处理国家政务为目的以文武官员为主的外廷管理机构。这两者之间，在中央层面，有内廷的司礼监和外廷的内阁相互制衡，内阁负责政务商议提出“票拟”，司礼监则负责协助皇帝批答奏章“批红”；在地方层面，巡抚和知府等治理一方，几乎地方所有事务都由其决定，但是宦官在地方也派有镇守太监、守备太监等监督地方政府，两者在有形无形之间产生了相互制约的关系。我们知道，在帝制条件下，由于权力的高度集中，国家的一切大小事务都不得不由国家权力的最高主宰“皇帝”一人来决定，所以其兴衰存亡与皇帝的贤明与否和勤政程度有着密切关系，“君明则国兴，君昏则国衰”的历史现象屡见不鲜。但是，在明朝却出现了皇帝长期不理朝政而国家的各方面照样可以顺利运转的奇特现象，这与明朝建立的内廷和外廷相互制衡的政治制度，应该说就有着密不可分的关系。

在当今的企业里，企业老板的身份是因应于资本而产生的，即便是屈指可数的“能人”，其精力也总是有限的，随着企业生存周期的延长和规模的扩大，想要事必躬亲，既不现实也不必要，如果在管理工作方面不能进行“内廷”和“外廷”的合理区分，结局恐怕不是个人累死就是企业早亡，这方面的例子我们耳闻目睹者，当不在少数，如春都集团的董事长高凤来、均瑶集团的董事长王均瑶、逸飞集团的董事长陈逸飞、涌金投资的董事长魏东等，对于他们的非正常死亡，知情者无不认为是由于工作繁重、压力巨大，精神和身体长期处于紧张状态所致，要是他们能早一点对管理权限进行合理分配，又何至于此呢？

除此之外，儒家治国理论值得企业管理学习的方面还有很多，譬如其关于皇权和相权的配置制度、皇位继承制度、言官制度、君臣相处艺术等等，对于现代企业里董事会和经理班子之间的关系、企业继承人的选拔、董事会议事制度与经营班子会议制度、领导行为艺术等等，都是不可多得的活教材，这些凝聚了中国先贤人事智慧结晶的东西，要远比西方管理学教材所提出的解决方案细腻实用，其收效也更明显，对于中国企业家来说，与其耗时费力、大把撒钱去攻读艰涩难懂的所谓什么EMBA、MBA，还真不如踏踏实实读些中国史传和儒家著作更有实用价值！

然而，从长远来看，正如帝制制度下，即使有儒家思想的制约，皇帝也会出于私利不断侵蚀公权一样，企业的产权所有者当然也是不会放弃自己独有的优势，来干扰和影响管理权的实施的，并且这种干扰和影响，还会因财产权的明晰，要比皇帝干扰国家治权更能被人理解和宽容，所以其危害结果也只能会更大，企业的寿命也并不能与中国成功的封建王朝相提并论，如果没有国家法治层面对于投资人的有关保护措施，相信很多企业产权所有者的下场会比我们能够想象到的更悲惨。儒家思想无法改变封建王朝的更替，自然也无法改变企业从成长发展走向衰落灭亡的宿命。

若想彻底解决企业生命力的问题，除了政府层面的法治引导外，企业的内部治理方面可做的工作当然也有很多。从当前的理论研究成果来看，从企业所有权的结构改善来入手，将企业从一股独大的局面中解脱出来，让企业的生死存亡成为组织中大多数人的利益所在，或许是个不错的突破口。目前，国际上比较流行的企业股份制运行就是很好的探索和尝试。在这种理论模型下，企业的最高权力从老板转移到了股东大会，企业管理权的赋予来自于各股东愿望的最大公约数，就杜绝了一己私利左右企业的局面。但这种模式的弊端也很明显，首先，这种模式下难免出现股东和代理人（即企业经营班子）之间的信息不对称，反而使企业经理层凌驾于股东之上，侵蚀股东利益，最终造成对企业存在和发展的破坏；其次，股东的构成中，企业内部员工的比例偏低甚至形同虚设或没有，并不能解决宏观意义上员工与股东之间的矛盾，企业管理层在贯彻股东意志进行管理时，仍不免与员工阶层产生冲突，从而影响到企业的凝聚力；再次，股东的分散，固然降低了其自身对于企业经营失败可能承担的风险，但风险的分散，也容易造成责任的分散，出现大家都负责又都不负责的局面，使企业生产经营活动受到负面影响。对于上述问题，管理学家们也有提出通过职工持股、管理层持股、增加公众股比例、健全董事会、监事会、经理层议事规则等方案来解决的，但在实践中的效果仍不明显，有待继续观察。

总之，展望企业的宏观发展前景，“沉舟侧畔千帆过，病树前头万木春”，将永远是不争的事实，我们也许无法改变一个具体企业生死存亡的命运，但从中汲取教训，使后来者发展的更好，则是值得期待和信任的总体趋势。事物总是在不断解决已有的矛盾中进步的，而每次的进步之后，总不免会有新的矛盾产生，这是客观规律，非人力所能抗拒，我们能做的或许便是“前事不忘，后事之师”，只要永远怀着合理扬弃的精神来投入生产、生活实践，等待我们的便必然是无比光明灿烂的美好前途！

附录 1：《鲁仲连义不帝秦》

秦围赵之邯郸。魏安釐王使将军晋鄙救赵，畏秦，止於荡阴，不进。魏王使客将军辛垣衍间入邯郸，因平原君谓赵王曰："秦所以急围赵者，前与齐湣王争强为帝，已而复归帝，以齐故。今齐湣王已益弱，方今唯秦雄天下，此非必贪邯郸，其意欲求为帝。赵诚发使尊秦昭王为帝，秦必喜，罢兵去。"平原君犹豫未有所决。

此时鲁仲连适游赵，会秦围赵，闻魏将欲令赵尊秦为帝，乃见平原君曰："事将奈何矣？"平原君曰："胜也何敢言事？百万之众折于外，今又内围邯郸而不去。魏王使客将军辛垣衍令赵帝秦，今其人在是。胜也何敢言事？"鲁连曰："始吾以君为天下之贤公子也，吾乃今然后知君非天下之贤公子也。梁客辛垣衍安在？吾请为君责而归之。"平原君曰："胜请为绍介而见之于先生。"平原君遂见辛垣衍，曰："东国有鲁连先生，其人在此，胜请为绍介而见之於将军。"辛垣衍曰："吾闻鲁连先生，齐国之高士也。衍，人臣也，使事有职，吾不愿见鲁连先生也。"平原君曰："胜已泄之矣。"辛垣衍许诺。

鲁连见辛垣衍而无言。辛垣衍曰："吾视居此围城之中者，皆有求于平原君者也。今吾视先生之玉貌，非有求于平原君者，曷为久居此围城之中而不去也？"鲁连曰："世以鲍焦无从容而死者，皆非也。今众人不知，则为一身。彼秦者，弃礼义而上首功之国也，权使其士，虏使其民。彼则肆然而为帝，过而遂正于天下，则连有赴东海而死耳，吾不忍为之民也。所为见将军者，欲以助赵也。"辛垣衍曰："先生助之奈何？"鲁连曰："吾将使梁及燕助之，齐、楚则固助之矣。"辛垣衍曰："燕则吾请以从矣；若乃梁，则吾乃梁人也，先生恶能使梁助之耶？”鲁连曰：“梁未能睹秦称帝之害故也；使梁睹秦称帝之害，则必助赵矣。”辛垣衍曰：“秦称帝之害将奈何？”鲁仲连曰：“昔齐威王尝为仁义矣，率天下诸侯而朝周。周贫且微，诸侯莫朝，而齐独朝之。居岁余，周烈王崩，诸侯皆吊，齐后往。周怒，赴于齐曰：‘天崩地坼，天子下席，东藩之臣田婴齐后至，则斮之。’威王勃然怒曰：‘叱嗟！而母，婢也！’卒为天下笑。故生则朝周，死则叱之，诚不忍其求也。彼天子固然，其无足怪。”

辛垣衍曰:“先生独未见夫仆乎？十人而从一人者，宁力不胜、智不若耶？畏之也！”鲁仲连曰：“然。梁之比于秦，若仆耶？”辛垣衍曰：“然。”鲁仲连曰：“然则吾将使秦王烹醢梁王。”辛垣衍怏然不悦，曰：“嘻！亦太甚矣，先生之言也！先生又恶能使秦王烹醢梁王？”鲁仲连曰：“固也，待吾言之。昔者鬼侯、鄂侯、文王，纣之三公也。鬼侯有子而好，故入之于纣。纣以为恶，醢鬼侯。鄂侯争之急，辩之疾，故脯鄂侯。文王闻之，喟然而叹，故拘之于牖里之库百日，而欲令之死。曷为与人俱称帝王，卒就脯醢之地也？齐湣王将之鲁，夷维子执策而从，谓鲁人曰：‘子将何以待吾君？’鲁人曰：‘吾将以十太牢待子之君。’夷维子曰：‘子安取礼而来待吾君？彼吾君者，天子也。天子巡狩，诸侯避舍，纳筦键，摄衽抱几，视膳于堂下；天子已食，退而听朝也。’鲁人投其籥，不果纳，不得入于鲁。将之薛，假涂于邹。当是时，邹君死，湣王欲入吊。夷维子谓邹之孤曰：‘天子吊，主人必将倍殡柩，设北面于南方，然后天子南面吊也。’邹之群臣曰：‘必若此，吾将伏剑而死。’故不敢入于邹。邹、鲁之臣，生则不得事养，死则不得饭含，然且欲行天子之礼于邹、鲁之臣，不果纳。

今秦万乘之国，梁亦万乘之国，俱据万乘之国，交有称王之名。睹其一战而胜，欲从而帝之，是使三晋之大臣，不如邹、鲁之仆妾也。且秦无已而帝，则且变易诸侯之大臣。彼将夺其所谓不肖，而予其所谓贤；夺其所憎，而予其所爱。彼又将使其子女谗妾，为诸侯妃姬，处梁之宫，梁王安得晏然而已乎？而将军又何以得故宠乎？”于是辛垣衍起，再拜，谢曰：“始以先生为庸人，吾乃今日而知先生为天下之士也！吾请去，不敢复言帝秦。”

秦将闻之，为却军五十里。适会魏公子无忌夺晋鄙军以救赵击秦，秦军引而去。于是平原君欲封鲁仲连，鲁仲连辞让者三，终不肯受。平原君乃置酒。酒酣，起，前，以千金为鲁连寿。鲁连笑曰：“所贵于天下之士者，为人排患释难，解纷乱而无所取也；即有所取者，是商贾之人也，仲连不忍为也。”遂辞平原君而去，终身不复见。

附录2：《原君》（黄宗羲）

有生之初，人各自私也，人各自利也；天下有公利而莫或兴之，有公害而莫或除之。有人者出，不以一己之利为利，而使天下受其利；不以一己之害为害，而使天下释其害；此其人之勤劳必千万于天下之人。夫以千万倍之勤劳，而己又不享其利，必非天下之人情所欲居也。故古之人君，量而不欲入者，许由、务光是也；入而又去之者，尧、舜是也；初不欲入而不得去者，禹是也。岂古之人有所异哉？好逸恶劳，亦犹夫人之情也。

后之为人君者不然。以为天下利害之权皆出于我，我以天下之利尽归于己，以天下之害尽归于人，亦无不可；使天下之人，不敢自私，不敢自利，以我之大私为天下之大公。始而惭焉，久而安焉。视天下为莫大之产业，传之子孙，受享无穷；汉高帝所谓"某业所就，孰与仲多"者，其逐利之情，不觉溢之于辞矣。此无他，古者以天下为主，君为客，凡君之所毕世而经营者，为天下也。今也以君为主，天下为客，凡天下之无地而得安宁者，为君也。是以其未得之也，屠毒天下之肝脑，离散天下之子女，以博我一人之产业，曾不惨然。曰："我固为子孙创业也。"其既得之也，敲剥天下之骨髓，离散天下之子女，以奉我一人之淫乐，视为当然。曰："此我产业之花息也。"然则，为天下之大害者，君而已矣。向使无君，人各得自私也，人各得自利也。呜呼！岂设君之道固如是乎？

古者天下之人爱戴其君，比之如父，拟之如天，诚不为过也。今也天下之人怨恶其君，视之如寇仇，名之为独夫，固其所也。而小儒规规焉以君臣之义无所逃于天地之间，至桀、纣之暴，犹谓汤、武不当诛之，而妄传伯夷、叔齐无稽之事，乃兆人万姓崩溃之血肉，曾不异夫腐鼠。岂天地之大，于兆人万姓之中，独私其一人一姓乎！是故武王圣人也，孟子之言，圣人之言也；后世之君，欲以如父如天之空名，禁人之窥伺者，皆不便于其言，至废孟子而不立，非导源于小儒乎！

虽然，使后之为君者，果能保此产业，传之无穷，亦无怪乎其私之也。既以产业视之，人之欲得产业，谁不如我？摄缄縢，固扃鐍，一人之智力，不能胜天下欲得之者之众，远者数世，近者及身，其血肉之崩溃在其子孙矣。昔人愿世世无生帝王家，而毅宗之语公主，亦曰："若何为生我家！"痛哉斯言！回思创业时，其欲得天下之心，有不废然摧沮者乎！

是故明乎为君之职分，则唐、虞之世，人人能让，许由、务光非绝尘也；不明乎为君之职分，则市井之间，人人可欲，许由、务光所以旷后世而不闻也。然君之职分难明，以俄顷淫乐不易无穷之悲，虽愚者亦明之矣。

第十一章 《鲁共公择言》解读

人类社会起源之初，受制于生产力水平的低下，在地理环境优越和气候条件适宜的地区，曾经先后诞生了多种相互独立存在的文明形态，如亚洲西南部幼发拉底河和底格里斯河流域的苏美尔人文明、非洲东北部尼罗河流域的古埃及人文明、亚洲南部印度河流域的古印度文明、欧洲地中海区域的克里特文明、拉丁美洲的印第安玛雅人文明以及东亚黄河流域的中华文明等。在这诸多的古老文明体系框架内，人类在物质文化、科学艺术等方面各自均取得了很大成就，其灿烂辉煌程度之高，从现代考古学的发掘结果看，许多方面即便今人也难以企及。然而令人遗憾的是，他们之中大多数的崛起和衰落几乎是同步发生，有些甚至很快就已彻底消亡，能够持续流传下来的总是寥寥。在这中间，中华文明可以称为异数，她虽然在成长与发展过程中也是多灾多难，但最终还是经受住了历史的考验，五千年来绵延不绝，一直流传到了今天。

中华文明的顽强生命力，引发了无数世人的高度关注，对其成因，学者们也曾从不同角度进行观察，得出了许多有益结论，其中族群文化具有深厚忧患意识，便是大家公认的重要因素之一。那么何谓忧患意识？它又有何表现特征？下面，我们将会结合对《鲁共公择言》一文的解读，和大家一起来探讨寻求。

一、虚张声势系败象

《古文观止》所编选的《鲁共公择言》一文，出自《战国策·魏策三》，记录的是战国初期小国国君鲁共公在魏国国君魏婴组织的一次宴会上的即席发言。

提起战国，大家首先想到的可能就是，在那个大规模兼并战争愈演愈烈的时代，秦国作为当时的超级大国，凭借武力，“奋六世之余烈，振长策而御宇内”，最终一扫六国，“席卷天下，包举宇内，囊括四海，并吞八荒”，完成了统一大业。然而，在战国初期，列国之中最先强盛而称雄的国家，却不是秦国而是魏国，当时的秦人在魏国的打压下，几乎就没有还手之力。史载，完成三家分晋之后的魏国，致力于领土扩张，积极与秦争夺河西之地，魏军在名将吴起率领下连战连捷，曾经一举攻入函谷关，夺取秦国黄河西岸五百多里土地，将秦国压缩到了华山以西的狭长地带，秦国以五十万之众尚不能抵魏卒五万，败状惨不忍睹，由是可以想见魏国是何等的威风凛凛！

历史学家们认为，魏国之所以在战国初期能够称霸列国，乃是诸多主客观因素共同促成的结果。首先，韩、赵、魏三家分晋时，魏国独得晋国土地，具有较强的经济优势。当时魏国的统治区域分为东西两大组成部分，但无论西部的河西、河东地区，还是东部的河内及黄河以南的地区，都属于开发较早、生产力相对先进的平原为主的地区，这里人口众多、土地肥沃、物产丰富，由于路网纵横、交通便利，又云集了天下物产，从而使商业、制作业也很繁荣发达。其次，魏、韩、赵三国均出于晋，世代交好，从而使魏国在势力扩张过程中，具有天然盟友支持。三晋合力，其人力、物力占有绝对优势，天下诸侯莫敢当其锋，又怎能不所向披靡？再次，魏国的立国之君魏文侯，是个目光远大、满腹雄才的杰出人物，在列国中率先实施变法图强，社会转型较早，不但极大地激活了生产力，而且吸纳了大量优秀人才，如李俚、吴起、西门豹、乐羊等等都颇受重用，业绩非凡，大得人和，从而奠定了魏国的强盛之基。最后，魏国军事力量强大，士卒战斗力较强也是魏国能够称霸的重要一环。在军事方面，魏国较早地进行了军事变革，建立了以精锐武卒为核心的常备军。据《荀子·议兵》篇载，魏国武卒披重甲，持戈配剑，操 12 担之弩，负弩箭 50 枝，携三日口粮，半天能走一百里，可见魏军士兵正规化程度及军事素养都是极高的，这样的军队，对于任何国家来说当然都是极其可怕的对手。

然而有着诸多优势的魏国，并未能将强盛的局面保持多久，当其传至第三代国君，也就是本文提到的魏婴执政时，魏国便已开始逐渐走向衰落。大家在阅读原文时，可能已经注意到，文中对他的称呼是梁王魏婴而不是魏侯或魏王，这中间实际就已暗中折射出了魏国实力的微妙变化。

魏婴是魏武侯之子，魏文侯之孙，在其即位之际，虽是正值魏国鼎盛时期，但衰落之象已初现端倪。公元前 370 年，魏武侯在尚未指定魏国继承人的情况下逝世，导致儿子魏婴和魏缓互相争立，国内发生混乱。在争斗中失势的魏缓外逃求援于赵、韩，于是公元前 369 年，赵成侯和韩懿侯亲率两国军队大举攻魏。就在韩赵联军大败魏军于浊泽（今山西运城境内）并进而包围了魏都安邑（今山西夏县西北禹王村）之际，韩、赵两国由于意见分歧，发生了内讧，致使魏罃反败为胜，最终杀了魏缓自立为君。这次战役的结果，虽然以魏罃的如愿以偿而告终，但三晋联盟的破裂，却使魏国缺少了天然盟友，从此陷入四战之地。

魏罃成为魏国国君后，积极向韩、赵复仇，先后在马陵打败韩军，在怀邑打败赵军。三晋之间的混战，使魏国的东、西邻居齐国和秦国都获得了可乘之机，齐国趁势出兵，在观城打败了魏军，秦国则全力东进，再次掀起了河西之地的争夺战，特别是公元前 364 年，秦魏石门一战，魏军被斩首六万，遭到了从来未有过的惨败，魏国在国际上的声威因之也受到了沉重打击。此时的魏国首都安邑，因地处河东，已呈现受秦、赵、韩三国包围之势，魏罃出于无奈，只得决定将国都迁往东部区域的大梁（今河南开封东南），以避战火，从此魏国又被称为梁国，魏侯也就成了梁侯。

魏罃在迁都以后，曾经有过一段励精图治的日子。首先，他苦心经营，把大梁城建造得规模宏大、坚固无比。当时的大梁城周长达 30 余里，有 12 个城门，城墙高约 5 丈，护城河四面沟通，又宽又深，城内大街长约 10 里，居民约有三四十万，堪称战国时期最为坚固的都城。其次，他通过一系列的换地，把对魏国来说不是很重要和不易控制的一些地区给了赵、韩，却得到了以大梁为中心的十分重要的交通要道和赵、韩插在魏国境内的军事据点，使国土面积显得更为集中，便于施政管理和战略防卫。再次，他组织民力开通鸿沟，引水灌溉农田，提高农业收成，之后该项水利工程经过多次扩建，成为国内水路的主要交通运输线路，客观上无论对于商贸还是军事，都提供了极大便利。最后，魏婴在军事上重用名将庞涓，魏国的军事实力也开始有所回升。公元前 361 年，庞涓率魏国最精锐的军队与秦军作战，攻破了栎阳，夺回了河西之地，秦孝公也被迫撤至秦的旧都雍。公元前 354 年，齐国虽然在桂陵之战给魏以重创，但是后来魏国还是逐步扭转了战局，并且于前 352 年打败了齐、宋、卫三国联军。这一系列施政措施的落实，使得魏国又有了些兴旺气象，可惜的是魏婴没有再接再厉，却又滋生好大喜功心理，于是魏国的衰落便再也难以逆转。

公元前 344 年，秦国为摆脱来自魏的压力，派商鞅游说于魏，提出要尊魏为王，藉以麻痹魏婴。魏婴听了秦的建议，心理急剧膨胀，便想效仿齐桓、晋文在诸侯间发号施令，于是他邀请宋、卫、邹、鲁等国君主及秦公子少官在逢泽（今河南开封市南）会盟，会盟后又率众前往朝见周天子，试图以此来确立魏国在列国间的统治权威。然而事与愿违，魏婴的此番举止非但没有赢得大家的尊重，反而遭到了多数大国的反对，特别是公元前 341 年，魏国本欲惩戒韩国立威，结果却在马陵之战惨败于齐，名将庞涓愤愧自杀，主帅太子申被俘，十万将士被歼，魏国来之不易的兴旺气象一下子被耗了个干净。马陵之战后，齐、秦、赵、楚乘机从东、西、北、南四面向魏发动围攻，魏国在“东败于齐，长子死焉；西丧地于秦七百里；南辱于楚”的形势下，不得不折节事齐。魏婴于公元前334 年亲率韩国和其他一些小国前往徐州（今山东滕州南）朝见齐国国君田婴齐，正式尊其为王，齐国出于谦让和国际政治平衡的考虑，不愿独自称王，于是就拉上魏国，也承认魏的王号。魏婴虽然名不符实，称王有些勉强，但有齐国撑腰，便也顺水推舟予以接受，这就是战国政治史上著名的魏、齐“徐州相王”事件。因为有了这层缘故，加之后来各大诸侯纷纷称王，所以《鲁共公择言》一文中，提到魏婴时才会称其为梁王，又因其去世后，谥号为惠成，所以我们在其他史传典籍中，也常会见到其被冠以梁惠王或梁惠成王的称呼。

不过，《鲁共公择言》中以梁王称呼魏婴，若按事件发生的时间推算，则是有些不妥。据史学家考证，魏婴此次在范台举办宴会，招待朝魏的各路诸侯，时间当是在鲁共公二十七年，即公元前356 年，而是时魏婴是尚未正式称王的。由此可见该文的内容应是后人的追述，而并非当时的实录，所以文章难免存在一些艺术加工的成分，这一点我们在阅读过程中不可不知。

按照原文的表述，当时的魏国应是正值迁都之后的强盛之时，魏国的实力令周边的小国不能不有所畏服，所以鲁共公才会合宋桓侯、卫成侯、韩昭侯（二吴评注中说是鲁、卫、宋、郑四国，不太确切，因公元前375 年，郑已被并入韩国）等前来朝魏，以求庇护，而小国诸侯们的这种举动，对于刚愎自用、外阔内狭的魏婴来说，则是刚好搔到了他的痒处，于是他便在范台设宴款待大家。他的这番做派，一方面是出于当时朝聘礼仪的要求，另一方面也不免有些炫耀国力和自傲的成分。为什么这么说呢？因为这个宴会选择的地点大有讲究。

在我国古人的心目中，台是非常神圣的建筑，非有大德高位者，是无权也无力构筑的，看过小说《封神演义》的读者，应该会对纣王修筑鹿台、文王修筑灵台有一定的印象，书中实际就是以此作为商周两家谋求至高无上王权的象征。我国古人之所以会有这样的信仰，一方面是因为在中国古代生产力非常落后的状况下，筑台是一项浩大的费时费力工程，没有经济实力就很难实施，另一方面这也和古人对天地山岳的崇拜有着密切关系，能够筑台常常意味着台的主人便是“天命”的代表。谌黔萍所撰《古人的高台行为与观念——解读中国古代高台建筑文化》(《广东技术师范学院学报》，2007 年第 8 期) 中指出，古人筑台，是为了谋求与天神对话，所表达的是人类敬天法地、崇山慕岳的仰望，我们只要想下什么人才能代表人类与神灵进行对话，便能理解台该具有什么样的重要内涵。汉代许慎的《说文解字》在解释“台”时说：“观四方而高者也”，意思是指台属于观这种建筑物的一种，其特点是形体高大且又四四方方，为了便于理解，他又进一步引用《释名》中的有关说法，指出“观（读音为四声），观（读音为一声）也，于上观望也。观不必在方，其四方独出而高者，则谓之台”，“台，持也，筑土坚高能自胜持也”。因此，台也常被引申用作德高望重的象征，譬如古代汉语中就常用“台臣”、“台司”代指国家的宰辅重臣，致书于尊长时要写上“台鉴”来表示敬重等。由此可见，魏婴举魏国之力夯筑范台，又宴诸侯于范台，正是要存心向人们一展己志，并以德行方正、望重天下而自许。

二、只为交际慎择言

《鲁共公择言》一文在记叙这次宴会时，起首便写了这样一段话，“酒酣，请鲁君举觞，鲁君兴，避席择言”。从一个“酣”字，可以想见大概在酒席宴前，魏婴是极尽了显摆自己之能事的。按照古人的习惯，魏婴作为宴会主人是要首先起杯领饮的，而举杯领饮，总要讲些内容，能让大家处于酣的状态，说明他屡屡引领大家畅饮，这中间自然话也讲得不会少。然而总是自己一个人在表演，未免有些索然无味，这时魏婴就想让别人也说几句赞颂的话来满足自己，于是就要求参与宴会者面对良辰美景、酒海肉林、曼歌妙舞，一定也谈谈自己的感想来助兴，因此在座的鲁共公见推辞不过，经过一番思考，便只好代表大家做一番即席发言。

当我们读至此处，可能会有不少读者对于“兴”字感到不太好理解。这是代表鲁共公对于魏婴的邀请发言，感到高兴，受宠若惊？还是表示鲁共公因饮酒过量兴致很高、情绪有点亢奋？抑或是说明鲁共公听到邀约后，猛地站起来，动作有些激烈？

依笔者的见解，这些说法仿佛都不太能够采信。首先，鲁国当时虽然已是国力微弱，但在大家名义上还都尊周天子为天下共主的背景下，鲁国作为周室至亲、封建历史久远、又是爵位为公的诸侯国，和受封不到五十年、出自姬姓旁支并且爵位为侯的魏国，当然是要更高贵一些的，况且此时的鲁共公已任国君 27 年，而魏婴担任国君才 13 年，无论是从爵位还是资历甚或包括年龄来论，鲁共公在魏婴面前都是会非常矜持，而决不可能受宠若惊的。其次，诚如我们所知，鲁国素以保存有完备的周礼而著称，是典型的周礼保存者和实施者，由鲁共公这个谥号，我们也不难推测出此人是个具有恪守周礼、庄以莅下、逊顺事上等“恭”这种美德的君主，在外交场合自然是不可能饮酒过量而失德的，何况下文连以“避席择言”，一个避字，一个择字，就足以说明他并不会酒后兴奋，信口开河，而且下文所写其发言内容，也说明其很清醒，并非胡言乱语。再次，作为谦谦君子，最为讲究的是喜怒不形于色，鲁共公作为一名老牌国君，又是有求于魏国而来，即便对于魏婴的做派有些不满，也是不可能在席间发作，以激烈的动作来表达心情的。

那么，这个“兴”字会不会是也像前面所述“梁王魏婴”那种格式，是指鲁共公的名字叫兴呢？我们通过查阅史料可知，鲁共公的名字是叫姬奋，而非姬兴，有点令人失望。但按照古人名字分立、互释互补的习俗，若从字义上看，兴和奋都有起动的的意思，是否也可以说鲁共公是名奋字兴或名兴字奋呢？这种推测或许有理，但估计也靠不住。因为说鲁共公名或字为兴的未见于其他典籍，是个孤例。另外按照习惯，若鲁共公果然名或字为兴，在文中的表述就该在首次提到时指出，说法应为“请鲁君兴举觞，鲁君避席择言”，而不是“请鲁君举觞，鲁君兴，避席择言”。

既然如此，那么对于这个“兴”字在此究竟应作何解呢？遵循“读书当将万卷过，求知不教一疑存”的先贤教诲，不妨也提点个人愚见，以冀抛砖引玉。笔者认为，联系上下文来看，这个“兴”字或许视为古人所谓“诗经六义”中的“兴”所代表的意义，比较吻合，意即鲁共公在被邀致祝酒辞后，就采用兴的手法先行赋诗，然后离席发言进行具体解释。为什么这么说呢？我们有以下推断过程，仅供商榷。

第一，在我国古代，特别是周朝时期，宴饮活动并不是单纯为了解决吃饭问题而举行的，而是各种礼仪活动不可缺少的组成部分，《礼记》中有“礼终而宴”的记载，意即，无论是婚冠丧祭，还是朝聘会同，或为了隆重，或为了虔诚，或为了真诚，或为了尽欢，如果没有举办宴饮，就是“为礼而不终”，梁王魏婴在接待鲁、宋、卫、韩等国的朝聘之际，举行宴饮，既是当时的国际惯例，也是周礼的要求。

第二，既然宴饮活动是周礼的一个重要环节，那么对于宴饮活动的开展，周礼自然就有相应的具体要求来规范。《礼记·少仪》中说：“凡饮酒为献，主者执烛抱燋，客作而辞，然后以授人”，宋人朱熹对此批注称，“饮酒之礼，宾主有让，及更相辞谢，又名歌诗以见意”。可见，在宴饮活动中，吟咏传情乃是一项重要活动。

第三，有关学者专门对《诗经》和《左传》所记录的宴饮诗进行了研究，认为宴饮用诗，在周初也是有着严格规定的，他不但要与固定的乐相合，而且其目的性也很强，大体可以归结为两个方面，一为观盛德，二为戒耽酒。而到了春秋时期，由于“礼崩乐坏”，宴饮用诗已经打破了这种规则，更注重的是实际情感表达效果，甚至成为外交场合政治斗争的一种表达手段，如《左传·襄公十六年》关于晋侯与诸侯宴于温的记述，便是借众人赋诗来试探与盟者是否同心，结果齐高厚之诗不类，便被认为是心怀二志而成为众矢之的。到了战国时代，由于宴饮用诗形式呆板，与诗相配套的乐也或失落或被僭越，因此与会者实际已经很少温文尔雅地赋诗言志，但借助宴饮利用言语来进行沟通情感的内涵还是被保留了下来，直到今天，人们还借助酒席来联络彼此感情，就是很好的说明。

第四，因为宴饮致辞脱胎于宴饮用诗，所以我们有理由认为，在战国时代的宴会上，虽然与会者可能并不要求必须吟诗言志了，但其致辞却免不了仍然要借助固定的修辞方法来表达。而众所周知《诗经》六义中，风、雅、颂是讲配乐的，赋、比、兴则是讲表现手法的，作为固守周礼的鲁国的国君，鲁共公对于宴饮之中的诗、礼应该是相当熟稔的，所以选择用兴的手法赋诗、进而言事是完全有可能的。

第五，我们来看，所谓兴，又有什么具体内涵。作为一种文学艺术的表现手法，兴，在中国文学批学史上，受到了自秦汉以来诸多学者的关注和研讨，总结他们的见解，大体分为两种，一种是从纯文学的角度出发，认为“兴者，先言他物以引起所咏之词也”（宋朱熹语），“ 触物以起情谓之兴，物动情者也”（宋李仲蒙语），意即兴的创作方法，是指由外物的激发而兴情，又把情感浸透、寄托于所描写的物象中。另一种则是从包含道德价值判断的角度出发，认为“兴者，托事于物”（汉郑众语），“见今之美，嫌于媚谀，取善事以喻劝之”（汉郑玄语），意即兴就是因物起情，文已尽而意有余，具有美刺讽喻的功用。其实这两种见解是大同小异，主旨都认为，兴，便是先言他物，然后借以联想，引出作者所要表达的事物、思想和感情，相当于现在的象征修辞方法。

按照这种理解，如果我们结合本文中鲁共公发言的内容来看，就更有说服力了，因为鲁共公在这里所使用的表达方法便正是兴的修辞手法，其目的也正如郑玄所说，乃是为了“见今之美，嫌于媚谀，取善事以喻劝之”，所以我们不妨大胆认为，文中的“兴”，乃是指鲁共公遵循礼制，以兴的手法即席吟咏，然后又做了一番发言阐释，两者内容相辅相成。只是本文的作者在表述时，略去了鲁共公所吟的诗句，以便重点突出他的发言。

下面，我们就一起来看看鲁共公到底说了什么内容，可以作为“兴”的佐证。

却说那鲁共公端起酒杯，离开自己的坐席，神情肃重，字斟句酌而言，他说：“从前，舜帝的女儿安排仪狄负责酿酒，因酒味醇美，仪狄就将之献给大禹饮用，大禹喝了之后感觉确实很好，但却因此疏远仪狄，并不再饮酒，他说：‘后代一定会有因贪饮美酒而亡国的。’齐桓公在位时，有天半夜忽然感到饥饿，易牙知道了，就立即着手煎熬烧烤，做出美味可口的菜肴给他送上，齐桓公大快朵颐吃得很饱，睡下后一直到天亮也未觉察，以致误了朝政，事后他反思说：‘后代一定会有因贪食美味而亡国的。’晋文公在位时，迎娶了一位名叫南之威的美女，三天没有上朝理政，于是就把南之威打发走了，他说：‘后代一定会有因贪恋美色而亡国的。’楚庄王在位时，曾经登上强台远望崩山，俯瞰江湖，徘徊流连于山水之乐而几乎忘记人间生死，于是他发誓记住此事，不再游山玩水，并说：‘后代一定会有因为修建高台、美池而亡国的。’现在，主君您酒杯里盛的是堪比仪狄所酿的美酒；桌上放的是如同易牙烹制的佳肴；环视您的身边，左有白台，右有闾须，都是和南之威一样的美女；远望四周景色，前有夹林，后有兰台，都是和楚之强台一样的处所。这四者中占有一种，就足以使国家灭亡，可是现在您兼而有之，能不警戒吗？”

在这段话里，鲁共公连提先贤圣哲四事，比附于宴会当场的实际情况，语言“整练而有扶疏之致，严重而饶点染之姿”（《古文观止》编者评语），外在形式上是排偶对比兼用，实则是以兴的手法，进行美刺讽喻，希望引起魏婴的警戒。至于为何要说这里的表现手法，主要是兴而不是赋、比，我们有以下理由。

首先，从纯文学领域来看，关于赋、比、兴，文学批评理论家们一般认为，它们分别可与现代汉语中的排比、比喻和象征修辞方法相当。从这个层次上来审视鲁共公的发言，比，是应该可以排除在外的，因为全文陈述的都是事例，并无比喻，剩下来的便是称之为赋或兴哪个更为贴切。根据宋人李仲蒙的评析意见："叙物以言情谓之赋，情物尽者也；索物以托情谓之比，情附物者也；触物以起情谓之兴，物动情者也"，那么我们只需弄明白这篇文字究竟是叙物以言情而情物尽，还是触物以起情而物动情，即可两下立判。很明显，鲁共公在发言中先极力铺陈先贤圣哲之事，目的不是为了彰显前人智慧而给予讴歌，这便是其情未尽了，而其以圣贤四事来比附当日宴会的情景，当然也不是要直斥魏婴举办这场宴会是什么荒淫无道之事，而是意在言外，提醒魏侯也包括在座的其他人不要乐以忘忧，这不正是触物以起情吗？朱熹说："赋者，敷陈其事而直言之者也"，"兴者，先言他物以引起所咏之词也。"这个解释，实际就更直观地告诉了我们，鲁共公之言是兴而非赋。

其次，从道德价值角度判断，鲁共公之言也当归为兴，而非其他。汉儒郑玄在解释赋比兴时，说道："赋之言铺，直铺陈今之政教善恶。比，见今之失，不敢斥言，取比类以言之。兴，见今之美，嫌于媚谀，取善事以喻劝之。"在前面的分析中，我们已经指出，宴饮是合乎周礼要求的，那么魏婴在各国朝聘之际，设宴招待，就不存在什么过错，但是其在宴会上极尽夸耀之能事，固然也可以理解为好客，却也没有什么值得去宣扬和铺陈，所以可排除赋。美酒、美食、美女、美景，贪于其中会导致亡国，可是那些至圣先贤者也都是经历过才体味出了道理，并不是说拥有美酒、美食、美女、美景就一定会亡国，是失政。所以魏婴当然不能因此就受到责难，再者鲁共公是有求于人而来的朝聘者，于情于理也不可能因此事批评别人，所以鲁共公的发言也不能归为比就很明显了。从正面说，鲁共公正是见今之美，不肯逢迎于人，所以才取其善者劝谕大家不可乐而忘忧，这不正是兴之本意吗？

最后，我们从魏婴对鲁共公发言的态度，也可看出鲁共公使用的表达手法是兴而非其他。文章里提到，魏婴听完祝酒辞后对其连连称赞叫好，这说明他们对于言语中这种兴的表达手法认知是一致的，在思维上魏婴并不认为对方有什么批评指责的恶意，所以气氛才能那么和谐。可以试想，若是魏婴认为鲁共公的发言，是在讽刺挖苦自己失德失政，那恐怕结局就不仅是不欢而散，甚或可能会引起两国交恶发生战争了。这种说法也决非危言耸听，譬如同样是这个鲁共公，因与楚宣王饮酒不欢，就曾导致了楚国联合齐国伐鲁。可见酒席宴饮致辞，尽管是合乎礼仪之举，但发言方法不当，后果还是相当严重的。鲁共公在这里没有受到责难反而被魏婴连连称善，也决非是魏婴具有什么宽宏气度，从善如流，而是他意识到鲁共公的即兴演讲并无恶意，只不过是一种善意提醒罢了。如果魏婴真的是那种视此为谏言的人，听进去了鲁共公的话，又哪里会有魏国此后的衰落呢？因此，我们完全有理由认为魏婴在这里称赞叫好的不过是鲁共公的说话方式而已，并无其他更多的内涵。

三、忧患意识民族魂

通过上述的解读，我们可以得出这样一个结论：在中国古代，“居安思危、乐不忘忧”是被人们称颂的一种美德，即便是狂妄自大如梁王魏婴之流者，也不会因别人在这方面提醒自己而恼羞成怒，相反还要因之为进言者称赞叫好。这种美德，便是我们时至今日仍然乐于称道，并将其视之为中华文明得以持久流传的重要文化基因——忧患意识。

忧患意识，被上升为中国传统文化精神内涵的一个抽象化、概括性理念，是由当代中国新儒家学派代表人物台湾学者徐复观先生，于其著作《中国人性论史》中首先提出来的，此后得到了多数国学大师如牟宗三等的认同而流传开来。但忧患意识，作为一种文化现象，在我国则是有着悠久的历史了。

根据学者们的研究成果，“忧患”一词当是最早见于战国中期的《易传》和《孟子》，《周易·系辞下》提到“《易》之兴也，其于中古乎？作《易》者，其有忧患乎？”《孟子·告子章句下》则称“入则无法家拂士，出则无敌国外患者，国恒亡。然后知生于忧患，而死于安乐也。”相较于忧患一词的应用，对未知或未来事物的忧惧，作为一种人类自发性的能动行为，其产生还要早得多。学者们认为，自古以来人类在社会生产实践活动中就有占卜、祈雨、祭祀等行为，这说明古人很早便已认识到了忧患意识的重要性，我国古代的神话传说女娲补天等就包含着忧患意识的雏形，而中国上古文献汇编《尚书》则更是“几乎每一篇文章都潜伏着一种浓郁的忧患意识”（欧阳祯人《〈尚书〉的性情思想研究》）。但要说到忧患意识作为社会认识主体，有着哲学层面的意义，则其产生应是在殷周时期，徐复观先生认为正是源自对殷革夏命、周革殷命的深刻反省，才有了忧患意识作为主体意识自觉的雏形。

徐复观先生指出，“从上古到夏商周三代，原始宗教始终是中国社会占主体地位的文化形态，它凭借其祭祀与卜卦的形式而彰显了天帝鬼神地位的至高无上性；人却因此而感到自己的渺小与卑微，因此放弃自己的责任，凭借外在的神为自己作决定。这时人还没有忧患意识，只有恐惧。但经过数千年的历史积淀与演进，人们的思想里渐渐萌生出一种隐动：人的行为，可以影响到天时的顺逆。这一束从原始宗教的迷信中透射出的人文精神的微光，在历史隧道的穿越中逐渐明亮”。从“天聪自我民聪；天明威，自我民明威”（《尚书·帛陶漠》）的深层感慨，到“民，神之主也”的石破天惊，“天”、“神”的地位在不断地下降，曾经被认为是亘古不变的天人关系也发生了历史性的改变，从而衍生出了华夏先民最初的忧患意识：曾经完全由天、神担负的责任，现在该由谁来承担？凡人能否担此大任？又该如何担此大任？这一彰显人文精神，“有了人的自觉”的忧患意识，最终促使人对自己的行为不断进行反思和审视。而随着“天”、“神”地位的下降，帝皇天子的地位也受到了动摇，君王如果以个人的欲念统治天下，则他的地位终将难保，因此商汤伐桀、武王伐纣便成为民之所顺、理之所趋。殷商灭亡后，武王并没有陶醉于诸侯归顺和君临天下的显耀，而是忧患于天下兴亡、吉凶成败的循环，祈望能在天人之间觅得一座理想的桥梁，使天下继续和谐地运行。于是，周人“以戒慎恐惧的精神整饰自己的行为；把政治的目的安置于爱民之上”，并且“建立了一个由‘敬’所贯注的‘敬德’‘明德’的观念世界，来照察、指导自己的行为，对自己的行为负责”。

徐先生的这番话说明，忧患意识实际就是中国传统思想中民本主义的哲学基础和理论基石，国人的民本主义理念正是忧患意识自然而然的顺衍和发展。从源头上看，中国古代先贤们的忧患意识，虽然和诸多宗教理论一样，源于对自然界、人类社会等未知领域的恐惧和担忧，但其并未因此陷入无穷无尽的悲痛、伤感，从而产生消极的人生苦恼说和原罪说，反之，则是以积极向上的心态，激发出了人类开始直接面对自然、社会的责任感，并以承受苦难的使命自觉和“悲天悯人”的救世情怀，形成“穷变通久”的誓愿，以拯救一切生命于流离、困苦之中为己任，充满了积极入世、民胞物与、辅时及物的精神，《易经》中所说：“天行健，君子以自强不息”“地势坤，君子以厚德载物”便是这种精神的真实写照。唐君毅先生对此是持高度肯定态度的，认为忧患意识的产生具有划时代的意义，他说：“忧患意识使人不再从无常的天那里祈求降福，而反诸自身之修德配天，把传统宗教下的天德，转化为自觉的人德，这正是理性的运用。”“忧患意识的产生即是人类精神上开始了人的自觉。每一个人的自身，即是一个宇宙，即是一个普遍，即是一个永恒，可以透过一个人的性、一个人的心，以看出人类的命运，掌握人类的命运，解决人类的运用。”

忧患意识的产生，不但是我国古人在对天人关系不懈探求上充满自信、敢于担当的必然结果，也与中华民族在长期生产实践中所形成的辩证思维方式有着密不可分的关系。我们知道，所谓思维方式，就是指人们看待事物的角度、方式和方法，它对人们的言行起着决定性作用，而任何一种思维方式的形成和固化，都与人们所处的生产和生活方式息息相关。由于中华文明是与农业生产方式相伴相生的一种文明形态，受制于自然条件和作业方式的影响，中华民族自古以来就倾向于以辩证思维的方式来看待周围的一切。辩证思维方式强调从社会组织整体的角度来观察问题和分析问题，注重以变化发展的动态眼光来认识事物，其基本原理可以概括为三个方面，即变化论、矛盾论和中和论。变化论认为世界永远处于变化之中，没有永恒的对与错；矛盾论则认为万事万物都是由对立面构成的矛盾统一体，没有矛盾就没有事物本身；中和论则体现在中庸之道上，认为任何事物都存在着适度的合理性。这种思维方式，首先促成了我国先民强烈的社会责任感，使得忧国忧民情怀成为社会群体的共识，特别是春秋战国时期，整个社会处于大动荡、大变革的阶段，随着具有积极入世品格的士人自我意识的觉醒，他们作为社会道德价值理念的维护者，既面对世局的危困具有拯溺解悬的使命，又由于缺乏政治的实际管理权而处境艰难无助，因此忧道、忧民、忧天下的感知便更为浓郁，藉助于他们的宣传和推动，忧患意识也就渐由社会知识精英阶层推向了整个社会，成为了社会的一种普遍认知。其次，辩证的思维方式，也使人们对社会现象有了更为合乎科学规律的认识，促进了人类在处理社会问题的方法论上对忧患意识的重视。道家学派创始人老子提出“反者道之动，弱者道之用”，认为当事物发展到顶点，就会不可避免地向着相反的方向发生变化，因此“祸兮福之所倚，福兮祸之所伏”，警告世人必须从福中看到祸，始终保持“如履薄冰、如临深渊”的危机感和紧迫感。儒家学者由此则进一步认为世间“万物莫不有对”，因此应该“君子安而不忘危，存而不忘亡，治而不忘乱，是以身安而国家可保也”（见《易传》），于是中国传统的辩证思维方式日益紧密地与国人的政治生活和思想学说结合在了一起，忧患意识也就逐渐成了我们民族精神的基本内核。

诚如我们所知，儒家学说是一门“尊德性而道问学，致广大而尽精微，极高明而道中庸”的理论学说，并且其践行的不二法门就是注重道德价值的培养，遵循着“格物、致知、诚心、正意、修身、齐家、治国、平天下”这样的一条成长路线而逐步推进，所以我们又完全可以认为儒家学说就是讲述道德伦理的学说，而据牟宗三先生在其著作《哲学的特质》中的断言：“中国哲学注重道德性是根源于忧患的意识。中国人的忧患意识特别强烈，由这种忧患意识便可以产生道德意识”，因此，如果我们将儒家学说的根源归结于国人的忧患意识，当然也是顺理成章之事。将此论断考诸于史实，我们也不难发现，早在先秦时期，面对历史大转折，出于对历史使命的精神诊断，儒家学派就表现出了鲜明的忧患意识，在此后的岁月长河里，儒家学者尽管因社会环境、民族命运、个人际遇之变迁不尽相同，但对忧患意识的继承和发展则是始终一致的。

儒家的创始人孔子正是忧心于周道衰废，才孜孜以讲学布道，要求自己的门人应忧道不忧贫；儒家亚圣孟子更是将忧患意识上升到政治和事业成功的基础的高度，认为儒者应“思天下之民，匹夫匹妇，有不与被尧舜之泽者，若己推而内（纳）之沟中。其自任以天下之重也”，并用非常精炼的语言将忧患意识概括为了“生于忧患而死于安乐”。

在汉及以后长达两千余年的封建社会里，儒家学者继承先贤忧道、忧民、忧天下的传统，对于忧患意识也不断给予新的发展，注入新的内容。他们有的在历史的转折和政治相对清明时代，表现出清醒的危机意识，警示世人在表面一片光明的情况下不要忘了潜在的危机，如唐朝著名政治家魏征在唐朝建立之初，就明确指出“开拨乱之业其功既难，守已成之基其道不易。故居安思危所以定其业也，有始有卒”，告诫唐太宗要“念高危则思谦冲而自牧，惧满盈则思江海下百川，乐盘游则思三驱以为度，忧懈怠则思慎始而敬终”。认为“自古失国之主，皆为居安忘危、处治忘乱，所以不能长久”，“天下稍安，尤须兢慎，若便骄逸，必致丧败。”也有一大批儒人志士，即便是在个体生存发展处于困境之中，仍然深怀责任意识，以深沉的悲情和无限的同情心，抱着“苟利国家生死以，岂因祸福趋避之”的志向勇于担当，如宋朝的范仲淹在庆历新政改革失败被贬之际，仍然持有“居庙堂之高则忧其民；处江湖之远则忧其君”、“先天下之忧而忧，后天下之乐而乐”的胸襟抱负，并不计较个人的荣辱得失，这种忧国忧民的精神，不仅是一种深切的忧患意识，更是一种强烈的责任意识，令人不能不为之倾倒。更有学者将忧患意识上升为奋斗的动力，借以焕发人们强烈的入世精神，激发出大家改造社会、变革社会的激情，如宋代的欧阳修便提出“忧劳可以兴国，逸豫可以亡身”的号召，一扫人们面对困境的患得患失，鼓励世人永远保持清醒与进取的态势，在忧患中奋起，刚健有为，从而收取“精诚所至，金石为开”的胜利效果。另外，部分学者对忧患意识所具有的科学前瞻性也有了更为合理的应用，由忧患意识进而上升为对事物发展吉凶成败深思熟虑后的未雨绸缪，提出了“凡事预则立，不预则废”的真知灼见，这种倚靠理性自觉防患于未然的酝酿与谋划，实际上就是具有超前意识的典型表现，已经初显预防学的萌芽。

考察忧患意识的过往发展历程，我们不难看到，从某种程度上讲，忧患意识就是人类批判现实和改造世界的自觉能动意识，是历史发展的重要精神驱力，其本质就在于它“是一种清醒的防范意识和预见意识，是一种自觉的危机感、紧迫感、责任感和使命感”，其可贵之处就在于能够从承平中预见危机，从有利中发现不利，做到防患于未然，无怪乎中华文明能够借此躲过无数劫难，屹立不倒。我们的前辈与先贤，历经实践与探索，已经将忧患意识从简单的哲学命题，发展成了包括危机意识、责任意识、入世精神和防患未然等等观点在内的成熟理论体系，从而具体化了儒家道德伦理范畴“忧道、忧民、忧天下”的内涵，这就为我们如何坚持和发扬忧患意识，指明了路径和方向，增强了它的可操作性，进而使其影响和意义显得更为深远和宽广。

当今的中国，正在孜孜以求中华民族的伟大复兴，在这种历史背景下，忧患意识作为中华民族传统精神的价值，就更弥足珍贵和需要继承发扬。事实上，中国共产党作为中华复兴的领路人，也是通过一以贯之地重视和应用忧患意识，才带领中国人民从一次胜利走向了又一次胜利。早在延安整风运动中，毛泽东同志就强调全党要有忧患意识，要坚持批评与自我批评相结合的原则来完善党的建设，纯洁党的队伍；西柏坡时期，他更是凭借超前思想和忧患意识，终于指导全党全军取得了三大战役的胜利，决定了中国光明的前程；七届二中全会之时，毛泽东又提出了“两个务必”，再次强调了忧患意识对于全党承担起建设新中国重任的重要性；新中国成立之初，全党就把《义勇军进行曲》确定为代国歌，国歌歌词中突出强调“中华民族到了最危险的时候”，更是在提醒我们时时刻刻不要忘了忧患意识。

改革开放以后，江泽民同志曾在参观西柏坡时题词“牢记两个务必；建设有中国特色的社会主义国家”，他将忧患意识视为共产党的优良传统和致胜法宝，要求全党在新的历史时期继续予以继承和发扬。胡锦涛同志成为全党、全军、全国的核心领导人时，也多次提出要增强忧患意识、公仆意识、节俭意识，并在党的十七大报告结尾部分再次强调，实现全面建设小康社会的目标还需要继续奋斗十几年，基本实现现代化还需要继续奋斗几十年，巩固和发展社会主义制度则需要几代人、十几代人甚至几十代人坚持不懈地努力奋斗，再次要求全党“我们一定要居安思危、增强忧患意识”。习近平总书记执政后在多个讲话中也一再强调，深沉的忧患意识是中华民族宝贵的精神财富，是我们共产党领导全国人民夺取革命、建设和改革事业胜利的重要保证。他要求全党要自觉地把考验化为前进的动力，不忘初心、继续前进。他认为，“历史使命越光荣，奋斗目标越宏伟，执政环境越复杂，我们就越要增强忧患意识，越要从严治党，做到‘为之于未有，治之于未乱’，使我们党永远立于不败之地”。执政党领导人高屋建瓴的清醒判断和始终如一的坚定引领，对于民族精神的弘扬和发展，无疑就是最为有效的强心剂，其必将促使我们对忧患意识的内涵和外延产生更为深刻的认知和理解，也必将促使我们坚守忧患意识的脚步更为恒毅和有力！

展望未来，我们对忧患意识的强大生命力有着充足的文化自信，借助于现代有关思维研究理论的最新成果，对于忧患意识的理解与应用，我们也会更加娴熟和科学。只要我们坚持在科学分析形势的前提下，从现实的情况出发，对未知事物将会给自身带来的消极影响予以警惕，统筹规划，积极应对；只要我们坚持树立敢于面对问题、战胜困难的意识和勇气，毫不动摇地坚持追求真理、百折不挠的精神和信念，中华文明就必将释放出更加灿烂的光芒，照耀全球，永铸辉煌。

附录：《鲁共公择言》

梁王魏婴觞诸侯于范台。酒酣，请鲁君举觞。鲁君兴，避席择言曰：“昔者帝女令仪狄作酒而美，进之禹，禹饮而甘之，遂疏仪狄，绝旨酒，曰：‘后世必有以酒亡其国者。’齐桓公夜半不嗛，易牙乃煎敖燔炙，和调五味而进之，桓公食之而饱，至旦不觉，曰：‘后必有以味亡其国者。’晋文公得南之威，三日不听朝，遂推南之威而远之，曰：‘后世必以色亡其国者。’楚王登强台而望崩山，左江而右湖，以临彷徨，其乐忘死，遂盟强台而登，曰：‘后世必有以高台陂池亡其国者。’今主君之尊，仪狄之酒也；主君之味，易牙调也；左白台而右闾须，南威之美也；前夹林而后兰台，强台之乐也。有一于此，足以亡国。今主君兼此四者，可无戒与！”梁王称善相属。

第十二章 《唐雎不辱使命》解读

1921 年 12 月 4 日至 1922 年 2 月 10 日，被誉为中国 20 世纪文化巨人的鲁迅先生，在当时的北京《晨报副刊》上，以连载的方式发表了他的代表作之一，中篇小说《阿 Q 正传》，由此，在中国文学艺术人物形象长廊里，诞生了一个新的众人耳熟能详的代表人物阿 Q。作为该书中的主人公，阿 Q 形象的典型性是非正面的，用作者的话来说，就是要“暴露国民的弱点，引起疗救的注意”，后来的读者和文学评论家们，也多倾向认为这部作品反映了整个国民的劣根性，每每让人读了有种被揭了心底最为隐秘疮疤般的羞忿和疼痛。学者们于是将书中阿 Q 的自嘲、自解、自我陶醉等种种表现，概括为“阿 Q 精神”，时不时地就要拿出来针砭一番，其中，黄修己教授在《中国现代文学发展史》中的有关论述，便是很有代表性的一种。他说，书中的阿 Q，作为一个横遭压迫、备受屈辱的雇农流浪汉，他在任何情况下都能自己安慰自己，都自以为是“胜利者”，“简言之，就是在失败与屈辱面前，不敢正视现实，而使用虚假的胜利来在精神上实行自我安慰，自我麻醉，或者即刻忘却。例如，他挨了人家的打，便用‘儿子打老子’来安慰自己，并自认为是胜利了。由于这种精神的支配，并永在屈辱中苟活，他的一生就是一部受尽屈辱的血泪史，直到最后糊里糊涂地被杀，还在二十年后又是一条好汉的呼喊中，完成了最后一次精神胜利。”

对于这种“阿 Q 精神”的产生根源，主流或者说占据正统地位的学术意见认为，可以归结为三个方面：一是社会原因，即它是近百年来帝国主义侵入中国后，半封建半殖民地社会特定条件下的产物，是近代中国封建统治阶级对人民进行思想毒害的结果；二是个体原因，即它是社会落后阶层或社会下层，由于缺乏正确领导和文化知识，目光短浅、觉悟不高、愚昧麻木又深受压迫的结果；三是历史原因，即中国以儒、释、道学说杂糅而成的传统文化教育给国民带来的一些根深蒂固的理念，也是滋生阿Q精神的重要温床。对于上述探讨结论，不可否认具有一定的真知灼见性，但细思起来，却总觉得缺少足够的说服力。因为我们接触到的事实是所谓的“阿Q精神”具有普遍性，既不是哪个特定社会阶段所特有，更不是哪个特定社会群体的专利，似乎与文化背景的关联性也不够强，若说需要以实例来证明之，那么，《古文观止》中出自《国策》的有关唐雎事迹的篇章便是素材。为什么这样说呢？下面，我们就不妨借助对这些文章的解读，具体说说我们对所谓阿Q精神的有关认知和理解。

一、理想人物高大全

在多如牛毛的战国策士中，《古文观止》的编选者，对于唐雎这个人物，应是有着非同一般的特殊感情的。因为该书来自《国策》的十四篇选文中，唯有关于唐雎这个策士的言行是独占了两个篇幅，而一部《国策》12个国别33卷497篇文章里，与唐雎这个人有关的则仅有五篇，且其中主要的三篇都集中于《战国策·魏策四》。这个对比反差太大了，若说二吴的这种编选安排，纯粹出于偶然，恐怕无论如何也是讲不通的。由于无法追问古人于地下，所以要想了解编选者这样做的个中情由，我们只有退而求其次，尝试通过详读选文，并借助于二吴的编选评注，来一探究竟。

《古文观止》中有关唐睢事迹的两篇选文分别是《唐睢说信陵君》和《唐睢不辱使命》，依笔者的直觉推断，它们应是互为补充相辅相成的关系，前者是在讲唐睢的思想情操，后者则是在突出唐睢的行动能力，编选者将两者密切结合起来，目的似乎是要为读者呈现出一个丰满完整且为编选者所敬仰的战国策士形象。

接下来，就让我们先去看看《唐睢说信陵君》讲了什么具体内容。

这篇文章的主旨是在记录唐睢向信陵君的一次进言，尽管篇幅极为短小，但作者开笔还是不厌其烦首先对事件的背景做了详细交待。公元前 259 年至公元前 257 年，秦军入侵赵国，他们依借兵力优势，一直打到了赵国的都城邯郸，刚刚经历长平惨败的赵国，兵弱师疲、粮粟短缺，面临亡国灭种的重大危机。在此关头，魏国的信陵君，出于唇亡齿寒的大局观，不惜冒险犯难，从魏王处窃得兵符，并且诛杀了不服从调遣的魏国大将晋鄙，夺取了兵权，然后义无反顾地出兵救援邯郸，击败了秦军，使赵国终于转危为安，得以幸存。信陵君的这场功德，对于赵国来说，简直是恩同再造，因此赵国的君主孝成王出于感激，决定亲自出城在郊外迎接信陵君，当面表示谢意。

话说这位信陵君，在战国四公子中，堪称是最杰出的一位，其名望和功业，无论在当时还是后世，都决非是孟尝君、平原君、春申君所能望其项背。史书记载，信陵君，名魏无忌，系魏昭王少子、魏安釐王的异母弟，因公元前 276 年，被封于信陵（河南宁陵县），所以后世皆称其为信陵君。此君为人仁爱宽厚、礼贤下士，虽然也效仿孟尝君田文、平原君赵胜的辅政方法，延揽食客，养士数千人，自成势力，但其待人接物的方式和养士用士的目的，则与他们有着根本性质上的不同。清代才女李晚芳认为："战国四君，皆以好士称，惟信陵之好，出自中心，盖其质本仁厚，性复聪慧。聪慧则能知人用人，仁厚则待贤，自有一段慕不尽之真意，非勉强矫饰者可比，此贤士所以乐为用也。余三君，孟尝但营私耳，平原徒豪举耳，黄歇愈不足道，类皆好士以自为，而信陵则好士以为国也。"（见《读史管见》）综观信陵君的生平，对于这一评价，可谓当之无愧。魏无忌的为人，能够尊贤敬贤、急人之困以致门下宾客毕至、士者云集的许多传奇故事，我们就不必多说了，单是他曾在军事上两度击败秦军，分别挽救了赵国和魏国危局，就足见其风骨。除了本文背景中提到的这次信陵君冒着极大风险窃符救赵击败秦军外，公元前 247 年，当秦军进攻魏国时，已客居赵国十余载的信陵君，并无计较个人与魏安釐王之间的私人恩怨，又是义无返顾地回到了祖国，亲自率军在友邦的支持下，再次大败秦军，使魏国转危为安。尽管此后，信陵君还是未能受到满怀猜忌的魏王给予重用，但他宁肯自己沉迷酒色抑郁而终，也没有做出任何像孟尝君那样不利于魏国之举，这就决非常人所能了。

信陵君的高风亮节，是深受后人推崇的。汉高祖刘邦即位为帝后，每次路经大梁，都要前去祭祀他，公元前195年，刘邦从击败叛将黥布的前线归来，经过大梁时还专门安置了五户人家看守他的陵墓。明代文学家茅坤在读《史记·魏公子列传》时也曾感叹说："传中两千五百余字中直称'公子'一百四十七处，太史公仰慕之意溢于言表，无限唱叹，无限低回，慕公子之行系乎天下安危，叹公子终被废弃不用。"民间的老百姓出于敬仰，更是将其视之为神，不但在大梁为他建有祠堂，就连外出经商，也大都携带信陵君香火，以求旅途平安。至今在他的封地宁陵县，人们还将其行宫后边，一条贯穿宁陵县城十里长的东西大街称为"信陵路"，以示纪念。

信陵君是这样一位急公好义、名满天下的人物，并且又对赵国有着莫大的恩德，赵孝成王决意效迎，与情与理，信陵君坦然受之似乎也并无不妥，然而，就在信陵君驻足邯郸城外，等待赵国君臣迎接车驾的时候，他的一位名叫唐雎的门客却走上前来，表示对此事有话要说。

在经信陵君同意后，唐雎一张嘴竟先扯起了闲篇，他说："公子，我听说，世间之事，有不可以知道的，有不可以不知道的；有不可以忘掉的，有不可以不忘掉的。"信陵君听他陡然四语，一时也摸不着头脑，不由一愣，便问："你这话是什么意思？"

唐雎回答道："别人厌恶自己的方面，作为个人是不能不知道和了解的，而自己厌恶别人的地方，却应尽可能不要在别人面前表现出来而被人知道；别人有恩德于自己，是不可以不永远放在心上以免忘记的，而自己有恩德于别人，则是应尽可能将之抛于脑后永远不要提起的。如今，公子您杀了晋鄙，救下邯郸，打败秦兵，保存了赵国，这对赵国乃是莫大的恩德。现在，赵王要亲自到郊外迎接您。您很快就会见到赵王了，希望您能把救赵国的事忘掉！"

信陵君至此才恍然大悟，原来唐雎是担心自己居功自矜，在赵王面前会表现得盛气凌人，反而伤了和气，以致今后不好相处。想想也是，为了救赵，信陵君自己在魏国已成罪臣，无论如何当下是无法回去了，少不得要暂时避祸于赵国。虽说自己的作为对赵国而言是莫大之功，可是自己日后客居于此，终究是有主客上下之别的，如果对方印象中自己总是一幅恩人自居的形象，恐怕想要长久和睦就是水中捞月，到那时，不是反倒由恩招怨吗？想到这些，信陵君对唐雎的及时提醒，不由深怀敬意，于是神情肃然地说："无忌我一定谨遵您的教诲！"

写到这里，因唐雎的谏言目的已经达到，文章便戛然而止了，其干净利索的程度自是不能不令人暗暗称奇。《古文观止》的编选者对于本文在如此短的篇幅内有如此运笔之妙也是高度肯定的。据统计，该文全篇尚不足一百五十字，但为了说明为人不可居功自傲这一主旨，作者行文之际，却并无采用直白的手段平铺直叙，反而是迂回切入，语句反复，先是泛言什么"不可知、不可不知、不可忘、不可不忘”，然后才过渡到唐雎要规劝的现实的具体的问题，如此絮絮叨叨，回环往复，看似啰嗦，但又偏偏非但不惹人生厌，反倒给人宽缓从容、严谨有致的感觉，无怪乎编选者在评注中要说：“文有宽而不懈者，其势急也；词有复而不板者，其气逸也”，信哉，是言！

和《唐雎说信陵君》文气舒缓从容的风格不同，《古文观止》中与唐雎有关的另一篇文章《唐雎不辱使命》，展现在我们面前的，则完全是剑拔弩张的一种火爆场面。

《唐雎不辱使命》的时空背景，已从战国中后期的邯郸城下转移到了战国末期秦王嬴政的宫廷大殿。此时，强大的秦国已经拉开了横扫六国一统天下的序幕，并且吞并了韩、魏国土。为了巩固对魏国领土的控制权，秦王嬴政试图挟胜利之威，以不战而屈人之兵的策略，将昔日魏的属国也一并收为己有，于是一段精彩的斗智斗勇插曲便开始上演。

文章一起首，便将秦王的如意算盘与安陵小国的柔性抗争做了交待。文中说，秦王在亡魏之后，对魏国所赐封的安陵小国，既不放在眼里，又有所垂涎，于是就企图以“易地”的谎言诈取安陵，因此他派人对安陵小国的国君说：“我打算要用方圆五百里的土地交换安陵，请安陵君一定要答应我！”

安陵君在通过外交途径获知这一信息后，深知秦王不怀好意，便委婉推辞说：“大王给以恩惠，用大的地盘交换我们小的地盘，实在是件善事；不过，作为小国，我这里也有不少难处，毕竟这是从先王那里接受的祭田封地，若是交换了出去，难免有不孝先人之嫌，所以还请上国见谅，我愿意始终守卫它，不敢交换！”

采用以大易小的诱惑进行诈骗，可谓是江湖老手的传统套路，这种模式直到今天还被一些骗子熟练沿用。譬如时下已被披露的那些电信诈骗案例中，就有不少什么“你中巨奖了，请先汇税款”“你可以获得免息高额助学贷款了，请先缴纳学费”等等名目繁多的电话邀约。从这个角度看，这里的秦王简直可称是他们的开山鼻祖。不过两相比较，今天的那些小混混在他们祖师爷面前可能要逊色许多，因为小混混的骗术被人识破了，被骗之人大不了置之不理也就罢了，而秦王的圈套，即使受邀者心知肚明，也没胆量一笑了之。

因此，文中接着写道，安陵君虽然在口头辞谢了秦使的“美意”，但心里却惴惴不安，出于对强权的恐惧，为消除秦王的不满，于是就决定派遣唐雎出使秦国，希望通过他那舌灿莲花的当面解释周旋，缓和彼此关系。

唐雎受命来到了秦国，刚一进入宫廷，便不出所料地遭到了秦王的迎头痛责。秦王说：“我用方圆五百里的土地交换安陵，安陵君却不肯听从我的意见，真是令人大惑不解！我大秦能够灭韩亡魏，却让安陵君凭借方圆五十里的土地幸存下来，其原因不过是我视安陵君为忠厚的长者，所以不愿打他的主意。现在我用超过安陵十倍的土地，来让安陵君扩大自己的领土，但是他却违背我的意愿，这不是故意令我难堪，看不起我吗。”

本来就是想要空手套白狼的秦王，计谋被人看穿了，非但不泄气，反而偏偏要表现得气焰嚣张，并且把话说得义正辞严，仿佛自己受了天大委屈。唐雎面对此情此景，估计是早已胸有成竹，所以外表并无激烈反应，只是平静地予以回复："大王，对于您的美意，下国当然是无不心存感激，哪里会有让您难堪之意？安陵君之所以不敢接受您的盛请，只不过是完全出于孝道，为了尽力恪守从先王那里继承的封地罢了。您知道，国之大事，唯祀与戎，在这种事关祖宗祭祀与孝道继承问题的前提下，即使您愿意拿出方圆千里的土地，安陵君也是不敢随便承诺交换的，更何况只是这区区五百里的土地呢？"

好家伙！唐雎的言辞，明说不承秦国的情也就罢了，还要挖苦秦王许下的空头愿太小，言下之意，你要是拿秦国全部国土来交换，我们或许还可考虑考虑！唐雎如此猖狂，是可忍孰不可忍！因此秦王听了这话，不由勃然大怒，圆睁双眼威胁道："先生也曾听说过天子发怒的情景吗？"

唐雎回答说："这个我还未曾听说过。"

秦王说："天子一旦发怒了，那是要倒下数百万人尸体的，到时候恐怕鲜血也要流淌数千里。"

利益诱惑行不通了，就换成赤裸裸的强盗威胁，这倒也符合秦国行事的一贯准则。现在是狭路相逢不拼也不行了，因此面对秦王的蛮横，唐雎没有退缩，而是针锋相对地说："那么，大王曾经听说过普通百姓发怒会是什么样子吗？"

秦王不屑道："百姓发怒，也不过就是摘掉帽子，脱掉鞋子，光着脚以头撞地，大喊冤屈不平罢了。"

唐雎冷笑一声说道：“大王说得那是平庸无能的人发怒样子，却不是有才能有胆识的人发怒。下面让我举几个例子，大王不妨听听。当初专诸刺杀吴王僚的时候，彗星的尾巴扫过月亮；聂政刺杀韩傀的时候，一道白光直冲太阳；要离刺杀庆忌的时候，苍鹰扑在宫殿上。他们三个人，都是平民中有才能有胆识的人，心里的愤怒还没发作出来，上天就降示了吉凶的征兆。现在专诸、聂政、要离连同我，将成为四个人了。假若有胆识有能力的平民百姓被逼得一定要发怒，那么结果也很简单，就是倒下两具尸体，淌血五步之内，不过要连累的天下百姓被迫穿上丧服，可能也就是现在这个时候。”说着，唐雎毫无征兆地突然拔剑出鞘立起，双目紧紧盯住了秦王。

秦王听了这番话，又见唐雎如许动作，一下子吓得脸色大变，不由直身而跪，连忙向唐雎道歉说：“先生快请坐！大家不是谈得好好的嘛，怎么突然就闹到了这种地步？我明白了：韩国、魏国灭亡，但安陵却凭借方圆五十里的地方幸存下来，就是因为有先生您在啊！请先生放心，只要有您在，安陵便必能固若金汤。”

秦王嬴政此人，乃是千古一帝，其才情、谋略与胆识，称是旷古仅有，也不为过，就连对其生平事迹并不感冒的《古文观止》的编者，也不能不在评注中说其是“真英雄也”。然而就是这样的一位人物，在作者笔下的唐雎面前，也只能色挠而谢，成了欺软怕硬的纸老虎，这等反差强烈的对比，一下子便令唐雎的形象显得更为伟岸高大起来。联想上一篇中唐雎的远见卓识令信陵君低首心折，自然就让人感觉此人愈加的不同凡响，信陵君已是“剑气连秋水，英风迈长云”了，深受他器重的唐雎当然也应该是完美无比！读至此处，对于作者的良苦用心，我们实际已经能够完全了然于心了，看他如此不厌其烦的反复映衬烘托，目的不就是要告诉我们，唐雎乃是正义的化身，浑身上下都在闪烁着人类智慧与胆略的光芒吗！

二、虚构之事难推敲

上面两则关于唐雎的小故事，着墨不多，却将其睿智、勇毅、深谋远虑、敢于斗争的形象，刻画得淋漓尽致、栩栩如生，让人读了热血澎湃、荡气回肠，不自觉要萌生出虽不能至、心向往之的崇拜敬仰之情。然而，我们在无法抑制内心的激动情绪之际，还是不能忘了要清醒地给自己泼上一瓢冷水：此种形状，不过是文学艺术渲染的结果，万万当不得真有其事；否则，受其误导，说不定在具体生活处事中就要吃个大亏。我们之所以这样说，是有充足理由的，且容下面一一道来。

关于信陵君窃符救赵的故事，除了《战国策》中有所记载外，后来的司马迁在《史记·魏公子列传》中也有十分生动详细的描述。但《史记》中记载信陵君窃符救赵成功以后受到门客启发时，与《战国策·魏策》的内容却有些不同，现抄录于下，以便作比较研究：

“赵孝成王德公子之矫夺晋鄙兵而存赵，乃与平原君计，以五城封公子。公子闻之，意骄矜而有自功之色。客有说公子曰：‘物有不可忘，或有不可不忘。夫人有德于公子，公子不可忘也；公子有德于人，愿公子忘之也。且矫魏王令夺晋鄙兵以救赵，于赵则有功矣，于魏则未为忠臣也。公子乃自骄而功之，窃为公子不取也。’于是公子立自责，似若无所容者。”

从上述这段文字来看，在信陵君窃符救赵后，的确曾有门客劝过信陵君不可因之“骄矜而有自功”，事件的来龙去脉和《唐雎说信陵君》中的表述基本一致，但两者的不同之处也很明显，具体表现在：一是触发谏言的缘由不一样，二是进谏者是不是唐雎认识不一致。至于谏言内容，主要是文字描述的差别，主旨并无多少不同，可以忽略不计。两者相较，我们认为在触发谏言的缘由方面，《史记》的描述可能更接近于真实，因为赵国封赠五城，这种酬谢的确可能令人“骄矜”，而赵王出城亲迎，乃是出于礼节，纵是赵王满怀感激也没有什么意外可言，按照常理揆度，信陵君此时也不会有“自功之色”。《战国策》的作者选择在此时就让唐雎出场，并发出振聋发聩之言，目的性过于明显，那就是意在表述唐雎之智，足以见微知著，所以有些穿凿。而《史记》中对于进谏的门客是否即为唐雎，持存疑态度，则更令我们对《唐雎说信陵君》的真实性难以肯定，因为有证据表明，太史公并非因为不知道或不掌握有关唐雎的史料，才会在行文中用了一个“客有说公子曰”来含含糊糊了事的。事实上，在《史记·魏世家》中，太史公在“齐、楚相约攻魏、秦昭王出兵救魏”这一事件的记述中，就曾明确提到唐雎，并认为此系他出使秦国游说之功。

《史记·魏世家》中关于这一事件的记载，几乎完全是照搬照抄了《战国策·魏策四》的内容，两者都说：

“齐、楚相约而攻魏，魏使人求救于秦，冠盖相望也，而秦救不至。魏人有唐雎者，年九十余矣，谓魏王曰：‘老臣请西说秦王，令兵先臣出。’魏王再拜，遂约车而遣之。唐雎到，入见秦王。秦王曰：‘丈人芒然乃远至此，甚苦矣！夫魏之来求救数矣，寡人知魏之急已。’唐雎对曰：‘大王已知魏之急而救不发者，臣窃以为用策之臣无任矣。夫魏，一万乘之国也，然所以西面而事秦，称东藩，受冠带，祠春秋者，以秦之彊（强）足以为与也。今齐、楚之兵已合于魏郊矣，而秦救不发，亦将赖其未急也。使之大急，彼且割地而约从，王尚何救焉？必待其急而救之，是失一东藩之魏而彊（强）二敌之齐、楚，则王何利焉？’于是秦昭王遽为发兵救魏。魏氏复定。”

从这一记载，联合前文推断，我们认为，可能是太史公认为西说秦王救魏时的唐雎已经九十余岁，不可能出现于信陵君窃符救赵的事件之中，故而才有存疑的态度。按照时间来推算，唐雎西说秦王救魏事件大约发生在秦昭襄王四十一年（公元前 266 年），而信陵君窃符救赵则是秦昭襄王五十年（公元前 257 年）的事情，我们很难想象唐雎此时尚在人世，即便是他当时尚健在，那么以一百余岁的高龄还出现于战场前线，未免也让人觉得有些不可思议。由此可见《唐雎说信陵君》的故事多半应是出于虚构，而非史实。

至于《唐雎不辱使命》中唐雎仗剑说服秦王的故事，今天读来就更不可信。首先，从故事的情节推断，其发生的时间应在秦王嬴政发动扫灭六国之战的初期，也就是公元前224年左右，若按唐雎西说秦王救魏时已九十余岁来论，此时的他如果仍然在世，少说也有一百三十岁了。这种年龄，姑且不论有无可能，即便是真，垂垂老矣的唐雎还敢于舞刀弄剑，直面处于青壮年时期的秦王，且把秦王吓得直起身子表示尊重求饶，那也简直是长生不死、事近于妖了，这样的情节，恐怕也只会是出现于仙剑奇侠类的小说之中，很难想象是真实生活的写照。

其次，该文情节中最为令人殊不可解的是，书中的唐雎面对秦王敢于亮剑，其凛然正气固然令人震撼，但他的剑又究竟从何而来的呢？根据当时的法律，使臣上殿是禁止携带武器的，秦法更明确规定“群臣、使臣侍殿上者，不得持尺兵”。据史载，当时的那些刺客们为了达到完成任务的目的，无不在如何携藏兵器方面绞尽脑汁，极其所能，如荆轲为刺秦王，就是把匕首藏在要献的地图当中，而专诸刺王僚时更为巧妙，是把匕首藏在了鱼肚子里边。遥想当时的秦王，即便是狂傲到了极点，想必也是不会拿自己的性命开玩笑，任由唐雎堂而皇之背着长剑自由出入宫廷吧？也许有人会说，以唐雎的勇气和智慧，或许可以夺了秦王的剑也未可知。固然，上殿禁止携带武器的约束对于秦王本人是无须遵守的，但是依照宫廷礼仪，作为一个小国使者，难道唐雎能够和秦王同席而坐？如果不能，那唐雎又是如何能够拔出秦王之剑而为己用呢？可见，此剑来的莫名，难逃造假之嫌。

最后，关于安陵小国的存亡，即便从史家学者的视角来看，好像也多不认为其与唐雎有多少联系。历史上的安陵国是一个方圆五十里的附庸小国，正史对它的灭亡几乎没有记载，只有《资治通鉴·秦记二》中提到，“二十二年，王使人谓安陵君曰：‘寡人欲以五百里地易安陵。’安陵君曰：‘大王加惠，以大易小，甚幸。虽然，臣受地于魏之先王，愿终守之，弗敢易。’王义而许之。”众所周知，《资治通鉴》是史学家、政治家司马光和他的助手刘攽、刘恕、范祖禹、司马康等人历时十九年编纂的一部规模空前的编年体通史巨著，其目的就是总结出重大历史事件的经验教训，供统治者借鉴，其书名的寓意便是要“鉴于往事，有资于治道”。假定《唐雎不辱使命》一事属实，那么唐雎作为一名小国之臣，在孤立无援的危难情况下，折服秦王，不辱使命，其在道义上的积极意义和影响，对于当时强国环立的宋王朝来说，自是不言而喻的，极具政治意识的司马光等，对此理所应当大肆宣扬，以便本朝出使辽、夏者有所效法。但实际上，他们选录此事时，仅是轻描淡写地以“（秦）王义而许之”作结，自始至终并没有提及唐雎这个人物。能够解释这一矛盾现象的唯一理由，便只能是治学严谨的他们，对《战国策》中的相关叙述并不采信而已。

综上所述可见，《战国策》中关于唐雎的这些文字，我们是不能视为真实的史料记录的，正如古文学家游国恩所说，“《战国策》最长于说事，但记述事件的后果不尽可靠”，信哉，是言！从文学艺术形象塑造上来看，《战国策》无疑是成功的，它通过艺术的夸张，给我们展现了一位机智果敢、临危不惧、反抗强暴、蔑视王侯的义侠和高士，其无畏的品格不能不令后人赞赏和敬仰，但从历史真实的角度看，唐雎这样的人物，可能就是子虚乌有，所谓的高大伟岸只能存在于理想的空间。这样的落差，让人在为之气馁的同时，不能不满怀失落，然而事实就是事实，即便痛苦不堪，我们也必须承认并予接纳！

三、精神胜利或可取

通过上面的考察，我们已经不难明白，关于唐雎的故事，不过是些捕风捉影的艺术虚构，有些地方甚至近乎荒诞，这样看来，它们似乎没有能够流传下来的理由。然而事实上，大家对此等硬伤非但视而不见，并且还颇有些津津乐道，甚至不惜以讹传讹。比如二吴编选《古文观止》时，堂而皇之的列入此等文章，便有这般的嫌疑！吴乘权（字楚材）、吴大职（字调侯）叔侄的身份虽然只是普通的乡村塾师，但说他们饱览经典、博通经史，相信还是不会有多少人反对的，特别是吴乘权一生研习古文，好读经史，除参与选编《古文观止》外，他还同周之炯、周之灿一起采用朱熹《通鉴纲目》体例，编过一个历史普及读本《纲鉴易知录》，通过历述自盘古至明末的史实，来帮助习史者登堂入室。像这样熟谙历史掌故的人物，我们很难想象他们会看不出有关唐雎事迹的真伪。可是他们在心知其伪的前提下，还要在篇幅有限的选本里特意留出位置虚席相待，这就不能不使我们阅读之际，头脑中打上一个大大的问号：他们这样做的背后，究竟有着什么样的动机？

对此问题，我们不妨先来看看大方之家的见解。黄岳洲、茅宗祥主编的《中华文学鉴赏宝库》认为，像《唐雎不辱使命》这类的文章，内容虽然未必尽合历史事实，但他们仍能留传下来，乃是因为他们所表达的思想有着积极意义。作为小国之臣，在孤立无援的危难情况下，折服秦王，不辱使命，唐雎堪称是一个伏虎英雄。作者以艺术虚构的手法，借助唐雎的形象，从“道义”上暗刺了秦王的不义，使得秦人企图用欺骗手段不战而屈人之兵的诡诈伎俩，结果变成了自取其辱，不但平衡了许多亡国者和将亡者内心的巨痛，而且迎合了普罗大众同情弱小的真实情感，所以相对而言，故事本身的真实与否倒是次要问题了。

上述大家们的阐释角度，从理论上来讲，倒也并无可以挑剔之处，但就心理感受而言，难免让人有些怪异错乱的体验。明明是现实中不得不低眉顺眼、软语求人者，文章里却成了深谋远虑、可以指点迷津的“高大全”；本来是赏罚决断、不假辞色的强横人物，到了作者的笔下，却变得外强中干处处事事透着怕硬欺软……非但有关唐雎的事迹如此，其他如颜斶、鲁仲连、冯谖等战国的策士，仿佛在现实生活中也并不那么尽如人意，可是在《战国策》的文字里却显得个个志得意满。文人们如是等等地将现实曲折映射于人的精神世界，就不由让人想起鲁迅先生笔下阿Q的生活，细细揣摩，他们之间倒也颇有些异曲同工的味道。

关于阿Q这个人，根据作者的描述，展现在我们面前的是如下这般形象。他堪称地地道道的赤贫，上无片瓦，下无寸土，既无家室也无固定的职业，只能靠打零工来维持生活。缺乏物质生活基础的阿Q，内心同样有着对做人自尊的生理渴求和精神渴求，于是在现实与理想的矛盾交织中，他的表现便显得有些异乎寻常。首先，经济上的困顿，使他在众人心目中的地位显得可有可无，而他自己在精神世界却自视高人一等，甚至面对令人敬畏的土豪，他在不敢仰视的同时，心里想的却是未来“我的儿子将比他阔得多”，明明艳羡城里人的富足生活，但在内心世界里却无限地贬低他们，认为城里人把“长凳”叫成“条凳”、煎大头鱼时加葱丝，都是“可笑”的、没见识。其次，阿Q清楚地知道自己属于社会上的弱势群体，对于有权有势的“假洋鬼子”，他只能在对方举起“哭丧棒”时，赶紧缩起脖子，等着挨揍，连吃了几棍子，也一点不敢反抗，但面对比自己更弱小的人物，他便毫不犹豫地加以欺凌来彰显自己的强势，口呐的他便骂，气力小的他便打，对于毫无抵抗力的小尼姑也敢动手动脚，扭住她的面颊，说：“和尚动得，我动不得？”大肆轻薄。再次，阿Q有着改变现实的强烈愿望，对于社会的不公正不公平，他认为“革命也好罢，革这伙妈妈的命，太可恶！太可恨！便是我，也要投降革命党了”，而对于革命后的结果，他的希望则是以一种新的不公平代替旧的不公平，即“我要什么就是什么，我喜欢谁就是谁”，于是意淫于获得了元宝、洋钱、洋纱衫、秀才娘子的宁式床、钱家的桌椅，杀掉了跟自己打过架的小D、王胡子连同侮辱过自己的赵太爷、秀才和假洋鬼子，为难于究竟要了赵司晨的妹子、邹七嫂的女儿、假洋鬼子的老婆，还是秀才娘子、吴妈等等。最终，阿Q是永远活在自欺欺人的世界里的，他与人家打架吃了亏，心里就想：“我总算被儿子打了，现在世界真不像样，儿子居然打起老子来了。”于是他心满意足，俨然得了胜利似的。当他被关进牢房时，他便“以为人生天地之间，大约本来有时要抓进抓出”；当他被拉去杀头时，他便“觉得人生天地之间，大约本来也未免要杀头的”。所以，阿Q“永远是得意的”。

从阿Q的身上，我们看到的是什么呢？一言以蔽之，就是一个弱者在强者面前，当其备受欺凌和压迫，又根本无从取得实际上的物质胜利时，就不得不进行内在的精神调节，从而采取消极、虚妄的方式来抚慰自己痛苦的心灵，以便获得继续生存的勇气。以此来类推，为了彰显士人的高大伟岸而进行艺术虚构的《唐雎说信陵君》《唐雎不辱使命》乃至其他类似的文学作品，又何尝不是一种阿Q精神的再现呢？于是，我们明白了文人们之所以不厌其烦进行故事虚构的内在真正动因：与其说他们是在歌颂什么道义，还不如直言他们就是在倾诉自己在现实人生中的诸多无奈和挫败感。

写到这里，我们不得不说，看来这种阿Q精神应该是自古就有的，决非是什么半殖民地半封建社会特定条件下的产物，自然也非什么个体独有或什么特别历史背景所造就，因为“人生不如意事十有八九”，只要你是一个活生生的人，在现实面前就总会有内心充满疲倦、无力感、内疚、无奈等等负面情绪存在的时候，而要从这种情绪困境中解脱出来，换一种活法，你就不可能不拿出一些阿Q精神来。如果一定要说人类中哪个群体对阿Q精神运用得最为得心应手，那么则一定要首推非文人群体莫属了。

对于文人的阿Q精神，太史公司马迁早就有过全面的描述，他在《史记·太史公自序》写道：“昔西伯拘羑里，演《周易》；孔子厄陈蔡，作《春秋》；屈原放逐，著《离骚》；左丘失明，厥有《国语》；孙子膑脚，而论兵法；不韦迁蜀，世传《吕览》；韩非囚秦，《说难》《孤愤》《诗》三百篇，大抵贤圣发愤之所为作也。此人皆意有所郁结，不得通其道也，故述往事，思来者”，就连太史公自己不也是“遭李陵之祸，幽于缧绁”，志不行于天下才写就了煌煌巨著《史记》吗？这些圣贤借助于笔端所表达的，不过是他们在现实中遭遇挫败后转而冀求在精神上的胜利罢了，除此之外，我们还能用什么来解释他们著书立说的直接动机？

在一些正统的哲人大家中，阿Q精神是被视为民族劣根性的病态存在的，并认为其是民族生产力落后，经济不发达带来的后果，面目可憎，必欲除之而后快。然而现实是自从阿Q这个文学艺术形象问世以来，阿Q精神非但没有因为人们的批判和仇视走向消灭，反而在当今的时代有了愈来愈受吹捧的趋势，这一点在网络上表现得尤其明显，譬如诸多的网络小说，无论是穿越的、玄幻的、都市的、官场的，越是粉丝众多的，就越是对阿Q精神应用到了极致，以致我们现在都已习惯了意淫（YY）这一名词，并将之应用到了社会生活的多个方面。

黑格尔说过，“存在即合理”，阿Q精神能够大行其道，就说明我们不能简单地将其归入丑陋的范畴，它的存在虽然与物质领域的匮乏程度有一定关系，但作为精神领域的一种现象，还需要从精神角度来阐释。人类即使到了物质极大丰富之时，也是难免会产生现实与期望之间巨大落差的，按照弗洛伊德精神疾病的起因学说，由于长期的失望－期望－再失望－再期望－再失望而带来的精神挫伤，其积累的结果，便是引发严重的精神忧虑、忧郁症，特别是随着现代化程度的提高和生活节奏的加快，竞争压力的加剧，人类精神疾病的发病率只会有增无减，在这种趋势下，如果现实生活中的失败，反映到精神领域仍不能反败为胜，那么生存的意义又会何在？当生不如死的郁闷、焦躁缠绕人心时，我们便会感到也许像阿Q精神胜利法这样的一种积极性心理暗示，才是自动缓解或医治心理疾病的对症良药。

再进一步说，其实阿Q精神胜利法也未必就一定是虚假的胜利，如果运用得好，形成了一种舆论氛围，往往也能收得奇效，只不过需要的时间较长而已。在这方面文人们也给我们创造了好多典范。譬如岳飞和秦桧的故事就是一例。在历史的真实中，岳飞因与秦桧意见相左受到陷害，物理生命在年仅三十九岁时便已悲惨终结，与其有着关联的亲友也无不受到了牵连，身心饱受苦难；而秦桧非但前后执政十九年，深得高宗宠信，历封秦、魏二国公，而且66岁因病寿终正寝时还被朝廷追赠为申王，赐谥忠献，其一生以及家人可谓极尽荣宠。但在有关他们之间故事的文学作品中，如《说岳全传》等，秦桧及其盟友不但从一开始就是受虐的对象，而且无论是智力还是人格都遭到了无情的嘲讽和戏弄，甚至死后在阎罗世界里被打入十八层地狱，饱受刀山油锅之苦。这种意虐看似没有实质意义，结果却是大大地出乎人们的意料，由于文学作品传播而造成的强大舆论力量，终于使两者的胜败出现了大反转。岳飞一方在死后的名望节节升高，不但被隆重改葬于西湖畔栖霞岭，先追谥为武穆，后又追谥为忠武，晋封鄂王，而且在多地被民众起建庙堂，世代享受香火祭拜；而秦桧一方在身后不但封赠被夺，背上累世骂名，就连形象也被白铁塑成跪状置于岳飞坟前，千秋万代任人欺辱，甚至到了清代他的后人还不得不哀叹“人从宋后羞名桧，我到坟前愧姓秦”。到了这种地步，至于生前岳飞是否真的那么完美，秦桧是否就是十恶不赦，一切便都显得无关紧要了，面对如此活生生的事例，我们又怎能说阿Q精神只会是一种虚假胜利呢？再譬如我们所读《唐雎不辱使命》这篇文章中的大反派主角秦王嬴政，现实生活中他是一统六国，打遍天下无敌手，成就了一番伟业，可这不妨碍在文人的笔下他被塑造成为一代暴君、贪鄙无能的形象，结果秦朝果然传承二世即亡，这岂不是也有文人的精神胜利在前所致？无怪乎二吴在给《唐睢不辱使命》作评时，要感叹“博浪之椎，唐睢、荆卿之剑，虽未亡秦，皆不可少”，想来这番见解是早已深得阿Q精神胜利法之妙了！古语说“众口烁金，积毁销骨”，这虽然是个贬义词，但若联系阿Q精神胜利法来想一想，倒也不能不发人深省！

四、宣传亦非无用功

对于世间的事情和现象，如果我们能够超脱一点来看待，就会发现，其实所谓的不合理、不公正，都是相对的，当一方认为不合理、不公正时，可能另一方会认为事情或现象的本身就应该是这样的，大家的认知之所以不尽相同，根本上还是缘于利益的不一致。就像阿Q因本身的穷困，革命的目的就是想要获得秀才的娘子、钱家的桌椅等，那么秀才和钱家作为既得利益者，又怎会认为阿Q的愿望是合理的就拱手相让呢？有了认知上的差距，处于弱势的一方，总是难免会为无法扭转乾坤而气恼和愤怒，甚至郁郁寡欢的。此种情况下怎么办？在两大利益阶层还没有完全走到明显极端对立时，鼓励弱势者以暴力的手段来解决问题，肯定是不可取，也行不通的。那么如果无法改变现实，就不妨推销些 “阿Q精神”，使大家能将义愤之类的气恼暂时压下去，作为另图他谋的“中间手段”，从长计议，这样既有益自己的身心健康，也会有利于问题的解决。像狐狸那样，自己吃不着葡萄，便说葡萄是酸的，来一个“自我安慰法”，学会一点会自我调适、自我化解、自我迎合，化痛苦为快乐，化烦恼为高兴，化忧愁为愉快，又何乐而不为呢？若说阅读本文，对于个人有何帮助，我想能使人生失意者由此而放下了思想上的包袱，便应该是不小的收获。

立足于这种感受，推而广之，如果虚构的文学作品，能够以看似可笑的阿 Q 精神得到流传，并且在现实中对个人发挥出不小的作用和价值，那么，它对从事企业管理工作的职业经理人队伍来说，也应具有着一定启发意义，最起码它也告诉我们，做到精神上的强大，对于企业的生存和发展的确是不可缺少的重要一环。

作为一名企业家，在从事企业经营活动时，也是需要那么一点阿 Q 精神的，因为在市场经济的条件下，在一个充分竞争的环境中，无论你是多么杰出、多么优秀的人物，你都无法保证自己的每一个决策都是能够带来效益的决定，你也无法保证自己在每一次竞争中都能取胜。而当你在现实中无法得心应手时，就需要有情感上的转移，通过一些虚假的胜利来抚慰自己，以利东山再起。事实证明，当各种压力接踵而至的时候，如果一名管理者不会从精神层面进行自我排解，那种后果将是十分可怕的。据人民网 2004 年的一则报道，自 1980 年算起的 20 年时间里，中国境内因各种原因造成压力过大而自杀的企业家就达 1200 余人。众所周知，企业家群体，自然是可列入社会精英阶层的，这个队伍中的成员，不说个个都是宝贝，但他们中的任何一人的非正常死亡，对于社会来说都是一笔巨大的损失，因为其中任何一个生命的终结，往往就意味着要有一群人的失业，要有一大批的家庭受到影响。如果藉借阿Q精神胜利法，能够避免上述那些人间惨剧的重演，无论怎么说也是功德无量，由此惹来旁观者的几声叽笑，想来又能算得上什么损失呢？

其实，在现实的困苦面前，企业里需要抚慰的，除了领头人，还有整个组织的员工队伍，因为普通员工虽然渺小，却是组织的基石，基础不稳带来的后果可能是整个组织的崩塌，这种情况当然相比企业家的自杀要更为可怕。那么，要解决这个问题，就需要有将个人的阿Q精神上升为群体意志的方法或手段，这种方法或手段，在我们当今的社会里已经有了明确的答案，那就是宣传。

所谓宣传，原本的含意是“散播哲学的论点或见解”，但在现实的社会生活中，它的含义早已转变成了服务于特定目的而进行的信息传递运作。诚如我们所知，宣传工作可以借助的载体手段是多种多样的，并且还在不断创新和发展，以便更为受众群体所接纳和认可。但要说其内在的基本方法则仍不外乎是灌输、鼓动、教育、劝说、诱导、批判等这几种，说到底就是要围绕美化自我这个中心，借助激励、鼓舞、劝服、引导、批判等等功能，形成强大的舆论力量，以便实现自我近期的精神胜利，进而获得远期的物质收益。宣传工作的这些特性，实际上也就决定了它是阿Q精神胜利法的具体应用。

基于上述理论认知的基础，我们对现实生活中一些宣传现象的困惑可能就会迎刃而解。譬如，我们在观察国际政治舞台上的一些宣传活动时，作为旁观者，对很多内容会感到不可思议，像手枪可以击落飞机了；某西方发达国家人民生活食不果腹、衣不蔽体了；某国丧尽天良，内战对于普通民众使用化武了；等等。又譬如某两种凉茶，本就出于同种配方、同种工艺，竟然在广告宣传中相互攻捍对方如何不正宗了；同样的奶业，基地相近，却竞相标榜自己的奶源如何优于别人了；等等。对于这些外人一眼就能识破的荒唐事，但是局中人却要满脸严肃、一本正经地娓娓道来，并且还要发自内心地装作信以为真，如果我们不知道宣传就是一种自娱自乐的游戏，可能心中会油然而生恐怖之意；但若我们理解了宣传工作的真谛所在，那么除了会鄙夷其宣传取材方式的拙劣外，对于其动机则自然也就见怪不怪了。

不过，在真实的宣传工作中，出现上述现象毕竟还是少数。一般情况下，无论是何种宣传工作的开展，其进行还都是颇为严谨的，它可以运用一套完整的工作理论和工作方法，来保证自己的宣传质量，并达到预期效果，这就像好的文学作品，只要借助于表现手法的巧妙，即便是完全出于虚构，也能感人至深。总结那些成功的宣传经验，我们便会发现它们总是在以下四个方面着力甚多，即：一是对受众能深入了解，二是对形式能力求多样，三是对媒介能精挑细选，四是对内容能虚实兼用。受众，作为宣传工作施予的主体，理所当然应该受到重视，不了解他们的利益、态度、思维方式、文化素质、生活环境，便不可能做到有的放矢，这是做好一切宣传工作的前提。形式，是体现宣传工作亲和力的重要工具，不同的受众，可能对各类宣传形式的感知结果也不尽相同，宣传内容要想以鲜明性和倾向性深刻嵌入受众的记忆，就要做到宣传形式对受众的理解和认知能力具有强烈的冲击力。媒介，是宣传内容进行传播的通道和桥梁，符合受众接纳习惯的媒介选择，对于宣传效果和传播速度都会起到极其重要的积极作用。最后，关于宣传内容的设计，当然是要真假混杂了，因为没有虚的成分，也就无所谓宣传工作了。宣传就是要服务于自我利益这一特定目的的，所以宣传内容就不能不有选择角度地合理演绎事实来突出己方和贬低对立面，其技巧高明之处，就是要像《三国演义》那样做到七实三虚，最终达到以假乱真。

总而言之，宣传工作，不管手段高明或拙劣，从实质上论，都是一件“皇帝的新装”，是自欺欺人的手段。尽管如此，但其积极意义仍是客观的存在，令人不可忽视。唯物主义的辩证法指出，万事万物都是对立统一的矛盾结合体，无论是个人还是组织，在任何活动中有站上风的时候，就有失意的一天，但最终击垮自己的只能是自我精神世界的崩溃，只要能够坚持“失之东隅，收之桑榆”的理念，那么在生命存在的前提下就一定会有成功的时刻，若说区别，也不过是获胜时间的早晚和收获结果的不同而已。因此，宣传工作虽以自欺欺人、自娱自乐的方式进行着，看似可笑，但它维持了一个个体或组织的存在，以时间来换取了空间，这便是它价值的体现。何况世间事在真与假之间本就是难以明确界定的，连曾子那样的贤者，其母在多次听到别人说他杀人的谣言时，都不能不信以为真逾墙而逃，谁又敢保证精神世界里的战胜对方就没有可能有一天转化成现实呢？

通过以上的解读，我想应该已经弄懂了一个道理，即自古迄今的圣贤文字都是在教育我们，世间万象，境由心生，无论客观环境是多么不尽如人意，只要善于进行积极的心理暗示就会创造出快乐的心境，而心情上的愉悦可能给我们带来的便是下一次人生的飞跃。这样看来，阿Q精神实际上就是在劝说我们，要善于改变看待问题的方法和处理问题的行为方式，当一个事件如果不遂你愿，你可以尽力去改变它，但你如果不能改变它，就应当去适应它，不仅是适应，还要从中找到乐趣，这才是真正的生存法则，也是我们在生活中强调宣传工作的精髓所在。不知道同样在读着《古文观止》的你是否也有同感呢？

附录 1：《唐雎说信陵君》

信陵君杀晋鄙，救邯郸，破秦人，存赵国，赵王自郊迎。

唐雎谓信陵君曰："臣闻之曰：事有不可知者，有不可不知者；有不可忘者，有不可不忘者。"信陵君曰："何谓也？"对曰："人之憎我也，不可不知也；吾憎人也，不可得而知也。人之有德于我也，不可忘也；吾有德于人也，不可不忘也。今君杀晋鄙，救邯郸，破秦人，存赵国，此大德也。今赵王自郊迎，卒然见赵王，愿君之忘之也。"信陵君曰："无忌谨受教。"

附录2：《唐雎不辱使命》

秦王使人谓安陵君曰："寡人欲以五百里之地易安陵，安陵君其许寡人！"安陵君曰："大王加惠，以大易小，甚善；虽然，受地于先王，愿终守之，弗敢易！"秦王不说。安陵君因使唐雎使于秦。

秦王谓唐雎曰："寡人以五百里之地易安陵，安陵君不听寡人，何也？且秦灭韩亡魏，而君以五十里之地存者，以君为长者，故不错意也。今吾以十倍之地，请广于君，而君逆寡人者，轻寡人与？"唐雎对曰："否，非若是也。安陵君受地于先王而守之，虽千里不敢易也，岂直五百里哉？"

秦王怫然怒，谓唐雎曰："公亦尝闻天子之怒乎？"唐雎对曰："臣未尝闻也。"秦王曰："天子之怒，伏尸百万，流血千里。"唐雎曰："大王尝闻布衣之怒乎？"秦王曰："布衣之怒，亦免冠徒跣，以头抢地耳。"唐雎曰："此庸夫之怒也，非士之怒也。夫专诸之刺王僚也，彗星袭月；聂政之刺韩傀也，白虹贯日；要离之刺庆忌也，仓鹰击于殿上。此三子者，皆布衣之士也，怀怒未发，休祲降于天，与臣而将四矣。若士必怒，伏尸二人，流血五步，天下缟素，今日是也。"挺剑而起。

秦王色挠，长跪而谢之曰："先生坐！何至于此！寡人谕矣：夫韩、魏灭亡，而安陵以五十里之地存者，徒以有先生也。"